KB211054

하나님의 창조는
끝나지 않았다

하나님의 창조는 끝나지 않았다

God's creation

고명호 지음

좋은땅

이 세상에는 부조리와 불합리한 일들이 많습니다.

그래서 많은 사람이 약자가 되어 고통받으며, 억울함을 누군가에게 호소합니다. 어떤 이들은 친구에게, 어떤 이들은 부모님에게, 어떤 이들은 국가에, 또 어떤 이들은 법에 호소합니다. 그런데 사람 중에서 하나님을 믿는 사람은 하나님께 호소하기도 합니다.

하나님 왜 세상을 이렇게 만드셨나요?

사단을 만들지 않았으면 좋았을 것 같은데 왜 사단을 만드셨나요? 선악과를 만들지 않았다면 좋았을 것 같은데 왜 선악과를 만드셨나요? 아프지 않고 병들지 않고 죽지 않으면 좋을 것 같은데 왜 세상에 죽음이 있나요? 하나님을 보여 주시면 좋을 것 같은데 왜 사람들 앞에 나타나지 않는 건가요? 나쁜 사람이 악을 행할 때 바로 벌하시면 좋을 것 같은데 왜 악인을 벌하지 않으시나요?

성도만 이런 질문을 하는 것은 아닐 겁니다. 아마도 신앙이 없는 사람들도 많이 갖는 의문일 것입니다.

신이 있다면 왜 이렇게 창조하셨을까?

그런데 세상을 창조하신 하나님은 우리에게 이미 답변을 주셨습니다. 우리가 모르고 있었습니다.

하나님은 세상을 아름답게 창조하고 계십니다. 아직 하나님의 창조는 끝나지 않았습니다. 아직은 하나님의 도시가 땅 위에 세워지지 않았지만, 지금도 하나님은 창조의 계획을 진행하고 있습니다. 하나님은 아주 짧은 시간 동안 세상을 창조하시고, 그 후로 영원히 있게 될 하나님의 도시를 만들려고 하십니다. 하나님은 아름다운 도시에서 사람이 영원히 즐겁게 사는 것을 계획하시고 즐거워하셨습니다. 하나님은 창조에 걸리는 시간도 매우 짧게 잡아서 아주 빨리 창조를 진행하고 계십니다. 그런데 지금까지 6,000년이 흘렀습니다. 비록 6,000년이 사람에게는 길게 느껴지는 시간이지만 하나님에게는 아주 짧은 시간입니다.

그런데 우리는 이 짧은 창조의 과정 중에 세상에 태어나 살고 있습니다. 아직 하나님의 창조가 끝나지 않았기 때문에, 이 세상은 우리가 하나님의 백성으로 살기에는 많이 불편합니다. 하나님도 이것을 아십니다.

먼 훗날,

사람들은 하나님의 도시에서 태어날 것이고, 태어날 때부터 하나님의 백성이 될 것입니다. 그때의 사람들은 지금 우리가 겪는 이런 고통을 겪지 않을 것입니다.

다만 우리는 창조의 과정에서 태어나 많이 고생하고 있습니다. 하나님은 우리를 하나님의 백성으로 창조했고, 우리도 나중에 부활하면 하나님의 도시에서 영원히 행복하게 살게 될 것입니다. 하나님의 도시가 완성되면, 그때는 우리의 슬픔은 사라질 것이며, 우리는 지금의 고통을 잊게 될 것입니다.

조금만 더 참고 기다린다면 하나님의 창조는 완성될 것입니다. 물론 죽기 전에 완성된 하나님의 창조를 볼 수 없을지도 모릅니다. 또한, 우리는 죽든지 살아 있든지 기다릴 수밖에 없습니다.

하나님의 창조는 아직 끝나지 않았습니다. 그래서 아직 완성되지 않은 이 세상은 많은 모순이 있고, 또 많은 것들이 잘못되어 돌아갑니다. 그러나 하나님의 창조가 완성되어 가면서 이런 모순과 잘못들은 바로 잡힐 것입니다.

이 책에서 하나님의 창조 내용을 살펴보고 나면 하나님의 창조가 아직 완성되지 않았다는 것을 확인하게 될 것입니다. 그리고 하나님의 창조가 끝난 후에, 우리 앞에 펼쳐질 아름다운 세상을 그려 보기를 바랍니다.

2   구원이란 무엇인가

3   영생이란 무엇인가

4 사단과 죄의 문제

5 하나님 나라의 구조

6 지옥

7 새 예루살렘 성

8 ✦ 어린 양의 생명책

1

하나님의 창조

하나님 세상을
왜 이렇게 만드셨나요?

"하나님 왜 세상을 이렇게 만드셨나요?"

하나님을 믿는 사람들이라면 한 번 정도는 궁금했을 것입니다. 물론 기도를 통하여 직접 질문하는 사람도 있을 수 있고, 마음속에 의구심을 갖는 것만으로 간접적으로 하나님께 질문한 사람도 있을 수 있습니다.

하나님께서는 이 질문에 아래와 같이 대답하실 것입니다.

"내가 하는 일이 아직 끝나지 않았다. 나는 지금도 창조하고 있다. 나는 창조의 마지막 단계를 진행하고 있다. 마지막 단계는 하나님의 도시에서 영원히 살게 될 사람을 창조하는 것이다."

그렇습니다.
하나님의 창조는 아직 끝나지 않았습니다.
물론 하나님께서 직접 이렇게 말씀하시는 것은 아닙니다. 그러나 하나님께서는 이미 요한계시록에서 대답하셨습니다.

"이루었도다. 나는 알파와 오메가요 처음과 나중이라"(계 21:6)

이 말씀은 계 21:6의 내용이 성취될 때, 창조의 사역이 끝난다는 말입니다. 그래서 지금은 하나님께서 창조를 이루고 계신 중입니다. 아직도 하나님의 창조가 끝나지 않았기 때문에, 세상에는 불의와 죽음과 고통과 슬픔이 있는 것입니다. 하나님께서 세상을 창조하시는 일이 끝나게 된다면, 그때는 정말 아름다운 세상이 될 것입니다. 지금의 세상은 아직 창조되고 있습니다.

예를 하나 들겠습니다.

어떤 건축가가 집을 하나 만들고 있습니다. 한참 공사를 진행하면서 철근 콘크리트 기둥을 세우고 있습니다. 아직 벽도 없고, 전기도 없고, 수도 시설도 되어 있지 않으며, 도시가스도 설치하지 못했습니다. 그런데 어떤 사람이 와서 보고 "여기는 냉온수기도 없고, TV도 없고, 냉장고도 없다." 라고 불평하는 것과 같습니다.

건물이 완공되고, 전기/수도/도시가스가 들어오게 되면, 가전제품도 들어올 것입니다. 이 집에서 사람이 편안하게 살 수 있으려면, 건물이 완공되어야 합니다. 그전에는 모든 것이 부족하고 불편하며 사람이 거주하기에는 맞지 않는 환경입니다.

이 세상에 부정과 부패와 폭력과 불의와 전쟁과 기아와 고통이 계속되고 있는 것은 하나님께서 세상을 창조하고 계시는데, 이 일이 아직 끝나지 않았기 때문입니다.

하나님께서는 지금도 창조의 일을 계속하고 계십니다. 우리들은 아직 완성되지 않은 세상에 태어났습니다. 그래서 이런 일들을 겪는 것입니다. 이 세상은 아직 완성되지 않았기 때문에 [남자와 여자]인 하나님의 백성이 살기에는 적합하지 않습니다.

창세기 1장에서
창조는 끝난 것이 아닌가요?

하나님의 창조에는 4단계가 있습니다. 첫 번째 단계는 영들의 창조입니다. 두 번째 단계는 물질의 창조입니다. 세 번째 단계는 물질을 사용한 생명체의 창조입니다. 네 번째 단계는 생명체를 사용하여 영원한 하나님 백성을 창조하는 것입니다.

이 네 가지 단계의 창조는 제가 분류한 것입니다. 네 단계의 창조는 순차적으로 진행됩니다. 이미 오래 전에 세 번째 단계인 생명체의 창조는 끝났습니다. 지금은 네 번째 단계의 창조를 진행하고 있습니다.

어떤 사람이 집을 하나 짓고 있습니다. 가족이 행복하게 살려고 큰 기대를 가지고 아름다운 집을 짓고 있습니다. 땅을 샀고, 설계를 했으며, 건축허가를 받고, 건축을 시작했습니다. 공사의 기간은 1년 정도 걸립니다. 이제 거의 완성되어 갑니다. 1년 동안의 공사가 끝나면, 가족이 이 집으로 들어올 것이며 평생을 이 집에서 살려고 합니다. 이 사람은 완성되어 가는 집을 보면서 행복한 날을 상상하고 있습니다.

하나님도 하나님의 백성을 창조하고, 하나님의 백성에게 아름답고 영원한 삶을 주시려고 하십니다. 그런데 하나님의 창조는 끝나지 않았습니다. 관측 가능한 우주의 나이를 138억 년이라고 추측한 학자들의 계산이 맞다고 가정한다면, 138억 년은 집을 짓는 1년에 해당합니다. 그 후로는 영원한 삶이 기다리고 있습니다. 그래서 우리는 아직 새로운 집에서의 삶을 시작하지 못했습니다. 우리는 새로운 집이 완성되기를 기다리는 시간대에 살고 있습니다.

하나님의 창조에 있어서 마지막은 사람입니다. 창 1:27의 [남자와 여자]를 지으시는 일은 창조의 가장 중요한 핵심입니다. 이 [남자와 여자]는 앞으로 나타나게 될 하나님의 백성인데, 아직 세상에 등장하지 않았습니다. [남자와 여자]가 지상에 등장해야 하나님의 창조는 끝이 납니다.

어떤 부부가 있다고 합시다. 이 부부는 아기를 가지게 되었습니다. 너무나 기쁜 부부는 곧 태어날 아기를 위하여 아기방을 정성스럽게 준비합니다. 방을 아기에게 맞춰 예쁜 실내장식 작업을 했습니다. 창문과 벽에 여러 가지 예쁜 장식을 했습니다. 난방에도 신경을 써서 아기가 춥지 않도록 했습니다. 아기가 가지고 놀 장난감도 준비했습니다. 아기방의 모든 것이 완벽했습니다. 완성된 아기방을 보고 부부는 매우 만족했습니다.

세상은 바로 이와 같습니다. 우리가 보는 세상이 완전한 것 같고 이미 완성된 것 같지만, 이 세상은 부부가 아기를 위하여 완전하게 준비한 아기방과 같습니다.

하나님의 창조는 끝나지 않았다

그런데 아기가 태어난 후에 바로 죽었다고 합시다. 이제 아기방은 부부에게 아무런 의미가 없게 됩니다. 부부가 아기방에 들어와서 볼 때, 전에는 그렇게 아름답게 보였던 모든 것들이 이제는 아름답게 보이지 않습니다. 예쁘게 보이던 장식들도 이제는 예쁘게 보이지 않습니다. 이제는 아기방에 있는 어떤 것도 부부에게는 아름답지 않습니다.

하나님의 창조도 이와 같습니다. 하나님께서는 세상의 만물을 창조하셨습니다. 세상 만물의 창조는 이미 끝났습니다. 그러나, 이 세상 속에 하나님의 백성이 없다면, 하나님에게 이 세상은 아름다운 것이 아닙니다.

하나님께서 세상을 만드신 이유도 사람들이 행복하게 살 수 있는 환경을 준비하는 것입니다. 하나님께서 하나님의 백성을 위하여 세상 모든 만물을 만드셨다고도 말할 수 있습니다.

하나님께서는 창 1:27의 [남자와 여자]를 창조하여 땅 위에 살면서 하늘의 새와 바다의 고기와 땅의 짐승을 다스리게 하고자 하셨습니다. 땅의 모든 생물을 다스려야 하는 이 [남자와 여자]는 하나님께서 창조하실 하나님의 나라의 백성입니다.

창 1:27의 [남자와 여자]가 되려면, 하늘의 새와 바다의 고기와 땅의 생물들을 다스리는 상태가 되어야 합니다. 하늘의 새와 바다의 고기와 땅의 모든 생물이 [남자와 여자]에게 순종하며 따르도록 하셨기 때문입니다.

그러나 지금까지 누구도 하늘의 새와 바다의 고기와 땅의 생물을 다스리지 못했습니다. 하늘의 새와 바다의 고기와 땅의 생물들이 사람을 피하며 도망가는데, 이것은 다스리는 것이 아닙니다.

간혹 일부 동물들과 친하게 지내는 사람도 있습니다만, 그렇다고 모든 새와 모든 바다의 고기들과 모든 땅의 생물들이 순종하고 따르는 것은 아닙니다. 그래서 지금까지 이 지구상에 살았던 모든 사람 중에서 단 한 사람도 창 1:27의 [남자와 여자]는 아닙니다. 하나님께서 창조하고자 하셨던 창 1:27의 [남자와 여자]는 이 지구상에 존재한 적이 없습니다.

왜냐하면, 창세기 1장의 내용은 하나님께서 이루실 일(창조의 계획)을 선포하신 것으로, 창 1:27의 [남자와 여자]는 미래에 등장하게 될 하나님의 백성이기 때문입니다.

창 1:27의 [남자와 여자]는 아직은 나타나지 않았습니다만, 하나님께서 계획하시고 선포하신 일은 반드시 이루어지기 때문에, 창 1:27의 [남자와 여자]는 미래에 반드시 나타나게 될 것입니다.

모든 사람은 창 1:27의 [남자와 여자]로 창조되었습니다. 그러나 아직은 창 1:27의 [남자와 여자]가 아닙니다. 이미 죽은 사람들까지 포함하여 지금까지 살았던 모든 영혼(사람)은 창 1:27의 [남자와 여자]가 되기로 결정되어 있습니다. 그러나 아직은 누구라도 창 1:27의 [남자와 여자]가 되지는 못했습니다. 죽은 영혼(사람)들이 부활하여 영원한 생명을 가지게 되

하나님의 창조는 끝나지 않았다

면 그때에서야 비로소 창 1:27의 [남자와 여자]가 됩니다.

　사람들 대부분은 창 1:27의 [남자와 여자]를 창 2:23의 [아담과 하와]라고 생각합니다. 그러나 이것은 오해입니다. 창 1:27의 [남자와 여자]는 창 2:23의 [아담과 하와]가 아닙니다.

남자와 여자는 아담과 하와로 보이는데, 그게 아니라는 말인가요?

창 1:27의 [남자와 여자]는 창 2:23의 [아담과 하와]로 보이기는 합니다. 그래서 많은 사람이 [남자와 여자]를 [아담과 하와]로 착각하는 것도 무리는 아닙니다. 그런데 창 1:27의 [남자와 여자]는 창 2:23의 [아담과 하와]가 아닌데, 그 이유를 세 가지로 설명합니다.

첫 번째로, 창조의 순서가 서로 맞지 않습니다.

창 1:27의 [남자와 여자]는 동시에 창조되었습니다. 다섯째 날 하늘의 새와 바다의 고기가 창조되고, 여섯째 날 땅의 짐승들이 창조됩니다. 그 후에 [남자와 여자]가 창조됩니다. 그래서 창세기 1장에서는 새-물고기-짐승-사람(남자와 여자) 순으로 창조됩니다.

창 2:23의 [아담과 하와]는 동시에 창조되지 않았습니다. 아담이 먼저 창조되고, 하늘의 새와 땅의 짐승들이 창조된 후에 하와가 창조됩니다. 그래서 창세기 2장에서는 아담-새, 짐승-하와 순으로 창조됩니다.

이런 이유로 창 1:27의 [남자와 여자]는 창 2:23의 [아담과 하와]가 아닙니다.

두 번째로, 사람에게 주어진 명령이 다릅니다.

창 1:28에서 [남자와 여자]에게 주어진 권한은 [하늘의 새와 바다의 고기와 땅의 짐승을 다스리는 권한]입니다. "생육하고 번성하여 땅에 충만하라. 땅을 정복하라. 바다의 고기와 공중의 새와 땅에 움직이는 모든 생물을 다스리라"(창 1:28)라고 말씀하셨습니다. 또한, 이 명령은 [남자]에게만 주신 명령이 아니라 [남자와 여자]에게 동시에 주어진 명령입니다.

창 2:15는 아담에게만 주어진 명령입니다. 이 당시에는 하와가 아직 창조되기 전입니다. 아담에게 주어진 명령은 에덴동산을 다스리며 지키는 것입니다. "여호와 하나님이 그 사람을 이끌어 에덴동산에 두사 그것을 다스리며 지키게 하시고"라고 창 2:15에 기록되어 있습니다. 그래서 창 1:28의 [남자와 여자]에게 주어진 명령과 창 2:15의 아담에게만 주어진 명령은 다르다는 것입니다.

세 번째로, 창 2:19에서 [바다의 고기]가 빠져 있습니다.

아담이 있는 에덴동산에는 바다가 있지 않았습니다. 창 2:10에서 강이 에덴에서 시작되어 아담이 있었던 동산을 적셨다고 합니다. 그리고 이 강이 에덴동산 바로 다음부터 갈라져서 네 강의 근원이 되었다는 겁니다.

강의 끝에는 바다가 있을 것입니다. 그러나 아담이 있던 동산에는 바다가 있지 않았습니다. 그래서 창 2:19에는 바다의 고기를 창조했다는 기록이 없습니다. 아담은 새와 땅의 짐승에게 이름을 주었으나 바다의 고기에게는 이름을 주지 못했습니다. 아담은 바다의 고기를 만나지 못했습니다.

창 1:26에서 [남자와 여자]는 바다의 고기까지 다스리도록 권한을 받습니다. 그러나 아담은 바다의 고기를 다스린 적이 없습니다. 이것은 하나님의 명령이 잘못된 것일까요? 그럴 수 없습니다. 아니면, 아담이 바다가 있는 곳까지 가서 바다의 고기에게 이름을 주었어야 했을까요? 이것도 아닙니다. 하나님께서 아담을 에덴동산 안에 두셨기 때문입니다. 이것은 창 1:26의 명령이 [아담과 하와]에게 주어진 명령이 아니라는 것입니다.

이렇게 세 가지 이유로 [남자와 여자]는 [아담과 하와]가 아니라는 것을 알 수 있습니다.

[아담과 하와]는 에덴동산에서 대략 80년 정도를 다스리며 지켰습니다. 그러나 [아담과 하와]는 [하늘의 새와 바다의 고기와 땅의 짐승들]을 다스린 적이 없습니다.

창 2:20에서 아담이 각종 새와 각종 들짐승에게 이름을 주었다고 합니다. 이것은 이름을 준 것이지 다스린 것은 아닙니다. 동물에게 이름을 주는 것과 동물을 다스리는 것은 다른 것입니다. 그뿐만 아니라 이름을 받은 동물 중에는 바다의 고기가 빠져 있습니다.

하나님의 창조는 끝나지 않았다

그래서 아담과 하와는 창 1:28의 명령을 받지 않았으며, 결론적으로 아담과 하와는 창 1:27의 [남자와 여자]가 아니라는 겁니다.

만약 [아담과 하와]를 창 1:27의 [남자와 여자]로 보게 되면, 창 1:28의 명령은 성취되지 않은 말씀이 됩니다. [아담과 하와]는 바다의 고기를 보지 못했고, 그래서 다스릴 수도 없었습니다. 아담은 바다의 고기를 볼 수도 없는데, 하나님께서 바다의 고기를 다스리라고 명령하신 것이 됩니다.

창세기 1장에서 하나님께서 명령으로 말씀을 선포하셨습니다. 그리고 이 명령은 아직 이뤄지지 않았습니다. 하나님은 전능하신 분이며, 그 말씀하신 것은 하나도 헛되이 돌아오는 일이 없이 반드시 성취됩니다.

그래서 창 1:28의 말씀도 반드시 성취되어야 하는데, [남자와 여자]를 [아담과 하와]라고 한다면, 이미 과거의 사건이 되기 때문에, 하나님의 명령이 성취되지 않았다는 결과가 됩니다. 그래서 창 1:27의 [남자와 여자]는 [아담과 하와]가 아니라는 것입니다.

하늘의 새와 바다의 고기와
땅의 생물을 다스린 사람은 없나요?

물론 모든 사람을 다 확인한 것은 아닙니다만, 지금까지는 한 명도 없다고 할 수 있습니다.

예수님은 하늘의 새와 바다의 고기와 땅의 모든 동물을 다스릴 수 있었을 것으로 생각합니다. 그러나 성경상에서 예수님이 동물을 다스렸다는 기록을 찾아볼 수 없습니다. 예수님께서 비록 하늘의 새와 바다의 고기와 땅의 동물을 다스렸다고 해도, 예수님은 창 1:27의 [남자와 여자]가 아닙니다.

창 1:27의 [남자와 여자]는 생육하고 번성하여 땅에 충만해지고, 땅을 정복해 살아가는 하나님의 백성입니다. 예수님은 땅 위에서 생육하고 번성하는 사람이 아니며, 예수님은 성자 하나님입니다.

예수님께서 동물들을 다스리고, 동물들이 예수님께 순종하며, 예수님이 바다의 고래를 타고 다니시거나, 하늘의 새를 타고 날아다니셨다고 믿을지라도 예수님은 하나님의 백성이 아니므로, 백성 중에서는 아직 한 명도 없다고 말할 수 있습니다.

[아담과 하와] 이후로 지금까지 모든 사람 중에 단 한 사람도 [하늘의 새와 바다의 고기와 땅의 모든 생물]을 다스린 사람은 없다고 생각합니다. 물론 많은 사람이 가축을 기르거나 반려동물과 함께 살아갑니다. 그런데 이런 일은 다스리는 것이 아닙니다.

일부 동물은 사람을 무서워하지 않고 사람과 친해지기도 합니다. 그러나 동물 대부분은 사람과 함께 하지 않습니다. 동물 대부분은 사람을 무서워하며 사람을 피합니다. 일부 동물을 사랑하는 사람을 빼고 본다면, 사람 대부분은 동물을 가까이하지 않습니다. 물론 동물을 가까이하는 경우에도, 가축을 기르거나 동물을 사육하거나 사냥합니다. 사람이 동물들을 사육하거나 사냥하거나 기르거나 돕기도 하지만, 이런 일들을 다스린다고 표현하지는 않습니다.

다스린다는 말은, 모든 동물이 사람과 어울리면서 사람의 말에 순종하는 관계이며, 사람은 동물들을 적절하게 다스리고 관리하여 함께 상생할 때 사용하는 말입니다. 또한, 사람과 동물은 분명하게 구분되어야 합니다. 동물을 잡아먹거나 사고 파는 관계가 아니라, 함께 조화를 이루며 살아가는 관계입니다. 그러면서도 사람은 동물을 관리하는 위치에 있으며, 동물은 사람의 관리를 받는 위치에 있어야 합니다. 일부 반려동물은 마치 자신이 사람과 같은 위치에 있는 것처럼 행동하기도 합니다. 이는 그 동물의 주인이 반려동물에게 순종을 가르치지 않았기 때문입니다. 이런 경우는 다스리는 것이 아닙니다.

다스린다는 말의 의미를 잘 알 수 있는 말씀이 있습니다.

"이리와 어린 양이 함께 먹을 것이며, 사자가 소처럼 짚을 먹을 것이며 뱀은 흙으로 식물을 삼을 것이니"(사 65:25)

이리나 사자나 뱀이 모두 육식을 하지 않는 세계가 만들어집니다. 그 세계에서 동물들은 사람의 관리를 받으며 평안히 살게 됩니다. 동물에게 죽음의 두려움이 없을 때 비로소 상호 신뢰와 믿음이 바탕이 되어 함께 살아갈 수 있게 됩니다. 이런 상태가 되어야 비로소 사람은 동물을 다스릴 수 있게 됩니다. 그런데 아직은 육식이 있으며, 육식동물은 초식동물을 죽이고 먹습니다. 아직 죽음이 없는 세계가 만들어지지 않았습니다.

그래서 [남자와 여자]는 아직 이 땅 위에 출현하지 않았다는 것입니다. 동물들과 사람에게 죽음이 없는 세상이 완성될 때 창 1:27의 [남자와 여자]가 등장하게 됩니다. 이때 가서야 비로소 하나님께서 계획하시고 선포하신 창 1:28의 말씀이 성취됩니다.

창 2:23의 [아담과 하와]는 창 1:27의 [남자와 여자]가 아닙니다. 또 이 땅 위에 살아 있는 어떤 사람도, 과거에 살았던 어떤 사람도 [남자와 여자]가 아닙니다. 왜냐하면, [남자와 여자]가 등장할 만한 환경이 아직 조성되

하나님의 창조는 끝나지 않았다

지 않았기 때문입니다.

　결론적으로 말한다면, 창세기 2장의 [아담과 하와]는 창세기 1장의 [남자와 여자]를 만들기 위하여 하나님께서 처음으로 이 지구상에서 창조한 사람입니다.

　[남자와 여자]는 하나님께서 창조하려고 계획하신 [하나님의 백성]입니다. [하나님의 백성]은 부활이 성취될 때, 죽음이 없는 영원한 몸을 가지고 땅 위에 등장하게 됩니다. 그런데 아직 부활이 성취되지 않았기 때문에, [남자와 여자]인 [하나님의 백성]이 땅 위에 없다는 것입니다.

　예수님은 마 25:34에서 "창세로부터 너희를 위하여 예비된 나라를 상속하라"고 말씀하셨습니다. 창세로부터 준비된 나라는 이 땅 위의 세상입니다. 이 땅 위에 하나님의 백성이 살게 될 도시들을 세우실 것입니다. 하나님께서 세상 만물을 하나님의 백성에게 주시려고 창조하실 때부터 준비하셨다는 말입니다.

　마치 부부가 태어날 아기를 위하여 미리 아기방을 꾸미는 것과 같습니다. 아기방은 아기가 세상에 태어나야 의미가 있습니다. 아기가 태어나기 전까지는 아기방은 단지 잘 꾸며진 공간에 불과합니다. 아기방은 아기가 태어나기를 기다리고 있는 것입니다. 이 세상 만물은 하나님의 백성에게 상속되기 위하여 준비된 것입니다.

그러나 아직 [하나님의 백성]이 땅 위에 등장하지 않았습니다. 왜냐하면, 마 25:31에서 "인자가 자기 영광으로 모든 천사와 함께 올 때에…"라고 말씀하셨기 때문입니다. 이 말씀에서 [천사와 함께 올 때]란 곧 예수님께서 재림하실 때를 의미합니다. 예수님께서 이 땅 위에 재림하실 때, 하나님의 백성이 땅 위에 준비된 하나님의 나라를 상속받습니다.

그때로부터 사람들은 죽음이 없는 몸을 가지고, 하나님께서 창세 때부터 준비하신 이 땅 위에서, 하늘의 새와 바다의 고기와 땅의 모든 생물을 다스리며 영원히 살게 될 것입니다. 모든 사람은 바로 이런 하나님의 백성이 되기 위하여 창조된 것입니다.

마찬가지로 이 글을 읽는 당신(독자)도 하나님의 백성으로 창조된 것입니다. 하나님의 백성이 곧 창 1:27의 [남자와 여자]를 의미합니다. 그래서 당신(독자)도 나중에는 창 1:27의 [남자와 여자]가 되도록 창조되었습니다.

그러나 아직은 창조의 일이 끝나지 않았기 때문에, [남자와 여자]가 등장하지 않았습니다. 당시(독자)도 아직은 창 1:27의 [남자와 여자]가 아닙니다. 세상의 모든 사람이 창 1:27의 [남자와 여자]가 되기 위해 창조되었으나, 아직은 창 1:27의 [남자와 여자]가 아닙니다.

왜냐하면, 사람들은 병들고 아프고 늙고 죽기 때문입니다. 아직도 하나님의 창조의 일이 끝나지 않았기 때문에, 이런 일들이 우리에게 일어나는 겁니다. 늙고 아프고 병들고 죽는 이 세상은 하나님께서 하나님의 백성을 위하여 준비하신 삶의 터전이 아닙니다.

하나님께서는 하나님의 백성을 위하여, 먼저 아름다운 하나님의 나라인 도시들을 준비합니다. 그리고 하나님께서 모든 사람을 [남자와 여자]로 살리실 때, 늙지도 않고, 병들지 않으며, 아프지 않고, 죽지 않는 몸을 가지게 합니다.

예수님께서 재림하실 때, 이 글을 읽는 당신(독자)도 죽지 않는 영원한 생명을 가지게 되며, 이 땅 위에서 하늘의 새와 바다의 고기와 땅의 짐승들을 다스리며 살게 될 것인데, 그때가 되어야 당신(독자)도 창 1:27의 [남자와 여자]가 됩니다.

창 1:27의 [남자와 여자]가 이 땅 위에 등장하게 될 때, 창세기 1장에서 여섯째 날에 하나님께서 선포하신 말씀이 이루어지게 됩니다.

하나님의 나라는 세상이 아니라 영의 세계가 아닌가요?

하나님은 영(spirit)이십니다.

영이신 하나님께서 물질세계를 만드셨습니다. 그리고 이 물질세계에서 살게 될 각종 동물을 창조하셨습니다. 그리고는 다시 이 동물을 다스리는 사람들을 창조하십니다.

하나님께서는 이렇게 물질세계와 그 속에서 살아가야 하는 동물과 사람을 창조하셨습니다. 그리고 사람에게 물질세계인 땅에서 [생육하고 번성하여 충만하라]고 명령하셨습니다.

이렇게 명령까지 내리신 하나님은 사람의 영혼을 영의 세계에 영원히 있게 하지 않습니다. 사람들은 왜 하나님께서 사람의 영혼을 영의 세계로 데려갈 것이라고 생각하게 되었을까요? 하나님께서 사람을 만드신 목적은 땅 위에서 영원히 사는 것입니다. 사람을 창조하시고 그 영혼을 영의 세계로 데려가시는 것은 사람을 창조한 목적이 아닙니다.

그래서 하나님은 물질세계로 창조된 땅 위에 하나님의 나라를 창조하십니다. 하나님께서 세상을 만드셨고, 하나님은 세계 모든 만물을 소유하셨으며, 하나님께서 세상 만물을 다스립니다.

그런데도 하나님께서는 물질세계 안에 어떤 특정한 지역을 선택하십니다. 그리고 그 지역에 사람이 살기 좋은 환경을 만드십니다. 그곳이 하나님의 도시입니다. 그 후에 사람들이 이 도시 안에서 영원히 살게 하십니다. 이 도시를 하나님이 직접 다스립니다. 그리고 이 도시를 하나님의 나라라고 말씀하시는 겁니다.

넓은 의미로 볼 때, 하나님이 다스리는 모든 곳이 하나님의 나라입니다. 하나님은 영의 세계도 다스리시고, 물질세계도 다스립니다. 그래서 천국은 영의 세계에만 있는 것이 아닙니다. 천국은 이 물질세계 안에도 있게 됩니다.

하나님께서 영의 세계만 다스리시고, 물질세계를 다스리지 못한다면, 천국은 영의 세계에만 존재할 겁니다. 그러나 하나님께서는 영의 세계와 물질세계 모두를 소유하고 계시며, 모두 다스리고 계십니다. 그래서 영의 세계도 천국이고, 물질세계도 천국입니다.

하나님께서는 사람을 창조하실 때, 영의 세계인 천국에서 살라고 창조하신 것이 아니라, 물질세계인 땅 위의 천국에서 살라고 창조하신 겁니다. 사람을 하나님의 백성으로 창조하셨고, 사람에게 이 세상인 물질세계의 천국에서 살라고 창조하신 겁니다.

물질세계인 이 세상의 나라 안에서, 하나님이 직접 다스리는 특정 지역에서, 하나님이 주신 각종 좋은 것으로 채워져 있는 곳에서, 생육하고 번성하여 땅에 충만한 삶을 누리라는 것입니다.

영의 세계도 하나님의 나라이며, 이 세상도 하나님의 나라입니다. 영의 세계는 하나님께서 직접 다스리는 곳으로 영원 전부터 영원까지 하나님께서 다스리시는 곳입니다. 영의 세계를 다른 존재가 다스릴 수는 없습니다.

그런데 물질세계는 조금 다릅니다. 지금은 하나님이 이 세상을 직접 다스린다고 할 수 없습니다. 그러나 하나님께서 세상 만물의 주인이고 만물을 창조하신 분으로, 보이지 않는 하나님의 손으로 섭리하고 계십니다. 지금은 하나님께서 이 세상을 직접 다스리지 않으나, 가장 깊고 가장 높은 단계의 섭리로 주관하고 계시다고 믿습니다.

하나님께서 사람을 지으시고 영에 세계가 아닌 세상에 두신 것은 땅 위에서 살게 하려는 겁니다. 이 땅에서 살아도 하나님의 백성입니다. 하나님께서 직접 다스리는 왕국을 땅 위의 특정 지역에 세우실 것입니다. 그 왕국 안에 도시들을 건설하고, 그 도시 안에 하나님의 백성이 살게 하실 겁니다.

이렇게 땅 위에 건설되는 세상 나라의 도시들도 역시 하나님의 나라입

하나님의 창조는 끝나지 않았다

니다. 하나님의 나라는 영의 세계인 하나님의 나라와 물질세계인 땅 위 하나님의 나라가 있습니다. 창 1:27의 [남자와 여자]는 땅 위에 세워지는 세상 나라이면서 하나님이 다스리는 나라에서 살도록 창조되었습니다.

[남자와 여자]가 살게 될 하나님의 나라는 영의 세계가 아니라 이 세상 물질세계인 땅 위에 있는 나라입니다.

모든 사람이 아니라 예수님을 믿는 사람만 천국에 가는 것이죠?

지금까지 교회에서 예수님을 믿고 죄사함을 받은 사람들만 천국에 간다고 가르쳤습니다. 분명하게, 예수님의 피로 죄사함을 받아야만 하늘에 계시는 하나님께로 갈 수 있습니다(요 14:6). 이 말씀은 예수님께서 직접 하신 말씀으로 분명한 진리입니다.

예수님을 믿지 않는 사람은 예수님의 보혈로 죄사함을 받지 못합니다. 그래서 죄를 그대로 가지고 죽게 되며, 죄인은 하나님 앞에 갈 수가 없습니다.

우리가 그동안 배웠던 교리를 설명합니다.
"하나님이 계신 곳이 곧 예수님이 계신 곳이며, 그곳은 천국입니다. 하나님이 계시지 않는 곳은 천국이 아니기에 지옥입니다. 죽어서 가는 곳은 천국과 지옥밖에 없기 때문입니다. 죄가 있는 사람은 하나님께로 가지 못합니다. 하나님께로 가지 못하는 사람은 천국에 갈 수 없으므로 결국에는 지옥으로 가게 됩니다. 예수님의 피로 죄사함을 받지 않으면 모두 지옥에 갈 수밖에 없습니다. 그래서 예수님을 구주로 받아들여야 합니다."

이런 식으로 교리를 단계적으로 설명하다 보면, 예수님을 믿는 사람들만 천국에 갈 수 있다는 결론이 나옵니다.

그런데 이 교리의 논리에는 잘못된 부분이 있습니다. 우리가 하나님이 계신 영의 세계로 가는 것이 아니라, 하나님께서 우리가 있는 이 물질세계인 세상 나라로 들어오신다는 것입니다.

요한계시록에서 하나님이 계신 곳은 거룩한 성 예루살렘입니다. 이 예루살렘 성 안으로 들어가서 하나님을 만나려면 죄가 없어야 합니다. 속된 사람은 들어올 수 없습니다.

그러나 새 예루살렘 성 안으로 들어가지 않고 땅 위에서만 영원히 산다면 예수님의 피로 죄사함을 받지 않아도 됩니다. 죄인은 하나님을 영원히 만날 수 없습니다. 그러나 땅 위의 세상 나라에서 하나님의 백성으로 살지라도 하나님을 직접 만나지는 않습니다. 그래서 하나님을 직접 만나지 않을 사람은 죄가 있어도 하나님의 나라 안에서 살 수 있습니다.

물론 죄가 있는 사람이 천국에 살 수 있다는 것은 말이 안 된다고 생각할 것입니다. 이런 생각을 하는 것은 오랫동안 교회에서 이렇게 배웠기 때문입니다.

사람이 비록 예수님의 피로 죄사함을 받지 못했어도 하나님의 나라 안에서 영원히 살 수 있음을 예수님께서 말씀하셨습니다. 일만 달란트를 탕감받은 사람에 대한 비유의 말씀입니다. 그래서 예수님을 믿는 사람만 하나님의 나라에 들어간다는 교리는 죄 사함의 목적에 대한 해석을 잘못한 것입니다.

> "우리를 사랑하사 그의 피로 우리 죄에서 우리를 해방하시고 그 아버지
> 하나님을 위하여 우리를 나라와 제사장으로 삼으신 그에게"(계 1:4)

> "일찍 죽임을 당하사 각 족속과 방언과 백성과 나라 가운데서 사람들을
> 피로 사서 하나님께 드리시고 저희로 우리 하나님 앞에서 나라와 제사
> 장을 삼으셨으니"(계 5:9)

예수님께서 사람들을 피로 사는 목적은 하나님 앞에서 [나라와 제사장]을 삼기 위함이라고 하십니다. 예수님의 피로 죄사함을 받는 사람들은 하나님 앞으로 가서 있게 되며, 그들은 [나라와 제사장]으로 하나님이 계신 곳에서 하나님을 섬기는 사람이 됩니다.

> "생육하고 번성하여 땅에 충만하라. 땅을 정복하라. 하늘의 새와 바다
> 의 고기와 땅의 모든 생물을 다스리라"(창 1:27)

그런데 창 1:27의 [남자와 여자]는 하나님 앞에서 영원히 하나님께 봉사하라고 창조된 것이 아닙니다. 하나님 앞이 아니라 땅 위에서 살라는 것입니다. [남자와 여자]는 땅 위에서 생육하고 번성하여 충만해지기 위해 창조되었습니다.

하나님의 창조는 끝나지 않았다

예수님의 피로 죄사함을 받아 [나라와 제사장]이 될 사람들과 창 1:27의 [남자와 여자]는 창조 목적 자체가 다르다는 것입니다. 그래서 창 1:27의 [남자와 여자]는 하나님 앞으로 갈 것도 아니고, 하나님을 보게 될 것도 아니며, 하나님 앞에 서는 일도 없습니다. 창 1:27의 [남자와 여자]는 하나님의 백성이 되기 위하여 창조되었으나, 하나님을 직접 만나는 것은 아닙니다.

하나님을 직접 만나는 일이 없다면, 예수님의 피로 죄사함을 받을 필요까지는 없습니다. 예수님을 통하지 않고는 아버지께로 갈 수 없습니다. 이는 예수님께서 "나로 말미암지 않고는 아버지께로 올 자가 없다."라고 말씀하셨기 때문입니다. 그러나 하나님 아버지께 가지 않을 사람은 예수님을 통하지 않아도 됩니다.

다른 방식으로 하나 더 생각해 봅시다.

만약 어떤 사람이 지옥에 던져져서 영원히 나오지 못한다면, 하나님께서 사람을 창조한 목적을 이루지 못하는 결과가 됩니다. 하나님께서 목적을 정하고 일을 하더라도 그 목적을 이루지 못하는 분이 됩니다.

그런데 하나님은 그런 분이 아닙니다.

하나님께서는 목적한 일을 반드시 이루고야 마는 전능하신 분입니다. 많은 사람이 지옥에 던져져서 벌을 받기는 하겠지만, 이것은 하나님께서 창 1:27에서 [남자와 여자]를 창조한 목적은 아닙니다.

지옥에 던져서 벌을 내리는 것은 사람에게 자신이 지은 죄의 대가를 치르게 하려는 겁니다. 하나님은 사람을 지옥에 영원히 두지 않습니다. 사람을 지옥에 영원히 두는 것은 하나님께서 사람을 창조하신 목적이 아니기 때문입니다.

하나님은 어떤 사람이든지 지옥에서 그 죄의 대가를 다 치르고 나면, 지옥의 형무소에서 꺼내어 영원한 하나님의 나라의 백성으로 살게 하십니다.

우리 사람의 법정에서도 죄에 대한 경중을 따져서 죄에 맞는 형을 선고합니다. 사람이 지은 죄에 맞게 징역 몇 년, 벌금 얼마 등의 형을 선고합니다. 공정하신 하나님은 사람보다 더 공정할 것입니다. 하나님은 사람이 지은 죄에 비해서 너무 과하게 벌을 내리는 분이 아닙니다.

죄를 지은 사람은 지옥의 형벌을 받게 됩니다. 지옥의 형벌을 받는 사람이 그 형기를 채우면 지옥에서 나오게 됩니다. 그리고 그 후로 그 사람은 하나님께서 사람을 창조하신 목적대로, 하늘의 새와 바다의 고기와 땅의 짐승을 다스리면서 생육하고 번성하여 땅에 충만하라는 하나님의 뜻대로 살게 됩니다.

모든 사람은 다 하나님의 백성이 되어 하늘의 새와 바다의 고기와 땅의 짐승을 다스리며 살도록 창조되었다는 것입니다. 이것이 하나님께서 사람을 창조하신 목적이며, 기독교인만이 아니라 이 글을 읽는 당신(독자)을 포함하여 모든 사람을 이 세상에 태어나게 하신 목적입니다.

하나님의 창조는 끝나지 않았다

또 어떤 사람은 지옥에 던져진 사람들은 얼마 후에 영원히 소멸한다고 합니다. 생육하고 번성하여 땅에 충만하게 하려고 창 1:27의 [남자와 여자]를 창조하신 하나님께서 목적을 이루지 못하시고 그냥 사람을 소멸하셨다는 말과 같습니다. 이 교리도 결국에는 하나님을 전능하지 못한 분으로 만드는 잘못된 교리입니다.

모든 사람은 하나님께서 창조하신 목적대로 반드시 그렇게 살아야 합니다. 당장은 아닙니다. 왜냐하면, 아직 하나님의 창조 사역이 끝나지 않았기 때문입니다.

그러나 하나님의 창조하시는 일이 끝나고, 하나님께서 모든 것을 다 이루시게 되면, 모든 사람은 하나님께서 창조하신 목적대로 그렇게 살아야 합니다. 그래야 하나님은 목적한 것을 반드시 이루는 전능하신 하나님이 됩니다.

결론적으로, 예수님을 믿는 사람들만 천국에 들어가는 것이 아니라, 창조된 모든 사람이 다 땅 위의 천국에 들어가서 하나님의 백성이 될 것입니다. 그리고, 예수님을 믿고 죄사함을 받은 사람들만 하나님 앞에 가서 하나님을 만날 수 있습니다.

그러면 지금은 천국에 간 사람이 없다는 건가요?

이 세상 누구도 하나님의 나라를 상속받은 사람은 아직 없습니다. 많은 사람이 하나님의 나라를 상속받기 위하여 대기하고 있습니다. 하나님의 나라의 백성이 되기 위해 기다리고 있지만, 아직 단 한 명도 하나님의 나라를 상속받은 사람은 없습니다.

예수님을 믿고 죽은 사람들과 예수님을 믿고 있는 사람들 그리고 천국 백성이 되기 위해 창조된 모든 사람이 하나님의 나라를 상속받게 될 것입니다.

우리는 지금까지 교회에서 예수님을 믿고 죽으면, 죽은 영혼이 바로 천국에 간다고 배웠습니다. 그러나 성경에서 볼 때, 아무리 믿음이 좋은 기독교인이라 해도 하나님의 나라를 상속받은 사람은 아직 없습니다.

하나님의 나라를 언제 상속받는지 생각해 봐야 합니다. 기독교인들이 하나님의 나라를 상속받는 시기는 마 25:31에서 예수님이 자기 영광으로 모든 천사와 함께 지상에 오실 때입니다.

이 일이 아직 이뤄지지 않았기 때문에, 다시 말해서 예수님이 오시지 않았기 때문에, 하나님의 나라를 상속받는 일은 아직 이루어지지 않았습니다. 하나님의 나라에 들어갈 사람들은 준비되어 있으나, 하나님의 나라에 들어간 사람은 없다는 의미입니다.

또한, 계 21:6에서 "이루었다"고 기록하고 있습니다. 이 말씀은 아직도 이뤄지지 않았습니다. 이 말씀이 이뤄졌다고 말하는 분은 없을 겁니다. 이 말씀은 아직은 미래의 일입니다. 그래서 하나님의 창조는 끝나지 않았다는 것입니다.

하나님께서는 이 땅 위에서 생육하고 번성하여 충만해질 사람을 창조하셨습니다. 창 1:27에서 [남자와 여자]는 이 세상에서 땅 위의 나라에서 영원히 살도록 지음을 받았습니다. 그래서 하나님께서는 [남자와 여자]가 살아야 하는 이 땅 위에서 하나님의 나라를 준비하고 계십니다.

그런데 땅 위에 세워지는 하나님의 나라는 지금은 이 지구상에 없습니다. 그러나 하나님은 이 지구의 땅 위에서 하나님의 나라를 세우실 것인데, 이 하나님의 나라는 사람이 다스리는 나라가 아니라 하나님께서 직접 다스리는 왕국입니다.

그래서 대통령을 투표로 뽑는 나라는 하나님의 나라가 아닙니다. 공산

주의 국가도 당연히 하나님의 나라가 아닙니다. 땅 위에 세워지는 하나님의 나라는 아직은 없습니다.

하나님께서는 창 1:27의 사람을 만드실 때, 땅 위에서 살도록 창조하시기 때문에, 사람이 살게 될 하나님의 나라는 이 땅 위에 세워지게 될 것입니다. 땅 위에 하나님의 나라를 세운다는 말은 주권적인 의미도 있으나 공간적인 의미도 있습니다.

땅 위에 세워지는 하나님의 나라 안에는 도시들이 세워집니다.
하나님의 백성은 이 도시들 안에서 육체를 가지고 동물과 함께 어우러져 영원히 살게 됩니다. 이렇게 하나님의 나라는 사람과 동물이 함께 살기 때문에 자연 친화적인 방법으로 건설되는 도시입니다.

많은 사람이 함께 살기 때문에 큰 도시로 건설됩니다. 이 도시들 안에 사는 사람마다 영원히 소유하게 되는 집이 있고, 여러 가지 편의 시설을 갖추게 됩니다. 그런데 아직은 하나님의 도시가 이 땅 위의 어느 장소에도 건설되고 있지 않기 때문에, 하나님의 나라에 들어간 사람은 없다는 말입니다.

많은 사람이 죽은 후에 영혼의 상태로 하나님의 나라인 땅 위의 천국에 들어가기 위하여 대기하고 있습니다. 죽은 사람들의 영혼과 아직 살아 있는 사람들도 모두 땅 위 하나님의 나라에 들어가도록 창조되었기 때문입니다. 안타까운 일이지만, 사람 대부분은 죽을 때까지도 자신이 죽은 후

하나님의 창조는 끝나지 않았다

에 어떻게 되는지 모르고 죽습니다.

하나님은 땅 위의 어떤 장소에 하나님의 나라인 여러 도시를 건설할 것입니다. 땅 위에 있는 하나님의 나라에서 모든 도시가 아름답게 세워지고 나면, 그 후에 기다리던 모든 영혼이 부활하여 육체를 가지게 됩니다. 그리고 땅 위에 세워진 하나님의 도시들로 들어가게 됩니다.

하나님께서 사람을 창조하신 목적대로 땅 위 하나님의 나라인 도시들 안에서 생육하고 번성하여 땅 위에 충만하게 될 것입니다. 그러나 지금은 하나님의 도시가 없으므로 천국에 들어간 사람은 아직 없습니다.

천국은 영혼의 상태로 가게 되는 곳이 아니라는 건가요?

천국은 몸을 가지고 가는 곳입니다.

> "하나님이 그들에게 복을 주시며 그들에게 이르시되 생육하고 번성하여 땅에 충만하라. 땅을 정복하라. 바다의 고기와 공중의 새와 땅에 움직이는 모든 생물을 다스리라 하시니라"(창 1:28)

우리 기독교인들은 좀 더 하나님의 창조목적에 주목할 필요가 있습니다. 하나님께서 사람을 창조하신 목적은 사람이 땅에 충만하게 되는 것이고, 사람이 땅을 정복하는 것입니다.

사람이 죽은 후에 영혼의 상태로 어떤 영의 세계의 한곳에 모아서 영원히 살게 하는 것이 아닙니다. 영의 상태로는 사는 것이 아니라, 그냥 존재하는 것입니다. 사람을 만든 목적은 땅에서 살게 하는 것입니다. 땅에 충만하고 땅을 정복하면서 살려면 당연히 땅 위에서 살아야 합니다.

영혼의 상태로 이 지구라는 땅을 떠나서 어떤 영적인 세계에서 살라고 사람을 창조한 것이 아닙니다. 이 땅은 사람 곧 [남자와 여자]로 충만해지기 위해 준비되었고, [남자와 여자]가 다스리도록 준비되었습니다.

"인자가 자기 영광으로 모든 천사와 함께 올 때에…"(마 25:31)

마 25:31~46 말씀은 양과 염소의 비유입니다. 예수님께서 몸을 가지고 살아 계시던 공생애의 기간에 이 비유의 말씀을 하시면서 [오신다]고 하셨습니다.

그래서 기독교인들은 예수님의 재림을 믿고 있습니다. 그런데 이 말씀에서 예수님은 구원받았다는 사람들을 저기 먼 영혼의 세계로 부르신다고 하지 않고, 우리가 있는 이 땅으로 예수님께서 오신다는 것입니다.

사람들이 가는 것이 아니라, 예수님이 오신다는 겁니다. 예수님께서 사람이 있는 이 땅 위로 오신다는 말씀입니다. 예수님이 이 땅에 오셔서 [창세로부터 예비했던 나라]를 우리에게 주신다고 하십니다. 마 25:34의 [창세로부터 너희를 위하여 예비된 나라]가 바로 땅입니다.

창세기 1장 28절에서 [생육하고 번성하여 땅에 충만하라. 땅을 정복하라. 하늘과 바다와 땅의 모든 생물을 다스리라]고 하신 말씀이 곧 땅을 주신다는 말씀입니다.

이 땅을 사람에게 주시면서 이 땅에서 영원히 다스리며 살라는 말씀입니다. 이 말씀이 곧 창세로부터 마련되었다는 뜻입니다. 그러니 사람은 땅 위에서 살도록 창조되었으며, 몸을 가지고 영원히 살도록 창조된 것입니다.

하늘의 새와 바다의 고기와 땅 위의 모든 생물은 영은 없으며 몸만 가지고 있습니다. 동물들은 영혼이 없습니다. 동물들이 살아 있는 곳은 영혼의 세계가 아니라 물질세계입니다. 그래서 생육하고 번성하여 땅에 충만하라는 말씀은 몸이 없는 상태에서 영혼으로 살라는 말씀이 아니라, 이 땅 위에서 육체를 가지고 있으나 늙지 않고 병들지 않으며 죽지 않는 상태로 영원히 살라는 의미입니다.

다시 한번 더 강조합니다.

창 1:28의 말씀은 아직 성취되지 않았습니다. 하나님께서는 이 말씀을 성취하기 위하여 지금도 일하고 계십니다. 우리 눈에는 보이지 않으나 하나님께서는 일하고 계십니다.

이 말씀이 미래의 어느 시점에서 성취될 때, 하나님께서 계획하셨던 그대로 모든 사람은 죽지 않는 몸을 가지고 하늘의 새와 바다의 고기와 땅의 생물들을 다스리면서 땅에 충만하고 땅을 정복하며 영원히 살게 될 것입니다.

하나님의 창조는 끝나지 않았다

천국에 들어가기 위해
기다려야 한다는 말인가요?

    창조의 마지막을 장식하는 일은 바로 [하나님의 백성]입니다. 하나님의 백성이 등장해야 하나님께서 세상을 창조하시는 일이 끝나게 됩니다. 앞에서 설명했듯이 아기방은 준비되어 있어도, 아기가 태어나지 않으면 아무런 의미가 없는 것처럼, 이 세상 만물도 하나님의 백성이 등장해야 심히 아름답게 됩니다.

    하나님의 백성이 등장해야 한다는 말은 죽었던 영혼들이 육체를 가지고 다시 살아나야 한다는 말입니다. 많은 사람이 하나님의 백성으로 영원한 삶을 누리기 위해 세상에 태어났습니다. 그러나 모든 사람은 자신이 왜 태어났는지 이유를 모르면서 평생을 살아갑니다. 사람들은 아직은 죽음이 있는 삶을 살다가 죽게 됩니다. 그 후로 육체가 없는 영혼의 형태로 땅 아래에 있게 됩니다.

    죽은 후에 자신이 아직도 존재한다는 것에 놀라게 될 것입니다. 왜 자신이 사라지지 않았는지, 또 왜 영혼으로 존재하는지, 그리고 무엇을 해야 하는지, 아무것도 모른 채 그냥 땅 아래에 내려가 있게 됩니다.

땅 위에서 생육하고 번성하여 충만해야 하는 사람들이 늙고 병들고 죽고 그 후로 영혼의 형태로 있다는 겁니다. 하나님의 목적은 하나님의 백성이 땅 위에서 영원히 살게 하는 것입니다. 그래서 하나님께서는 죽은 영혼들을 모두 영혼 상태로 두지 않고 반드시 육체를 가지게 하실 것이며, 땅 위에서 생육하고 번성하여 충만해지도록 하실 것입니다.

이것을 이루기 위해 먼저 해결해야 하는 것이 있는데, 그것은 이 세상의 땅 위에 하나님의 도시들을 건설하는 일입니다. 땅 위에 하나님의 도시들이 건설되기 전까지는 어떤 사람도 다시 살아날 수 없습니다. 아담 때부터 지금까지 살았던 모든 영혼은 하나님의 도시가 건설되기를 기다려야 합니다.

기독교인인 우리가 아무리 거듭났다고 주장할지라도, 지금 기독교인들이 창세로부터 준비된 하나님의 나라를 상속받지 못하고 있는 것은 사실입니다. 현재 살아 있는 사람 중에서 예수님을 믿는 성도 중 어느 누가 하나님의 나라를 상속받아서 살고 있다고 말할 수 있을까요? 부모님에게 재산을 상속받아 살고 있을 수는 있으나, 예수님이 주시는 하나님의 나라를 상속받는 일은 없습니다.

예수님을 구주로 믿는 성도들이 하나님의 나라를 상속받으려면, 먼저 예수님이 모든 천사와 함께 이 땅에 오시는 일(마 25:31)이 이루어져야 합니다. 예수님께서 이 땅에 모든 천사와 함께 재림하셔서 오른쪽에 있는 양의 무리에게 [창세로부터 너희를 위하여 예비된 나라]를 상속해 주십니다. 그런데 아직은 예수님께서 모든 천사와 함께 재림하신 것은 아닙니다.

구원받았다는 확신이 있는 성도라 하더라도 좋든 싫든 예수님의 재림을 기다려야 하나님의 나라를 상속받습니다. 예수님께서 재림하신 후에 부활하게 됩니다. 부활한 후에 하나님의 나라를 상속받게 됩니다. 하나님의 나라를 상속받은 후에 비로소 하나님의 창조 사역도 끝나게 됩니다.

마 25:34에서 오른편에 있는 자들이 하나님의 나라를 상속받게 될 것인데, 이 하나님의 나라는 땅 위에 세워진 하나님의 도시들입니다. 먼저 도시들이 세워져 있어야 상속받을 수 있습니다. 하나님의 도시가 이 땅 위에 건설되기 전까지는 천국에 들어가기로 확정된 사람이라 하더라도 누구든지 다 기다려야 합니다.

땅 위에 하나님의 나라가 세워진다는데 언제 세워지나요?

땅 위에 세워지는 하나님의 도시들은 계 20:4에서 천 년이 시작될 때부터 건설되기 시작합니다. 그리고 천 년이 끝나갈 때 하나님의 도시들이 완공됩니다. 이 세상에 있는 여러 지역에 하나님의 도시들이 건설될 것입니다.

그러나 지금은 아닙니다.

이 지구상의 어느 지역에서도 하나님의 도시는 건설되고 있지 않습니다. 지구상의 어느 지역을 선택하더라도, 그 지역은 어떤 국가에 속해 있습니다. 어떤 국가가 소유하고 있는 곳에는 하나님의 도시가 세워지지 않습니다. 하나님의 도시는 오직 하나님의 통치가 이뤄지고 있는 지역에 세워집니다.

우리가 있는 이 땅도 대한민국이라는 국가가 소유하고 있습니다. 우리는 대한민국 국민이고 이 땅은 대한민국의 땅입니다. 이 땅은 아직 하나

하나님의 창조는 끝나지 않았다

님의 직접적인 통치가 이뤄지고 있지 않습니다. 그래서 우리 대한민국도 아직은 하나님의 나라가 아닙니다. 대한민국 땅 안에 어떤 곳에서도 하나님의 도시는 건설되고 있지 않습니다.

물론 세상 만물의 주인은 하나님입니다. 하나님은 모든 것을 만드신 창조주입니다. 그래서 이 세상 모든 땅도 다 하나님의 통치가 이뤄지는 곳이라고 할 수 있습니다. 그렇지만 하나님의 섭리가 있는 것이지, 하나님의 직접적인 통치가 이뤄지고 있는 것은 아닙니다.

현실을 직시합시다.

현실적으로 어느 건물에 들어가서 "이 땅은 하나님의 것이니 하나님께 돌려 드려야 합니다."라고 말한다면 그 건물주는 뭐라고 말할까요?

하나님께서 모든 것을 소유하셨으나, 아직은 하나님이 창조주임을 많은 사람이 인정하지 않고 있습니다. 그 이유는 아직도 하나님께서 창조를 계속하고 계시며, 창조의 일이 끝나지 않았기 때문입니다. 그래서 사람들은 창조주 하나님을 볼 수 없습니다. 하나님의 창조가 끝나면, 지구상의 모든 사람이 하나님을 인정하고, 하나님을 찬양할 것이며, 하나님께서 만드신 하나님의 도시 안에서 하나님을 경배할 것입니다.

그러나 지금은 아닙니다.

이 땅 위에서 하나님의 주권이 이루어진 후에, 비로소 땅 위의 여러 지역에 하나님의 도시들을 세우기 시작할 겁니다. 하나님의 도시가 다 건설되는 것은 계 20:6의 천 년이 끝나갈 때입니다.

땅 위에 세워지는 하나님의 도시가 모두 완공되면, 하나님께서는 죽었던 모든 영혼을 부활시켜서 육체(Body)를 가지게 하고, 땅 위에 세워진 하나님의 도시들 안으로 들어가 영원한 삶을 누리게 하실 것입니다.

창조가 끝나지 않았다면,
왜 [심히 좋았더라]고 하셨나요?

하나님께서는 말씀하신 것은 반드시 이루시는 분입니다. 창세기 1장은 물질 창조에 대한 기록이 아니라 앞으로 하나님께서 이루고자 하시는 완전한 창조의 계획입니다. 내가 앞으로 이렇게 창조하겠다고 선포하신 실행 계획서입니다.

하나님은 사람을 만드시고, 사람이 바다의 고기와 공중의 새와 땅에 기는 모든 것을 다스리게 하시겠다는 겁니다. 그래서 하나님께서는 창 1:28 에서 "바다의 고기와 공중의 새와 땅에 움직이는 모든 생물을 다스리라" 라고 말씀하신 겁니다.

하나님께서는 계획하시고 선포하신 것은 반드시 이루십니다. 하나님께서 하시는 일은 결코 실패가 없습니다.

하나님은 이 땅 위에 하나님의 나라를 세우고자 계획하셨고, 그 나라의 궁극적인 아름다움을 먼저 청사진으로 그린 것입니다. 하나님께서 이루실 하나님의 나라는 우리에게는 먼 미래의 일입니다. 그런데 하나님께는 이 기간이 매우 짧은 시간이라는 겁니다.

이렇게 생각해 봅시다.

여러분은 지금 라면을 먹으려고 합니다. 여러분은 머릿속에 라면 맛을 떠올리며 흥얼거립니다. 그리고 입에는 군침이 돕니다. 물을 끓이려고 그릇에 물을 담아 불 위에 올려놓습니다. 라면을 끓여서 먹는 데 걸리는 시간은 채 5분도 되지 않습니다. 방해하는 사람이 없다면, 앞으로 5분 안에 라면을 먹는 일은 반드시 일어나게 됩니다.

그런데 1분도 살지 못하는 조그만 벌레가 와서 묻습니다.
"라면을 언제 먹을 건가요?"
"라면은 끓이는 대로 바로 먹을 겁니다. 금방 됩니다."
"금방 된다더니 제가 죽을 때까지 라면 먹는 것을 보지 못하겠군요. 당신은 거짓말을 했습니다."

[하나님께서 보시기에 심히 좋았더라]는 말씀은 여러분이 5분 안에 라면 먹을 생각에 흥얼거리는 것과 같습니다. 아직 라면을 먹지 않았지만 이미 머릿속에서는 라면 맛을 떠올리고 있습니다.

하나님께서도 하나님이 창조하실 완전한 세상의 모습을 그리시면서 심히 좋아하셨던 겁니다. 하나님의 창조는 반드시 완성될 것이기 때문입니다.

창 1:31의 [좋았더라]는 히브리어는 형용사 טוֹב(토브)로서 시제가 없으나, [지으신]이라는 히브리어 동사는 עָשָׂה(아싸)로서 완료형으로 되어 있습니다. 하나님께서 말씀하신 것은 반드시 이뤄질 것이기 때문에 과거형으로 말씀하신 것입니다. 아직 완성되지 않았고, 미래에 이루어질 일이지만, 하나님이 계획하시고 선포하신 일은 반드시 성취되기 때문입니다.

이렇게 생각해 봅시다.

한 남자가 한 여자를 너무나 사랑하여 청혼하려고 합니다. 그 여자가 자신을 사랑하고 있다는 것을 알기에 더욱 마음이 기쁩니다. 청혼하기로 결정한 그 날 아침에 눈을 뜹니다. 이 남자는 눈을 뜨면서 얼굴에 미소를 띠며 웃습니다. 마음은 설레고 기분은 좋아집니다.

아직은 청혼하지도 않았습니다만, 이 남자는 사랑하는 여자와 함께 행복하게 살 집을 마음에 그립니다. 또 함께 여행을 다닐 것을 상상합니다. 앞으로 살아갈 모든 시간을 함께할 생각이 들어 매우 행복합니다. 아직 청혼도 하지 않았으나, 사랑하는 사람과 가정을 이루고, 아이를 낳고, 아이들과 함께 행복하게 살게 될 날들을 상상합니다.

하나님께서 창세기 1장의 내용을 선포하시고 계획하실 때 바로 이러한 기쁨이 있으셨던 겁니다. 하나님은 하나님의 백성을 창조하려고 계획하셨고, 그 하나님의 백성이 영원히 살게 될 것을 계획하셨고, 하나님의 백성이 바다의 고기와 하늘의 새와 땅의 짐승들을 다스리면서 영원히 살게 될 것을 계획하셨습니다. 사람들이 아름다운 자연 속에서 죽음이 없는 생명을 가지고 영원한 기쁨을 누리며 살게 될 것을 계획하신 것입니다.

　이러한 계획을 선포하시면서 반드시 이루실 것이기 때문에 [심히 좋았다고 기록하신 겁니다. 과거형으로 기록한 것은 선포하신 일은 반드시 이루어질 것이기 때문입니다. 이루어진 것이나 다름이 없다는 의미입니다.

2

구원이란 무엇인가

구원은 은혜로 인하여 믿는 자들만 받는다고 알고 있습니다

구원은 은혜로 받는 것이 맞습니다. 그런데 일반적으로 교회에서 말하는 구원이란 영원히 지옥에서 고통받아야 하는 죄인이 예수님의 피로서 죄사함을 받아 천국에서 영원히 살게 되는 것을 의미합니다. 간단하게 말한다면, 지옥에 가야 할 사람이 천국으로 가게 되었다는 겁니다.

은혜로 된다는 말은 [죄사함을 받기 위해서 어떤 행위가 필요한 것이 아니며, 죄사함을 받기 위해서는 오직 예수님을 구주로 영접하기만 하면 된다는 의미입니다. 죄사함을 받아야만 하나님이 계신 곳으로 갈 수 있는데, 그곳만이 천국이라고 알고 있기 때문입니다.

이 말은 분명 맞는 말입니다. 구원이란 은혜로만 받는 것입니다. 구원받기 위해서 어떤 행위를 할 필요는 없습니다. 구원은 사람의 행위로 결정되는 것이 아니기 때문입니다. 그런데 교회에서는 사람에게 구원받기 위한 단 하나의 행위를 요구합니다. 그 행위는 [예수님을 믿는 행위]입니다. 예수님을 믿지 않으면 믿지 않은 행위로 인해 구원받을 수 없고, 그 책임은 믿지 않는 행위를 한 당사자에게 있다고 가르칩니다. 그러나 이런 가르침은 잘못된 것입니다.

진정한 구원이 무엇인지 설명하기 위해 아래와 같은 예를 하나 들겠습니다.

우리나라 역사적 인물에는 태조 이성계가 있습니다. 태조 이성계는 위화도 회군을 기점으로 고려를 끝내고 조선을 세운 사람입니다. 태조 이성계는 1392년에 공양왕을 폐위하고 새로운 왕조를 시작했습니다. 그리고 그 다음 해인 1393년에는 국호를 고려에서 조선으로 개명했으며, 1394년 고려의 수도였던 개경을 버리고 한양으로 천도하였고, 한양이 조선의 수도가 되었습니다. 한양은 고려 시대에도 사람들이 많이 사는 곳이었습니다.

이 시기에 한양에 살던 어떤 사람이 있었습니다. 이 사람은 고려의 백성이었다가 조선의 백성이 되었습니다. 고려라는 나라가 망하고 조선이라는 나라가 세워지는 과도기에 살고 있었습니다. 그런데 나라 자체가 바뀐 것은 아닙니다. 나라의 칭호가 바뀌었고, 수도가 바뀌었고, 왕조가 달라졌습니다. 나라 자체는 바뀌지 않았고, 백성도 바뀌지 않았고, 영토인 땅도 바뀌지 않았습니다.

한양에 살던 이 사람은 어느 날 자고 일어났더니, 자신을 다스리던 왕이 달라졌습니다. 자신이 사는 한양이 조선의 수도가 되었고, 자신의 신분이 고려의 백성에서 조선의 백성으로 바뀐 것입니다. 이 사람은 달라지지 않았고, 어떤 일도 하지 않았습니다. 그냥 자고 일어났더니 어느 날 갑자기 조선의 백성이 되어 있었던 겁니다.

구원도 이것과 같습니다. 이 땅에 사는 사람들이 천국 백성이 되기 위하여 어떤 일을 할 필요는 없습니다. 자고 일어났더니 왕이 바뀌어 있었고, 나라가 바뀌어 있었고, 신분이 바뀌어 있었다는 의미입니다.

이 세상을 다스리는 임금은 아직 사단입니다. 그래서 세상에 사는 모든 사람은 사단의 통치 아래 있다고 할 수 있습니다. 현실적으로 각 나라는 왕이나 총리나 대통령이 통치하고 있고, 법치국가는 법이 다스리고 있습니다. 하나님의 나라는 하나님이 통치하는 나라입니다. 그런데 현재 어느 나라에서도 최고 통치권자가 하나님은 아닙니다.

사단은 눈에 보이지 않는 천사이기 때문에, 사단이 세상을 통치한다는 것은 실감이 나지 않습니다. 그러나 성경적으로는 사단이 세상을 주관하고 있습니다. 사람들이 느낄 수는 없으나, 사단은 거시적인 관점에서 세상을 관리하고 있습니다.

그런데 미래의 어느 날 하나님께서 세상 임금인 사단을 폐위하고 [우리 주와 그 그리스도]에게 세상 나라의 권세를 맡기십니다.

"세상 나라가 우리 주와 그 그리스도의 나라가 되어 그가 세세토록 왕 노릇 하시리로다"(계 11:15)

하나님의 창조는 끝나지 않았다

바로 이때가 세상 나라의 왕이 바뀌는 때입니다. 이때까지 살아 있는 모든 사람은 세상을 다스리는 왕이 바뀌게 되는 것을 경험하게 됩니다. 이 시대에 살던 모든 사람은 어느 날 자고 일어났더니, 세상을 다스리는 왕이 바뀌어 있었고, 나라의 칭호가 [사단이 다스리는 나라]에서 [하나님의 나라]로 바뀌어 있었고, 자신들의 신분이 [사단의 통치를 받는 백성]에서 [하나님의 통치를 받는 하나님의 백성]으로 바뀌어 있게 된다는 겁니다.

세상 임금이 바뀌는 시대에 살고 있던 모든 사람은 그 어느 날 자고 일어났더니 자신들이 하나님의 통치를 받는 하나님의 백성으로 바뀌어 있음을 알게 됩니다. 이런 형태로 하나님의 나라가 이루어지기 때문에 오직 은혜로 된다는 것이며, 하나님의 백성이 되기 위하여 어떤 일을 해야 하는 것은 아니라는 것입니다.

세상 나라가 우리 주와 그 그리스도의 나라가 된 후로부터, 세상에 살던 모든 사람은 하나님의 통치를 받게 됩니다. 그리고 죽었던 모든 사람도 부활하여 하나님의 통치를 받게 됩니다.

이렇게 하나님의 통치를 받으며 하나님의 백성으로 살게 되는 것은 전적으로 하나님께서 이루시는 일입니다.

사람은 영원히 죽을 수밖에 없는
죄인이 아닌가요?

사람은 태어날 때부터 죄인이라는 주장이 있습니다. 이것은 원죄에 대한 개념입니다. 분명 사람은 태어나서 살아가면서 한 번 정도는 죄를 짓게 됩니다. 사람은 처음부터 죄를 지을 가능성을 가지고 태어납니다. 그런데 이것은 하나님께서 그렇게 창조하신 겁니다. 죄를 짓도록 창조한 것이 아니라, 참된 자유를 주신 것인데, 참된 자유는 죄를 지을 가능성을 포함합니다. 하나님은 사람이 죄를 범할 수 있다는 것을 알면서도 창조하셨습니다. 그러나 사람이 죄인이라고 해서, 영원히 죽어야 한다는 것은 아닙니다.

아래는 그동안 교회에서 배운 내용입니다.

"사람이 살다 보면 죄를 짓게 됩니다. 사람은 누구나 죄인입니다. 죄인은 하나님을 볼 수 없고 만날 수 없습니다. 그래서 죄가 있는 사람은 하나님이 계신 곳에는 갈 수 없습니다. 하나님이 계신 곳은 천국입니다. 천국이 아닌 곳은 지옥입니다. 죽음 이후의 세계는 천국과 지옥밖에 없습니다. 죄가 있는 상태로 죽은 사람들은 천국에 갈 수 없습니다. 천국 가지 못하면 지옥밖에 없습니다. 지옥에 간 사람은 영원히 나오지 못합니다."

그런데 이런 논리는 그 출발부터 잘못되었습니다.

하나님께서 하나님의 백성을 창조하실 때, 생육하고 번성하여 땅에 충만하라고 하셨습니다. 하나님의 백성은 땅 위에서 살도록 창조되었기 때문에, 영의 세계에서 몸이 없는 영혼의 상태로 영원히 있을 이유가 없습니다.

사람이 하나님 옆에 있으려면, 영의 세계로 들어가야 합니다. 영의 세계로 들어가지 않으면 하나님을 볼 수 없습니다. 요한복음 4:24에서 예수님은 [하나님은 영이시니]라고 말씀하셨습니다. 영이신 하나님을 볼 수 있으려면 영의 상태가 되어야 합니다. 육체의 눈으로는 영을 볼 수 없습니다. 하나님께서 하나님의 백성을 창조하실 때부터, [땅에 충만하라(창 1:28)]고 말씀하신 것으로 봐서, 하나님은 사람을 하나님 옆에 두시려고 한 것이 아님을 알 수 있습니다. 하나님은 사람에게 아름다운 자연의 세상에서 마음껏 즐기며 행복하게 살라고 하신 겁니다. 사람을 하나님 옆에 있게 하려고 창조한 것이 아니므로 영의 세계로 사람을 데려올 이유가 없습니다.

하나님이 악에 물들어 살도록 사람을 방임한다는 말이 아닙니다. 하나님의 백성이 서로에게 죄를 짓지 않으면서, 서로에게 고통을 주지 않는 윤리적 삶의 방식으로 자연 속에서 행복하게 영원히 살기를 바라신다는 겁니다. 하나님의 백성은 땅에서 행복하게 살면 됩니다. 굳이 하나님이 계신 곳에 들어가서 하나님을 섬겨야 할 필요는 없습니다. 하나님이 사람을 창조한 목적은 [땅에서 충만하라]는 것입니다.

[사람은 죽을 수밖에 없는 죄인]이라는 교리는 오랫동안 교회에서 믿어왔던 교리입니다. 성악설을 주장하는 사람들도 있습니다. 그런데 현실적으로 사람은 살면서 결국 죄를 짓습니다. 자신에게나, 타인에게나, 또는 하나님께 죄를 짓고 삽니다. 예수님을 제외한 모든 사람은 죄가 있다고 할 수 있습니다. 사람이 죄를 짓는 일은 자유의지가 있어서, 언젠가는 반드시 일어날 수밖에 없습니다.

그러면 하나님은 [죽을 수밖에 없는 죄인]을 창조하시고는 [생육하고 번성하여 땅에 충만하라]는 명령을 주셨던 걸까요?

사람이 하나님과 대면하려면, 반드시 죄가 없어야 합니다. 죄가 있으면 하나님 앞에서 반드시 죽게 됩니다. 죄인은 결코 하나님 앞에 설 수 없습니다. 이 세상 어떤 사람도 하나님 앞에 대면할 수 없는 것은 죄가 있기 때문입니다. 예수님의 피로 죄사함을 받아야 하는 이유는 하늘에 계신 하나님 앞으로 가기 위해서입니다.

친한 친구끼리 허물없이 만나는 자리에는 굳이 깨끗한 예복을 입지 않아도 됩니다. 땅 위에서 함께 산다는 것은 허물이 있는 옷을 서로 용납하

하나님의 창조는 끝나지 않았다

면서 함께 어울리는 것과 같습니다. 친한 친구끼리는 서로의 허물을 덮어주고 용서합니다.

하나님은 사람을 땅에서 살도록 창조하셨습니다. 하나님은 사람을 하나님이 계신 곳으로 데려가지 않습니다. 그냥 땅에서 생육하고 번성하여 충만하라는 것입니다. 사람이 하나님 앞에 대면하게 될 때는, 죄로 인해 죽을 수밖에 없는 죄인이 됩니다. 그러나 사람이 하나님과 대면하지 않는다면, 그 사람에게 죄와 허물이 있어도 죽지는 않습니다. 사람은 영원히 지옥에서 고통받을 수밖에 없는 존재로 창조된 것이 아니라, 죄와 허물이 있는 상태로 땅 위에서 생육하고 번성하여 충만하여지고, 하늘의 새와 바다의 고기와 땅의 짐승과 함께 영원히 살도록 창조된 것입니다. 하나님 앞에 가는 것이 아니라 땅 위에서 영원히 살도록 창조되었다는 것을 강조합니다.

많은 사람이 법 없이도 살 수 있을 정도로 착하게 살고 있습니다. 굳이 법을 지키라고 강조하지 않아도 알아서 법을 잘 지킵니다. 많은 사람이 부모를 공경하며, 남의 것을 가져가지 않습니다. 또 질서를 지키고 자기 차례를 지키며 자신의 삶을 착실하게 살아 갑니다. 많은 사람이 법을 배우지 않았고, 법을 자세히 알지 못해도 법을 어기지 않는 삶을 살고 있습니다. 법을 배워서 어기지 않으려고 노력하는 것이 아닙니다. 법을 의식하지 않고 평범하게 일상생활을 하지만 법에 접촉되는 행위가 없다는 겁니다. 이런 사람들이 우리 주위에 많이 있습니다.

그런데 이렇게 법을 어기지 않는 사람들을 우리는 거룩하다고 하지 않습니다. 거룩하지 않아도 사회는 잘 유지되고 있으며, 사람들은 사회의 일원이 되어 자신에게 주어진 삶을 살고 있습니다.

하나님 나라의 백성도 이와 같습니다.

깨진 유리창 이론(Broken Windows Theory)이란 것이 있습니다. 한 번쯤은 들어봤을 것입니다. 건물의 유리창이 깨진 채 방치되면, 그 건물은 사람이 관리하지 않는 건물로 인식된다고 합니다. 그래서 그 건물에서 낙서나 쓰레기 불법 투기 등의 가벼운 범죄가 발생하게 된다고 합니다. 일반 주민들이 이 건물을 피하게 되고, 이 건물에서는 더 큰 흉악한 범죄도 발생하게 된다고 합니다.

1980년대 뉴욕에서는 지하철을 타지 말라는 말이 있었다고 합니다. 지하철 내의 범죄가 극심하고 치안상태가 매우 좋지 않았다고 합니다. 뉴욕시에는 깨진 유리창 이론을 적용하여, 지하철을 깨끗이 청소하고 관리하며 지하철 내에 있는 낙서와 그림을 모두 깨끗이 지웠다고 합니다. 5년 동안 이렇게 작업을 하고 난 후에 2년이 지났을 때 지하철의 범죄는 급감했고, 1995년도에는 범죄율이 절반으로 줄었다고 합니다.

주위의 있는 모든 사람이 거짓을 말하고 사기를 친다면, 그 사람도 같은 부류의 사람이 됩니다. 그러나 주위 환경이 깨끗하고 모든 사람이 진실하며 솔직하고 악을 행하지 않으면, 그 사람은 좋은 사람으로 바뀌게 될 것

하나님의 창조는 끝나지 않았다

입니다.

포악하고 무법한 사람이 천국에 들어가면, 천국이 무법한 세상으로 바뀔 것처럼 느껴집니다. 그러나 반대로 천국에서는 포악하고 무법했던 사람들조차 선한 사람으로 바뀌며 마음이 순화된다는 것입니다. 물론 천국에 대한 이 설명이 마음에 와닿지 않는 분들이 많을 겁니다. 우리에게 천국이라는 곳은 실감 나지 않는 곳입니다. 왜냐하면, 우리는 아직도 깨끗하고 아름다우며 거짓이 없는 진실한 사회를 경험한 적이 없기 때문입니다.

포악하고 무자비한 범죄자가 하나님의 사랑과 은혜를 경험한다면 어떻게 될까요? 이 사람들은 하나님의 사랑을 깊게 느껴 본 적이 없었을 것입니다. 왜냐하면, 이 세상은 사단이 다스리고 있었기 때문입니다.

모든 사람은 [생육하고 번성하여 땅에서 충만하라]는 명령은 받았습니다. 땅에 충만해지기 위한 목적으로 창조되었습니다. 그래서 모든 사람은 하나님께서 창세로부터 예비한 도시를 상속받게 됩니다. 땅에서 충만해야 하기 때문에, 창세로부터 준비된 천국은 땅 위에 있는 도시입니다.

이 도시는 창조된 모든 사람이 [생육하고 번성하여 땅에 충만하라]는 명령을 실현하는 곳입니다. 그래서 하나님이 준비하신 땅 위의 모든 도시에는 창조된 모든 사람이 살아야 합니다. 이 도시들은 땅 위에 세워진 하나님의 나라입니다.

천국인 하나님의 도시는 모든 사람을 포용하고 수용합니다. 그래서 천국의 백성은 거룩하지 않습니다. 예수님을 믿지 않았던 사람들까지 모두 포함되기 때문입니다. 그들의 죄는 그대로 남아 있습니다. 모든 사람은 천국에 들어온 후에 점차 순화되어 갑니다. 하나님의 백성은 하나님의 도시에서 타인에게 고통을 주지 않게 됩니다.

그러나 아무리 순화된 천국의 백성이라도 죄인입니다. 그들의 죄는 예수님의 피로 깨끗해지지 않았기 때문입니다. 천국에서 나쁜 행동을 더 이상 하지 않고 잘 살겠지만, 예수님의 피로 깨끗해지지 않았기 때문에 죄인이며 거룩하지도 않습니다. 하나님의 백성은 거룩하지 않으나 죄를 짓지 않는 상태로 영원히 땅 위의 천국에서 살게 됩니다.

예수님의 피로 죄사함을 받지 못한 사람들은 거룩하지 않아서 하나님 앞에 갈 수 없으며, 하나님을 만날 수 없고, 하나님의 얼굴을 볼 수도 없습니다. 그러나 그런 상태로 땅 위에서 생육하고 번성하여 충만한 삶을 살 수 있습니다.

하나님께서는 창 1:27의 [남자와 여자]를 창조하실 때, 그들을 굳이 거룩하게 창조하려고 하신 것은 아닙니다. 생육하고 번성하여 땅에 충만하라. 땅을 정복하라. 하늘의 새와 바다의 고기와 땅의 모든 생물을 다스리라고 하셨습니다. 이 말씀에는 [너희는 거룩하라]는 말이 없습니다.

하나님을 가까이하는 사람들에게는 [너희는 거룩하라]는 말씀을 하십

하나님의 창조는 끝나지 않았다

니다. 출 19:22에서 [여호와를 가까이하는 자]는 성결해야 합니다. 모세오경에서 하나님의 성막을 가까이하여 성막의 일을 하는 사람들이 제사장과 레위인입니다. 이들은 하나님을 가까이하는 자들이기에 거룩해야 합니다.

하나님은 어린 양의 피로 죽음을 면한 장자들 대신에 레위인을 받으셨습니다. 그래서 레위인은 예수님의 피로 죄사함을 받은 제사장의 예표입니다.

그러나 레위인이 아닌 백성들은 성막에 가까이 가면 죽임을 당합니다. 그 이유는 당시의 레위인을 제외한 백성들은 거룩하지 않기 때문입니다. 출 19:5~8을 보면 시내산에서 열두 지파는 하나님의 백성이 되었습니다. 거룩한 하나님의 백성이 되었음에도 성막에 가까이 가지 못하는 것은 어린 양의 피로 거룩함을 받은 레위인이 아니기 때문입니다. 하나님의 백성이 되었으나, 거룩하지 않아서 성막에 가지 못합니다.

이처럼, 하나님의 백성은 거룩하지 않아도 되며, 이 땅 위에서 하나님의 계명을 지키면서 영원히 행복하게 살라고 창조되었습니다. 천국(하나님의 도시) 안에서는 하나님의 계명인 십계명을 지키는 것은 어려운 일이 아닙니다.

이제 다시 한번 정리합니다.

사람은 영원히 죽을 수밖에 없는 죄인이라는 생각은 잘못된 생각입니다. 사람은 하나님의 백성이 되어 하나님께서 창세로부터 준비하신 이 땅 위에서 생육하고 번성하며 하늘의 새와 바다의 고기와 땅의 모든 생물을 다스리면서 동물들과 함께 어우러져 영원히 행복하게 살라고 창조되었습니다.

하나님께서 영원히 죽을 수밖에 없는 죄인을 창조한 것이 아니라는 말입니다. 물론 하나님의 백성은 거룩하지 않습니다. 천국에 들어간 사람도 언젠가는 죄를 지을 수도 있습니다. 살다보면 죄를 지을 수 있습니다.

하나님의 백성인 창 1:27의 [남자와 여자]는 거룩하지 않아도 됩니다. 이 [남자와 여자]가 하나님을 만나러 하늘로 올라갈 일은 없기 때문입니다. 다만 하늘에서 하나님께서 땅 위를 내려 보시면서 [남자와 여자]인 하나님의 백성이 행복하게 사는 것을 보실 때 하나님은 매우 기뻐하십니다. 하나님은 영원히 죽을 죄인을 창조한 것이 아니라, 허물과 실수가 많고 여러 가지 사건과 사고를 일으키는 부족한 사람으로서 땅에서 영원히 살라고 창조한 것입니다.

하나님은 처음부터 죄를 지을 것을 아시면서 사람을 창조한 것입니다. 자유의지가 있는 이상 죄를 짓게 되는 일은 발생하게 됩니다. 하나님은 이것을 허락하신 겁니다. 죄인을 창조한 것이 아니라, 자유로운 백성을 창조한 것입니다. 다만 하나님 옆으로 부를 것이 아니기 때문에 죄를 지을 수 있는 사람을 창조한 것입니다.

하나님의 창조는 끝나지 않았다

그리고 구원이라는 말은 하나님의 백성에게 맞지 않는 단어입니다.

이 땅 위에 태어난 모든 사람은 영원히 죽을 수밖에 없는 상태로 태어난 것이 아니라, 하나님의 백성이 되기 위하여 태어난 것입니다. 지금은 아닐지라도 미래의 언젠가 하나님의 나라가 땅 위에 세워지게 될 때 창 1:27의 [남자와 여자]가 되기 위하여 이 세상에 태어난 것입니다.

사람이 하나님의 백성이 되기 위해서 구원을 받아야 한다는 것은 잘못된 생각입니다. 사람은 처음부터 하나님의 백성이 되도록 창조되었습니다. 다만 하나님 창조가 끝나야 합니다. 지금까지 많은 사람이 예수님을 믿지 않아서 구원받지 못한 것으로 생각하지만, 모든 사람이 아직 창조의 완성을 경험하지 못한 것입니다.

사람은 영원히 죽을 수밖에 없는 죄인으로 창조된 것이 아닙니다. 또한, 예수님을 믿지 않았다고 해서 영원히 지옥에서 고통받아야 하는 것도 아닙니다. 모든 사람은 하나님의 백성이 되어 생육하고 번성하여 땅에 충만해지기 위해 태어났습니다. 다만 아직 하나님의 창조가 완성되지 않았기 때문에, 하나님의 백성이 되지 못하고 있는 겁니다.

예수님은 자기 백성을
저희 죄에서 구원하러 오신 분입니다

예수님은 자기 백성을 그들의 죄에서 구원하실 분입니다. 마 1:21에서 "이름을 예수라 하라. 이는 그가 자기 백성을 저희 죄에서 구원할 자이심이라"라고 기록하고 있습니다. 예수님은 자기 백성을 그들의 죄에서 구원하시는 분입니다.

정확하게 설명합니다. 하나님의 백성은 창조되어야 하고 예수님의 백성은 구원받아야 합니다. 여기서는 하나님의 백성과 예수님의 백성을 구분하여 설명할 것입니다.

계 19:16에 예수님을 "만 왕의 왕이요 만 주의 주"라고 기록하고 있습니다. 영어로는 왕들의 왕(King of kings), 주들의 주(Load of loads)로 번역되어 있습니다. 예수님은 왕들의 왕이시기에, 예수님의 백성은 왕들이며, 주들의 주이기에 예수님의 백성은 주들입니다. 이 말씀은 많은 왕 중에서 가장 좋은 왕이라는 의미가 아닙니다. 다시 말해서 동등한 지위에서 뛰어난 존재라는 의미가 아니라는 겁니다. 또 많은 가짜 왕 중에서 진짜 왕이

하나님의 창조는 끝나지 않았다

라는 의미도 아닙니다. 다른 사람들은 왕이 아니며 오직 예수님만 왕이라는 의미가 아니라는 겁니다.

이 말씀에서 왕들은 각자가 자신의 백성을 거느리고 있는 진짜 왕들입니다. 그런데 이 왕들을 다스리는 왕이 예수 그리스도라는 뜻입니다. 예수님의 백성은 왕들입니다. 이 왕들은 한 사람 한 사람이 한 나라의 왕이며, 한 나라를 다스립니다. 그리고 이 왕들이 다스리는 백성이 [하나님 나라의 백성]입니다. 하나님 나라에 사는 사람들과 예수님 사이에는 왕들이 있다는 말입니다. 하나님의 백성은 땅 위에서 영생을 누리며 영원히 행복할 것입니다. 땅 위의 백성이 자신을 다스리는 왕을 만난다면, 그 왕은 예수님이 아니라 예수님의 종입니다.

하나님의 백성은 땅 위에서 사는데, 지역마다 나라들로 나뉘어 있으며, 지역마다 다스리는 왕이 서로 다릅니다. 땅 위의 하나님 백성을 다스리는 왕은 한 명이 아니라 많습니다. 그래서 왕들입니다. 이 왕들을 다스리는 왕이 예수 그리스도입니다.

"세상이 새롭게 되어 인자가 자기 영광의 보좌에 앉을 때에, 나를 좇는 너희도 열두 보좌에 앉아 이스라엘 열두 지파를 심판하리라"(마 19:28)

이 말씀에서 열두 제자는 예수님의 백성입니다. 열두 제자의 백성들은 이스라엘 열두 지파입니다. 예수님의 백성인 열두 제자의 백성은 이스라엘 열두 지파입니다. 이스라엘 열두 지파의 왕은 열두 제자이며, 이스라엘 열두 지파의 왕의 왕은 예수 그리스도입니다.

마 1:21에서 예수님은 자기 백성을 그들의 죄에서 구원하시려고 오셨습니다. 그래서 예수님은 자기 백성을 자신의 피로 사서(buy) 하나님께 드립니다(계 1:5). 이렇게 예수님에 의해 하나님께 드려진 사람들은 땅에서 왕들이 될 것이라고 합니다(계 5:10).

결론적으로, 땅 위의 하나님의 백성은 창조된다는 표현이 맞고, 예수님의 백성은 구원받는다는 표현이 맞는 표현입니다. 예수님의 백성은 예수님의 피로 사기(buy) 때문에, 죄로부터 구원을 받아 하나님께 드려집니다.

하나님의 백성은 창 1:27의 [남자와 여자]로서 하늘의 새와 바다의 고기와 땅의 생물들을 다스리며 땅 위에서 영원히 살라고 창조되었습니다. 창 1:27의 [남자와 여자]는 이 세상 만물이 만들어지고 난 후에 창조된 사람들입니다.

그런데 예수님의 열두 제자는 이 세상 만물이 창조되기 전에 먼저 창조된 영들입니다. 이 영들은 물질세계를 만드시기 전에 먼저 창조되어 하나님 옆에 있었습니다. 이 영들은 피조물이면서 물질세계에 속하지 않고 물질세계 이전에 창조된 피조물입니다. 이 영들은 천사들과 하나님의 아들들입니다.

욥 38:1~7에는 하나님께서 땅의 기초를 놓을 때 하나님의 아들들이 기

하나님의 창조는 끝나지 않았다

쁘게 소리하였다고 합니다. 마 13:38에 좋은 씨는 천국의 아들들이라고 말씀하고 있습니다. 만물(물질세계)을 만들기 전에 먼저 창조된 하나님의 아들들은 비록 피조물이기는 하지만, 영으로 창조되어 영의 세계에서 하나님을 모셨던 존재입니다.

창 1:27의 [남자와 여자]는 하나님의 백성이 되기 위하여 물질세계에서 창조되었습니다. 그러나 욥 1:6의 하나님의 아들들은 물질세계 이전부터 창조되어 하나님께 속한 영들입니다.

예수님의 열두 제자들도 예수님이 직접 선택하셨습니다. 하나님은 예수님을 이 땅에 보내기 전에 먼저 하나님의 아들들을 이 땅에 보냈습니다. 예수님은 이 땅에 사람으로 태어난 하나님의 아들들 중에서 열한 제자를 선택하셨습니다. 가룟인 유다는 하나님의 아들들 중 하나가 아니므로 제외합니다.

예수님의 열두 제자가 세상을 창조하기 전에 하나님의 아들들로 창조된 영들이라는 것을 설명합니다. 예수님은 요 17:6에 저희는 아버지의 것이었는데 내게 주셨다고 말씀하셨고, 요 17:14에 내가 세상에 속하지 아니함 같이 저희도 세상에 속하지 아니함을 인함이라고 말씀하셨으며, 요 10:26~27에서 너희가 내 양이 아니므로 믿지 않는다. 내 양은 내 음성을 들으며 나를 따르게 되어 있다고 말씀하셨습니다. 그래서 예수님의 열두 제자는 예수님을 만나기 전부터 아버지의 것이었고, 하늘에 속했으며, 예수님의 양이었다는 말입니다.

이렇게 하나님의 아들들은 세상 만물을 만들기 전부터 있었습니다. 하나님께서 세상 만물을 만드실 때도 하나님의 아들들은 하나님과 함께 있었습니다. 하나님께서 하나님의 아들들을 이 땅에 보내시는데, 이 땅에 사람으로 태어날 때, 거룩하지 못한 육체를 가지고 태어나 자신을 기억하지 못할 뿐만 아니라, 죄가 있는 평범한 사람으로 살게 됩니다.

하나님의 아들들이 하늘에서 하나님과 함께 있을 때는 거룩한 상태였습니다. 거룩하지 않은 존재가 하나님과 함께 있을 수 없기 때문입니다. 하나님의 아들들은 사명을 받고 이 세상에 사람으로 태어납니다. 그런데 사람으로 태어나는 것은 죄 가운데 태어나는 것이며, 죄악 중에 잉태되는 것입니다. 그래서 하나님의 아들들은 죄 가운데서 구원받아야 하는 상황에 놓이게 됩니다.

하나님의 아들들이 죄를 많이 짓기 때문이 아닙니다. 죄악 중에 잉태되어 죄악이 가득한 세상에서 살다 보니 그 의로운 심령이 상하게 됩니다.

물론 하나님의 아들들도 사람으로 태어나 살다 보면 죄를 짓기도 할 것입니다. 그러나 하나님의 아들들이 죄를 짓지 않고 살았다고 하더라도, 죄와 죽음의 저주가 있는 육체 가운데 살기 때문에 죄로부터 구원받아야 할 필요가 있습니다. 하나님의 아들들은 죄 가운데서 구원받아 죄사함을 얻고, 거룩한 상태가 되어 다시 하나님의 곁으로 돌아가야 합니다. 거룩한 상태가 되지 않으면 하나님 옆에 있을 수 없기 때문입니다.

하나님의 창조는 끝나지 않았다

그래서 예수님의 백성인 하나님의 아들들은 죄 가운데서 구원받아야 하며, 창 1:27의 하나님의 백성인 [남자와 여자]는 창조되어야 합니다.

사람 중에는 하나님의 아들들이 사람으로 태어나는 경우가 있고, 하나님의 아들들이 아니라 그냥 하나님의 백성으로 태어나는 경우가 있습니다. 사람 대부분은 단순히 하나님의 백성으로 태어납니다. 사람 대부분은 창 1:27의 [남자와 여자]가 되기 위하여 하나님께서 특별히 창조하신 [아담과 하와]의 후손입니다. 하나님의 백성으로 태어난 사람들은 그 태어날 때가 존재의 시작입니다. 하나님의 백성은 태어나기 전에는 존재하지 않았습니다. 세상에 태어날 때 처음으로 존재하게 된 것이며, 하나님의 백성이 되도록 결정되어 있습니다.

그런데 가끔 사람 중에는 하나님의 아들들이 있습니다. 하나님의 아들들은 하나님께서 맡기신 사명을 가지고 이 땅에서 사람으로 태어납니다. 그리고 특별한 사명 외에도 [나라와 제사장]이 되기 위한 목적을 가지고 사람으로 태어납니다. 이런 사람들은 존재의 시작이 태어날 때가 아닙니다. 이 사람들의 시작은 세상을 만들기 이전입니다.

하나님의 아들들은 세상이 창조되고 있을 때도 하나님 곁에 있었습니다. 그들은 [나라와 제사장]이 되기 위해 이 땅에 보냄을 받습니다. 선지자로 오기도 하며, 사도로 오기도 합니다. 하나님으로부터 사명을 받고, 이 땅으로 보냄을 받아, 세상에서 사람으로 태어납니다.

예수님의 피로 죄사함을 받아야 하는 예수님의 백성은 하나님의 아들들을 의미합니다. 이 땅에 태어나는 사람 대부분은 창 1:27의 [남자와 여자]가 되기 위한 사람이며, 이들은 반드시 하나님의 백성으로 창조될 것입니다. 그러나 하나님의 아들들은 죄사함을 받아 구원을 얻고 하나님이 계신 곳으로 돌아가게 됩니다.

이렇게 하나님의 아들들과 하나님의 백성은 차이가 납니다.

하나님의 아들들은 구원받아야 한다는 말이 맞는 표현이고, 하나님의 백성은 창조된다는 말이 맞는 표현입니다.

예수님의 피로 죄사함을 받은 사람만
구원받는 것이 아닌가요?

예수님의 피로 죄사함을 받은 사람은 구원받는 것이 맞습니다. 그런데 지옥에서 구원받는 것이 아니라 죄로부터 구원을 받습니다.

> "아들을 낳으리니 이름을 예수라 하라 이는 그가 자기 백성을 그들의 죄에서 구원할 자이심이라 하니라"(마 1:21)

지옥에서 구원받는다는 말과 죄로부터 구원받는다는 말은 서로 다른 의미입니다. 지옥의 형벌은 죗값을 치르기 위한 과정입니다. 사람이 재판을 받고, 형을 선고받아서, 형무소에서 징역을 사는 것은 지은 죄에 대한 대가를 지급하는 것입니다. 쉽게 말해서 죗값을 치른다고 합니다. 지옥의 형벌도 죗값을 치르는 과정입니다.

죄는 결코 그냥 사라지지 않습니다. 죄는 곧 빚입니다. 누구에게 빚을 진다면, 그 빚은 반드시 갚아야 사라집니다. 갚지 않는다면 그 빚은 갚을 때까지 영원히 남아 있습니다.

하나님의 아들들에게 죄(빚)가 있다면 하나님의 아들들은 하나님께로 돌아가지 못합니다. 그래서 하나님의 아들들이 하나님께 돌아가려면 죗값을 치러야 합니다. 하나님의 아들들의 경우는 예수님이 죗값을 대신하여 지급합니다. 이것이 예수님의 피로 산다는 의미입니다.

마찬가지로, 하나님의 백성으로 창조된 사람에게 죄(빚)가 있다면 하나님의 백성은 천국에 들어가지 못합니다. 그래서 하나님의 백성이 천국에 들어가려면 죗값을 치러야 합니다. 그런데 하나님의 백성인 경우는 스스로 죗값을 치르게 됩니다. 하나님의 백성이 죗값을 치르는 방법은 지옥에서 형벌을 받는 것입니다. 물론 하나님의 백성도 지옥 불 못에서 죗값의 형벌을 전부 다 받는 것은 아닙니다(일만 달란트의 비유).

하나님의 백성은 스스로 죗값을 치르지만, 하나님의 아들들의 경우는 예수님이 대신 죗값을 치릅니다. 예수님이 대신하여 죗값을 치르는 이유는 하나님의 아들들이 처음부터 예수님의 종이었기 때문입니다. 종들이 문제를 일으키면, 주인이 와서 수습합니다. 그리고 종들은 따로 주인의 집에 돌아가서 주인에게 책망을 듣든지 벌을 받든지 합니다. 우선 종들의 문제를 해결해야 주인이 종들을 데리고 집으로 돌아갈 수 있습니다.

그리고 하나님의 백성이 지옥에서 자신의 죗값을 다 치렀다고 하더라도 하나님의 백성이 거룩해지는 것은 아닙니다. 죗값을 치르고 난 후, 더 이상 지급할 죄(빚)가 없는 상태로 하나님의 백성으로 살게 됩니다. 하나님의 백성은 창 1:26~28에서 [생육하고 번성하여 땅에 충만하라]고 하신

하나님의 창조는 끝나지 않았다

하나님의 목적대로 땅 위 하나님의 나라에서 하나님의 백성으로 영원히 사는 것입니다. 죄가 없는 상태로 살게 됩니다. 죄가 없다고 해도 거룩한 존재는 아닙니다. 하나님은 하나님의 백성을 거룩하게 창조한 것이 아닙니다.

예수님의 피로서 죄사함을 받는 것은 하나님 앞으로 가기 위한 목적이 있습니다. 죄가 있는 사람은 하나님의 얼굴을 볼 수 없습니다. 예수님이 피를 흘려 십자가에서 죽음의 고통을 받으신 것은 사람들을 피로 사서 하나님께 드리고자 하는 것입니다.

> "우리를 사랑하사 그의 피로 우리 죄에서 우리를 해방하시고 그 아버지
> 하나님을 위하여 우리를 나라와 제사장으로 삼으신…"(계 1:5~6)

> "일찍 죽임을 당하사 각 족속과 방언과 백성과 나라 가운데서 사람들을
> 피로 사서 하나님께 드리시고 저희로 우리 하나님 앞에서 나라와 제사
> 장으로 삼으셨으니…"(계 5:9~10)

죄가 없어야 하는 이유는 하늘에 계신 하나님 앞으로 가야 하기 때문입니다. 이 말씀을 보면, 예수님이 피로 사는 이유는 하나님께 드리기 위함이라고 밝히고 있습니다. 예수님은 하나님의 아들들을 피로 사서 하나님께로 데리고 돌아가고자 하는 겁니다. 이들은 처음부터 하나님의 종들이었기 때문에 하나님께로 돌아가야 합니다.

하나님은 하나님께 돌아온 종들을 [나라와 제사장]으로 세웁니다. [나라와 제사장]은 밤낮으로 하나님을 섬기는 종들입니다. 종들은 하나님을 직접 뵙고 그 앞에서 밤낮 하나님을 섬기는 일을 하므로 하나님 곁으로 가지 않을 수 없습니다.

> "어린 양의 피에 그 옷을 씻어 희게 하였느니라. 그러므로 그들이 하나님의 보좌 앞에 있고 또 그의 성전에서 밤낮 하나님을 섬기매…"(계 7:14~15)

하나님의 종들은 밤낮으로 하나님을 섬기면서 하나님의 보좌 앞에 있어야 합니다. 죄가 있다면 하나님의 보좌 앞에 서는 일은 불가능합니다. 죄가 있는 사람은 하나님의 빛에 쏘이게 되어 죽음을 피할 수 없습니다. 거룩하신 하나님의 빛에 의해 그 앞에 설 수도 없습니다. 그래서 예수님이 하나님 앞에 서게 될 사람들을 그의 피로 깨끗하게 씻겨 주시는 겁니다.

그러나 하나님을 가까이하지 않고, 만나지 않는다면, 예수님의 피로 죄 사함을 받지 않아도 됩니다. 예수님의 피로 죄사함을 받지 않아도 모든 사람은 땅 위에 세워지는 하나님의 도시에서 하나님 나라의 백성으로 영원히 살게 됩니다.

땅 위 하나님의 도시에서 사는 사람들은 하늘에 계신 하나님을 직접 볼 수 없습니다. 또 땅 위에 사는 백성은 하나님의 보좌 앞에 나아가는 일도 없습니다. 하나님을 만나려면 하나님의 보좌 앞으로 가야 하며, 하나님의

하나님의 창조는 끝나지 않았다

보좌는 하늘에 있습니다. 하늘에 있는 하나님의 보좌로 가야 하나님을 만날 수 있습니다.

그런데 창 1:27의 [남자와 여자]는 생육하고 번성하여 땅에 충만할 것이고, 땅을 정복할 것이며, 하늘의 새와 바다의 고기와 땅의 모든 생물을 다스리며 모든 동물과 어우러져 함께 땅 위에서 영원히 살도록 창조되었습니다. 창 1:27의 [남자와 여자]는 하나님의 보좌 앞에 나아가 하나님을 밤낮으로 섬기도록 창조된 것이 아닙니다.

만약 [남자와 여자]가 하늘의 보좌에 계신 하나님 앞으로 나아가야 하는 존재였다면, 창 1:26은 다르게 기록되었을 겁니다. [우리의 형상을 따라 우리의 모양대로 우리가 사람을 만들고 그로 우리 앞에서 밤낮으로 우리를 섬기게 하자 하시고] 이렇게 기록되었어야 했을 겁니다.

계 7:14~15과 계 22:3의 사람들은 하나님의 종으로서 창 1:27의 [남자와 여자]가 아닙니다. 창 1:27의 [남자와 여자]는 이 땅 위에서 영원히 행복하게 살도록 창조되었습니다. 그래서 [남자와 여자]는 하나님 앞에 가지 않습니다. 창 1:27의 [남자와 여자]는 하나님 앞에 가지 않으며, 이 땅 위에 세워진 하나님의 도시 안에 살면서 하나님의 백성으로 살게 됩니다. 창 1:27의 [남자와 여자]는 예수님의 피로 죄사함을 받지 않고도, 땅 위 하나님의 도시 안에서 하나님의 백성이 된다는 겁니다.

죄가 있는 상태로, 거룩하지 않은 상태로, 실수도 잦고, 오해도 많고, 화도 잘 내며, 도덕적으로 완전하지 않으며, 이성적으로 합리적이지 않으며, 윤리적으로 부족한 것이 많으면서도 하나님의 나라인 하나님의 도시 안에서 주위에 있는 하나님의 백성과 어울려 영원히 살게 됩니다. 하나님의 백성 사이에서 악을 행하지 않고, 이웃들과 함께 서로에게 고통을 주지 않으면서 살게 됩니다.

이런 하나님 나라에서 살게 될 백성의 모습이 이미 출애굽 사건에서 나타나 있습니다. 예수님은 유월절 어린 양의 실체입니다. 유월절 어린 양은 예수님의 모형입니다. 이 유월절 어린 양의 사건에서 이 사실을 알 수 있습니다.

하나님의 창조는 끝나지 않았다

출애굽에서 유월절 양의 피가 없어도 하나님의 백성이 되다

출애굽 사건은 모세가 이스라엘 사람들을 이끌고 애굽에서 나와 하나님이 약속하신 가나안 땅으로 가는 여정을 그리고 있습니다. 출애굽 사건은 모든 기독교인이 다 알고 있는 사건입니다.

가장 핵심적인 내용은 유월절의 어린 양입니다. 유월절 어린 양이 예수님의 예표임을 모르는 기독교인은 없을 겁니다.

"보라 세상 죄를 지고 가는 하나님의 어린 양이로다"(요 1:29)

"이것은 죄사함을 얻게 하려고 많은 사람을 위하여 흘리는 바 나의 피 곧 언약의 피니라"(마 26:28)

유월절 어린 양은 하나님께서 모세를 통하여 애굽에 내리는 10가지 재앙 중 마지막 재앙에서 재앙을 피할 수 있게 하는 희생제물입니다.

그런데 앞의 9가지 재앙과 10번째 재앙은 조금 다릅니다.

하나님은 9가지 재앙에서 이스라엘 자손과 애굽 사람을 구분하였으며, 이스라엘 자손의 가축과 애굽 사람의 가축을 구분하였고, 이스라엘 자손이 사는 고센 땅과 애굽의 다른 땅을 구분하였습니다. 이 9가지 재앙에서 이스라엘 자손은 피해를 받지 않았으나, 애굽 사람은 큰 피해를 받았습니다.

그런데 10번째 재앙은 다릅니다.

하나님은 10번째 재앙에서 이스라엘 자손과 애굽 사람을 구분하지 않습니다. 이스라엘의 가축과 애굽의 가축을 구분하지 않았고, 고센 땅과 다른 애굽의 지역을 구분하지 않았습니다. 10번째 재앙은 이스라엘 자손이든 애굽 사람이든 구분하지 않고 애굽의 온 땅에 내려지는 재앙입니다.

하나님은 10번째 재앙으로 사람의 장자와 동물의 처음 난 것을 죽이는 재앙을 내리셨습니다. 이 재앙에는 이스라엘 자손에게도 예외 없이 내려진 재앙입니다. 그러나 하나님은 모세를 통하여 어린 양을 잡아 그 피를 문설주와 문인방에 바르게 하여 이 재앙이 이스라엘 자손에게 내리지 않고 지나가도록 하셨습니다.

만약 애굽 사람이라고 하더라도 이스라엘 사람들처럼 어린 양을 잡아 그 피를 문설주와 문인방에 발랐다면 그 애굽 사람의 집에도 재앙이 내리지 않았을 겁니다. 물론 애굽 사람은 이 재앙을 피하지 못했습니다.

하나님의 창조는 끝나지 않았다

반대로 이스라엘 사람이라고 하더라도 어린 양의 피를 문설주와 좌우 문 인방에 바르지 않았다면 장자를 죽이는 이 재앙을 피하지 못했을 겁니다. 물론 이스라엘 자손은 하나님의 명령대로 행하여 이 재앙을 피했습니다.

이 10번째 재앙으로 인해 이스라엘 자손은 애굽에서 나와 시내산에 이릅니다. 시내산에서 이스라엘 자손은 하나님과 언약을 맺고 하나님의 백성이 됩니다.

"세계가 다 내게 속하였나니 너희가 내 말을 잘 듣고 내 언약을 지키면 너희는 열국 중에서 내 소유가 되겠고 너희가 내게 대하여 제사장 나라가 되며 거룩한 백성이 되리라"(출 19:5~6)

"백성이 일제히 응답하여 가로되 여호와의 명하신 대로 우리가 다 행하리이다"(출 19:8)

출 19:5~8에서 하나님과 이스라엘 자손 사이에서 언약이 성립됩니다. 그런데 하나님은 다시 한번 시내산에 강림하셔서 백성들과 언약을 맺습니다.

"제 삼 일 아침에 우뢰와 번개와 빽빽한 구름이 산 위에 있고 나팔 소리가 심히 크니 진중 모든 백성이 다 떨더라 모세가 하나님을 맞으려고 백성을 거느리고 진에서 나오매 그들이 산 기슭에 섰더니"(출 19:16)

백성들이 자기 처소인 장막에서 나와서 진 밖의 산기슭에 섰다고 기록하고 있습니다. 여기서 모세와 백성이 하나님의 음성을 듣게 됩니다.

"뭇 백성이 우뢰와 번개와 나팔 소리와 산의 연기를 본지라 그들이 볼 때에 떨며 멀리 서서 모세에게 이르되 당신이 우리에게 말씀하소서. 우리가 들으리이다. 하나님이 우리에게 말씀하시지 말게 하소서 우리가 죽을까 하나이다"(출 20:18)

그래서 모세가 하나님이 계신 암흑으로 가까이 가서 말씀을 받습니다.

"모세가 와서 여호와의 모든 말씀과 그 모든 율례를 백성에게 고하매 그들이 한소리로 응답하여 가로되 여호와의 명하신 모든 말씀을 우리가 준행하리이다"(출 24:3)

모든 이스라엘 자손이 진 밖에 나와서 하나님의 명령을 듣고 하나님의 명령을 지키겠다고 대답합니다. 그래서 하나님과 이스라엘 자손은 언약을 맺게 됩니다. 이스라엘 자손은 하나님의 거룩한 백성이 되고, 하나님은 이스라엘의 하나님이 되었습니다.

"내가 이스라엘 자손 중에 거하여 그들의 하나님의 되리니 그들은 내가 그들의 하나님 여호와로서 그들 중에 거하려고 그들을 애굽 땅에서 인도하여 낸 줄을 알리라. 나는 그들이 하나님 여호와니라"(출 29:45)

하나님의 창조는 끝나지 않았다

이렇게 하나님과 이스라엘 자손 사이에서 언약이 체결되었습니다.

그런데 여기서 조금만 더 세밀하게 살펴보아야 합니다.

시내산에서 하나님의 백성이 된 사람들은 이스라엘 자손들입니다. 이 이스라엘 자손 중에는 여자도 있고, 20세 미만의 어린아이와 나이가 많은 분들도 상당히 많을 겁니다. 남자 중에서도 장자가 아닌 남자들도 많이 있습니다.

이 모든 사람이 모두 진 밖으로 나와서 시내산 기슭에 서서 하나님과 언약하였고, 모두가 하나님의 백성이 되었습니다. 이 하나님의 백성 중에는 여성들이 빠질 수 없습니다. 그리고 장자가 아닌 동생들도 많이 있습니다. 시내산에서 하나님과 언약을 통하여 하나님의 백성이 된 사람들이 장자만 있는 것은 아닙니다.

그런데 유월절 어린 양의 피로 죽음을 면한 사람은 누구인가요? 장자와 동물의 처음 난 것을 죽이는 재앙에서 죽음을 면한 사람들은 장자들입니다. 만약 문설주와 좌우 문인방에 어린 양의 피를 바르지 않았다면 장자들은 죽음을 면치 못합니다. 그런데 문설주와 좌우 문인방에 어린 양의 피를 바르지 않았더라도 장자가 아닌 남자들과 여자들은 이 재앙에서 죽지 않습니다. 어린 양의 피는 장자들의 죽음을 면하게 한 것이지, 여자들과 동생들은 상관이 없었던 겁니다.

하나님의 백성이 된 많은 여자와 장자가 아닌 남자들은 어린 양의 피로 죽음을 면한 일이 없이 하나님의 백성이 되었습니다. 하나님의 백성이 되기 위하여 반드시 어린 양의 피로 죽음을 면해야 했던 것은 아니라는 겁니다.

> "내가 이스라엘 자손 중에서 레위인을 택하여 이스라엘 자손 중 모든 첫 태에 처음 난 자를 대신케 하였은즉 레위인은 내 것이라. 처음 난 자는 다 내 것임은 내가 애굽 땅에서 그 처음 난 자를 다 죽이던 날에 이스라엘의 처음 난 자는 사람이나 짐승을 다 거룩히 구별하였음이니 그들은 내 것이 될 것임이니라"(민 3:12)

어린 양이 피로 죽음을 면한 장자들은 하나님의 소유가 되었고, 각 지파의 장자들을 대신하여 레위인으로 받으셨습니다. 레위인을 대신 받으신 하나님께서 레위인을 회막에서 일하도록 하셨습니다. 그래서 레위인은 하나님을 가까이하는 지파가 되었습니다.

> "너는 레위인을 아론과 그 아들들에게 주라. 그들은 이스라엘 자손 중에서 아론에게 온전히 돌리운 자니라. 너는 아론과 그 아들들을 세워 제사장 직분을 행하게 하라. 외인이 가까이 하면 죽임을 당할 것이니라"(민 3:9)

하나님께서는 시내산에서 이스라엘 자손에게 그들의 하나님이 되실 것을 선포하셨습니다. 이스라엘 자손은 하나님의 백성이 되었음에도, 제사장들과 레위인 외에는 하나님의 성막에 접근할 수 없었습니다.

어린 양의 피로 죽음을 면한 사람들은 성막에서 봉사하는 제사장이었던 겁니다. 제사장과 레위인을 제외한 하나님의 백성은 어린 양의 피로 죽음을 면한 것이 아닙니다. 그래서 제사장과 레위인을 제외한 다른 지파 사람은 성막에 접근하면 죽게 됩니다. 이들은 어린 양의 피로 죽음을 면한 사람이 아니므로, 거룩하지 않으며, 하나님의 백성이 되었어도 성막에는 접근하지 못하는 겁니다. 이 대목에서 어린 양의 피로 죽음을 면하게 하신 일은 제사장을 삼기 위함임을 알게 됩니다.

어린 양의 피로 죽음을 면한 사람들은 제사장의 역할을 하게 되고, 어린 양의 피와 상관이 없었던 여자들과 장자가 아닌 남자들은 하나님의 백성이 됩니다. 이렇게 예수님의 피로 죄사함을 받아야만 하나님의 백성이 된다는 주장은 출애굽 예표의 내용과도 일치하지 않습니다.

유월절 어린 양의 피로 사는 이유는 하나님의 백성을 삼기 위해서가 아니라 제사장을 세우기 위해서입니다. 예수님이 피로 사람들을 사서 하나님께 드린 후에, 그들을 하나님을 위한 제사장으로 세우기 위해서입니다.

하나님의 백성이 되는 일은 예수님의 피와는 상관이 없다는 것입니다. 유월절 어린 양의 피의 적용 여부로 하나님의 백성이 결정되는 것은 아니라는 말입니다. 하나님의 백성이 되는 일은 예수님의 피가 아니라 태어날 때부터 하나님의 백성으로 태어나는 것입니다.

아직은 하나님의 창조의 일이 끝나지 않았기 때문에 하나님의 백성이 되지 못하고 있습니다. 그러나 모든 사람은 태어날 때부터 이미 하나님의 백성이 되도록 결정되어 있었던 겁니다. 그렇게 창조되었기 때문입니다.

이 말은 칼빈의 예정론을 말하는 것은 아닙니다. 천국 갈 사람과 지옥 갈 사람이 정해져 있다는 말이 아닙니다.

창 1:27에서 [남자와 여자]로 창조되기 위하여 태어난 모든 [아담과 하와]의 후손들은 전부 하나님의 백성이 되도록 창조되었다는 의미입니다.

하나님의 창조는 끝나지 않았다

모든 사람이 구원받는다면
죄인과 악인도 구원받는다는 말인가요?

모든 사람은 구원을 받습니다. 그런데 구원을 받는다는 표현보다는 하나님의 백성으로 창조되었다는 표현이 더 적절합니다. 구원이 필요한 것은 하나님의 백성으로 창조된 사람들이 아니라, 이 땅에 죄 있는 모습으로 보냄을 받아 사람으로 태어난 하나님의 아들들입니다.

창 1:27의 [남자와 여자]는 영원한 하나님의 백성으로 창조되었습니다. 그래서 태어날 때부터 영혼(Soul)이 있어서 사라지지 않고 영원히 존재하게 되었습니다. 다만 아직은 모든 사람이 하나님 백성의 모습을 갖추지 못했을 뿐입니다.

사람이 인생을 살면서, 여러 가지 요인으로 인해 착하게도 살기도 하고 악하게 살기도 합니다. 사람이 어떤 삶을 살든지 그 사람은 하나님의 백성이 되기 위하여 태어났으며, 언젠가는 하나님의 백성인 [남자와 여자]가 될 것입니다.

죄인이나 악인을 포함하여 모든 사람이 하나님의 백성으로 창조되었다는 것입니다. 마 25:41에 지옥 불 못은 마귀와 그 사자들을 위하여 준비된 것이라고 하십니다. 지옥 불 못은 사람을 위하여 준비된 것이 아닙니다. 모든 사람은 처음부터 창 1:27의 [남자와 여자]로서 하나님의 백성이 되기 위하여 창조되었습니다.

여기서 천국이라고 하는 곳은 영의 세계가 아니라, 이 세상의 땅 위에 세워지는 하나님의 도시를 의미합니다. 하나님의 도시 안에 들어가서 죽지 않는 육체를 가지고 영원한 삶을 누리게 됩니다.

죄인과 악인이 천국에 함께 들어간다고 하면 뭔가 불공평하거나 천국이 무법천지가 될 것으로 생각될 수 있습니다. 그러나 이렇게 생각하는 것은 천국을 모르기 때문에 오해하는 겁니다. 죄인이나 악인은 지은 죄들의 무게만큼 지옥의 불 못에서 벌을 받게 됩니다. 그뿐만 아니라 착한 사람과 좋은 사람도 죄가 있다면 그 죄의 무게만큼 벌을 받아야 합니다. 지옥 불 못에 들어가는 것은 악인만이 아니라, 선인과 의인도 포함됩니다.

좋은 사람, 착한 사람, 의로운 사람이라도 죄가 하나라도 있다면 죄인이라고 부를 수 있습니다. 그런데 이 땅에 사는 사람 중에서 죄가 전혀 없는 사람은 아마도 찾을 수 없을 겁니다. 그래서 선인도 의인도 어떤 의미에서는 죄인이라고 할 수 있습니다.

선인과 의인이라고 해도 죄를 지은 것이 있고, 살아 있을 때 그 죄를 해

하나님의 창조는 끝나지 않았다

결하지 못했다면 선인과 의인도 자신이 지은 죄에 대해서는 벌을 받아야합니다. 악인이든 선인이든 의인이든 지은 죄가 있다면 그 죄의 무게만큼 책임을 져야 합니다. 그 죗값은 곧 지옥 불 못의 형벌입니다.

또한, 천국에서도 상이 있습니다. 천국에 들어가는 것 자체는 상이 아닙니다. 천국 안에 들어가기 전에 먼저 각 사람의 삶을 평가하여 상과 벌을 계산합니다. 이것이 백보좌의 심판입니다. 사람마다 좋은 일을 한 만큼 상을 받게 됩니다. 악인이라도 좋은 일을 했다면, 그 좋은 일은 상을 잃지 않습니다. 또 아무리 좋은 일을 많이 하더라도 이 세상의 삶에서 그 대가를 받았다면 천국에서는 상이 없습니다.

"사람에게 보이려고 그들 앞에서 너희 의를 행하지 않도록 주의하라 그리하지 아니하면 하늘에 계신 너희 아버지께 상을 받지 못하느니라. 그러므로 구제할 때에 외식하는 자가 사람에게서 영광을 받으려고 회당과 거리에서 하는 것 같이 너희 앞에 나팔을 불지 말라 진실로 너희에게 이르노니 그들은 자기 상을 이미 받았느니라. 너는 구제할 때에 오른손이 하는 것을 왼손이 모르게 하여 네 구제함을 은밀하게 하라 은밀한 중에 보시는 너의 아버지께서 갚으시리라"(마 6:1~4)

이 세상에서 살면서 좋은 일을 했으나, 그 결과를 누리지 못했다면 하나님은 백보좌 심판 때 반드시 이에 대한 상을 주십니다. 이 상은 천국에 들어가서 받게 됩니다.

모든 사람은 기본적으로 천국에 들어가는 것이 보장되어 있습니다. 창 1:27에서 [남자와 여자]는 하나님의 백성으로 창조되었기 때문에, 사람이라면 누구나 천국에서 하나님의 백성으로 살게 됩니다. 그래서 천국 그 자체는 상이 아닙니다.

누구나 다 천국에서 살게 되지만, 천국 안에서 살게 될 때, 그 안에서 누리는 여러 가지 상이 따로 있습니다.

"선지자의 이름으로 선지자를 영접하는 자는 선지자의 상을 받을 것이요 의인의 이름으로 의인을 영접하는 자는 의인의 상을 받을 것이요 또 누구든지 제자의 이름으로 이 소자 중 하나에게 냉수 한 그릇이라도 주는 자는 내가 진실로 너희에게 이르노니 그 사람이 결단코 상을 잃지 아니하리라"(마 10:41~42)

어떤 사람이 예수님을 믿지는 않았으나, 예수님의 제자들이 힘들어하는 것을 보고 측은하게 여겨 물 한 그릇을 대접했다면 이 사람은 결코 상을 잃지 않을 것입니다.

그런데 이 사람이 죽어서 지옥에 가고 영원히 나오지 못한다고 가정합시다. 지옥에서 고통받는 사람이지만, 결코 상을 잃지 않을 것이라고 하셨으니, 하나님은 이 사람에게 상을 주실 것입니다. 지옥에서 고통받는 사람에게 어떤 상을 주어야 그 상이 정상적인 상이라고 할 수 있을까요? 무엇을 주어야 지옥의 고통을 받는 사람이 "아, 내가 상을 받는구나!" 하면

하나님의 창조는 끝나지 않았다

서 기쁨을 누릴 수 있을까요? 하나님께서 무엇을 주시든지 그 상이 과연 지옥의 불 못에서 고통받는 사람에게 상이 될 수 있을까요?

상이라고 하는 것은 그 사람이 영원히 지옥에서 고통받지 않아야 의미가 있는 것입니다. 어떤 상이라도 지옥에서 영원히 나오지 못한다면 그것은 상이 아닙니다.

아무리 악인이라고 하더라도 조금은 좋은 일을 할 수 있습니다. 아무리 선인이나 의인이라고 하더라도 조금은 죄를 지을 수 있습니다. 악인도 좋은 일을 했다면 상을 받을 것이며, 선인이나 의인도 잘못한 것은 벌을 받게 됩니다. 이것이 공정한 것입니다.

다만 악인은 벌 받을 일을 많이 했을 것이며 상 받을 일은 매우 적을 것입니다. 반대로 선인이나 의인은 상 받을 일을 많이 했을 것이며 벌 받을 일은 거의 하지 않았을 겁니다.

악인은 백보좌 심판에서 재판 결과 상대적으로 선인과 의인보다는 불 못에서 오랫동안 있게 될 것이며, 천국에서 받을 상은 매우 적을 것입니다. 반대로 선인이나 의인은 상대적으로 악인보다는 불 못에 들어갈 일이 없거나 조금만 있을 겁니다. 그리고 천국에 들어가서 받을 상은 매우 많을 것입니다.

이렇듯이 사람마다 받을 상과 벌이 서로 다를 것입니다. 사람마다 각자

의인으로 불리거나 선인으로 불리거나 악인으로 불리거나 하겠지만, 각자가 좋은 일을 한 것은 상을 받고 악한 일을 한 것은 벌을 받습니다.

악인도 땅 위에 세워진 하나님의 도시 곧 천국에는 들어갑니다. 그러나 천국의 아름다운 삶을 누리기 전에 먼저 지옥 불 못에서 죗값을 치르게 된다는 겁니다. 악인이 천국에 들어가는 것이 불공평하게 보일지 몰라도 실제로는 매우 공평한 것입니다. 그리고 선인과 의인이라도 지은 죄가 있다면, 지옥 불 못에서 죗값을 치르고 난 후에 천국에 들어가게 됩니다.

지옥 불 못에서 죗값을 치르는 것은 선인이냐 의인이냐 악인이냐 하는 것으로 결정되지 않습니다. 착한 사람이든 나쁜 사람이든 상관없이 얼마나 죄를 많이 지었느냐에 따라 지옥 불 못에 있게 되는 시간이 달라집니다. 그렇지만 백보좌 심판에서 지옥 불 못에 던져질 만한 죄가 없거나 적은 사람은 세상에 살 때, 좋은 사람이었을 것입니다.

지금은 [죄인과 악인도 구원받을 수 있는가]라는 주제를 다루고 있습니다. 이런 질문을 하는 이유는 천국에 들어가면 무조건 지옥에 가지 않는다고 생각해서 그런 질문을 하게 되었을 겁니다.

예수님의 피로 죄사함을 받지 못한 악인과 죄인이라도, 먼저 지옥 불 못에서 자신이 지은 죄에 대한 형벌을 다 받고 난 다음에, 땅 위 하나님의 나라에 들어가서 하나님의 백성으로 살게 됩니다.

하나님의 창조는 끝나지 않았다

천국과 지옥은 분리되어 있고
한번 정해지면 영원한 것 아닌가요?

천국과 지옥은 완전히 분리되어 있고, 천국에서는 지옥에 갈 수 없고 지옥에서는 천국에 갈 수 없다. 사람이 천국에 가면 영원히 천국에서 살게 되고 지옥에는 영원히 가지 않는다. 만약 사람이 지옥에 가면 영원히 지옥에서 나오지 못하며 영원히 천국에 갈 수 없다. 대부분 교회에서 이렇게 가르칩니다.

이런 가르침의 근거는 눅 16:26에 있다고 보여집니다.

"너희와 우리 사이에 큰 구렁이 끼어 있어 여기서 너희에게 건너가고자 하되 할 수 없고 거기서 우리에게 건너올 수도 없게 하였느니라"(눅 16:26)

이 말씀은 예수님이 말씀하신 것으로 부자와 나사로의 비유입니다. 이 비유의 말씀은 천국과 지옥에 대한 말씀이 아니라, 낙원과 음부에 대한 말씀입니다. 낙원과 음부에 관한 내용은 (No. 45) 편에서 설명합니다.

예수님이 천국과 지옥에 대해서도 말씀을 하셨는데, 천국과 지옥은 완전히 분리되어 있지 않습니다.

천국인 하나님의 나라는 지금까지 설명해 왔던 것처럼 이 세상인 땅 위에 세워집니다. 하나님은 이 땅 위에 하나님의 도시를 건설하고, 하나님의 백성이 이 도시에서 살도록 합니다. 하나님의 백성이 생육하고 번성하여 땅에 충만해질 것을 하나님이 명령하셨기 때문입니다. 또 하나님의 백성인 [남자와 여자]가 하나님의 나라인 이 땅 위에서 하늘의 새와 바다의 고기와 땅의 모든 생물을 다스리며 살기를 명하셨습니다.

그래서 천국은 이 세상 나라이며 이 땅 위에 세워지는 나라입니다. 다만 세상 나라가 아직은 우리 주와 그 그리스도의 나라(계 11:15)로 바뀌지 않았습니다. 그래서 이 땅 위의 어느 곳에도 하나님의 도시가 세워지지 않았습니다. 그러나 결국에서 하나님의 계획대로 이 땅 위에 하나님의 나라가 세워지고 그 나라 안에 여러 개의 하나님의 도시가 세워지게 될 것입니다.

그런데 지옥도 또한 땅 위에 세워집니다.

"누구든지 생명책에 기록되지 못한 자는 불 못에 던지우더라."(계 20:15)

불 못이라는 단어는 헬라어로는 λίμνην τοῦ πυρός(림넨 투 푸로스)라고 하여 영어로는 [lake of fire]로 번역됩니다. 말 그대로 [불의 호수]입니다. 계 19:20에는 유황 불붙는 못으로 설명하고 있습니다. 불이 타오르는 호수인데, 이 불에는 유황이 섞여 있어서 유황이 타는 불의 호수라는 것입니다.

유황은 원자번호 16의 황을 의미합니다. 황이 불에 탈 때는 붉은색의 액체 형태로 변하며 어둠에서도 잘 보이는 푸른색의 빛을 낸다고 합니다. 겉으로 보기에는 노란색을 띠고 있으며 녹는 점은 120°C라고 하며 끓는 점은 444°C라고 합니다. 그래서 불 못은 유황불이 타오르는 뜨거운 구덩이를 의미합니다. 호수는 물로 채워져 있으나, 불 못은 호수와 같은 큰 구덩이이지만 물이 아니라 불로 채워져 있다는 겁니다.

불로 채워져 있는 큰 구덩이가 지옥입니다. 이 지옥 불은 유황이 타면서 올라오는 불로서 그 중앙의 온도는 444°C가 넘을 것으로 보입니다. 유황이 타는 부분은 444°C가 넘겠으나 그 주위는 그보다는 낮은 온도일 겁니다. 다만 아무리 444°C보다 낮은 온도라고 해도 매우 높은 온도임은 틀림없습니다.

예수님이 말씀하신 지옥은 유황이 타는 호수인 불 못입니다. 예수님은 마 5:29에서 지옥에 던져지지 않는 것이 유익하다고 말씀하셨고, 마 5:30에서도 지옥에 던져지지 않는 것이 유익하다고 말씀하셨습니다. 계 19:20에서 짐승과 거짓 선지자가 산 채로 유황 불 붙는 못에 던져진다고 기록되어 있고 계 20:15에서도 불 못에 던져진다고 기록하고 있습니다.

지옥은 던져지는 곳입니다.

왜냐하면, 너무나 뜨거운 곳이기 때문에 걸어 들어가는 것이 아니라 위에서 던진다는 것입니다. 형벌을 받는 사람은 지옥 불 못에 들어가야 하지만, 형을 집행하는 집행관은 불 못의 뜨거운 고통을 느낄 필요가 없습니다. 집행관 두 사람이 죄인을 좌우에서 잡고, 불 못 안에 있는 철창에 가두려고 들어간다면 두 집행관도 불 못의 뜨거운 고통을 겪게 됩니다. 그래서 형을 집행하는 집행관도 유황불이 타오르는 구덩이 바깥에서 죄인을 잡고 안으로 던져 넣는 것입니다. 집행관이 고통받을 필요는 없기 때문입니다.

이처럼 지옥도 땅 위에 있는 큰 구덩이입니다. 그 구덩이에는 중앙에 유황이 있어서 유황이 타오르는 곳입니다. 그 큰 구덩이 안은 최고 444°C 이상이며 그 주위는 그보다 낮은 온도입니다. 정확하지는 않으나 지옥 불 못의 온도를 조금은 알 수 있습니다.

하나님의 나라도 땅 위에 세워지는 도시입니다. 지옥은 땅보다 낮게 파인 큰 구덩이입니다. 천국과 지옥이 모두 땅 위에 있습니다. 천국은 땅 위에 세워진 하나님의 도시이며, 이 도시가 있는 지역 바깥에 지옥이 존재한다는 뜻입니다. 지옥은 천국의 도시에서 떨어져 있는 땅 위에 세워진 형무소입니다.

죄를 지은 사람은 죄의 무게만큼 벌을 받게 됩니다. 그래서 벌을 받는

　　　　　　　　　　　하나님의 창조는 끝나지 않았다

곳이 형무소입니다. 천국의 형무소에는 마귀와 그 사자들이 항상 있게 될 것입니다. 그 형무소에는 가끔 죄인이 들어갈 것인데, 죄인은 형기를 마치면 불 못에서 나오게 됩니다. 한번 지옥에 가면 영원히 나오지 못한다는 것은 공정하신 하나님을 오해한 것입니다. 형벌을 다 받으면 지옥 불 못에서 나오게 됩니다.

하나님의 나라가 시작되는 초기에는 백보좌 심판의 결과로 많은 사람이 불 못에 던져져서 자신의 죄만큼 벌을 받게 되겠지만, 시간이 흐르고 나면 불 못에는 오직 마귀와 그 사자들만 남아 있게 될 것입니다.

하나님의 나라가 세워진 후로 시간이 조금 더 흐르면 하나님의 백성은 불 못에 던져지는 일이 없게 될 것입니다. 하나님의 백성 스스로가 죄를 짓지 않게 될 것이기 때문입니다.

> "너를 고발하는 자와 함께 길에 있을 때에 급히 사화하라 그 고발하는
> 자가 너를 재판관에게 내어 주고 재판관이 옥리에게 내어 주어 옥에 가
> 둘까 염려하라"(마 5:25)

천국의 백성은 예수님의 이 말씀을 명심하여 반드시 지키게 될 것입니다. 혹시라도 누군가에게 잘못하면 법정까지 가기 전에 반드시 사과하고 화해할 것입니다. 그래서 재판 결과 옥(지옥 불 못)에 가두게 되는 상태까지 가지 않을 것입니다. 모든 천국의 백성은 예수님의 이 말씀을 철저하게 지켜서 지옥 불 못의 고통을 받지 않을 것입니다. 가해자는 법정까지

가기 전에 항상 사과하고 용서를 빌 것이며, 피해자는 일흔 번씩 일곱 번이라도 용서할 것입니다.

이렇게 천국과 지옥은 완전히 분리된 다른 세계가 아닙니다. 천국과 지옥은 이 세상 안에 함께 존재하며, 지옥으로 알고 있는 불 못은 천국의 도시 주위에 있는 형무소입니다. 천국과 지옥을 완전히 구분하여 다른 세상이라고 믿는 것은 성경을 자세히 알지 못했기 때문에 생기는 오해입니다.

하나님의 창조는 끝나지 않았다

지금의 사람들이 창 1:27의 [남자와 여자]가 아니라는 건가요?

지금까지의 모든 사람은 창 1:27의 [남자와 여자]가 아닙니다. 모든 사람은 나중에 창 1:27의 [남자와 여자]가 되기로 결정되어 있습니다. 그러나 아직은 아닙니다.

창 1:27의 [남자와 여자]가 되려면 영생해야 한다는 조건이 있습니다. 하나님이 영원한 분이기 때문에, 하나님의 백성도 영원하도록 하신 겁니다. 그래서 창 1:27의 [남자와 여자]는 영생하는 존재입니다.

그런데 영생하려면 두 가지 조건이 필요합니다. 첫 번째는 사라지지 않는 존재여야 한다는 것과 두 번째는 삶을 유지하고 있어야 한다는 겁니다. 하나님은 이 조건을 성취하기 위해 사람을 영적 존재인 영혼(Soul)으로 창조하셨습니다. 그래서 사람은 이미 사라지지 않는 영원한 존재가 되어 있습니다. 하나님이 아담의 코에 생기를 불어 넣을 때 이 조건을 충족하셨습니다. 그런데 두 번째 조건은 충족되지 않았습니다.

지금까지의 사람이 창 1:27의 [남자와 여자]가 아닌 이유를 설명합니다.

모든 사람은 하나님의 백성으로 창조되었습니다. 아담과 하와의 후손으로 태어난 사람은 누구라도 이 세상에서 하나님의 백성으로 살도록 하셨습니다. 누구든지 생육하고 번성하여 땅에 충만해져야 합니다. 하늘의 새와 바다의 고기와 땅의 모든 생물을 다스리면서 영원히 살도록 그렇게 창조되었습니다.

예수님을 믿는 성도들이나, 예수님을 믿지 않는 다른 사람들도, 이 글을 읽는 사람도, 사람이라면 누구나 창 1:27의 [남자와 여자]인 하나님의 백성으로 창조될 것인데, 우리는 그 창조의 과정에서 세상에 태어난 사람들입니다. 결국, 모든 사람은 창 1:27의 [남자와 여자]가 되도록 정해져 있습니다.

창 1:27의 [남자와 여자]는 영원히 죽지 않는 사람입니다. [남자와 여자]는 하늘의 새와 바다의 고기와 땅의 모든 생물을 다스리는 사람입니다. [남자와 여자]는 창 1:29의 채소와 열매만 먹으며 사는 사람입니다.

그런데 아담과 하와 이후로 지금까지 태어난 모든 사람 중에서 이런 특징을 가진 사람은 없습니다. 어느 한 사람도 [남자와 여자]가 되지 못했다는 겁니다. 물론 모든 사람은 [남자와 여자]가 될 것입니다. 그러나 아직은 [남자와 여자]가 되지 못했습니다.

하나님의 창조는 끝나지 않았다

위 특징 중에서 채소와 열매만 먹으면서 사는 사람은 있을 수 있습니다. 그런데 영원히 죽지 않는 사람은 없습니다. 또한, 하늘의 새와 바다의 고기와 땅의 생물들을 다스리는 사람도 없습니다. 우리가 새를 부른다고 하더라도 하늘을 날던 새들이 우리에게 오지 않습니다. 또 우리가 바닷가에서 불러도, 바다의 고기들이 반응하지 않습니다. 들판에서 호랑이나 사자를 부른다고 해도, 호랑이나 사자가 오지 않습니다. 만약 호랑이나 사자가 다가온다면, 우리는 얼른 안전한 곳으로 피해야 합니다.

이렇게 세상에서 창 1:27의 [남자와 여자]의 특징을 가진 사람은 없습니다. 왜냐하면, 창 1:27의 [남자와 여자]는 창조의 결과이기 때문입니다. 지금은 창조의 과정에 있어서 아직 창조의 결과가 나오지 않은 상태입니다.

하나님께서는 아담과 하와의 후손들이 [남자와 여자]가 되어 하나님의 백성으로 살게 하려고 창조하신 겁니다. 하나님은 사람을 하나님의 백성으로 창조한 것입니다. 사람 중에서 어떤 조건에 맞는 사람을 선택하여 하나님의 백성으로 삼는 것이 아닙니다. 하나님의 백성을 창조하시려고 처음부터 아담을 만드신 것입니다. 그래서 아담의 후손은 처음부터 하나님의 백성이 되는 것을 목적으로 태어난 겁니다.

창 1:27의 [남자와 여자]는 하나님의 창조가 끝난 후에 등장하게 되는 사람입니다. 하나님은 이 [남자와 여자]를 이 세상에 등장시키기 위하여 지금도 창조의 사역을 계속하고 계십니다. 창 1:27의 [남자와 여자]를 창조하시려고 아담의 코에 생기를 불어 넣으셨습니다.

아담과 하와의 후손들은 모두 [남자와 여자]가 될 것입니다. 하나님이 [남자와 여자]를 창조하시려고 행하신 첫 번째 작업이 아담의 코에 생기를 불어 넣은 일입니다. 아담과 하와 이후로부터 모든 후손은 이미 영원한 생명을 가지고 있는 존재입니다. 그래서 아담과 하와 이후로 그 후손으로 태어난 사람들은 이미 사라지지 않는 영원한 존재가 되어 있습니다.

지금까지의 모든 사람은 죽어도 사라지지 않는 영원한 존재입니다. 물론 영원한 존재라고 해도 사람은 늙고 병들고 죽습니다. 그래서 사람은 완성되지 않은 영원한 존재입니다.

하나님의 창조는 끝나지 않았다

3

영생이란 무엇인가

사람은 이미 사라지지 않는
영원한 존재가 되어 있다는 건가요?

사람은 이미 영원한 존재입니다. 하나님이 아담의 코에 생기를 넣어서 사람은 영혼(Soul)을 가지게 되었습니다. 아니 정정합니다. 사람이 곧 영혼(Soul)입니다. 말하고 생각하고 먹고 움직이는 모든 주체는 바로 영혼(Soul)입니다. 몸은 영혼(Soul)이 이 물질세계를 접할 수 있도록 해 주는 도구입니다.

사람은 이미 영원히 사라지지 않는 존재가 되어 있습니다.

그런데 사람은 아직 완성되지 않은 상태입니다. 잘은 모르지만, 생물학적으로는 완성되었을지도 모릅니다. 그러나 하나님의 창조 계획에 의하면 사람은 아직도 완성되지 않았습니다.

자 이렇게 생각해 봅시다.

하나님께서 어떤 사람을 찾아오셨습니다. 그 사람은 하나님을 만나게

하나님의 창조는 끝나지 않았다

되었습니다. 하나님과 이 사람은 친구가 되었습니다. 그래서 그날 하나님 께서는 이 사람과 차를 마시고, 재밌는 대화를 하고, 함께 산책하면서 즐 겁게 지냈습니다. 저녁때, 하나님이 잠시 다녀오겠다고 하시면서 이 사람 을 떠났습니다. 잠시 후에 하나님이 다시 이 사람을 찾아오셨습니다.

영원하신 하나님께는 잠시의 시간이었으나, 사람에게는 1,000년이라는 긴 시간이 흘렀습니다. 이 사람은 이미 죽었고, 몸은 부패되어 사라졌습 니다. 이 사람은 영혼이 없었기 때문에 그냥 소멸했습니다. 이 사람은 그 냥 흙이었던 겁니다.

하나님은 이 사람을 다시는 볼 수 없습니다. 이 사람과 함께 했던 기억 은 추억이 되고 말았습니다. 하나님은 이 사람을 추억하며 슬픔에 잠깁니 다….

뭔가 이상하지요?
하나님이 추억에 잠기는 일은 일어날 수 없습니다.

하나님은 영원하신 분입니다. 하나님께는 1,000년도 아주 짧은 시간에 불과합니다. 그래서 하나님과 함께할 사람은 영원히 살아 있어야 합니다. 하나님이 영원하신 분이기 때문에, 하나님과 만나서 대화하고 친구가 될 사람은 영원한 존재여야 합니다.

사람은 아무리 오래 살아도, 언젠가 죽게 되고 죽음과 동시에 소멸하니다. 하나님은 이런 사람과는 사귈 수 없습니다. 사람이 사라지고 나면 하나님은 그 사람을 만날 수 없게 되고 하나님은 슬프게 됩니다.

하나님도 슬퍼할 수는 있겠지만, 하나님께 이런 종류의 슬픔은 있을 수 없습니다. 그래서 하나님은 영혼이 없는 상태로 단명하여 죽은 후에 사라지는 존재를 사귀지 않습니다. 이런 사람은 하나님에게는 없는 것과 같으며, 단순히 잠시 움직이다 멈춘 흙덩이에 불과합니다. 이런 사람을 하나님은 마음에 두지 않습니다. 이런 사람의 일을 기억하고 마음에 둔다면, 이 사람이 죽은 후에, 이 사람에 대한 기억은 하나님께 추억으로 남게 됩니다. 그런데 하나님께 추억이라는 말은 어울리지 않습니다.

그래서 하나님이 창조하는 하나님의 백성은 영원히 존재해야 합니다. 언제든지 하나님께서 오셔서 만나려고 할 때, 그 사람은 살아 있어야 합니다. 그래서 하나님은 하나님의 백성을 창조하실 때 영원히 사라지지 않는 존재로 만드셨습니다. 이것이 하나님께서 아담의 코에 생기를 불어 넣어 생령으로 만드셨다는 기록입니다.

물론 하나님의 백성은 하나님을 직접 만나지 못할 것입니다. 그러나 하나님은 하나님의 백성을 마음에 담습니다. 그래서 하나님의 사랑을 받는 하나님의 백성은 영원한 존재여야 합니다.

사람은 처음부터 영원히 사라지지 않는 영혼(Soul)으로 창조된 것입니다.

하나님의 창조는 끝나지 않았다

[아담과 하와]는 [남자와 여자]가 아니지만, [남자와 여자]를 창조하기 위한 첫 시작입니다. [아담과 하와]의 자손인 지금의 모든 사람은 그 몸속에 영혼(Soul)이 있습니다. 몸속에 영혼을 가지고 있는 것이 아니라, 영혼(Soul)이라는 자아(주체)가 몸(Body)이라고 하는 옷을 입고 있는 상태입니다.

사람의 본질은 영혼이며, 몸이 아닙니다. 몸은 나라고 하는 [자아] 즉 영혼이 물질세계와 접촉할 수 있도록 해 주는 도구입니다. 생각하고 말하고 행동하는 주체는 몸이 아니라 영혼입니다.

사람의 몸은 동물의 몸과 구성이 같다고 할 수 있습니다. 그래서 동물이 죽으면 부패하여 사라지는 것처럼, 사람의 몸도 그렇습니다. 하나님이 사람을 창조하실 때, 죽음과 함께 소멸하는 몸에 집중하지 않으시고, 영원히 존재하는 영혼에 집중하셨습니다. 사람과 동물은 양쪽 다 몸을 가지고 있습니다. 그러나 동물에게는 영혼이 없습니다. 사람에게 영혼이 있는 이유는 하나님께서 코에 생기를 불어 넣으셨기 때문입니다. 오직 하나님께서 사람인 아담에게만 코에 생기를 불어 넣으셨습니다. 그래서 사람에게만 영혼이 있습니다.

동물이나 사람이 죽게 되면, 동물이나 사람의 몸(Body)은 사라집니다. 그러나 사람의 영혼은 영원히 존재합니다. 영혼이 소멸하지 않고 영원히 존재하는 이유는 하나님께서 하나님의 모양 하나님의 형상을 닮게 하여 하나님처럼 영원히 존재하도록 만드셨기 때문입니다.

그러나 지금까지의 모든 사람은 아직도 완성되지 않았습니다. 영원히 존재하더라도 몸이 없는 상태로 영혼만 존재하면 아무것도 누릴 수 없습니다. 영원한 삶을 누리려면 몸을 가지고 있어야 합니다. 그래서 죽음이 있는 현재까지의 모든 사람은 미완성입니다. 죽음이 있는 삶을 사는 현재의 사람들은 창 1:27의 [남자와 여자]가 아닙니다.

계 20:12에서 모든 사람이 부활하게 될 때, 모든 죽었던 사람은 육체를 가지게 됩니다. 영혼의 상태로 있었으나, 몸을 가지게 되어 삶을 누리기 시작하는 것입니다. 이때부터 하나님의 백성이 되어 영생을 누리게 됩니다. 영생을 누리는 상태가 되어야 창 1:27의 [남자와 여자]가 됩니다. 부활하여야 진정한 의미의 [남자와 여자]로 창조되는 것입니다.

하나님의 창조는 끝나지 않았다

하나님의 형상과
하나님의 모양은 다른 건가요?

[하나님의 형상]과 [하나님의 모양]은 같은 것을 의미합니다. 우리 한글 성경을 보면 마치 다른 것처럼 보이기도 합니다. 그러나 한국어로 번역하는 과정에서 약간 오해가 생기게 됩니다. 물론 번역이 틀렸다는 것은 아닙니다.

"우리의 형상을 따라 우리의 모양대로"(창 1:26)

[우리의 형상을 따라]와 [우리의 모양대로]라는 말은 사실상 같은 의미입니다.

NIV에서는 [Let us make man in our image, in our likeness]로 번역되어 있고, KJV에서는 [Let us make man in our image, after our likeness]로 번역되어 있으며, NASB에서는 [Let Us make man in Our image, according to Our likeness]로 번역했습니다.

고대 히브리어 원어를 보면, 다음과 같습니다(히브리어는 오른쪽부터 문장이 시작됩니다).

וַיֹּאמֶר אֱלֹהִים נַעֲשֶׂה אָדָם בְּצַלְמֵנוּ כִּדְמוּתֵנוּ
(와이요메르 엘로힘 나야체 아담 버차르메누 키드무테누)

וַיֹּאמֶר(와이요메르)는 접속사와 동사가 연결된 상태이며, אָמַר(아마르)라는 Qal동사의 미완료 3인칭 · 남성 · 단수의 형태입니다. אָמַר(아마르)의 의미는 [내가 말한다]입니다. וַיֹּאמֶר אֱלֹהִים(와이요메르 엘로힘)는 [그리고 하나님(엘로힘)이 말씀하셨다]는 의미입니다.

נַעֲשֶׂה(나야체)는 עָשָׂה(아사하)라는 Qal동사의 미완료 · 청원형 · 1인칭 · 복수의 형태입니다. עָשָׂה(아사하)는 [내가 만들다]라는 뜻입니다. ה נַעֲשֶׂה(나야체)는 [우리가 만들게 하라]라는 의미입니다.

אָדָם(아담)은 사람이라는 의미입니다.

בְּצַלְמֵנוּ(버차르메누)는 [in]을 의미하는 불분리전치사 בְּ(베)와 남성 명사 צֶלֶם(첼렘)과 접미대명사 נוּ..(에누)가 합쳐진 형태입니다. צֶלֶם(첼렘)은 [형상, 이미지]라는 의미로 영어로는 [Image]입니다. נוּ..(에누)는 접미대명사로 1인칭 · 복수 · 중성(공성)의 형태입니다. 뜻은 [우리의]가 됩니다.

하나님의 창조는 끝나지 않았다

בְּצַלְמֵנוּ(버차르메누)는 불분리전치사 [~안에]라는 뜻과 [이미지]라는 뜻과 [우리]라는 뜻이 합쳐져서 [우리의 이미지 안에]라는 뜻이 됩니다.

כִּדְמוּתֵנוּ(키드무테누)는 [according to]를 의미하는 불분리전치사 כְ (케)와 여성명사 דְמוּת(데무트)와 접미대명사 נוּ..(에누)가 합쳐진 형태입니다. דְמוּת(데무트)는 [닮음, 유사]라는 의미로 영어로 [likeness, similitude]입니다. נוּ..(에누)는 접미대명사로서 1인칭·복수·중성(공성)의 형태입니다. 뜻은 [우리의]가 됩니다.

כִּדְמוּתֵנוּ(키드무테누)는 불분리전치사 [~을 따라서]라는 뜻과 [닮음]이라는 뜻과 [우리]라는 뜻이 합쳐져서 [우리의 닮음을 따라서]라는 의미가 됩니다.

이 말씀을 직역하면, [하나님이 말씀하셨다, 우리로 만들게 하자, 사람을, 우리 이미지 안에, 우리 닮음을 따라서]가 됩니다. 이 문장은 한 문장이므로 한 문장으로 만든다면, [하나님이 말씀하기를 우리로 우리의 이미지 안에 우리 닮음을 따라서 사람을 만들게 하라]가 됩니다.

이렇게 한국어로 번역해 놓으면, 매우 이상한 말이 됩니다. 잘 이해되지도 않습니다. 그래서 번역된 문장을 이해될 수 있는 문장으로 바꿔야 합니다. 그런데 이렇게 바꾸는 과정에서 잘못된 번역이 된다는 것입니다.

[우리의 이미지 안에]라는 표현과 [우리의 닮음을 따라서]라는 표현이

매우 생소하므로, 어떤 의미로 사용된 문구인지 잘 알 수 없습니다. 모세 당시에 살았던 사람들에게는 쉽게 이해되는 패턴일 수 있으나, 성서 히브리어를 연구하는 현대의 이스라엘 학자라 하더라도 쉽지 않은 연구가 될 것입니다. 하물며 한국의 목사(저자)가 성서 히브리어를 본래의 의미를 정확하게 번역한다는 것은 거의 불가능한 일입니다.

정확한 번역이 쉽지는 않으나, 이 말씀의 내용을 보면, 하나님께서 사람을 창조할 때 하나님의 이미지(Image)를 닮게 만들려고 하셨다는 것을 알 수 있습니다. 그래서 아래와 같이 번역해 봅니다.

[하나님께서 말씀하기를 우리의 형상으로 우리를 닮도록 사람을 만들자]

이렇게 번역하고 보면, 하나님의 형상은 사람을 만드는 기준이 됩니다. 그런데 [우리의 닮음을 따라서]라는 문구를 [우리를 닮도록]으로 번역했습니다. 우리를 닮는다는 표현은 사람을 만드는 기준이 아닙니다. 기준이 무엇이든 그대로 따라서 만든다는 표현입니다.

כִּדְמוּתֵנוּ(키드무테누)라는 표현은 사람을 만드는 기준이 아니라, 어떤 기준이든 그대로 따라 만든다는 의미였던 겁니다. בְּצַלְמֵנוּ(버차르메누)는 하나님의 형상으로 사람을 만든다는 의미이기 때문에, 사람을 만드는 기준이 됩니다. 하나님은 사람을 만들 때 [하나님의 형상]을 기준으로 만들었다는 것입니다. 그래서 창 1:27에서는 [하나님의 형상]만 언급되어 있고, [하나님의 모양]은 언급하고 있지 않습니다.

하나님의 창조는 끝나지 않았다

이렇게 고대 성서 히브리어를 연구하여 번역하는 일은 쉽지 않습니다. 그래서 잘못된 번역도 많을 것입니다. 그러나 번역을 조금 다르게 했다고 해도 번역 자체가 매우 어려운 일임을 고려해야 합니다.

그런데 이렇게 번역한 내용이 맞는지 확인하는 지혜로운 방법이 하나 있습니다. 그것은 내용으로 의미를 파악하는 것입니다.

[하나님의 형상]이라는 말씀은 너무나 광범위한 말씀입니다. 사람은 하나님의 형상대로 지음을 받았습니다. 말씀을 이해하려면, 하나님의 형상을 이해해야 하는데 하나님의 형상이라고 설명할 수 있는 내용이 너무 많아서 해석이 곤란합니다. 그런데 오히려 이런 부분이 정확한 의미를 찾을 수 있게 합니다.

[하나님의 형상]이라고 하면 어떤 겉모습이나 형태를 떠올리게 됩니다. 그런데 형상을 Image라고 바꿔서 생각하면 생각이 폭이 넓어집니다. [하나님의 이미지]를 생각해 봅니다. [그 사람의 Image는 어떤가?]라고 질문할 때는 그 사람의 특징을 묻는 것입니다. 그 사람의 이름을 들으면 생각나는 특징입니다. [하나님의 이미지]도 마찬가지입니다.

하나님은 영원합니다. 하나님은 불가능한 일이 없습니다. 하나님은 모르는 것이 없습니다. 하나님은 어느 곳에서나 존재합니다. 하나님은 사랑입니다. 하나님은 주무시지 않습니다. 하나님은 피곤하지 않습니다. 하나님은 아프지 않습니다. 하나님은 영(Spirit)입니다. 하나님은 죽지 않습니다. 이런 내용이 하나님의 이미지라고 할 수 있습니다.

사람은 [하나님의 이미지]대로 창조되었습니다. 그런데 사람은 하나님의 특징 중에서 어떤 특징을 똑같이 갖추고 있을까요? 사람은 영원한가요? 사람은 불가능한 일이 없나요? 사람은 모든 것을 알까요? 한 사람이 어느 곳에나 존재할 수 있나요? 사람은 못 보는 것이 없을까요? 사람은 잠을 자지 않나요? 사람은 피곤하지 않나요? 사람은 죽지 않나요? 사람은 아프지 않나요? 사람은 사랑인가요?

아무리 하나님의 특징을 사람에게 하나씩 대입해 봐도 사람은 하나님과 같은 특징이 없습니다. 그런데 한 가지가 있습니다. 그것은 영원성입니다.

창 1:26의 하나님의 형상은 하나님의 특징 전체를 말하는 것이 아닙니다. 왜냐하면, 사람은 하나님의 형상을 모두 갖추고 있지 않기 때문입니다. 다만 사람은 하나님의 형상 중에서 하나를 가지고 있습니다. 창 1:16의 [하나님의 형상]은 하나님의 모든 특징 중에서 단 하나를 의미하는 것입니다.

[우리가 우리의 형상대로 사람을 만들자]라는 표현은 [우리가 우리처럼 영원히 존재하는 사람을 만들자]는 뜻이었던 겁니다. 그래서 하나님은 하나님과 같은 영(Spirit)을 닮은 혼(Soul)을 만든 것입니다. 혼(Soul)의 특징은 죽지 않고 영원히 존재한다는 것입니다. 창 1:26의 [하나님의 형상]은

하나님의 창조는 끝나지 않았다

사람을 만들 때 영적인 존재인 혼(Soul)으로 만들겠다는 뜻입니다.

하나님의 이미지는 많습니다. 그러나 창 1:26의 [하나님의 형상]은 영원히 사라지지 않는 [영존성]을 말하는 것입니다. 그리고 창 1:26의 [우리의 모양대로]라는 말은 [영존성을 닮도록]이라는 의미입니다.

창 1:26의 [하나님의 형상]과 [하나님의 모양]은 서로 다른 내용입니다. 사람을 만드는 기준은 [하나님의 형상]이며, [하나님의 모양]은 이 기준을 닮도록 따라 만든다는 의미였습니다. 또한, 창 1:26의 [하나님의 형상]은 하나님의 많은 특징 중에서 [영존성] 하나만 의미하는 표현입니다.

하나님의 형상이라는 말은 영적인 존재라는 의미라구요?

하나님의 형상은 하나의 특성을 의미합니다. 그것은 사라지지 않는 영존성입니다. 우리의 영혼(Soul)은 영원히 존재하며 사라지지 않는 특징을 갖고 있습니다. 바로 이 특징이 하나님의 형상으로 표현된 하나님의 특징입니다.

물론 하나님의 형상을 더 깊고 넓게 정의한다면 설명할 수 없는 더 많은 특징이 있을 겁니다. 그런데 하나님께 있는 많은 형상 중에서 하나님이 사람에게 주려고 하신 하나님의 형상은 영존성을 의미한다는 겁니다.

지금부터 이 말을 확인하도록 하겠습니다.

많은 사람이 저마다 하나님의 형상과 하나님의 모양에 관해 설명합니다. 어떤 사람은 하나님의 형상과 하나님의 모양을 사랑으로 표현합니다. 또 어떤 사람은 지성이라고도 하고 자유 의지라고 하며 윤리와 도덕이라고도 설명합니다. 어떤 신학자는 하나님의 형상과 하나님의 모양을 하나님의 영광이라고 말합니다. 그래서 사람은 하나님의 영광을 드러내는 것이 본질이라고 합니다.

대부분 설교자는 형이상학적 단어를 사용하여 매우 모호하게 설명합니다. 잘 설명한 것 같으면서도 정확한 의미를 파악하기 힘든 설교를 합니다. 대부분의 설교에서는 하나님의 형상과 하나님의 모양을 인간의 원형이라고 하거나, 인간의 본질이라고 합니다. 그래서 사람은 그 본질이 하나님이기 때문에, 하나님의 영광을 나타내야 한다고 말합니다. 또는 사람을 통하여 하나님을 알 수 있어야 한다고 설명합니다.

이런 논리는 하나님의 형상과 하나님의 모양에 대한 직접적인 설명을 하지는 않습니다. 하나님의 형상을 닮은 우리가 어떻게 살아야 하는가를 설명합니다. 하나님의 형상을 닮은 우리 사람들이 어떤 삶을 살아야 하는지를 생각하게 합니다. 이런 방법으로 [하나님의 형상과 하나님의 모양]에 대한 직접적인 설명을 피하게 됩니다. 듣는 청중들은 어렴풋이 [하나님의 형상과 하나님의 모양]을 아는 것처럼 느끼게 됩니다.

쉽게 말한다면, 기독교인들이 의롭게 살고 거룩하게 살며 복음을 전하며 열심히 살아갈 때, 다른 사람들이 그 사람을 보고 하나님을 느끼거나, 하나님께 영광을 돌리거나, 예수님을 믿게 됩니다. 이런 결과가 동반될 때, 그 사람에게 하나님의 형상이 회복되었다고 설명합니다. 그래서 대부분의 설교에서 하나님의 형상을 회복해야 한다고 합니다.

많은 설교자가 하나님의 형상과 하나님의 모양을 설명할 때, 중점을 두는 것은 잃어버린 하나님의 형상을 회복해야 한다는 것입니다. 왜냐하면, 하나님의 형상을 느낄 수 있도록 하는 완전한 사람은 거의 없다고 생각하기 때문입니다.

어떤 사람에게서 하나님의 형상을 느끼려면, 그 사람은 어떤 사람이 되어야 할까요? 선한 사람일까요? 의로운 사람일까요? 사랑이 많은 사람일까요? 남을 위해 희생하는 사람일까요? 만약 말과 행위로 알 수 있는 것이라면 그것을 다른 사람이 느낄 수 있을까요?

예수님을 믿지 않는 사람 중에도 많은 사람이 선하게 살고 있습니다. 어떤 사람은 의롭게 살고 있습니다. 어떤 사람은 사랑을 실천하며 살아갑니다. 또 다른 사람을 위하여 희생하기도 합니다. 기독교인만 이렇게 사는 것이 아닙니다. 예수님을 믿지 않아도 이렇게 살아가는 사람들이 있습니다. 예수님을 믿지 않는 사람들 중에서도 이런 삶을 사는 분들이 있어서 이런 일들을 하나님의 형상의 회복이라고 말하기는 곤란한 것입니다.

왜냐하면 하나님의 형상은 예수 그리스도를 통해서 회복되어야 하는 것으로 생각했기 때문입니다. 그래서 많은 설교자들은 하나님의 형상이 무엇인지 정확하게 설명하지 못합니다.

많은 설교자는 사람이 [하나님의 형상]을 잃었다고 설명합니다. 그것도 아주 오래전에 아담이 죄를 범할 때 하나님의 형상을 잃었다는 것입니다.

하나님의 창조는 끝나지 않았다

그래서 예수 그리스도를 통해서 하나님의 형상이 다시 회복되어야 한다고 말합니다. 그러나 하나님의 형상이 무엇인지는 정확하게 설명하지 않습니다.

그런데 이런 논리로 설명하면 곤란한 문제가 발생합니다. 하나님의 형상은 하나님에게서 나온 것이기 때문에 완전한 것으로 생각됩니다. 그런데 하나님의 형상은 완전하지 않았습니다. 왜냐하면, 사람이 죄를 범하면 너무나 쉽게 잃어버리기 때문입니다. 하나님의 형상은 아담의 단 한 번의 범죄로 잃어버리게 되었습니다. 하나님의 형상은 이렇게 쉽게 사라지는 것일까요?

하나님의 형상은 이런 식으로 사라지는 것이 아닙니다. 우리가 하나님의 형상을 알지 못해서 오해한 것입니다. 이런 오해를 하게 되는 것은 하나님의 형상이 신적인 것이어야 한다는 생각을 하기 때문입니다. 하나님은 창조주입니다. 하나님의 형상은 창조주의 형상입니다. 또한, 전능한 신의 형상입니다. 그래서 사람들은 창 1:27의 남자와 여자를 창조할 때, 창조주에게 속한 신적인 어떤 것이 사람 안에 주어졌다는 생각을 하게 되었습니다. 그래서 오해하게 된 것입니다.

그러면 [하나님의 형상]은 무엇일까요?

하나님의 형상을 다른 피조물들과 구별되는 인간의 본질이라고 합니다. 동물에게는 없으나 사람에게만 있는 것이 하나님의 형상입니다. 우리가 하나님의 형상이라는 말씀의 의미를 알려고 할 때, 주로 사용하는 방법은 동물과 사람의 차이를 찾는 것입니다.

그런데 이 일이 쉽지는 않습니다.

하나님의 형상을 지성이라고 말한다면, 논리적 사고를 하는 동물도 있기 때문입니다. 어떤 새가 물고기를 잡으려고 합니다. 그런데 사람이 빵 부스러기를 던져서 물고기를 모으는 것을 보았습니다. 그 새는 사람이 두고 간 빵 부스러기를 입에 물고 가서 물 위에 떨어뜨립니다. 그리고 모인 물고기를 사냥합니다. 이 새는 물고기가 빵 주위로 몰려든다는 것을 경험을 통해 이해했습니다. 그리고 논리적으로 사고했습니다.

또 교육받은 침팬지는 게임을 이해하기도 합니다. 블록을 쌓아 놓고 하나씩 빼는데 블록이 무너지면 지는 게임입니다. 이것을 배운 침팬지는 이 게임을 논리적으로 아주 잘 이해했습니다. 논리적 사고는 사람만의 특징이 아닙니다.

하나님의 형상을 감성(사랑)이라고 말한다면, 일부 동물에서도 사랑을 확인할 수 있습니다. 자기 새끼를 위하여 헌신하는 동물들도 많고, 전기에 감전된 원숭이를 살리려고 도와주는 원숭이도 있었습니다.

어떤 고양이는 자기가 낳지 않은 새끼 고양이가 벽에 갇혀 우는 것을 알고서 사람에게 도움을 청하기도 합니다. 사람이 지나갈 때, 재롱을 떨다

하나님의 창조는 끝나지 않았다

가 사람이 자신에게 관심을 가지면, 그 사람을 인도하여 벽에 갇힌 새끼 고양이에게 갑니다. 사람들이 새끼 고양이를 구해 주자 그 고양이는 다시 나타나지 않았다고 합니다. 이렇게 동물에서도 사랑과 희생을 볼 수 있습니다. 감성도 사람만의 특징이 아닙니다.

하나님의 형상을 윤리와 도덕이라고 한다면, 동물에게도 질서가 있고 어느 정도의 윤리가 있습니다. 어떤 사자의 경우에는 초식동물의 새끼를 보호하고 죽이지 않는 예도 있었습니다.

이런 항목들을 동물에게는 없고 사람에게만 있다고는 말할 수 없습니다. 지성과 감성과 사랑이 인간보다 낮을 수는 있어도 동물들에게 없다고는 할 수 없습니다. 인간은 동물이 아니라고 하기보다는 동물 중에서 가장 발전한 고등 동물입니다.

그러나 인간에게는 동물에게 없는 확실한 차이점이 하나 있습니다. 그것은 영혼입니다. 동물에게 없는 영혼(Soul)이 인간에게만 있습니다. 동물은 몸으로만 되어 있으며 죽으면 소멸합니다. 하나님께서 아담을 흙으로 지으셨을 때는 사람도 동물과 같이 몸만 있는 존재였으며 죽으면 소멸합니다. 하나님께서 아담을 흙으로 만드신 후, 사람을 창조하는 일을 끝낸 것이 아니라 이어서 코에 생기를 불어 넣으셨기 때문에 사람은 영혼(Soul)이 있는 존재가 되었습니다.

창 2:19에 하나님께서 동물을 흙으로 지었습니다. 창 2:7에 하나님께서 아담을 흙으로 지었습니다. 이렇게 보면 동물과 아담은 같은 상태로 만들어집니다. 동물과 아담은 차이가 없습니다.

창 1:26에서 하나님의 형상으로 사람을 만들겠다고 하지 않으시고 그냥 사람을 만들겠다고 하셨다면, 하나님께서 아담을 흙으로 만드신 후 코에 생기를 불어 넣는 일은 하지 않았을 겁니다.

창 1:26에서 하나님의 형상을 따라서 사람을 만들겠다고 하셨기 때문에 아담을 흙으로 만드신 후에 코에 생기를 불어 넣는 일까지 하신 것입니다.

> "하나님이 가라사대 우리의 형상을 따라 우리의 모양대로 우리가 사람을 만들고 그로 바다의 고기와 공중의 새와 육축과 온 땅과 땅에 기는 모든 것을 다스리게 하자 하시고"(창 1:26)

이 말씀에서 하나님은 [우리가 우리의 형상을 따라 우리의 모양대로]라고 말씀합니다. 설교자 대부분은 하나님께서 왜 우리라고 말씀하셨는지 그 이유를 모르겠다고 합니다. 하나님께서 우리라는 복수의 개념을 사용하신 것은 삼위일체를 표현하신 것으로 추측한다고 합니다.

만약 하나님께서 삼위일체의 하나님을 포함하여 창조주 자신만을 의미했다면, 하나님의 형상은 창조주인 신에 속한 어떤 성품이나 성향 등으로 이해될 것입니다. 즉 신적이라는 의미입니다. 그래서 많은 분이 하나님의 형상대로 지음 받은 사람을 통해서 하나님을 느낄 수 있어야 한다는 말을

하나님의 창조는 끝나지 않았다

하는 것입니다.

그런데 여기서 [우리]라는 말씀은 하나님 자신만을 의미하지 않습니다. 욥 38:1~7을 보면 하나님께서 세상의 물질을 창조할 때에, 이미 하나님의 아들들과 새벽별들이 존재하고 있습니다. 창 2장에서 아담과 하와를 창조하기 전에 먼저 천사들과 하나님의 아들들이 존재하고 있었습니다.

하나님이 창 1:26의 말씀을 할 때, 하나님의 말씀을 듣는 하나님의 아들들과 천사들이 주위에 있었습니다. 하나님의 아들들과 천사들은 당연히 피조물입니다. 하나님이 세상을 만들기 전에 먼저 창조하신 하나님의 피조물입니다.

하나님이 창 1:26에서 말씀하실 때, 말씀하시는 분은 하나님이시며 그 말씀을 듣는 존재는 피조물인 하나님의 아들들과 천사들입니다. 여기서 [우리]라는 말씀은 창조주인 하나님 자신만이 아닙니다. 여기서 [우리]는 창조주 하나님과 피조물인 하나님의 아들들과 천사들입니다. 하나님은 피조물인 하나님의 아들들과 천사들을 바라보시면서 "우리의 형상을 따라 우리의 모양대로 사람을 만들자."라고 하신 것입니다.

이 말씀은 하나님의 아들들과 천사들에게 의견을 묻는 말씀이 아닙니다. 이렇게 하겠다고 하나님의 아들들과 천사들에게 말씀하신 겁니다.

창 1:26의 [우리의 형상]이란 창조주의 신적인 성품이 아니라, 창조주인 하나님과 피조물인 천사들이 함께 가지고 있는 영의 특징을 말하는 것입니다. 즉 [우리의 형상]이란 영원히 사라지지 않는 불멸의 영(Spirit)을 의미하는 것입니다. 하나님도 영(Spirit)이시고, 천사들도 영(Spirit)이며, 하나님의 아들들도 영(Spirit)입니다.

하나님의 형상이란 곧 영(Spirit)의 특징으로 영원히 사라지지 않는 불멸을 의미하는 것이며, 사람을 하나님의 형상대로 만들겠다는 말은 영원히 사라지지 않는 불멸의 혼(Soul)을 만들겠다는 것입니다. 혼(Soul)은 영(Spirit)의 특징을 따라서 그 형상대로 만든 것으로 혼(Soul)도 영(Spirit)처럼 영원히 사라지지 않는 불멸의 존재입니다.

하나님은 하나님의 백성을 창조하려고 영원히 사라지지 않는 불멸의 혼(Soul)을 만드신 것입니다. 동물에게는 혼(Soul)이 없습니다. 오직 사람에게만 혼(Soul)이 있습니다.

아담이 죄를 범해도 이 혼(Soul)은 사라지지 않습니다. 사람이 아무리 악하게 살아도 혼(Soul)은 사라지지 않습니다. 사람이 본체는 몸(Body)이 아니라 혼(Soul)입니다. 그래서 사람이 죽은 후에는 혼(Soul)이 땅 아래로 내려가 기다리게 됩니다.

그리고 백보좌 심판 때, 혼(Soul)이 모두 부활하여 몸을 입고 하나님의 백성이 되어 왕이 되신 하나님 앞에서 재판을 받게 됩니다. 죽었던 모든 사람이 재판을 받는다는 말은 사람이 죽을 때 소멸하는 것이 아님을 알려

하나님의 창조는 끝나지 않았다

줍니다. 몸이 사라져도 사람 자체는 혼(Soul)이기 때문에 사라지지 않는 다는 것을 의미합니다.

만약 사람이 죽어 소멸한다면, 이미 사라졌기 때문에, 백보좌 심판 때, 죽었던 사람이 재판을 받는 일은 불가능한 일입니다.

하나님께서 하나님의 형상대로 사람을 만들겠다고 하시고, 아담의 코에 생기를 불어 넣으셨는데, 이것이 혼(Soul) 입니다.

하나님께서 하시는 일은 완전하시기 때문에, 혼(Soul)은 결코 사라지거나 잃어버리는 것이 아닙니다. 사람(아담)이 죄를 지어도 혼(Soul)은 사라지지 않고 영원히 존재합니다. 하나님의 형상은 선한 성품이나 의로운 성품, 또는 거룩한 성품 등을 의미하는 것이 아니라, 절대 사라지지 않는 영원불멸을 의미합니다.

사람들은 하나님의 형상대로 지음 받은 사람은 선하고 의롭고 공평해야 한다는 선입관을 가지고 있습니다. 이런 선입관을 가지는 것은 하나님의 형상을 창조주에게만 있는 것으로 하나님의 성품이라고 생각하기 때문입니다

하나님의 형상은 영원불멸을 의미합니다. 영원불멸은 하나님만의 특징이 아니라 피조물인 천사와 하나님의 아들들의 특징이기도 합니다. 창 1:27의 [남자와 여자]는 이런 영적 존재의 특징을 닮도록 하여 영원히 사

라지지 않는 백성으로 만들겠다는 뜻입니다.

하나님의 형상은 성품(선, 악)과 관계된 특징을 말하는 것이 아니라, 존재성(유한한 존재와 무한한 존재)의 구분입니다. 그래서 하나님의 형상대로 창조된 사람이라고 해도 태어난 후에 환경의 영향으로 선할 수도 있고 악할 수도 있습니다.

다만 사람이 선하고 의롭게 살게 되는 일은 하나님의 나라가 이 땅 위에 세워진 후에, 환경과 교육을 통하여 실현되는 겁니다. 하나님의 도시와 하나님 백성의 사회가 만들어진 후에, 천국의 좋은 사회의 분위기와 주위에 있는 사람들의 사랑과 관심과 온화한 성품에 영향을 받아 자연스럽게 배워 가는 것입니다.

이 주제에 대한 결론을 맺습니다.

하나님께서는 하나님의 백성을 창조하시려고 아담을 창조하실 때, 코에 생기를 넣어서 하나님과 같은 불멸의 존재로 만드셨습니다. 그래서 혼(Soul)이 몸을 가지고 있을 때, 몸을 통해서 세상을 살아가는 보통의 사람이 됩니다. 혼(Soul)이 몸을 가지고 있지 않을 때는 죽은 상태입니다. 그런데 죽었다고 해도 혼(Soul)은 사라지지 않고 계속 존재하게 됩니다. 사람이 죽어도, 혼이 계속 존재하는 이유는 영(Spitit)의 특징을 본으로 하여 불멸의 존재로 만들었기 때문입니다.

　　　　　　　　　　　　　　　　하나님의 창조는 끝나지 않았다

"하나님이 말씀하시기를 우리의 형상을 따라 우리의 모양대로 우리가 사람을 만들자…."

"하나님이 말씀하시기를 우리처럼 영원히 사라지지 않는 불멸의 사람을 만들자…."

영원한 생명과
영원한 존재는 다른 건가요?

[영원한 생명]과 [영원한 존재]는 [영생]이라는 단어를 이해하는 방식에 따라 같은 의미일 수도 있고 같지 않은 의미일 수도 있습니다.

[영생]이라는 단어는 요 3:15에 나오는데 헬라어로 ζωὴν αἰώνιον(조엔 아이오니온)이라고 합니다. 이 말은 영어로 [eternal life]이라고 번역되어 있으며 우리말로는 영원한 생명입니다. ζωὴν(조엔)은 ζωή(조에)라는 여성명사의 단수·대격의 형태입니다. ζωή(조에)는 생명이라는 의미입니다. 생명이라는 단어를 몸을 가지고 살아 있는 것으로 해석한다면, 영생과 영존은 서로 다른 의미로 사용됩니다. 생명이라는 단어를 영원히 존재하는 것으로 해석한다면, 영생과 영존은 같은 의미입니다. 일반적으로 영생과 영존은 다른 의미입니다.

하나님께서 아담의 코에 생기를 넣어 주실 때로부터 지금까지 사람은 혼(Soul)이 있어서 영원히 사라지지 않는 존재가 되었습니다. 혼(Soul)이 바로 사람 자신입니다. 혼(Soul)이 생각하는 주체이며, 기쁨과 슬픔을 느끼는 주체이며, 삶을 살아가는 주체입니다. 이 혼(Soul)이 육체를 가지고 있으면 사람이라고 부르게 되고, 이 혼(Soul)이 육체를 잃으면 영적인 존재로 있게 됩니다.

많은 사람이 죽으면 거기서 삶이 끝난다고 생각합니다. 그러나 죽은 후에는 자신의 육체를 바라보는 자신이 따로 존재한다는 것을 알게 됩니다. 죽은 후에, 자신이 사라지지 않고 계속해서 세상을 바라보고 있다는 것을 발견하게 됩니다. "어 내가 사라지지 않았구나." 하는 생각을 하게 됩니다.

사람이 죽은 후에 그 혼(Soul)이 육체와 분리되고 나면 육체는 서서히 썩어 가게 됩니다. 썩어서 사라져 가는 자신의 육체를 보면서 다시는 이 세상으로 돌아갈 수 없다는 것을 알게 됩니다. 몸이 없는 영혼의 상태로는 삶을 누리지 못합니다. 그러나 하나님의 이미지(형상)를 본으로 삼아 하나님의 특성대로 창조된 혼(Soul)은 그대로 영원히 존재합니다.

육체 없이 혼(Soul)의 상태로 있거나, 혼(Soul)이 육체를 가지고 삶을 누리고 있거나, 양쪽 모두의 경우에서 영원히 존재하도록 만들어진 사람의 특징은 변함이 없습니다. 하나님은 사라지지 않고 영원히 존재하도록 사람을 혼(Soul)으로 창조하신 겁니다. 그래서 사람은 처음부터 하나님처럼 영존하는 특성을 가지게 되었습니다.

그런데 그냥 혼(Soul)으로만 존재하는 것은 하나님이 사람을 창조한 목적이 아닙니다. 영존하는 혼(Soul)에게 육체를 가지게 하여 이 세상의 아름다움을 누리면서 삶을 살도록 하신 것입니다. 하늘의 새와 바다의 고기와 땅의 생물을 다스리려면 하나님의 백성인 창 1:27의 [남자와 여자]는 육체를 소유하고 있어야 합니다.

지금까지도 많은 사람이 죽으면 끝이라는 생각을 하고 있습니다. 실제로 사람이 죽어서 그 혼(Soul)이 육체를 떠나게 되면, 그 육체는 다시는 살아나지 못합니다. 혼(Soul)이 육체를 떠나는 것을 우리는 죽음이라고 부릅니다. 지금까지는 한번 죽게 되면 삶이 끝나며 두 번의 삶은 없었습니다. 이런 상태를 영존(영원히 존재)하지만 영생하지 못하는 상태라고 합니다. 사람이 죽으면, 그 사람(혼:Soul)은 영존하지만 영생하지는 않는 상태입니다.

그런데 하나님의 나라가 이 땅 위에서 세워지게 되면, 죽음으로 인해 육체가 사라진 모든 혼(Soul)이 육체를 가지게 되고, 하나님의 도시 안으로 들어와서 다시 삶을 누리게 됩니다.

이후로는 혼(Soul)이 육체와 분리되면 바로 다시 육체를 가지게 됩니다. 몇 번이라도 혼(Soul)은 다시 육체를 가지게 되며, 그 사람(Soul)의 삶은 계속 이어지게 됩니다. 영존과 영생을 함께 누리는 삶이 시작되는 것입니다.

다시 말해서, 하나님의 나라가 이루어진 이후에, 죽음이란 단지 잠깐 혼(Soul)이 육체를 잃어버린 상태일 뿐이며, 혼(Soul)은 계속해서 영존하면

하나님의 창조는 끝나지 않았다

서 육체를 다시 얻어서 영원히 삶을 이어갑니다. 이것은 전생이 아니며, 윤회가 아닙니다. 잠시 육체와 분리되었을 뿐, 모든 기억을 가지고 현재의 삶을 계속 이어서 사는 것입니다.

이렇게 하나님의 백성은 하늘의 새와 바다의 고기와 땅의 생물을 다스리면서 생육하고 번성하면서 땅에서 영원히 살게 됩니다. 이것이 하나님께서 창 1:27의 [남자와 여자]를 창조하는 목적이기 때문입니다.

지금은 우리가 보기에는 과거의 조상들은 죽은 후 땅에 묻혀 사라졌습니다. 그러나 그분들의 혼(Soul)이 하나님의 나라가 이루어지기를 땅 아래에서 기다리고 있습니다. 이분들은 하나님을 닮아서 하나님처럼 영원히 존재합니다. 그러나 삶을 누리고 있지 못하기 때문에 영생하고 있지는 않습니다.

왜 지금은
부활하는 사람이 없나요?

지금까지는 부활한 사람이 없습니다. 오직 예수님을 제외하고는 누구도 부활하지 못했습니다. 물론 누군가 어디서 부활했다고 주장할 수도 있습니다. 제가 모든 사람의 삶을 다 지켜본 것은 아니므로, 부활한 사람이 없다는 것을 증명할 수는 없습니다. 다만 성경상에서 부활의 순서가 있기 때문에 알 수 있습니다.

그러면 지금은 왜 부활이 없을까요? 하나님께서 하나님의 백성을 창조하려면, 지금이라도 당장 사람들을 부활시켜서 하나님의 백성으로 살게 하면 되지 않을까요?

하나님께서 지금 부활을 허락하지 않는 이유가 있습니다. 그것을 지금부터 설명합니다.

우선 이런 질문을 하나 할 수 있습니다.

하나님의 창조는 끝나지 않았다

사람들이 죄를 지을 때마다 하나님께서 바로 천사들을 보내어 죄를 지은 사람에게 벌을 내리신다면 세상에는 범죄자가 사라지고 없게 될 겁니다. 그런데 왜 하나님은 악한 사람을 그대로 놔두실까요?

만약 하나님께서 지금이라도 푸른 하늘에 자신이 모습을 드러내 보여 주시면서, 천둥소리와 함께 큰 위엄 있는 목소리로 사람들에게 명령을 내리신다면 그 명령을 어길 사람이 몇이나 있을까요?

땅 위에서 하나님의 명령을 거부하는 사람이 있을 때, 즉시로 번개를 내려서 그 사람에게 벌을 내린다면 모든 사람이 하나님의 명령에 순종할 것입니다.

그런데 이런 독재자와 같은 폭력적인 방법은 하나님의 방법이 아니겠지요. 하나님은 질서와 법을 세우시고 그 질서와 법에 맞게 행하시는 분입니다.

어떤 한국 사람이 서울에서 법을 어기고 다른 사람의 물건을 절도했습니다. 이 사람은 한국 경찰에 의해 잡혔습니다. 한국의 많은 CCTV와 경찰의 과학적인 수사로 이 사람을 검거했습니다. 이 범죄자는 법정에서 절도죄로 인해 징역형을 선고받습니다. 그리고 교도소에 들어가게 됩니다.

이 이야기를 다시 생각해 봅시다.

어떤 한국 사람이 서울에서 죄를 짓고 숨었습니다. 그런데 영국의 경찰이 한국에 들어와서 이 사람을 잡아 영국으로 데려갔습니다. 이 한국 사람을 영국에서 법정에 세웁니다. 영국 판사는 영국의 법정에서 이 한국 사람이 서울에서 지은 절도에 대해 판결을 내립니다. 결국, 이 한국 사람은 영국의 형무소에서 징역을 살게 됩니다.

이런 이야기가 말이 될까요?

한국 사람이 한국에서 한국 법을 어겼을 경우, 한국의 법정에서 재판을 받게 됩니다. 영국 사법당국의 문제가 아니며, 영국 경찰이 간섭할 일이 아닙니다. 어떤 사람이 한국의 법정에서 재판을 받는다는 것은 일반적으로 그 사람은 한국인이라는 것이며, 또 한국 법을 어겼다는 것이고, 한국에서 죄를 범했다는 말이 됩니다. 물론 외국인 범죄에 대한 예외도 있습니다.

계 20:11~15에는 크고 흰 보좌에서 죽었던 모든 사람이 재판을 받는다는 기록이 나옵니다. 하나님께서 죽었던 사람들을 부활시켜 재판하신다는 것은 이 사람들 모두가 이미 하나님의 백성이 되어 있음을 의미합니다. 자신의 백성이 아닌 사람들을 재판할 수는 없습니다.

사람들은 죽은 후, 육신은 땅에 묻히고 그 영혼(Soul)은 땅 아래에서 대기하게 됩니다. 육신은 땅속에서 썩어서 사라지거나, 화장으로 인해 사라집니다. 그러나 그 영혼(Soul)은 사라지지 않고 대기합니다. 이 영혼

하나님의 창조는 끝나지 않았다

(Soul)들이 하나님의 백성이 된 후에 비로소 영혼(Soul)들이 왕에게 재판을 받게 됩니다.

> "이후에는 내가 너희와 말을 많이 하지 아니하리니 [이 세상 임금]이 오겠음이라 그러나 저는 내게 관계할 것이 없으니"(요 14:30)

예수님 당시에는 이 세상 임금이 예수님이 아니라 사단이라는 것입니다. 이 세상 임금은 예수님과 관계할 것이 없다고 말씀합니다. 성부 하나님과 성자 예수님은 아버지와 아들의 관계입니다. 그러나 이 세상 임금은 예수님과 관계가 없다고 말씀하셨으니 결론적으로 이 세상 임금은 성부 하나님이 아닙니다.

성부 하나님이 세상 모든 만물의 주인인 것은 분명합니다. 성부 하나님이 주인이지만, 하나님이 세상을 다스리는 권세를 사단에게 맡겼다는 말입니다.

> "마귀가 또 예수를 이끌고 올라가서 순식간에 천하만국을 보이며 가로되 이 모든 권세와 그 영광을 내가 너에게 주리라. 이것은 내게 넘겨준 것임으로 나의 원하는 자에게 주노라. 그러므로 네가 만일 내게 절하면 다 네 것이 되리라"(눅 4:5~7)

세상 만국을 다스리는 권세를 하나님께서 마귀에게 넘겨주었다는 말입니다. 이것은 하나님께서 마귀에게 맡긴 것이지, 마귀가 아담에게서 빼앗은 것이 아닙니다. 그래서 마귀는 이 세상을 다스리는 임금입니다.

"이제 이 세상의 심판이 이르렀으니 이 세상 임금이 쫓겨나리라"(요
12:31)

예수님께서 부활하시고 승천하셨을 때, 하나님이 마귀를 쫓아내고 세
상 임금의 권세를 빼앗았다면 좋았을 것입니다. 그러면 약 2,000년 전에
예수님이 승천한 직후부터 이 세상 나라는 하나님의 나라가 되었을 것이
며 지금의 여러분과 저는 하나님의 나라 안에서 하나님의 나라의 백성으
로 태어났을 겁니다.

그러나 지금까지 예수님의 재림도 없었고, 세상의 많은 나라도 하나님
의 나라가 아닙니다.

"오직 그리스도는 죄를 위하여 한 영원한 제사를 드리시고 하나님 우편
에 앉으사 그 후에 자기 원수들로 자기 발등상이 되게 하실 때까지 기
다리시나니"(히 10:12~13)

예수님께서 부활하여 승천하신 후, 하나님의 우편에 앉으셔서 지금까
지 기다리고 계십니다. 예수님의 기다림이 끝나면 예수님은 기다리지 않
고 오실 것입니다. 원수가 발등상이 될 때까지 기다리신다고 하셨으니 원
수가 발등상이 되면, 그 후에 예수님의 기다림은 끝날 것이며, 예수님은
재림하실 것입니다.

하나님의 창조는 끝나지 않았다

그래서 아직도 예수님이 재림하지 않은 이유는 지금까지 원수인 사단이 예수님의 발등상이 되지 않았기 때문입니다.

원수는 사단이며, 발등상은 발을 올려놓는 발판을 의미합니다. 이 말은 사단이 그 권세를 빼앗기고 예수님 앞에 굴복하는 것을 말합니다. 원수인 사단이 발등상이 되지 않았다는 것은 아직도 사단은 이 세상 임금의 권세를 잃지 않았다는 것을 의미합니다.

요 12:31에서 이 세상 임금이 쫓겨나리라고 말씀하셨으나, 아직은 사단이 쫓겨나지 않았습니다. 사단이 세상 임금의 권세를 빼앗기고 쫓겨나는 것은 계 12:9에서 성취됩니다.

"큰 용이 내어 쫓기니 옛 뱀 곧 마귀라고도 하도 사단이라고도 하는 온 천하를 꾀는 자라"(계 12:9)

그런데 이 계시록의 말씀은 A.D 95년 사도 요한이 [밧모]라는 섬에 유배되었을 때 기록했습니다.

"반드시 속히 될 일을 그 종들에게 보이시려고"(계 1:1)

A.D 95년에 사도 요한이 계시를 받을 당시에도 계시록의 내용은 [반드시 속히 될 일]이라는 것입니다. 예수님은 A.D 33년쯤 승천하셨고, 그 후로 약 60년 정도가 지난 후에 계시록이 주어진 것입니다. 그런데 A.D 95

년에서도 계 12:9의 사건은 미래에 이루어질 일이라는 겁니다.

예수님이 승천하셨을 때 사단이 내어 쫓긴 것이 아니라는 말씀입니다. 예수님이 사단을 내어쫓으려고 하셨다면 예수님이 승천하셨을 당시에 쫓아냈을 겁니다. 그런데 60년이 지나는 동안에도 사단을 내어쫓지 않으셨습니다. 그리고 60년이 지난 후에 계시록을 주면서 나중에 반드시 속히 될 일이라고 말씀하셨습니다. 그래서 사단은 아직 세상 임금의 자리에서 쫓겨나지 않았다는 것입니다.

지금도 이 세상 임금이 사단이기 때문에 아직은 아무도 부활할 수 없습니다.

부활은 하나님께서 자기 백성에게 영생을 주시는 사건입니다. 부활 사건은 하나님께서 창 1:27의 [남자와 여자]를 창조하는 것으로 이 세상 땅 위에서 하나님의 백성으로 살게 하는 사건입니다. 하나님의 백성이 부활하여 육체를 가지고 영원히 하나님의 백성으로 살게 되는 것입니다.

그런데 하나님의 백성에게 세상에서 영원히 살게 하려고 육체를 가지게 하여 부활을 허락하셨는데, 만약에 이 세상 임금이 사단이라고 한다면 다시 사단의 권세 아래 놓이게 되는 것입니다.

지금까지 부활이 없는 것은 아직도 이 세상 임금이 사단이기 때문입니다. 먼저 사단을 잡아서 세상을 다스리는 임금의 권한을 박탈해야 합니다. 이런 일이 먼저 있고 나서 하나님의 백성에게 육체를 허락하여 영원한 삶을 주시는 것입니다.

> "일곱째 천사가 나팔을 불매 하늘에 큰 음성들이 나서 세상 나라가 우리 주와 그 그리스도의 나라가 되어 그가 세세토록 왕 노릇 하시리로다"(계 11:15)

여기서 [왕노릇 하시리로다]는 말은 왕이 아닌데 왕인 척하면서 사는 것을 의미하는 게 아닙니다. [왕노릇 하시리로다]라는 말은 [새번역]과 [공동번역]처럼 [다스릴 것이다]라는 의미입니다. 영어로는 [reign]으로 바르게 번역되었으며, 헬라어 원어는 βασιλεύσει(바실류세이)라는 단어로 동사입니다. βασιλεύσει(바실류세이)는 βασιλεύω(바실류오)라는 동사의 미래·직설법·능동태·3인칭·단수의 형태이며, [왕이 되다] 또는 [다스리다]는 뜻입니다.

계 11:15에서 비로소 세상 나라가 하나님의 나라로 바뀌게 된다는 의미입니다. 이 사건이 일어난 후에 계 20:11에서 죽었던 사람들이 부활하여 하나님의 백성으로 살게 됩니다.

계 20:11에서 죽었던 사람들이 부활할 때는 계 11:15에서 이미 세상 나라가 하나님의 나라로 바뀌어 있어서, 세상 임금은 마귀가 아니라 하나님입니다.

세상을 다스리는 왕이 하나님으로 바뀐 후에 비로소 부활할 수 있다는 의미입니다. 세상 임금이 지금까지도 마귀이기 때문에 지금까지는 아무도 부활하지 못했습니다. 사단이 세상 임금으로 있는 상태로는 하나님께서 하나님 백성의 부활을 허락하지 않기 때문입니다. 마귀가 이 세상의 임금의 권세를 빼앗기고 예수님 앞에서 쫓겨나야 합니다. 그 후에 예수님이 재림하시고 죽었던 사람의 혼(Soul)들이 육체를 가지고 부활하여 하나님의 백성이 됩니다.

하나님의 창조는 끝나지 않았다

기독교인 마음에 하나님의 나라가
이뤄졌다고 알고 있습니다

　기독교인 대부분은 하나님의 나라가 마음에서부터 이루어진다고 믿습니다. 그래서 하나님 나라의 이중성을 주장하는데, 그것은 마음의 천국과 실체적 천국입니다. 실체적 천국에 들어가기 전에, 이 땅에서 예수님을 믿을 때 먼저 마음의 천국이 임한다고 믿습니다.

　그러나 마음의 평화와 기쁨과 행복과 즐거움은 사람이 처한 상황에 좌우되는 일이 많습니다. 어떤 사람이 로또의 숫자를 오해하여 자신이 1등에 당첨되었다고 믿게 되었습니다. 이때 느끼는 기쁨은 말로 표현할 수 없을 것입니다. 조금 후에 자신이 착각했다는 것을 알기 전까지는 큰 기쁨을 느끼는 겁니다. 친구의 오해로, 내가 사랑하는 사람이 나에게 사랑한다는 메시지를 전해왔다고 친구에게 듣는다면, 오해를 풀기 전까지는 매우 큰 행복을 느낄 것입니다.

　하나님께서 우리에게 약속한 천국은 실체적입니다. 그리고 그 실체를 경험하게 될 때, 자연스럽게 마음의 천국이 따라오게 됩니다. 하지만 하나님은 실체가 없어도 느끼는 마음의 천국을 약속하지 않았습니다. 그리고 지금까지 하나님의 나라는 실체적으로 임한 적이 없습니다. 그래서 실체가 없는데도 마음에 천국이 이루어졌다고 느끼는 것은 자신의 감정에 불과할 뿐입니다.

> "또 여기 있다 저기 있다고도 못하리니 하나님의 나라는 너희 안에 있느니라"(눅 17:21)

마음에 임하는 천국을 주장하는 가장 큰 근거가 되는 말씀은 바로 눅 17:21입니다. 그래서 많은 기독교인이 천국은 마음에 이루어지는 것이라고 믿고 있습니다. 기독교인 대부분은 하나님의 나라에 대해서 현재성과 미래성이 있다고 배웁니다.

현재성이라는 것은 지금 나에게 하나님의 나라가 임했다는 말입니다. 나의 생활을 다스리고 계시며, 나의 왕이 되시고, 나의 마음에 예수님이 임하여 계신다는 겁니다. 그래서 나는 예수님의 백성이기 때문에 하나님의 나라가 우리의 마음에 이미 임하여 있다는 주장입니다.

미래성이라는 것은 미래의 어느 시간에 하나님의 나라에 들어가게 된다는 것입니다. 예수님이 아직 재림하지 않았으나, 예수님이 재림하시면 미래의 어느 시간에 우리는 하나님의 나라로 들어가게 된다는 것입니다.

그래서 천국은 이미 시작되었으나, 아직 완성되지 않았다는 뜻으로 설

하나님의 창조는 끝나지 않았다

명합니다. 저도 신학을 공부했던 사람으로 이런 주장에 동의합니다.

맞는 말입니다.

천국은 이미 시작되었습니다. 그러나 아직은 완성되지 않았습니다. 또 천국은 현재 여기에 우리 기독교인들 안에 이뤄지고 있습니다. 또한, 천국은 미래의 어느 시점에 완전하게 이루어질 것입니다. 이런 신학적 해석은 크게 본다면 틀리지 않습니다. 그러나 세부적으로 생각해 보면 여러 가지 맞지 않는 부분이 있습니다.

어떤 사람에게 외국인 친구가 있는데, 그 친구가 내가 어디에 사는지 물어왔다고 가정합니다. 이 사람은 그 외국인 친구에게 [서울에 산다]고 대답합니다. 그 사람이 서울에 살고 있다면 이 대답은 틀린 말이 아닙니다. 그러나 그 외국인 친구가 이 말만 듣고 한국인 친구의 집을 찾아올 수는 없습니다. 서울에는 집이 매우 많고, 또 서울에 있는 집들이 다 그 친구의 집은 아닙니다. 이 대답은 틀리지 않지만, 정확하지는 않습니다.

> "바리새인들이 하나님의 나라가 어느 때에 임하나이까 묻거늘 예수께
> 서 대답하여 이르시되 하나님의 나라는 볼 수 있게 임하는 것이 아니요
> 또 여기 있다 저기 있다고도 못하리니 하나님의 나라는 너희 안에 있느
> 니라"(눅 17:20~21)

바리새인들은 예수님을 공격하여 예수님의 말씀에서 허점을 찾고자 했

습니다. 예수님을 말로 함정에 빠뜨려서 고소할 조건을 얻으려고 한 것입니다. 예수님께서 바리새인들의 질문에 대답하여, 하나님의 나라가 어느 지역에 있다고 한다면, 그곳은 반란의 장소가 됩니다. 또 하나님의 나라가 언제 임한다고 대답하면, 그 시간이 곧 반란의 시간이 될 수 있습니다. 예수님을 로마에 반란을 일으킨 사람으로 고소할 수 있는 근거가 된다는 겁니다. 실제로 유대인들은 예수님을 로마에 반란을 일으킨 것으로 고소했습니다(요 19:12).

바리새인들의 질문은 [당신이 하나님의 나라를 전파한다고 하니, 로마를 물리치고 메시아 왕국을 세우려고 하는 것인데, 언제 시작할 것입니까? 당신은 언제 로마에 대항하여 전쟁을 시작할 것입니까?]라는 질문입니다.

당시 이스라엘 사람들은 메시아를 다윗 왕국을 회복하는 사람으로 이해하고 있었습니다. 메시아는 다윗 시대의 강대한 독립된 국가를 만드는 사람입니다. 그래서 현재 지배 국가인 로마를 물리쳐야 했습니다. 그런데 로마를 물리치려면 군대가 필요하며 그만한 힘이 있어야 합니다. 메시아는 군대를 만들어 로마와 싸우는 사람이어야 합니다.

바리새인의 의도를 아시는 예수님은 하나님의 나라를 설명할 때, 힘으로 하는 것이 아님을 말씀한 것입니다. 그래서 바리새인의 말의 함정에 걸리지 않았습니다.

하나님의 창조는 끝나지 않았다

그런데 예수님의 말씀처럼 [천국은 너의 안에 있다]고 하셨을 때, 여기서 예수님에게 질문하는 사람은 바리새인이기 때문에, 이 말씀에서 [너희]는 바리새인을 의미하게 됩니다. 그렇다면 예수님을 믿지 않는 바리새인의 마음속에 천국이 있다는 의미일까요?

"너희는 너희 아비 마귀에게서 났으니 너희 아비의 욕심대로 너희도 행하고자 하느니라"(요 8:44)

"그러므로 내가 너희에게 말하기를 너희가 너희 죄 가운데서 죽으리라 하였노라"(요 8:24)

이렇게 예수님은 바리새인들에게 그들은 마귀에게서 났다고 하시고, 또 그들이 자신의 죄 가운데 죽을 것임을 말씀하셨습니다. 그런데도 예수님께서 바리새인들의 마음속에 천국이 있다고 말씀하신 걸까요?

혹시 예수님께서 눅 17:20~21에서 바리새인들의 말의 함정에 빠지지 않으시려고 거짓말을 하신 걸까요? 아니면 예수님이 여기서는 마귀의 자식이라고 말하고 저기서는 너희 속에 천국이 있다고 말했던 것일까요? 아니면 요 8:44의 유대인들과 눅 7:20의 바리새인들이 본질에서 다른 사람이었을까요?

이 말씀에서 많은 사람들이 크게 오해하고 있습니다.

눅 17:20~21의 말씀은 바리새인들의 마음에 천국이 있다는 표현이 아닙니다.

눅 17:21의 헬라어 원어는 ἡ βασιλεία τοῦ θεοῦ ἐντὸς ὑμῶν ἐστίν(헤 바실레이아 투 데우 엔토스 후몬 에스틴)입니다. 영어(NIV/KJV)로는 [the kingdom of God is within you]입니다. 그런데 [너희 안에]라는 말은 헬라어 원어로 ἐντὸς(엔토스)로서 [in the midst]라는 의미입니다.

예수님 주위에는 제자들도 있었고, 바리새인들도 있었고, 예수님을 따르는 무리도 있었습니다. 예수님과 바리새인들만 있었던 것이 아닙니다. 바리새인들과 예수님의 제자들이 예수님을 둘러서서 질문도 하고 말씀도 듣고 있습니다. 이런 상황에서 바리새인이 예수님께 질문한 것입니다.

예수님의 답변은 [천국은 여기 너희 앞에 서 있는 나(예수님)다]라고 말씀하신 것입니다.

예수님은 천국의 장소를 말씀하신 것이 아니라 주권을 말씀하신 것입니다. 천국을 시작한 분은 천국의 본체인 예수님 자신입니다. 제자들과 바리새인들이 예수님의 주위를 둘러서서 예수님과 말씀을 나누는 중이었기 때문에 예수님은 그들의 가운데 서 있으셨던 겁니다.

예수님은 [너희들 가운데 서 있는 내(예수님)가 바로 천국의 본체다]라고 말씀한 것입니다. [너희 안에]라는 말의 의미는 [너희 마음속에]라는

하나님의 창조는 끝나지 않았다

의미가 아니라, [너희들에게 둘려져서 그 가운데 서 있는]이라는 뜻입니다. 예수님은 바리새인들에게 [너희가 지금 천국을 바라보고 서 있다]고 말씀한 겁니다.

"천국은 여기 있다 저기 있다는 것이 아니라, 바로 너희 가운데 지금 서 있다."

예수님은 천국을 만드시는 주체입니다. 예수님은 천국의 시작입니다. 아직 천국은 시작단계에 있으므로 예수님 외에는 천국이 없습니다. 하나님의 나라는 예수님을 중심으로 만들어져 가기 때문입니다. 그래서 그 당시에 천국은 여기도 없고 저기도 없고, 오직 예수님 한 분만 천국의 본체로 서 있다는 의미입니다.

하나님의 나라를 주권과 영토와 국민으로 볼 때, 영토의 차원에서는 아직 하나님의 나라가 이 땅 위에 임하지 않았습니다. 이 지구상의 어느 지역에서도 하나님의 나라는 찾아볼 수 없습니다.

예수님 당시에도 예수님이 계신 곳은 하나님의 나라가 아니라 로마의 지배를 받는 땅입니다. 로마의 영토라고 할 수 있습니다.

"내 나라는 이 세상에 속한 것이 아니니라"(요 18:36)

이 말씀은 예수님이 빌라도에게 하신 말씀입니다. 천국의 본체인 예수님이 이 땅 위에 서 있었는데도, 그 땅은 로마의 땅이었고, 예수님의 나라는 이 세상에 속하지 않았다는 것입니다.

결론적으로, [하나님의 나라는 너희 가운데 있다]는 말씀은 장소의 개념이 아니라 본질의 개념으로서 천국의 주체인 예수님이 그 자리 가운데 서 있다는 의미입니다. 장소의 개념이 아니므로, 예수님이 이 땅을 떠나서 하나님께로 승천하면 천국은 다시 이 땅 위에서 사라지는 것입니다.

하나님의 나라를 주권과 영토와 국민으로 볼 때, 하나님의 나라에 들어갈 백성들은 준비되어 있었으나, 아직 영토가 준비되지 않았으므로 하나님의 나라에 들어간 사람은 없습니다.

영토의 개념에서 볼 때, 세상이 우리 주와 그 그리스도의 나라가 되어야 합니다. 국가의 필수조건인 영토문제가 해결되어야 합니다. 이 만물은 하나님의 소유입니다. 이 땅도 지구도 하나님의 소유입니다. 세상 나라도 하나님의 소유입니다. 그러나 세상을 다스리는 권세는 아직 사단에게 있습니다. 그래서 언제든지 세상 나라의 권세만 사단에게 가져온다면 영토문제는 바로 해결됩니다.

그러면 하나님이 우리에게 약속한 천국이 어떤 천국인지 확인합니다.

"하나님이 이르시되 우리의 형상을 따라 우리의 모양대로 우리가 사람을 만들고 그들로 바다의 물고기와 하늘의 새와 가축과 온 땅과 땅에

하나님의 창조는 끝나지 않았다

기는 모든 것을 다스리게 하자 하시고, 하나님이 자기 형상 곧 하나님
의 형상대로 사람을 창조하시되 남자와 여자를 창조하시고, 하나님이
그들에게 복을 주시며 하나님이 그들에게 이르시되 생육하고 번성하여
땅에 충만하라, 땅을 정복하라, 바다의 물고기와 하늘의 새와 땅에 움
직이는 모든 생물을 다스리라 하시니라"(창 1:26~28)

하나님이 우리에게 주시는 천국은 이 땅입니다. 영의 세계나 마음의 세
계가 아니라 이 땅 위에서 영원히 살도록 그렇게 창조하십니다. 땅 위에
서 생육하고, 땅 위에서 번성하며, 땅 위에서 충만하라는 것입니다.

하나님이 우리에게 주시는 천국은 동물이 있는 천국입니다. 그래서 하
나님의 백성은 하늘의 새와 바다의 고기와 땅의 모든 짐승을 다스리며 함
께 어우러져 영원히 살도록 하셨습니다. 그러니 천국은 하늘의 새와 바다
의 고기와 땅의 짐승이 있는 곳입니다.

마음의 천국은 우리가 예수님의 말씀을 오해하여 만들어 낸 허상의 천
국입니다. 우리가 마음으로 느끼는 평안과 행복은 마음의 천국이 아니라,
단순한 우리의 감정입니다. 하나님이 우리에게 약속하신 천국은 실체가
있습니다. 그 실체가 바로 이 땅입니다.

4

사단과 죄의 문제

아담이 범죄하여 세상 권세를
사단에게 빼앗긴 것이 아닌가요?

많은 기독교인은 사단이 아담에게서 세상 나라의 권세를 빼앗았다고
생각합니다. 그러나 실제로는 아담에게서 빼앗은 것이 아닙니다. 아담은
세상 나라의 권세를 갖고 있지 않았습니다. 그리고 사단은 세상 나라의
권세를 하나님에게서 받았습니다. 또한, 세상을 다스리는 권세는 뺏기거
나 빼앗을 수 있는 것이 아닙니다. 이 내용을 설명합니다.

많은 기독교인은 다음과 같은 근거로 사단이 아담에게서 세상 나라의
권세를 빼앗았다고 생각합니다.

(1) 아담이 만물을 다스리는 권세를 하나님에게서 받았습니다. 만물을
    다스리는 권세는 창 1:28의 [하늘과 바다와 땅을 다스리라]는 말씀
    을 근거로 이해합니다.
(2) 아담이 사단에게 져서 죽을 수밖에 없는 죄인이 되었습니다. 아담이
    사단에게 졌다는 말은 롬 6:23의 [죄의 삯은 사망]이라는 말씀 때문
    입니다. 사단이 사망의 세력을 잡았다고 기록되어 있어서, 죄를 짓

게 된 아담은 사단에게 진 것으로 이해합니다.

(3) 죄를 지은 아담은 사단의 종이 되었습니다. 이렇게 생각하는 이유는
벧후 2:19에 [진 자는 이긴 자의 종이 됨이라]고 기록하고 있기 때문
입니다.

(4) 아담이 가지고 있던 모든 권세를 사단이 가져갔습니다. 눅 4:6의 [내
게 넘겨준 것]이란 말을 아담의 권세를 사단이 가져간 것으로 이해
합니다.

성경 말씀에서 추출한 구절을 이런 순서로 전개하면 매우 그럴듯하게
보입니다. 그래서 많은 사람은 사단이 아담에게 있는 권세를 빼앗았다고
생각합니다.

아담은 죄를 지어서 사단의 종이 되었고, 종이 가지고 있는 것은 주인
의 것이 되므로, 사단은 아담의 모든 권세를 가지게 되었다는 논리입니
다. 이런 논리를 가만히 생각해 보면, 마치 어른이 어린아이의 손에 들린
사탕을 빼앗은 것 같은 느낌의 논리입니다. 어린아이의 손에 들린 사탕은
말 그대로 사탕이기 때문에 위험한 물건이 아닙니다. 그러나 만약 어린아
이의 손이 들린 것이 폭탄이라면 그것은 매우 위험한 상황입니다.

하나님께서 아담에게 세상 나라를 다스리는 권세를 주셨다면 그것은
어린아이에게 위험한 폭탄을 준 것 같은 상황이 됩니다. 왜냐하면, 아담
은 사단에 비교한다면 어린아이에 해당하기 때문입니다.

하나님께서 왜 크고 엄청난 권세(세상 임금)를 어린아이처럼 약한 아담에게 주신 걸까요? 아담은 어린아이가 아니라고 생각하나요? 단 한 번의 범죄로 모든 것을 잃었습니다. 단 한 번의 범죄로 세상 만물을 다스리는 권세가 다른 존재에게 넘어가는 것이라면, 너무나 취약한 것이 아닐까요? 아담이 사단에게 무너질 것을 예상할 수 있는데, 아담에게 세상 나라를 다스리는 권세를 주셨다면 하나님께서 위험을 인지하셨음에도 위험 요소를 과소평가했다는 의미가 됩니다.

하나님께서 아담이 죄를 범할 것을 몰랐다고 하면 그것도 하나님을 과소평가하는 것이 됩니다. 하나님께서 아담이 사단을 이길 것으로 생각했다면, 이것은 또 하나님을 오판하는 분으로 만들게 됩니다. 이렇게 여러 가지로 하나님을 제대로 설명하지 못합니다. 그래서 이런 식의 논리는 잘못되었습니다. 처음부터 잘못된 논점에서 시작했기 때문입니다.

위의 4가지 단계 모두 잘못된 전제를 하고 있습니다. 잘못된 전제는 아래와 같습니다.
(1) 아담은 세상을 다스리는 권세를 받은 적이 없습니다.
(2) 아담은 사단과 싸운 것이 아니라 하나님께 죄를 지은 것입니다.
(3) 아담은 사단의 종이 된 것이 아닙니다.
(4) 아담에게 주어진 권세는 사단이 아니라 하나님이 처리하셨습니다.

이렇게 생각해 봅시다.

하나님의 창조는 끝나지 않았다

한 나라를 다스리는 왕이 있습니다. 이 왕국의 왕은 할 일이 너무 많아 왕국 내의 많은 업무를 총괄하는 국무총리를 세웠습니다. 국무총리는 왕으로부터 임명을 받아 자신의 업무를 진행합니다. 국무총리실에서 일할 비서들을 채용하고, 하부 조직들을 만들어 왕국 내의 여러 가지 일들을 돌보기 시작했습니다.

그런데 어느 날 비서 중 한 명이 교묘한 정책을 제한합니다. 국무총리는 비서의 제안을 받아들이고, 그 제안대로 일을 추진하다가 왕국에 큰 피해를 입혔습니다. 왕은 국무총리의 잘못된 정책을 책망하고, 그를 국무총리에서 해임했습니다.

그런데 어느 날 왕이 뭔가 이상하다는 것을 알았습니다. 국무총리를 해임했는데도 국무총리의 업무가 진행되고 있었습니다. 왕이 확인해 보니 국무총리가 실수하도록 교묘한 정책을 제한했던 그 비서가 국무총리의 자리에 앉아서 국무총리의 일을 처리하고 있습니다. 국무총리만 할 수 있는 결재문서에 그 비서가 결재하고 있었습니다.

왕이 가서 이 비서에게 물어봅니다. 지금 네가 거기 앉아서 무슨 일을 하느냐? 그러자 비서는 왕에게 대답합니다. 내가 국무총리를 꾀어서 나라에 큰 손해를 입게 하여 왕이 국무총리를 해임하도록 했습니다. 그래서 그때 내가 국무총리의 권한을 빼앗았습니다. 그 후로 내가 국무총리의 권한을 가지고 국무총리의 자격으로 업무를 처리하고 있습니다.

이런 일이 가능할까요?

국무총리는 국무총리일 뿐이고, 비서는 그냥 비서일 뿐입니다. 국무총리가 해임되었다고 해도, 비서는 국무총리가 될 수는 없습니다. 국무총리가 해임되면, 국무총리의 자리는 그냥 공석일 뿐입니다. 왕이 국무총리를 새로 임명하기 전에는 아무도 국무총리의 권한을 가질 수 없습니다.

그런데 사단과 아담 사이에서 일에서는 이런 일이 일어났다고 보는 사람들이 있습니다. 사람의 세상에도 질서가 있는데 하나님이 다스리는 영의 세계에서 이런 질서가 없다면 오히려 그게 더 이상한 일이 아닌가요?

하나님께서 누구에게 어떤 권세를 주시든지, 그 권세를 다른 존재가 빼앗을 수는 없습니다. 하나님께서 주신 권세를 다른 존재가 뺏을 수 있는 거라면, 하나님이 다스리는 세계는 질서가 없는 세계라는 말과 같습니다. 하나님께서 영의 세계를 다스리는데 이런 질서가 없다는 것은 말이 되지 않습니다. 세상 나라의 권세가 이런 방식으로 질서 없이 옮겨 다니는 것은 아닙니다. 하나님의 나라는 그런 무질서한 세계가 아닙니다.

자 이제 구체적으로 어떤 오류가 있는지 확인해 보겠습니다.

첫째로, 아담이 하나님께 받은 권세는 에덴동산을 지키고 다스리는 것입니다.

하나님의 창조는 끝나지 않았다

많은 사람이 창 1:27의 [남자와 여자]를 [아담과 하와]라고 생각합니다. 그래서 [아담과 하와]가 하나님에게서 하늘의 새와 바다의 고기와 땅의 모든 생물을 다스리는 권세를 받았다고 생각합니다. 그리고 이 하늘의 새와 바다의 고기와 땅의 모든 생물을 다스리는 권세를 만물을 다스리는 권세로 착각합니다.

[남자와 여자]가 받은 권세는 하늘의 새와 바다의 고기와 땅의 생물들을 다스리는 권세입니다. 이 속에는 사람을 다스리라는 명령은 없습니다. 만약에 사람을 다스리라는 명령이 포함됐다면, [남자와 여자]를 창조하시면서 자신을 다스리라는 말이 됩니다. [남자와 여자]가 사람이기 때문입니다. 세상 나라의 권세는 세상에 사는 사람들을 다스리는 권세입니다. 그러나 세상에 사는 사람들을 다스리는 권세는 창 1:26~28의 명령에서 빠져 있습니다. 창 1:27의 [남자와 여자]는 사람을 제외한 하늘의 새와 바다의 물고기와 땅의 생물들을 다스리는 겁니다. 하나님께서 [남자와 여자]에게 주신 권세는 사람이 아닌 동물들을 다스리는 것입니다.

동물들을 다스리는 것과 사람을 다스리는 것은 다른 것입니다. 사람들을 다스리는 권세는 [세상 임금의 권세]입니다. 이 권세는 [남자와 여자]에게 주어지지 않았습니다.

그래서 [남자와 여자]의 권세를 사단이 가져간다고 가정하더라도 사단은 세상 나라의 권세를 가져가는 것이 아니라 동물을 다스리는 권세를 가져가게 되는 겁니다. 그래서 사단이 가지고 있는 [세상 나라의 권세]는 [남자와 여자]로부터 가져갈 수 있는 권세가 아닙니다. [남자와 여자]는 세상 나라의 권세를 가지고 있지 않았기 때문입니다.

"여호와 하나님이 그 사람을 이끌어 에덴동산에 두어 그것을 다스리며 지키게 하시고"(창 2:15)

또 창 2:21~23에서 [하와]는 하나님에게서 받은 명령이 없습니다. 창 2:15에서 [아담]은 에덴동산을 다스리고 지키도록 명령을 받았습니다. 이 때는 하와가 창조되기 이전입니다. 아담과 하와는 에덴동산을 다스리고 지켜야 하는데, 이 명령을 직접 받은 것은 아담 혼자였습니다. 하와는 나중에 돕는 자로서 창조됩니다. [아담과 하와]가 함께 에덴동산을 지키고 다스리는 일을 하게 되었지만, 에덴동산을 다스리며 지키는 책임은 아담 에게 있다는 것입니다.

아담은 에덴동산을 다스리고 지키는 권세를 받은 것입니다. 에덴동산 은 세상 나라 전체를 의미하는 것이 아닙니다. 아담은 세상 나라를 다스 리는 권세를 가지고 있지 않았다는 말입니다.

둘째로, 아담은 하나님께 죄를 범하였다는 것입니다.

아담은 사단과 싸워서 사단에게 패한 것이 아니라, 하나님의 계명을 어 겨서 하나님께 죄를 지었습니다. 아담은 하나님께 범죄하여 하나님으로 부터 책망을 받고 에덴동산에서 쫓겨났습니다. 아담의 범죄는 하나님의

하나님의 창조는 끝나지 않았다

계명을 어긴 것입니다.

아담이 사단과 싸운 것도 아니며, 사단이 내린 명령을 어긴 것도 아니라는 사실입니다. 아담은 하와의 말을 듣고 하나님의 계명을 어겼고, 하와는 뱀의 말을 듣고 하나님의 계명을 어겼습니다. 그래서 하나님은 아담의 범죄에 대해서 사단을 책망한 것이 아니라 하와를 책망했습니다.

"너는 남편을 원하고 남편은 너를 다스릴 것이니라 하시고"(창 3:16)

하나님은 하와에게 남편이 하와를 다스릴 것이라고 말씀하셨습니다. 이것은 하와가 아담을 유혹했기 때문입니다. 아담에게 범죄의 원인을 제공한 것은 사단이나 뱀이 아니라 하와였음을 분명히 하고 계십니다. 그래서 아담과 하와의 관계를 다시 정리하셨습니다.

"아담에게 이르시되 네가 네 아내의 말을 듣고 내가 네게 먹지 말라 한 나무의 열매를 먹었은 즉 땅은 너로 말미암아 저주를 받고 너는 네 평생에 수고하여야 그 소산을 먹으리라"(창 3:17)

이 말씀은 아담이 하나님의 계명을 어겼기 때문에, 하나님께서 아담에게 벌을 내리는 말씀입니다. 창 3:16의 말씀은 아담이 죄를 범하게 된 원인을 분명하게 밝힌 말씀이며, 창 3:17은 죄를 범한 아담에게 내리는 벌을 말씀한 것입니다.

아담이 죄를 범하도록 유도한 것은 사단도 뱀도 아니라 하와였습니다. 그래서 하나님은 아담이 죄를 범한 이유를 [네 아내의 말을 듣고]라고 정확하게 말씀하고 있습니다.

사단이 아담과 싸운 것도 아니고, 뱀이 아담과 싸운 것도 아닙니다. 그래서 아담과 사단 사이에는 싸움도 없었고, 경쟁도 없었으며, 다툼도 없었고, 이긴다거나 진다고 할 만한 일이 없었습니다.

물론 하와의 범죄에 대해서는 뱀이 관여되어 있습니다. 뱀은 아담이 아니라 하와를 유혹했습니다. 그래서 하와가 하나님께 죄를 범하도록 유도했습니다. 뱀이 하와와 싸웠던 것이 아닙니다. 이것을 뱀과 하와의 전쟁이라고 표현하지 않습니다. 뱀이 하와가 하나님을 믿지 못하도록 이간질한 것입니다. 이간질한 것을 싸웠다고는 표현하지 않습니다.

"내가 너로 여자와 원수가 되게 하고 네 후손도 여자의 후손과 원수가
되게 하리니 여자의 후손은 네 머리를 상하게 할 것이요 너는 그의 발
꿈치를 상하게 할 것이니라 하시고"(창 3:15)

이 말씀은 뱀이 하와를 유혹하여 하나님께 죄를 범하도록 원인을 제공했기 때문에, 하나님께서 뱀과 하와의 관계를 다시 정리한 내용입니다.

그리고 하나님은 하나님께 죄를 범한 하와에게 따로 벌을 내립니다.

하나님의 창조는 끝나지 않았다

"또 여자에게 이르시되 내가 네게 임신하는 고통을 크게 더하리니 네가 수고하고 자식을 낳을 것이며"(창 3:16)

이 말씀은 하와가 하나님의 계명을 어겼으므로, 하나님이 하와에게 내리는 벌입니다.

창 3:14~19는 뱀과 아담과 하와에게 벌을 내리시는 기록입니다. 이 기록을 자세히 보면 두 가지가 확인됩니다. (1) 첫째로 하나님께 죄를 지은 것에 대한 벌을 말씀합니다. (2) 둘째로 범죄자와 원인 제공자와의 관계를 다시 설정합니다. 이 둘의 관계에서 원인 제공자는 불리한 위치에 있게 되며, 범죄자는 원인 제공자보다 유리한 위치에 있게 됩니다.

뱀은 하와의 관계에서 유혹한 자입니다. 그래서 뱀은 하나님에게서 두 가지 말씀을 받습니다. 하나님에게서 벌을 받는 내용(창 3:14)과 여자와의 관계에서 머리를 상하게 될 것을 명령받습니다(창 3:15).

하와는 뱀에게서 유혹을 받았고, 아담을 유혹한 자입니다. 그래서 하와는 하나님에게서 세 가지 말씀을 받습니다. 하와가 하나님에게서 벌을 받는 내용(창 3:16상)과 뱀과의 관계에서 우위를 차지하는 내용(창 3:15)과 아담과의 관계에서 남편에게 통제받는 불리한 내용을 받습니다(창 3:16하).

아담은 하와에게서 유혹을 받았습니다. 그래서 아담은 하나님에게서 두 가지 말씀을 받습니다. 아담이 하나님에게서 벌을 받는 내용(창 3:17~19)

과 아내와의 관계에서 우위를 차지하는 내용(창 3:16하)입니다.

이렇게 뱀과 아담과 하와는 각자 (1) 하나님께 벌을 받았고 (2) 서로 관련된 상대와의 관계가 다시 설정되었습니다.

여기서 사단은 등장하지 않습니다. 하나님은 사단에게 벌을 내리지 않았습니다. 에덴동산의 기록에서는 사단이 하나님께 책망을 들었다는 내용이 없습니다. 사단은 아담의 범죄에 가담하지 않았기 때문입니다.

만약 사단을 뱀이라고 가정한다고 하더라도, 뱀은 하와를 유혹했기 때문에 아담과는 아무런 관련이 없습니다. 물론 뱀이 하와를 유혹하지 않았다면 하와가 죄를 범하지 않았을 것이고, 하와가 아담을 유혹하지 않았을 것이라는 단계적 추론을 할 수 있습니다.

하와가 뱀의 유혹을 받아 선악을 알게 하는 나무의 실과를 먹었다고 하더라도, 하와가 아담을 유혹하지 않는다면 아담은 죄를 범하지 않았을 것이라는 생각도 들게 됩니다.

다시 말해서, 하와가 아담을 유혹할 것인지, 유혹하지 않을 것인지의 문제는 하와의 문제이지 뱀의 문제는 아니라는 겁니다. 아담의 범죄는 하와가 유혹해서 일어난 문제이며, 뱀과는 관련이 없습니다.

창 3:14~19에서 하나님이 뱀과 아담과 하와에게 내린 벌의 내용과 관계

하나님의 창조는 끝나지 않았다

를 다시 설정하신 내용을 통해서 아담과 뱀은 관련이 없음을 알 수 있습니다.

하나님의 명령을 직접 받는 사람은 하와도 뱀도 아니며, 오직 아담입니다. 그래서 하나님은 아담에게 벌을 내리는데 가장 많은 말씀을 하십니다. 아담은 하나님의 계명을 어겼고, 하나님은 계명을 어긴 아담을 책망하셨습니다. 아담은 사단의 계명을 어긴 것이 아니며, 사단과는 관련이 없습니다.

셋째로, 아담은 사단의 종이 아닙니다.

많은 기독교인은 아담이 사단의 종이 되었다고 믿습니다. 왜냐하면, 아담이 죄를 지었고, 죄인은 사망에 매여 살며, 사단은 사망의 세력을 잡은 자이기 때문입니다. 죄를 지은 사람은 모두 사단의 종이라고 생각합니다.

"예수께서 대답하시되 진실로 진실로 너희에게 이르노니 죄를 범하는
자마다 죄의 종이라"(요 8:34)

예수님은 분명히 죄를 범하는 자마다 죄의 종이라고 말씀하셨습니다. 아담은 하나님의 계명을 어겼기 때문에 하나님께 죄인이 되었으며, 죄의 종이 된 것입니다. 그러나 죄의 종이 곧 사단의 종이라는 말은 아닙니다. 사람이 어떤 한 친구에게 빚을 지게 되면, 그 친구에게만 빚진 자가 됩니다. 한 친구에게 빚을 졌다고 동시에 다른 친구에게도 빚을 지게 되는 것

은 아닙니다. 아담은 하나님께는 죄인이 되었지만, 사단에게는 죄인이 아니라는 겁니다.

아담이 하나님의 계명을 어길 때는 사단도 뱀도 관여하지 않았습니다. 오직 하와가 유혹한 것입니다.

아담이 죄를 범했을 때, 사단의 종이 되지 않았다는 것을 확인할 방법이 있습니다. 그것은 하와의 범죄에서 알 수 있습니다.

"너는 남편을 원하고 남편은 너를 다스릴 것이니라 하시고"(창 3:16)

이 말씀은 하나님께서 하와에게 하신 말씀입니다. 하와가 아담을 유혹하여 하나님께 죄를 범하도록 했습니다. 죄는 아담이 지었습니다. 그래서 아담이 죄에 대한 벌을 받습니다. 그러나 하와는 아담을 유혹한 일에 대해서는 하나님께로부터 벌을 받지 않습니다. 죄에 대한 벌은 죄를 지은 자가 받는 것입니다. 하나님은 죄를 지은 사람에게만 벌을 내립니다. 하와는 자신이 선악을 알게 하는 나무의 실과를 먹은 일에 대해서 하나님께 따로 벌을 받습니다. 아담이 선악을 알게 하는 나무의 실과를 먹은 일에서는 아담이 하나님께 죄를 범한 것이며, 하와는 이 일에 죄가 없습니다.

다만 하와는 아담이 죄를 범하도록 원인을 제공했기 때문에, 하나님은 아담과 하와의 관계를 다시 정하신 겁니다. 아담과 하와의 관계는 대등한 관계였습니다. 하와는 아담을 돕는 자였습니다. 돕는다는 말은 곧 하와는 아담과 대등한 관계였다는 의미입니다. 그러나 이 일로 인해 하와는 아담의 명령을 들어야 하는 상황이 되었습니다. 아담의 선악과를 먹는 일은 하와의 행위가 아니라서 하나님께 벌을 받지는 않았으나, 아담의 범죄에서 하와가 원인을 제공했으므로, 하와는 이제 아담과 대등한 관계가 아니라는 겁니다. 하와는 남편의 명령을 받도록 하였고, 남편은 하와를 다스리도록 했습니다.

하와가 아담의 명령은 받는다는 것은 곧 아담의 종이 된 것과 같습니다. 아담은 그때부터 하와를 다스리게 되었습니다. 아담과 하와의 관계는 주인과 종의 관계가 되었습니다. 아담과 하와 사이에 관계의 변화는 그 두 사람의 문제일 뿐이며 인류 전체에 적용되는 것은 아닙니다.

다스리고, 다스림을 받는 관계는 어떤 의미에서는 주인과 종의 관계와 같습니다. 사단과 아담의 관계가 주인과 종의 관계가 되려면, 사단과 아담 사이에서 어떤 사건이 있었어야 합니다.

창 3:16에서 아담과 하와의 관계가 주인과 종의 관계로 설정되는 과정을 살펴보면, 사단과 아담의 관계도 이와 같은 과정이 있었어야 합니다. 아담이 사단의 종이 되려면, 아담은 사단이 하나님께 죄를 범하는 데 원인 제공자가 되어야 합니다. 다시 말해서, 사단이 하나님께 죄를 범하도록 아담이 유혹을 해야 했다는 말입니다.

아담은 사단과 어떤 일도 없었으며, 하나님으로부터 사단의 종이 되라는 어떤 말씀도 있지 않았습니다. 당연히 아담과 사단은 아무런 관계가 없었으며, 아담은 사단의 종이 된 적은 없었습니다.

넷째로, 아담에게 있었던 권세는 사단에게 넘어간 것이 아니라 하나님께서 직접 처리하셨습니다.

위에서 설명한 것처럼, 하나님이 아담에게 맡기신 권한은 에덴동산을 지키고 다스리는 것입니다. 아담이 범죄하여 하나님께 책망을 받았고, 자신에게 주어진 권한을 잃었습니다. 아담은 자신이 다스리고 지키던 에덴동산에서 쫓겨났습니다. 하나님께서 아담에게 주었던 권세를 회수하셨고, 아담이 하던 일은 두루 도는 화염검과 그룹 천사들이 대신하게 되었습니다.

"이같이 하나님이 그 사람을 쫓아내시고 에덴동산 동쪽에 그룹들과 두루 도는 불 칼을 두어 생명 나무의 길을 지키게 하시니라."(창 3:24)

이처럼 하나님께서 아담에게 맡기신 권세는 에덴동산을 지키고 다스리는 것입니다. 아담이 죄를 범한 후, 하나님께서는 아담을 에덴동산에서 나가게 하시고, 아담에게 주었던 일을 그룹 천사와 두루 도는 화염검이 대신하게 하셨습니다.

이처럼 아담에게 주어진 권세는 사단에게 넘어간 것이 아니라 하나님께서 직접 그룹 천사와 화염검으로 대신 처리하도록 하셨습니다. 하나님

하나님의 창조는 끝나지 않았다

이 다스리는 영적인 세계는 질서가 없는 그런 세계가 아니라는 것입니다.

아담이 범죄하여 하나님께 책망을 들어도 사단이 아담의 권세를 빼앗아 가는 것은 아니라는 겁니다. 세상을 다스리는 권세는 사단이 하나님으로부터 직접 받은 것이며, 아담에게서 빼앗은 것이 아니라는 사실입니다.

그래서 사단이 아담에게서 빼앗은 것은 없습니다. 하나님이 주신 권세는 빼앗거나 뺏기는 그런 종류의 것이 아닙니다. 하나님이 다스리는 영적 세계를 사람들이 오해한 것입니다.

사단이 가지고 있는 세상 나라의 권세는 아담에게서 빼앗은 것이 아닙니다. 그러면 어떻게 세상 나라의 권세를 가지게 되었을까요?

사단은 어떻게 세상 나라의
임금이 되었나요?

앞에서 설명했듯이 하나님이 주신 권세는 누가 뺏고 누가 뺏기고 할 수 있는 것이 아닙니다. 하나님께서 한번 정하시면, 그것을 바꿀 수 있는 존재는 없습니다.

> "마귀가 또 예수를 이끌고 올라가서 순식간에 천하 만국을 보이며 이르되 이 모든 권위와 그 영광을 내가 너에게 주리라 이것은 내게 넘겨 준 것이므로 내가 원하는 자에게 주노라 그러므로 네가 만일 내게 절하면 다 네 것이 되리라"(눅 4:5~7)

사단(마귀)이 예수님을 시험할 때 한 말입니다. 이 말에서 사단은 [나에게 넘겨준 것]이라고 말합니다. 만약 이 말이 거짓이라면 예수님께서는 [왜 내게 거짓을 말하느냐?]고 책망하셨을 겁니다.

사단이 예수님을 시험하면서 거짓말을 할 수는 없습니다. 사단은 거짓이 아니라 사실을 기반으로 한 유혹을 한 것입니다. 그래야 사단의 유혹이 더 효과적일 수 있기 때문입니다. 거짓으로 유혹하는 것은 예수님께 통하지 않습니다.

그런데 예수님은 [기록된 바 주 너의 하나님께 경배하고 다만 그를 섬기라고 대답하셨습니다. 예수님의 대답은 사단의 유혹이 사실을 기반으로 한 강력한 시험이었음을 알게 해 줍니다. 예수님은 이런 사단의 강력한 시험을 이기셨습니다.

사단이 한 말에서 [나에게 넘겨준 것]이라는 표현은 사단이 아담에게서 빼앗은 권한이 아니라는 겁니다. 이것은 하나님이 사단을 임명하여 순조롭게 위임하신 권세입니다. 세상을 다스리는 권세는 원칙적으로 세상을 창조하신 분에게 있습니다. 모든 권세가 하나님께 있다는 말입니다. 하나님께서 권세를 주지 않으면, 누구도 세상 권세를 받을 수 없습니다.

그러면 좀 더 깊이 있게 살펴보겠습니다.

하나님이 계신 영의 세계에서 가브리엘과 미가엘의 경우를 확인해 봅시다.

"천사가 대답하여 이르되 나는 하나님 앞에 서 있는 가브리엘이라 이 좋은 소식을 전하여 너에게 말하라고 보내심을 받았노라"(눅 1:19)

하나님은 가브리엘 천사를 보내어 좋은 소식을 전하게 하셨습니다. 하나님께서 소식을 전할 때는 가브리엘을 보내신다는 것을 알 수 있습니다. 가브리엘 천사는 하나님의 말씀을 전달하는 임무를 가지고 있다고 볼 수 있습니다. 가브리엘과 가브리엘 밑에 있는 천사들은 모두 하나님의 말씀을 전하고 선포하는 역할을 한다고 생각됩니다.

> "여섯째 달에 천사 가브리엘이 하나님의 보내심을 받아 갈릴리 나사렛 이란 동네에 가서"(눅 1:26)

천사 가브리엘이 마리아에게 하나님의 말씀을 전합니다. 눅 1:37에서 가브리엘은 [하나님의 모든 말씀은 능하지 못하심이 없느니라]고 말합니다.

> "곧 내가 기도할 때에 이전에 환상 중에 본 그 사람 가브리엘이 빨리 날아서 저녁 제사를 드릴 때 즈음에 내게 이르더니"(단 9:21)

다니엘이 기도할 때에 가브리엘이 다니엘에게 하나님의 말씀을 전하러 왔습니다. 단 9:23에서 [네가 기도를 시작할 즈음에 명령이 내렸으므로 이제 너에게 알리러 왔느니라]고 말하고 있습니다. 가브리엘은 그냥 온 것이 아니라 하나님의 명령을 받고 왔다는 것입니다. 가브리엘이 다니엘에게 온 이유는 [알리러] 왔다는 겁니다. 이렇게 가브리엘 천사는 하나님의 말씀을 전하는 역할을 합니다.

> "그런데 바사 국군이 이십 일일 동안 나를 막았으므로 내가 거기 바사 국 왕들과 함께 머물러 있더니 군장 중 하나 미가엘이 와서 나를 도와

하나님의 창조는 끝나지 않았다

주므로"(단 10:13)

가브리엘은 하나님의 말씀을 전하려고 다니엘에게 오려 했습니다. 그런데 바사 국군(사단에 속한 천사들)에게 막혀 지체하고 있었습니다. 바사 국군은 사람의 군대가 아니라 천사들을 의미합니다. 왜냐하면, 가브리엘은 천사로 사람에게 막혀 지체될 수 없기 때문입니다. 이런 상황에서 미가엘 천사가 와서 사단의 천사를 물리치고 가브리엘을 자유롭게 했다는 겁니다.

미가엘은 하나님의 군대 장관입니다.

이 다니엘을 글을 통하여 미가엘은 하나님의 군대를 이끄는 군대 장관이라는 것을 알 수 있습니다. 미가엘 천사장은 하나님의 명령을 따라서 전쟁을 주관하는 천사장입니다.

"그 때에 네 민족을 호위하는 대군 미가엘이 일어날 것이요"(단 12:1)

미가엘 천사는 하나님의 백성을 호위하기 위해서 일어날 것이라고 합니다. 미가엘 천사의 역할은 호위하고, 전쟁하고, 바사국군을 물리치는 일을 합니다. 전쟁을 담당하고 있는 천사장임을 알 수 있습니다.

"하늘에 전쟁이 있으니 미가엘과 그의 사자들이 용과 더불어 싸울 새 용과 그의 사자들도 싸우나"(계 12:7)

미가엘 천사는 그 수하의 천사들과 함께 사단의 천사들과 전쟁을 합니다. 미가엘 천사와 그의 천사들은 전쟁을 주관하는 하나님의 군대입니다.

이렇게 가브리엘 천사와 그의 천사들은 하나님의 말씀을 전하는 역할을 하고 미가엘 천사와 그의 천사들은 전쟁을 수행합니다. 하나님의 천사장은 이처럼 각자 맡은 역할이 있습니다. 가브리엘 천사는 현재 우리의 정부 조직으로 표현한다면 정보통신부 장관에 해당하고 미가엘 천사는 국방부 장관에 해당합니다.

하나님이 계신 영의 세계에서 하나님은 각 천사장에게 각자의 역할을 분담하셨고, 그 권한을 주셨습니다. 그래서 이런 질서가 있는 하나님의 영적 세계에서 사단도 그 나름대로 자기의 역할을 받았던 것입니다.

"인자야 두로 왕을 위하여 슬픈 노래를 지어 그에게 이르기를 주 여호 와의 말씀에 너는 완전한 도장이었고 지혜가 충족하며 온전히 아름다 웠도다"(겔 28:12)

하나님은 에스겔을 통하여 사단에 관한 내용을 말씀하고 계십니다. 겔 28:12~19는 사단의 창조와 타락에 대한 말씀입니다.

"네가 옛적에 하나님의 동산 에덴에 있어서"(겔 28:13)

두로 왕은 사람이기 때문에 하나님의 동산 에덴에 있을 수 없습니다. 그

하나님의 창조는 끝나지 않았다

래서 두로 왕을 빗대어 사단에 관한 내용을 말씀하신 것입니다. 하나님께서 사단을 창조하셨을 때에는 아름답고 완전하게 지으셨다는 말씀입니다.

"너는 기름 부음을 받고 지키는 그룹임이여 내가 너를 세우매 네가 하나님의 성산에 있어서 불타는 돌들 사이에 왕래하였도다"(겔 28:14)

두로 왕을 빗대어 사단을 표현하는 것은 겔 28:14에서도 나타납니다. 그룹이라는 표현은 천사장에 대한 표현으로 사람인 두로 왕은 천사가 될 수 없습니다. 그런데 겔 28:14에서는 이 천사장인 그룹을 하나님께서 세우셨다고 하십니다. [내가 너를 세우매]라는 말씀은 하나님께서 사단을 창조하고 사단에게 역할을 주어 그 권세를 주셨다는 것입니다. 여기서 사단이 받은 권세는 [세상을 다스리는 임금의 권세]입니다.

이 권세는 사단이 아담에게서 빼앗은 것이 아니라, 하나님에게서 정식으로 임명받아 공식적으로 받은 권세입니다. 그래서 사단은 눅 4:6에서 [나에게 넘겨준 것]이라고 표현합니다. 사단의 표현도 문제가 있는데, 실제로는 완전히 사단에게 넘어간 것이 아니라, 하나님께서 권세를 맡긴 것입니다. 세상을 다스리는 권세는 하나님께 있으나, 그 권세를 사단이 사용하도록 허락하신 것입니다. 위임했다는 표현이 맞습니다.

"네가 지음을 받던 날로부터 네 모든 길에 완전하더니 마침내 너에게서 불의가 드러났도다"(겔 28:15)

사단은 하나님에게서 세상 나라의 권세를 위임받아 잘 다스렸습니다. 겔 28:15에서 하나님은 사단에게 완전했다고 표현하셨습니다. 세상 나라를 다스리는 역할을 받은 사단은 처음부터 완전히 잘했다는 겁니다. 사단은 하나님께서 원하신 대로 했습니다. 그러다가 어느 순간에 하나님께서 보시기에 좋지 않은 행동을 시작한 것입니다.

이렇게 사단은 세상 나라의 권세를 아담에게서 빼앗은 것이 아닙니다. 사단은 정식으로 하나님으로부터 세상 나라의 임금으로 임명된 것입니다. 이것이 사단이 맡은 역할입니다. 가브리엘은 하나님의 말씀을 전하는 역할을 맡았고 미가엘은 하나님의 군대를 이끄는 역할을 맡았고 사단은 이 세상 나라를 관리하는 역할을 맡은 것입니다.

하나님은 이렇게 영의 세계에서 하나님의 보좌에 앉으셔서 각 천사장에게 각자의 역할을 맡겼으며, 각각의 천사장은 자신의 역할을 충실히 해 왔습니다. 그런데 오랜 시간이 흐른 후에 천사장 중에서 사단이 하나님 앞에서 불의를 드러낸 것입니다.

결론적으로, 사단의 권세는 세상을 다스리는 임금의 권세입니다. 이 권세는 아담에게서 빼앗은 권세가 아닙니다. 이 권세는 하나님에게서 정식으로 받은 것입니다. 하나님께서 사단을 세우고 세상 나라의 임금의 역할을 맡기셨습니다.

사단이 악하다는 것은 알고 있는데
성경적 근거는 어디에 있나요?

사단은 하나님께서 보시기에 악한 행위를 많이 했을 겁니다. 사단은 세상을 주관하는 임금입니다. 억울하게 고통받는 사람이 없도록 관리해야 합니다. 그런데 사단은 사람들 사이에서 일어나는 사소한 분쟁에는 관심이 없습니다. 그래서 가해자가 벌을 받지 않는 일이 많고, 피해자가 도움받지 못하는 일이 많습니다. 사단이 다스리는 이 세상의 나라들은 공의로운 나라가 아닙니다.

> "예수께서 그들에게 항상 기도하고 낙심하지 말아야 할 것을 비유로 말씀하여 이르시되 어떤 도시에 하나님을 두려워하지 않고 사람을 무시하는 한 재판장이 있는데"(눅 18:1~2)

예수님 비유의 말씀에서 사단의 태도를 알 수 있습니다. 이 재판장의 경우처럼 사단은 하나님을 두려워하지 않고 사람은 무시하는 세상 임금입니다. 자신이 맡은 세상 나라가 정의로운 나라가 되도록 관리하는 것이 아니라, 그냥 사람들을 무시한다는 것입니다.

이 세상 나라에 기근과 전쟁과 질병이 발생하고 사람이 살기 힘들어도 사단은 개선하려고 하지 않는다는 겁니다. 공평과 공정한 세상을 만들려고 노력하는 것이 아니라, 약육강식의 상태를 그대로 버려 두는 것입니다. 약한 자를 돌아보고 어려운 자들을 돕는 아름다운 세상을 만들 생각은 없다는 겁니다. 그래서 하나님이 보시기에 사단은 세상 나라를 제대로 관리하지 않습니다.

> "다른 한 비유를 들으라 한 집 주인이 포도원을 만들어 산울타리로 두르고 거기에 즙 짜는 틀을 만들고 망대를 짓고 농부들에게 세로 주고 타국에 갔더니 열매 거둘 때가 가까우매 그 열매를 받으려고 자기 종들을 농부들에게 보내니 농부들이 종들을 잡아 하나는 심히 때리고 하나는 죽이고 하나는 돌로 쳤거늘"(마 21:33~35)

이 말씀은 악한 포도원 농부의 비유로 잘 알려진 말씀입니다. 이 말씀에서 악한 농부들은 주로 유대인들로 설명됩니다. 그런데 예수님은 이 말씀에서 악한 농부들을 유대인으로 말씀하는 것이 아닙니다. 이 악한 농부들은 세상 나라의 권세를 위임받은 사단과 그의 천사들을 가리킵니다.

유대인들은 예수님을 메시아로 믿지 않았습니다.

> "대제사장이 이르되 내가 너로 살아 계신 하나님께 맹세하게 하노니 네가 하나님의 아들 그리스도인지 우리에게 말하라 예수께서 이르시되 네가 말하였느니라 그러나 내가 너희에게 이르노니 이후에 인자가 권

하나님의 창조는 끝나지 않았다

능의 우편에 앉아 있는 것과 하늘 구름을 타고 오는 것을 너희가 보리라 하시니 이에 대제사장이 자기 옷을 찢으며 이르되 그가 신성 모독하는 말을 하였으니 어찌 더 증인을 요구하리요 보라 너희가 지금 이 신성 모독 하는 말을 들었도다"(마 26:63~65)

이렇게 유대인들은 예수님을 신성모독죄로 사형에 처해야 한다고 했습니다. 예수님을 하나님의 아들로 믿지 않았습니다.

"이르되 그리스도야 우리에게 선지자 노릇을 하라 너를 친 자가 누구냐 하더라"(마 26:68)

유대인들은 예수님께 메시아가 아니라 선지자 노릇을 하라고 요구합니다. 선지자 노릇을 하라는 것은 하나님의 아들이 아닌 평범한 사람이 되라는 겁니다.

"유대인들이 대답하되 우리에게 법이 있으니 그 법대로 하면 그가 당연히 죽을 것은 그가 자기를 하나님의 아들이라 함이니이다"(요 19:7)

이렇게 유대인들은 예수님을 하나님의 아들로 받아들이지 않았습니다. 그런데 악한 포도원 농부의 비유에 등장하는 이 사람들은 유대인들과는 다릅니다.

"농부들이 그 아들을 보고 서로 말하되 이는 상속자니 자 죽이고 그의

유산을 차지하자 하고"(마 21:38)

예수님의 비유에 등장하는 악한 농부들은 예수님이 상속자임을 알았습니다. 예수님을 죽인 이유도 상속자이기 때문입니다. 상속자이기 때문에 죽이고 그 유산인 포도원을 차지하겠다는 것입니다. 그래서 악한 포도원 농부의 비유에 등장하는 이 악한 농부들은 유대인들이 아니라 사단과 그의 천사들을 의미합니다.

물론 실제로 예수님을 죽인 사람은 로마 군인이며, 예수님을 죽이도록 요구한 사람들은 유대 종교 지도자들입니다. 또 가룟인 유다는 예수님을 죽이도록 팔아넘기는 일을 했습니다. 그러나 이 모든 것을 조종하고 진행한 존재는 사단과 그의 천사들이라는 말씀입니다.

실질적으로 예수님을 죽이는 일은 사람들이 했으나, 진정한 악한 농부는 세상을 주관하는 사단과 그의 천사들임을 말씀하신 겁니다. 사단은 하나님에게서 받은 세상 나라의 권세를 빼앗기게 될 것입니다.

그런데 악한 포도원 농부의 비유에서 예수님은 사단과 그의 천사들이 자신들이 해야 할 일을 하지 않았다고 말씀하고 계십니다.

"열매 거둘 때가 가까우매 그 열매를 받으려고 자기 종들을 농부들에게 보내니"(마 21:34)

하나님의 창조는 끝나지 않았다

이 말씀은 세상 나라의 권세를 주신 이유는 이 포도원을 잘 관리하는 것입니다. 주인이신 하나님이 때가 되면 열매를 받겠다는 것입니다. 그냥 맡기고 끝나는 것이 아니라, 하나님께 드려야 하는 결과가 있어야 한다는 것입니다. 이 비유의 말씀에서 하나님은 사단에게 세상 나라의 권세를 맡길 때부터 좋은 결과를 요구했다는 것을 알 수 있습니다. 하나님께서 열매를 받으시려고 사단에게 요구했으나, 사단은 하나님께 열매를 드리지 않는다는 겁니다. 사단의 죄는 아들을 죽인 것도 있겠지만, 우선은 하나님께 열매를 드리지 않은 것입니다.

하나님께서 세상 나라를 사단에게 맡기시고 잘 관리하면서 열매를 맺으라고 요구하였으나 사단은 열매를 맺지 않았습니다. 세상 나라를 자기 마음대로 처리하면서 중요한 열매는 맺지 않았습니다. 사단은 하나님에게서 받은 세상 나라를 공평하고 정의롭고 평화로우며 사랑과 행복이 넘치는 곳으로 만들지 않았습니다.

사단은 세상을 다스리는 권세를 가지고 있기에 사람을 죽이기도 하고 살리기도 합니다. 이런 권세는 하나님에게서 받았습니다. 그래서 사단은 세상을 마음대로 관리하고 마음대로 다스린 겁니다.

지금 우리가 사는 이 세상은 하나님이 원하신 나라의 형태가 아닙니다. 사단은 하나님에게서 받은 세상을 현재 우리가 사는 이 세상처럼 만들었습니다. 이것 자체가 하나님이 보시기에 악한 행위입니다. 우리가 사는 현재 세상의 모습이 악한 사단의 행위로 인한 결과물입니다.

이러한 사단의 행위는 하나님께 악한 것이지만, 이것으로는 사단을 벌하지 않으셨습니다.

하나님의 창조는 끝나지 않았다

하나님은 왜 지금은
사단을 쫓아내지 않으시나요?

하나님께서 사단을 쫓아내지 않고 그냥 두고 지켜보기만 한다고 생각할 수 있습니다. 그러나 하나님은 사단을 그냥 두고 계시는 것이 아닙니다. 하나님은 사단을 책망하실 것이며 세상 임금의 자리에서 쫓아내실 겁니다. 그런데 우리가 이것을 기다리지 못하고 조급해하는 겁니다.

"회개하라 천국이 가까이 왔느니라"(마 3:2)

예수님께서 처음 공생애를 시작하시면서 하신 말씀입니다. 예수님 당시인 2,000년 전에 이미 하나님의 나라가 가까이 와 있음을 선포하신 겁니다. 그런데 2,000년이 지나도 가깝게 있다는 천국이 그냥 가깝게만 있을 뿐이지 이 땅 위에 임하지 않았습니다. 그래서 많은 사람이 천국을 사람이 올라가는 곳으로 생각하게 되었습니다. 예수님은 천국에 대해서 올라가는 것이 아니라 우리에게 오는 것임을 말씀하셨습니다.

"그러므로 너희는 이렇게 기도하라 하늘에 계신 우리 아버지여 이름이

거룩히 여김을 받으시오며 나라가 임하시오며"(마 6:9~10)

하나님의 나라는 임하는 것이라고 가르쳐 주십니다. 예수님은 천국은 가는 곳이 아니라 오는 것이라고 말씀하고 계십니다. 그 천국이 예수님 당시에는 가까이 와 있다는 겁니다.

"인자가 자기 영광으로 모든 천사와 함께 올 때에"(마 25:31)

예수님은 양과 염소의 비유에서도 우리에게 오신다고 합니다. 우리에게 와서 마 25:34에서 우리를 위하여 [창세로부터 예비된 나라를 상속]해 주신다고 합니다. 하나님의 나라는 이 땅에 오는 것이라고 가르쳐 주십니다.

예수님 당시 2,000년 전에도 우리에게 가깝게 와 있던 천국이 아직도 임하지 않았습니다. 가까운 천국임에도, 2,000년 동안 얼마나 더 가깝게 다가왔는지 몰라도, 아직은 이 땅 위에 임하지 않았습니다. 가깝다면서 왜 이렇게 2,000년이라는 시간이 지나도 임하지 않는 걸까요?

100년도 살지 못하는 우리 사람에게는 2,000년이라는 시간은 매우 긴 시간입니다. 지금까지 2,000년이 지나도 예수님이 재림하지 않았으니, 우리가 사는 동안에는 예수님이 오지 않을 거라는 생각을 하기 쉽습니다.

그런데 하나님에게 2,000년은 아주 짧은 시간입니다. 지금까지 관측 가능한 우주는 빅뱅 이후로 138억 년이나 되었다고 합니다. 138억 년에서

하나님의 창조는 끝나지 않았다

2,000년이라는 시간을 비교한다면 19만 년 중 하루에 해당합니다. 또한, 138억 년을 100년으로 대입해 계산해 보면, 2,000년이란 시간은 100년을 사는 사람에게 8분도 안 되는 짧은 시간(times)입니다.

우리 인간의 삶이 짧아서 2,000년이라는 시간이 길게 느껴지는 겁니다. 그래도 하나님께는 아주 짧은 시간입니다. 하나님은 짧은 시간 안에 사단을 잡아서 벌을 내리고 하나님의 나라를 이루실 겁니다. 하나님은 지금도 일을 하고 계십니다. 그리고 속히 하나님의 일을 이루실 것입니다.

그런데 하나님께서 사단을 그 직위에서 해임하시고, 사단에게 맡긴 권세를 회수하시며, 사단을 잡아서 벌을 내리시는 일들은 모두 공정하게 진행되어야 합니다. 왜냐하면, 하나님이 공정한 분이기 때문입니다. 하나님께서 공정하지 않으면 피조물인 천사들이 하나님께 이의를 제기하게 되며, 하나님에 대한 존경이 사라지게 됩니다. 하나님은 사단을 세상 임금의 자리에서 해임하고 권세를 회수하는 일에 있어서 매우 공정하면서도 분명한 근거에 의해 정해진 절차에 따라 진행하실 것입니다.

모든 피조물이 하나님께서 하시는 일을 보고 공의와 공평을 느끼며 하나님을 찬양해야 합니다. 하나님은 기분대로 임명했다가 기분대로 해임하는 분이 아닙니다. 사단을 해임하는 일도 분명한 근거가 있어야 하며 그만한 귀책 사유가 있어야 합니다.

하나님은 사단을 해임하고 그 권세를 회수하기 위하여 공정한 절차대로 지금도 일을 하고 계십니다. 아직은 이 일이 끝나지 않았기 때문에 사단을 내어쫓지 않고 그대로 두고 계십니다.

사단을 그냥 없애면
되는 것 아닌가요?

하나님께서 사단을 세상 나라의 임금으로 임명하셨습니다. 하나님께서 하신 일을 아무런 근거도 없이 되돌릴 수는 없습니다.

우리나라에서도 타당한 근거도 없이 사람을 해고하거나 해임하게 되면, 행정법원에 소를 제기하여 판결을 통해서 복직할 수 있습니다. 사업자(고용주)가 아무런 근거 없이 쉽게 노동자(피고용자)를 해고할 수는 없도록 되어 있습니다. 피고용자를 해고하려면 거기에 합당한 사유가 있어야 합니다. 실내에서 떠든다든가 몇 번 지각한 것으로 해고할 수는 없습니다. 해고하기에 합당한 귀책 사유가 꼭 필요합니다.

하나님께서 사단을 해임할 때, 타당한 근거가 없다면 사단은 하나님의 공정하신 성품에 호소할 겁니다. 하나님께서도 사단을 함부로 해임할 수 없는 것은 하나님께서 직접 사단을 임명하셨기 때문입니다. 그래서 하나님께서 사단을 해임하려면 사단이 하나님께 직접 범죄하여야 합니다.

"천사장 미가엘이 모세의 시체에 관하여 마귀와 다투어 변론할 때에 감
히 비방하는 판결을 내리지 못하고 다만 말하되 주께서 너를 꾸짖으시
기를 원하노라 하였거늘"(유 1:9)

이처럼 미가엘 천사도 하나님이 사단을 책망하시기를 바라고 있습니
다. 사단의 행위가 마음에 들지 않는다고 해서 미가엘 천사가 함부로 사
단에게 벌을 주거나 사단을 결박하거나 할 수는 없습니다. 모든 것이 하
나님의 공정하신 재판과 명령에 따라 이루어져야 합니다.

"네가 지음을 받던 날로부터 네 모든 길에 완전하더니 마침내 네게서
불의가 드러났도다"(겔 28:15)

이 말씀은 사단이 한동안 자기 일을 충실히 했다는 것을 의미합니다. 하
나님의 명령을 충실히 따르고 있는 천사장을 하나님이 근거도 없이 벌을
내릴 수는 없습니다. 사단이 하나님의 명령에 순종하고 있는 중에는 벌할
수 없다는 것입니다. 불의가 드러난 후에 그 불의를 근거로 벌할 수 있습
니다.

그런데 이 말씀에서 마침내 사단에게서 불의가 드러났다고 하고 있습
니다. 사단의 불의가 드러났기 때문에 사단을 잡아서 형벌을 내릴 수 있
지 않을까 하는 생각이 들게 됩니다. 그러나 이 말씀은 이루어진 말씀이
아니라 앞으로 이루어지게 될 미래의 사건을 말씀하신 겁니다.

하나님의 창조는 끝나지 않았다

"네가 아름다우므로 마음이 교만하였으며 네가 영화로우므로 네 지혜
를 더럽혔음이여 내가 너를 땅에 던져 왕들 앞에 두어 그들의 구경거리
가 되게 하였도다"(겔 28:17)

이 말씀에서는 사단이 구경거리가 되었다고 하십니다. 그러나 사단은
아직도 구경거리가 아니라 세상 나라의 임금으로 있습니다. 이 세상을 다
스리는 존재입니다. 지금까지는 사단이 구경거리가 된 적이 없습니다. 기
독교인 중에서 누구라도 벌을 받는 사단을 구경한 경우는 없습니다.

"네가 죄악이 많고 무역이 불의하므로 네 모든 성소를 더럽혔음이여 내
가 네 가운데에서 불을 내어 너를 사르게 하고 너를 보고 있는 모든 자
앞에서 너를 땅 위에 재가 되게 하였도다"(겔 28:18)

이 말씀에서는 사단을 땅 위에 재가 되게 하셨다고 하십니다. 그런데 사
단은 아직 재가 되지 않았습니다. 물론 재가 되게 하였다는 말씀은 사단
을 불 못에 던져 넣고 불에 태워지는 형벌을 주신다는 의미입니다. 그러
나 사단은 아직은 땅 위에서 재가 된 적이 없습니다. 사단은 영적 존재로
서 중력의 영향을 받지 않기 때문에 땅 위에 갇히거나 하지 않습니다.

물론 이 말씀은 하나님께서 사단을 두로 왕에 비유하신 말씀입니다. 그
러나 사단은 아직 땅 위에 재가 된 적이 없으며, 열 왕이 와서 구경하는 일
도 없었습니다. 사단은 지금도 세상 나라의 임금이며 아직도 이 세상은
하나님의 나라가 아닙니다.

다시 말해서, 겔 28:17~18의 말씀은 이루어지지 않은 미래의 사건을 다루고 있다는 겁니다. 사단이 등장하게 된 과거의 일들과 권세를 빼앗기고 벌을 받게 되는 미래의 사건을 모두 표현하고 있습니다.

사단에게서 불의가 드러났다는 표현은 사단의 악하고 나쁜 행동을 인지했다는 의미가 아닙니다. 불의가 드러났다는 말은 하나님께 죄를 범하였다는 의미입니다.

사단은 아직 벌을 받지 않았고 지금도 세상 임금으로 있습니다. 사단이 세상 임금으로 있다는 것을 어떻게 알 수 있을까요? 세상 나라가 아직도 우리 주와 그리스도의 나라로 바뀌지 않았기 때문에 알 수 있습니다. 지금까지 여러 번에 걸쳐 [세상 나라가 아직도 예수님의 나라가 되지 않았음]을 설명했습니다.

사단이 아직 벌을 받지 않았기 때문에 아직은 구경거리가 되지 않았고 (겔 28:17), 아직은 땅 위의 재가 되지 않았습니다(겔 28:18). 사단의 불의가 드러나면 하나님께서 바로 벌을 내리시지만, 사단이 벌을 받지 않았다는 것은 아직도 사단의 불의가 드러나지 않았음을 의미합니다.

여기서 사단의 [불의]란 하나님께 죄를 범하는 것을 말합니다. 아직은 사단이 하나님께 직접적인 죄를 범하지 않았다는 의미입니다.

우리(사람)는 사단의 불의가 이미 아담 이전에 드러났다고 생각합니다.

하나님의 창조는 끝나지 않았다

그래서 사단은 이미 오래전부터 하나님과 싸우고 있다고 생각합니다. 그러나 창조주 하나님과 싸울 수 있는 피조물은 없습니다. 사단도 하나님을 상대로 싸움을 거는 미련한 짓을 하지 않습니다. 하나님을 상대로 싸워서는 이길 수 없다는 것을 사단은 너무나 잘 알고 있습니다.

아주 오래전부터 하나님은 사단의 악한 행동들을 보고 계셨을 것입니다. 사단은 아담을 창조하기 오래전에 하나님이 보시기에 악한 행동을 하는 천사장이 되었을 것입니다. 물론 사단은 창조된 이후로 아주 오랫동안 충실히 자기 일을 수행했습니다. 하나님께서 완전했다고 말씀하실 정도로 잘했습니다.

그러나 시간이 많이 지난 후에, 어느 때부터 사단은 교만했습니다. 그래서 하나님이 보시기에도 옳지 않은 행동을 하기 시작했습니다. 그런데 사단이 옳지 않은 행동을 하고 있다고 해도 당장에는 벌을 내릴 수 없습니다.

하나님께서도 사단의 행동이 마음에 들지 않았을 것으로 생각합니다. 사단은 아주 오랫동안 하나님의 눈에 거슬리는 행동을 해 왔을 겁니다. 모세의 죽은 몸을 두고 미가엘 천사와 다투기도 하고, 다니엘에게 말씀을 전하러 가는 가브리엘 천사를 막아서기도 합니다.

그런데 하나님께서 직접 주셨던 세상 나라의 권세를 회수하는 것은 하나님의 결정을 번복하는 일입니다. 하나님께서 자신의 내린 결정을 번복하려면, 사단에게 그만한 무게의 책임을 물을 만한 잘못이 있어야 합니다. 그렇지 않다면 하나님이 자신의 판단과 결정을 스스로 번복하는 일이 되기 때문입니다.

하나님께서 사단에게 세상 나라의 권세를 주셨으나, 어떤 상황에서 어떤 조건으로 사단을 임명하셨는지 성경에는 나오지 않습니다. 사단은 자신이 넘겨받았다고 예수님께 말하지만, 많은 기독교인은 사단이 아담에게서 세상 나라의 권세를 빼앗았다고 생각합니다.

사단은 악한 존재입니다. 이런 악한 존재에게 하나님께서 직접 세상 나라의 권세를 주셨다는 것을 사람으로서는 인정하기 힘들 것입니다. 사단이 악하기 때문에, 악한 성격대로 간사한 방법으로 아담을 타락시키고 힘으로 아담의 권세를 빼앗았다고 설정하는 것이 오히려 우리 마음에 편하다는 겁니다. 그러나 하나님께서 사단에게 세상 나라의 권세를 맡길 때는 사단은 완전했고, 아름다웠으며, 하나님 앞에 온전한 상태였습니다. 이점을 간과하지 말아야 합니다.

그런데 하나님께서 사단을 세우신 것을 두고 하나님의 오판이라고 생각하는 것은 옳지 않습니다. 사단이 타락할 것을 알고 있었느냐 아니면 몰랐느냐 하는 질문은 질문 자체가 잘못되어 있습니다.

칼빈이나 장로교회의 일부 사람들은 모든 것이 예정되어 있다고 말합니다. 그러나 예정이 아니라 예견입니다. 사람과 천사들은 모두 자유의지가 있으며, 원하면 어떤 것도 선택할 수 있습니다. 예정된 것은 없습니다.

하나님의 창조는 끝나지 않았다

다만 사람이나 천사들이나 자신이 무엇을 선택할 것인가 하는 고민을 할 때, 하나님은 사람이나 천사들의 성향에 따라 어떤 선택을 할지 예견하는 것입니다.

하나님께서는 세상 나라를 사단에게 맡길 때, 어떤 조건도 없이 세상 나라를 잘 관리하라고 하셨을 것입니다. 하나님은 사단이 타락하도록 예정하지 않았으며, 사단이 타락할 것을 우려하지도 않았다는 겁니다. 사단이 하나님께 등을 돌린 것은 완전한 사단의 선택입니다.

하나님은 사단의 행위에 대해 어떤 제한도 두지 않았습니다. 그래서 세상을 관리하는 사단에게 세상을 어떻게 관리하라는 명령을 따로 주지 않았습니다. 사단이 세상 나라를 관리하기 위해 하는 모든 행위는 자신의 권한 안에서 하는 일입니다.

사단이 타락한 것은 맞지만, 하나님께 형벌을 받을 만한 직접적인 죄를 범하지는 않았다는 것을 지금 설명하고 있습니다. 성격이 나쁘고 행실이 좋지 않은 사람이라고 하더라도 무조건 살인을 하지는 않습니다. 사단이 세상을 다스리는 일에서는 포악한 행동을 한다고 하더라도 하나님께 직접적인 죄는 짓지 않았다는 말입니다.

하나님은 지금까지도 사단의 권세를 회수하지 않고 계십니다. 그 이유는 사단에게 준 권세를 회수할 정도로 사단이 하나님께 죄를 범하지 않았기 때문입니다. 그러나 마침내 불의가 드러났다고 말씀하셨기 때문에 사단은 결국 하나님께 직접 죄를 범하게 될 것입니다.

분명한 것은 사단의 행위가 마음에 들지 않는다고 해도, 법적인 근거가 없다면 사단을 벌할 수 없다는 것입니다. 공정하신 하나님께서 직접 사단에게 주신 권세를 근거도 없이 그냥 회수할 수는 없습니다.

하나님의 창조는 끝나지 않았다

세상을 이렇게 만든 것으로
사단에게 벌을 내릴 수는 없나요?

하나님께서 사단을 벌하시려면 사단에게 그에 맞는 귀책사유가 있어야 합니다. 하나님께서 사단을 책망하시고 세상 임금의 권세를 회수할 정도로 사단에게 큰 잘못이 있어야 합니다. 세상을 이렇게 만든 것으로 사단을 벌할 수 있는지, 그리고 사단을 세상 임금의 자리에서 내려오게 할 만한 죄가 되는지 확인해야 합니다.

사단의 행위를 확인하고, 그만한 죄의 무게가 있는지 지금부터 찾아보겠습니다.

하나님께서 사단에게 세상 나라의 권세를 주시면서 세상 나라의 일을 맡기셨습니다. 사단은 세상 나라를 잘 관리했으며, 하나님의 뜻대로 일을 잘 처리했습니다.

"네가 지음을 받던 날로부터 네 모든 길에 완전하더니"(겔 28:15)

사단은 아주 오랫동안 하나님 앞에서 완전하게 행하여 흠이 없었을 것입니다. 그런데 언제부터 시작되었는지 알 수는 없지만, 사단이 무자비해져서 세상의 피조물이 고통받기 시작했습니다. 사단은 하나님이 보시기에 옳지 않은 행동을 하기 시작했습니다. 사단은 정의와 공의가 넘치며 공평한 세상을 만들어야 했습니다. 사단은 하나님을 찬양하고 하나님을 섬기며 하나님의 계명을 잘 지켜서 아름다운 세상을 만들었어야 했습니다.

그런데 사단은 어느 순간부터 세상 나라를 관리하지 않습니다. 세상에 부조리와 불합리한 일들이 많아졌고, 가해자가 잘되기도 하고, 피해자가 도움을 받지 못하는 경우가 많아졌습니다. 약육강식의 세상이 되었고, 빈익빈 부익부의 세상이 되었습니다.

사람들은 나눔과 공평을 실천하지 않고 도리어 질투와 탐욕이 가득한 사람들로 바뀌었습니다. 그래서 지금 같은 세상이 우리 앞에 펼쳐지게 되었습니다. 일부의 사람들은 나눔과 희생을 실천하고, 일부의 사람들은 더 좋은 세상을 위하여 노력하지만, 그래도 세상은 부와 권력을 지닌 사람들에 의해 좌우되는 세상이 되었습니다.

하나님께서는 사단의 행위가 잘못되어 있음을 잘 알고 계십니다. 사단이 세상을 나쁘게 만들었지만, 이 사실만 가지고는 사단을 벌할 수 없습니다. 왜냐하면, 하나님께서 사단에게 세상 나라의 권세를 맡길 때 사단에게 어떤 조건도 붙이지 않았기 때문입니다.

하나님의 창조는 끝나지 않았다

"너희가 내 말을 잘 듣고 내 언약을 지키면 너희는 열국 중에서 내 소유

가 되겠고 너희가 내게 대하여 제사장 나라가 되며 거룩한 백성이 되리

라"(출 19:5~6)

이 말씀은 하나님께서 이스라엘 민족을 선택하여 애굽에서 인도하여 내신 후 시내산에서 이스라엘 백성을 마주하시며 말씀하신 내용입니다. 하나님은 이스라엘 백성을 무조건 하나님의 백성으로 삼겠다고 하신 것이 아닙니다. 이스라엘 백성이 하나님의 말씀을 잘 듣고 그 말씀을 준행해야 한다는 조건이 있었습니다. [~지키면 ~되리리]는 표현은 조건부 언약입니다.

그런데 이스라엘 민족은 모세가 40일 밤낮을 시내산에 머무는 동안 금송아지를 만들어 하나님의 계명을 신속하게 어겼습니다. 하나님과 언약을 맺자마자 바로 그 언약을 어긴 사람들입니다. 하나님께서 언약대로 하셨다면 하나님이 이스라엘 민족을 버렸을 것입니다. 그리고 지금의 이스라엘 민족은 구약의 역사적 배경이 되지 못했을 것입니다. 다만 하나님께서 아브라함에게 하신 약속을 지키기 위하여 이스라엘 민족에 의해 깨어진 언약을 예수님 시대까지 붙들고 계셨던 겁니다.

이처럼 하나님께서 이스라엘과 언약을 맺으실 때는 조건부 언약이었습니다. 조건부로 언약을 맺었다는 것은 이스라엘 사람들이 언약을 끝까지 지키지 못할 것을 이미 예견하셨기 때문입니다. 그런데 이스라엘은 너무나 신속히 언약을 깨고 하나님의 말씀을 어겼습니다.

하나님께서 사단에게 세상 나라의 권세를 맡길 때, 어떤 조건부 언약이 있었는지 알 수는 없습니다. 그러나 하나님은 사단에게 세상 나라를 맡기실 때, 이스라엘 민족의 경우와는 다르게 어떤 조건도 말씀하지 않았을 것입니다. 하나님은 사단에 대해서 불신을 떠올릴 만한 어떤 표현도 하지 않았을 겁니다. 하나님께서 직접 창조한 피조물을 스스로 불신하지는 않았다는 겁니다.

하나님께서 자신의 손으로 창조한 천사에게 일을 맡기시면서 불신과 의심과 불안한 마음을 가지고 혹시나 배신할까 하여 대비책을 두면서 조건부 명령을 내린다면 자신의 창조 능력을 믿지 못하는 것이 됩니다.

하나님은 천사인 사단을 창조하셨고, 또 사람도 창조하셨습니다. 하나님께서 천사와 사람을 창조할 때, 자유의지를 주셨습니다. 하나님이 천사와 사람을 로봇처럼 하나님께 순종하도록 고정하여 놓았다면, 하나님께 등을 돌리는 일은 없었을 것입니다. 하나님이 자유의지를 주셨으므로 언제든지 하나님께 등을 돌리는 선택을 할 수 있습니다. 하나님은 천사와 사람을 자유의지가 있는 독립된 존재로 창조하셨습니다. 이것이 완전한 창조입니다. 로봇처럼 고정시킨 것이 완전한 창조가 아니라, 자유롭게 스스로 선택할 수 있는 자유의지를 주신 것이 완전한 창조입니다.

또한, 하나님은 사단이 타락하도록 정하지 않았으며, 사단이 타락할 것을 전제로 하지도 않았습니다. 하나님께서 사단에게 세상 나라의 권세를 주실 때에는 은혜와 복된 말씀을 주셨습니다. 그래서 사단도 아주 오랫동

하나님의 창조는 끝나지 않았다

안 하나님 앞에서 완전하게 행하여 흠이 없었을 것입니다.

그런데 어느 시점에서 사단의 마음이 높아졌습니다. 교만해진 사단은 자신이 관리하는 세상 나라를 악하게 다루기 시작했습니다. 그 후로 세상은 고통받기 시작했던 겁니다. 그러나 하나님께서는 사단에게 어떤 조건도 붙이지 않았기 때문에 사단의 악한 행위를 죄로 정할 만한 법이 없었습니다.

"살인하지 말라"(출 20:13)

하나님은 살인하지 말라는 명령을 십계명으로 이스라엘 백성에게 주셨습니다. 물론 이 계명은 사단에게 주신 계명이 아닙니다. 사람이 다른 사람을 살인하면 그 사람은 계명에 명시된 살인죄를 짓게 되는 것입니다.

십계명이 주어지기 전에도 살인하는 것은 악한 행위입니다. 그런데도 계명이 없었을 때는 이 악한 행위를 죄로 정할 수가 없는 것입니다. 법정에서 판결을 내릴 때, [형법 제 몇 조 몇 항에 의하여 피고에게 형을 선고한다] 이렇게 합니다.

그런데 하나님께서 계명을 주시기 전까지는 바로 이 몇 조 몇 항이라는 명문화된 법이 없는 겁니다. 그래서 형을 선고하지 못하는 것입니다.

이제 하나님께서 이스라엘 민족에게 계명을 주셨기 때문에, 계명을 받은 후의 살인 행위는 죄가 됩니다. 정죄한다는 것은 곧 그 죄에 대한 형벌을 내릴 수 있다는 말입니다. 그러나 악한 행위를 죄로 정하지 못한다면 그 악한 행위에 대한 형벌을 내릴 수 없습니다.

지능적인 범죄자는 법을 연구하여 법의 허점을 이용해서 벌을 받지 않기도 합니다. 사람들이 보기에는 분명히 나쁜 행위이고 벌을 받아야 하는데 법에는 그 나쁜 행위에 관한 규정이 없는 경우입니다. 악한 행위임을 바로 알게 되지만 법적 근거가 없다면 처벌하지 못합니다.

사단도 이와 같습니다.

사단은 세상 나라를 다스리면서 포악하고 파괴적으로 사람을 죽게 하거나 괴롭게 했습니다. 이런 사단의 행위는 하나님이 보시기에 분명 악하고 나쁜 행위였습니다. 그런데 사람을 죽이면 안 된다는 법을 하나님께서 사단에게 말씀하신 적이 없습니다. 세상 나라의 임금에게는 처음부터 사람을 죽일 수도 있고 살릴 수도 있는 권한이 있습니다.

사단이 많은 사람을 전쟁과 기아와 질병으로 죽인다고 하더라도 이것은 사단에게 공식적으로 주어진 권한입니다. 사단이 사람들을 포악하게 다루고 있는 것을 보고 있을지라도, 이런 포악한 행위에 대해서는 벌할 수 없다는 것입니다.

"여호와께서 사탄에게 이르시되 내가 그의 소유물을 다 네 손에 맡기노

206

라 다만 그의 몸에는 네 손을 대지 말지니라 사탄이 곧 여호와 앞에서
물러가니라"(욥 1:12)

욥의 시험에 관한 내용입니다. 욥은 의인입니다. 하나님이 사단에게
[그의 몸에는 네 손을 대지 말라]는 명령을 하십니다. 하나님이 사단에게
욥에 대한 시험을 허락하셨습니다. 그러나 욥의 몸에 손대지 말라는 말씀
도 함께 명하셨습니다. 만약 하나님이 욥에게 손대지 말라는 명령을 하지
않았다면, 사단은 욥의 몸에 손댈 수 있다는 것입니다. 그래서 사단이 행
동하기 전에 먼저 말씀하신 겁니다.

"여호와께서 사탄에게 이르시되 내가 그를 네 손에 맡기노라 다만 그의
생명은 해하지 말지니라"(욥 2:6)

하나님이 욥에 대한 두 번째 시험을 허락합니다. 그런데 여기서도 하나
님은 욥의 생명은 해하지 말라고 말씀합니다. 만약 하나님이 욥의 생명을
해하지 말라는 명령을 하지 않았다면, 사단은 욥을 죽일 수도 있다는 것
입니다. 욥의 생명을 위태롭게 할 만큼 위험한 병에 걸리게 할 수 있었음
을 암시합니다. 사단은 세상 임금이기 때문에, 의인의 생명도 거둘 수 있
는 권한이 있습니다. 그래서 하나님께서 명시적으로 욥의 생명을 거두지
말라고 먼저 말씀하신 겁니다.

이렇게 사단은 세상에 사는 어떤 사람이라도 죽일 수 있습니다. 병으로
죽거나, 전쟁으로 죽거나, 기아로 죽거나, 수명을 다하여 자연사하거나,

어떤 방식으로 사람이 죽게 된다고 하더라도 하나님은 이것을 사단의 죄로 정하지 않았습니다. 그래서 사단은 세상을 엉망으로 관리했습니다. 사단은 하나님이 자신을 벌하지 못할 것을 알고 있었습니다.

> "네가 네 마음에 이르기를 내가 하늘에 올라 하나님의 뭇 별 위에 내 자리를 높이리라 내가 북극 집회의 산 위에 앉으리라 가장 높은 구름에 올라가 지극히 높은 이와 같아지리라 하는도다"(사 14:13~14)

이렇게 사단의 마음이 높아졌습니다. 사단은 창조주 하나님을 대적하거나 하나님을 이기겠다고 하지 않았습니다. 그러나 하나님과 같은 위치까지 높아지겠다는 교만한 마음을 갖게 되었습니다. 아무리 사단이 지혜로웠고, 하나님께서 사단을 벌할 만한 법적 근거를 마련하지 않았다고 하더라도 피조물인 사단은 창조주 하나님의 지혜를 넘어설 수 없습니다.

> "그러나 이제 네가 스올 곧 구덩이 맨 밑에 떨어짐을 당하리로다"(사 14:15)

결국에는 하나님이 사단을 벌하실 것이며, 사단에게 허락했던 세상 나라의 권세를 회수하실 것입니다. 물론 이 일은 공정하게 진행될 것입니다. 사단을 벌할 수 있는 정당한 사유가 있게 될 것입니다. 모든 천사와 하나님의 아들들이 사단이 벌 받는 것을 보고 공정하게 그리고 정의롭게 처리하신 하나님을 찬양할 것입니다.

하나님의 창조는 끝나지 않았다

그러나 세상을 엉망으로 관리한다는 것으로 사단을 벌하시는 것은 아닙니다. 이것은 사단에게 주어진 권세입니다. 사단은 세상을 엉망으로 관리했다는 죄로 책망을 듣는 것이 아니라, 하나님께 직접 범죄하여 책망을 듣게 될 것입니다.

세상이 악한 것은 사단이 이렇게 만들었기 때문입니다. 그러나 세상을 이렇게 악하게 만들었다는 이유로 사단을 벌할 수 없습니다.

공식적으로 사단을 벌하려면
어떻게 해야 되나요?

사단이 하나님에게서 책망을 받은 일이 있습니다. 처음으로 사단은 하나님께 직접 죄를 범한 사실이 있습니다. 그것은 당연히 예수 그리스도를 죽인 것입니다.

> "곧 살아 있는 자라 내가 전에 죽었었노라 볼지어다 이제 세세토록 살
> 아 있어 사망과 음부의 열쇠를 가졌노니"(계 1:18)

이 말씀에서 예수님은 사망과 음부의 열쇠를 가졌다고 하십니다. 사망과 음부의 열쇠는 본래는 사단이 가지고 있던 권세입니다.

> "자녀들은 혈과 육에 속하였으매 그도 또한 같은 모양으로 혈과 육을
> 함께 지니심은 죽음을 통하여 죽음의 세력을 잡은 자 곧 마귀를 멸하시
> 며"(히 2:14)

히브리서 기자는 마귀가 사망의 세력을 잡았다고 기록하고 있습니다.

히브리서는 A.D 64~68년경에 기록된 것으로 보는데, 예루살렘 성전이 파괴되기 전에 기록된 것으로 보고 있습니다. 그런데 요한계시록은 A.D 95년경에 사도 요한이 밧모섬에서 받은 예수 그리스도의 계시입니다. 히브리서 기자가 히브리서를 쓰고 있을 당시는 아직 사도 요한이 계시록을 받기 전이므로 예수님이 사망과 음부의 열쇠를 가지셨다는 것을 알 수 없었습니다.

중요한 점은 히브리서 기자가 히브리서를 쓰고 있을 때도 사망의 권세는 마귀에게 있는 것이 아니라 예수님에게 있었다는 것입니다. 예수님이 승천하신 후, 하나님은 사단을 책망하셨고, 책망의 결과로 사단은 사망과 음부의 권세를 내어놓게 되었습니다. 그래서 하나님의 보좌 앞에서 사망과 음부의 권세가 사단에게서 예수님에게로 옮겨지게 되었습니다. 이 일은 예수님이 승천하신 후 바로 진행되었을 것입니다. 그러나 예수님이 승천하신 후 30년이 지났어도 히브리서 기자는 사망의 권세를 사단이 가지고 있다고 믿고 있었습니다.

예수님은 당시에 사도 요한을 통하여 사망의 권세가 예수님에게 있음을 알려 주셨습니다. 그런데 예수님은 언제 사단이 가지고 있던 사망과 음부의 권세를 가지게 되었을까요?

"다른 한 비유를 들으라 한 집 주인이 포도원을 만들어 산울타리로 두르고 거기에 즙 짜는 틀을 만들고 망대를 짓고 농부들에게 세로 주고 타국에 갔더니"(마 21:33)

포도원 농부에 대한 비유의 말씀을 설명합니다. 여기서 포도원의 주인은 하나님입니다. 하나님이 포도원을 만들었으며 포도원을 농부들에게 세로 주었다고 말씀합니다. 악한 농부들은 사단과 그의 천사들입니다.

> "그러므로 내가 너희에게 이르노니 하나님의 나라를 너희는 빼앗기고
> 그 나라의 열매 맺는 백성이 받으리라"(마 21:43)

예수님은 이 말씀에서 포도원이 하나님의 나라임을 밝히고 있습니다. 그리고 하나님의 나라를 빼앗기는 [너희]는 악한 농부들인 사단과 그의 천사들을 의미합니다. 하나님의 나라는 바로 이 세상 나라를 의미합니다. 세상 나라의 권세를 받은 것은 사단과 그의 천사들이기 때문입니다. 물론 표면적으로는 유대인들을 의미합니다.

그러면 왜 사단은 세상 나라의 권세를 빼앗기게 되는 걸까요?

> "후에 자기 아들을 보내며 이르되 그들이 내 아들은 존대하리라 하였
> 더니 농부들이 그 아들을 보고 서로 말하되 이는 상속자니 자 죽이고
> 그의 유산을 차지하자 하고 이에 잡아 포도원 밖에 내쫓아 죽였느니
> 라"(마 21:37~39)

이 악한 포도원 농부들이 상속자인 아들을 죽였기 때문입니다. 사단은 가룟인 유다 속에 들어가서 예수님을 팔려는 생각을 넣었습니다. 또한, 사단은 당시의 대제사장 가야바와 안나스를 통하여 예수님을 죽이도록

하나님의 창조는 끝나지 않았다

했습니다.

상속자라는 말은 예수님은 하나님의 아들임을 나타냅니다. 또한, 비유에서도 [내 아들은 존대하리라]고 말씀하심으로 예수님이 하나님의 아들이심을 밝히신 것입니다. 상속자라는 말은 곧 세를 내는 농부들에게는 주인과 같다는 의미입니다.

예수님은 포도원을 세로 주시는 주인입니다. 농부들이 주인의 요구를 거역하고 소출을 내지 않는다면 주인은 포도원을 세로 주지 않게 됩니다. 이런 관계는 [세로 주었다]는 말에서 알 수 있습니다.

사단이 하나님께 책망을 듣게 된 이유는 세상을 엉망으로 관리했기 때문이 아니라 포도원의 주인과도 같은 아들을 죽였기 때문입니다. 사단에게 세상 나라를 맡기면서 어떻게 다스리라는 특별한 명령을 주시지는 않았습니다. 정확하게 말한다면 [하나님이 사단에게 어떤 명령을 주셨는지 우리는 모른다]입니다.

다만 사단은 세상 나라를 다스리면서 언젠가 하나님이 요구하시면 열매를 드려야 했다는 것입니다. 그런데 하나님께 열매를 드리지 않았을 때, 하나님께서 사단에게 어떤 형벌을 내릴지, 어떤 조건이 있었는지 모릅니다. 다만 악한 포도원 농부의 비유에서는 아들을 죽인 것을 문제로 삼습니다.

이 비유의 말씀에서는 주인은 아들을 보낸다고 하고, 농부들은 상속자이기 때문에 죽인다고 합니다. 이 점에서 사단은 자신에게 세를 주었던 주인을 죽이는 결과를 가져오게 됩니다. 그리고 아들을 죽였기 때문에 포도원 주인은 포도원을 이 농부들에게서 빼앗는다는 것입니다

사단은 이렇게 예수님을 죽였기 때문에 하나님에게서 직접 책망을 듣고 사망과 음부의 권세를 예수님께 빼앗기게 되었습니다. 하나님께서는 사단의 잘못을 책망하시면서 사망과 음부의 권세를 빼앗아 예수님에게 주신 겁니다.

사단은 자신에게 권세를 주신 주인을 죽인 것이며, 자신의 주인으로 오신 예수님을 죽였기 때문에 자신에게 주신 권세를 빼앗기게 됩니다. 사실 이렇게 처리하는 것은 법으로 명문화하지 않더라도 주인으로서는 너무나 당연하고 공정한 처리입니다.

하나님이 사단에게 세상 나라를 다스릴 때 어떻게 하라는 법을 주셨는지 알 수는 없습니다. 그러나 사단을 벌하는 근거는 세상 나라를 다스리는 일에 관련된 것이 아닙니다. 사단을 벌할 수 있었던 근거는 세를 준 주인을 향하여 공격하고 죽인 것입니다. 사단은 이렇게 직접 주인을 향하여 죄를 지었습니다. 그래서 책망을 받았습니다.

세상 나라의 권세도 이처럼 될 것입니다. 사단은 세상 나라를 주신 하나님을 향하여 직접적인 죄를 범하게 될 것입니다. 세상 나라를 주신 주

인이며 동시에 아들인 예수님을 공격하고 죽였기 때문에 결국에는 하나님의 나라를 빼앗기게 될 것입니다. 주인을 향한 사단의 공격은 결국에는 공식적으로 하나님 앞에서 세상 나라의 권세를 빼앗기게 될 것이며, 하나님은 이를 책망하여 세상 나라를 하나님의 나라로 바꿀 것입니다.

5

하나님 나라의 구조

하나님 나라에서 왜
[나라와 제사장]이 왜 필요하죠?

하나님이 이루고자 하는 하나님의 나라는 처음부터 [중보자]가 계획되어 있었습니다. 그 이유는 하나님의 나라에 사는 하나님의 백성은 자유의지가 있으며, 마음대로 살 수 있고, 영원히 살기 때문입니다. 그래서 이런 특징을 가지고 있게 될 하나님의 백성을 위해서 [제사장]들이 필요합니다. 백성들은 참 자유를 누리게 되는데, 그렇게 되면 하나님과 직접 만날 수 없기 때문입니다. 하나님과 사람들 사이에 중보자로서 제사장이 필요한 이유는 사람들은 자유분방하고, 하나님은 거룩하기 때문입니다.

이제부터 이 내용을 설명합니다.

"불의를 행하는 자는 그대로 불의를 행하고 더러운 자는 그대로 더럽고 의로운 자는 그대로 의를 행하고 거룩한 자는 그대로 거룩하게 하라"(계 22:11)

예수님이 말씀하신다면, 불의를 행하는 자는 불의를 행하지 말고 의롭게 살도록 하라고 말씀해야 하지 않을까요? 더러운 자는 그 더러움을 버리고 거룩하고 깨끗하게 살도록 하라고 말씀해야 하지 않나요?

[의로운 자는 계속 의를 행하라]는 말씀과 [거룩한 자는 계속 거룩하게 살라]는 말씀은 예수님께서 하시는 말씀으로 손색이 없다고 생각됩니다. 그러나 [불의를 행하는 자는 계속 불의를 행하라]는 말씀과 [더러운 자는 계속 더러워라]는 말씀은 예수님이 하실 만한 말씀으로는 보이지 않습니다. 그런데 왜 이렇게 말씀하셨을까요?

우리는 예수님을 창조주로 믿습니다. 또한, 예수님을 하나님으로 곧 신으로 믿습니다. 우리가 믿는 믿음에 의하면 예수님은 거룩하고 의로운 분입니다. 그런 예수님은 불의를 용납하거나 더러운 자들을 허락하는 분이 아니어야 합니다. 우리가 믿는 예수님은 이런 말씀을 하실 분이 아니라는 겁니다. 그런데도 예수님은 왜 이렇게 말씀하신 걸까요?

만약 예수님께서 이렇게 말씀하신 이유를 모른다면, 또는 예수님이 이렇게 말씀하신 것이 이해되지 않는다면, 우리가 믿고 있는 예수님은 실제 예수님과는 다르다는 것을 알아야 합니다. 우리는 우리가 믿고 싶은 대로 예수님의 모습을 만들어 믿어왔던 것입니다. 그래서 이런 말씀을 하는 분은 내가 믿는 예수님이 아니라고 부인하게 되는 겁니다. 우리가 예수님을 진실로 믿고자 한다면, 실제 예수님을 믿어야 합니다.

하나님의 나라는 눈물이 없는 나라가 아니라, 눈물을 흘릴 만큼 억울한 일이 없는 나라입니다. 하나님의 나라는 슬픔이 없는 나라가 아니라, 슬퍼할 정도로 속상한 일이 없는 나라입니다. 하나님의 나라는 죄가 없는 나라가 아니라, 죄의 결과가 반드시 따르는 나라입니다. 그래서 백성들이 죄를 범하지 못하는 나라가 아니라, 백성들이 죄를 짓는 않는 나라가 된다는 것입니다.

하나님의 나라는 자유의지가 없는 로봇의 나라가 아닙니다. 그래서 자유의지로 자유롭게 살다 보면 불의를 행할 수도 있고 더러운 자가 될 수도 있다는 것입니다. 하나님의 나라 안에서는 불의를 행하는 자가 영원히 불의를 행하는 것은 아니며, 한때 더러운 자가 되었어도 영원히 더러운 자는 아닙니다. 하나님 나라 안에서는 모든 자유가 주어져 있으나, 영원히 더럽지 않으며, 영원히 불의하지 않습니다.

그래서 하나님의 나라는 불의를 행하는 사람이 없는 나라가 아니라, 불의를 행하는 사람에 의해 억울한 일을 당하는 사람이 없는 나라입니다. 하나님의 나라는 더러운 사람이 없는 나라가 아니라, 더러운 사람이 있어도 그 사람 때문에 억울한 사람이 생기지 않는 나라입니다.

하나님의 나라에서 어떤 사람이 불의를 행하는 사람이나 더러운 사람으로 인해 피해를 받는다면, 그 사람의 일은 반드시 공정한 재판을 통해서 피해받은 일이 억울한 일이 되지 않도록 한다는 것입니다. 이런 일을 주관하는 사람이 그 지역을 관장하는 [나라와 제사장]이며, 또한 이들은 그 지역의 왕입니다. 왕의 역할은 억울한 일이 발생하지 않도록 [서비스]

를 제공하는 것입니다. [서비스]란 하나님의 공의를 세우는 일이며, 하나님의 복을 전달하는 것이고, 그 지역의 사람에게 하나님의 치료와 위로를 전하는 것입니다.

그래서 하나님의 나라에서도 재판이 있게 됩니다. 악을 행하거나 나쁜 행동을 하는 사람들은 재판을 받게 됩니다. 이 재판은 백보좌의 심판이 아니라, 그 후의 재판입니다. 천국이 시작된 후에, 천국에서 수시로 있는 재판이며, 사람의 호소가 있으면 재판과정이 시작됩니다.

하나님의 나라에 들어간 사람들은 거룩하지 않으며, 완전하지 않으며, 실수도 있고, 죄도 있습니다. 땅 위에 사는 하나님의 백성은 하나님을 직접 만날 수 없습니다. 거룩하지 않은 사람과 죄가 있는 사람은 결코 하나님과 직접 대면하여 볼 수 없기 때문입니다.

땅 위의 백성은 하나님의 은혜와 복을 받아서 영원한 행복을 누리며 살아야 합니다. 하나님은 이렇게 사람을 창조하셨습니다. 그러나 땅 위의 백성은 죄가 없는 사람이 아닙니다. 비록 하나님의 나라에서 하나님의 백성으로 살지만, 거룩하지 않은 사람입니다. 그래서 하나님을 볼 수는 없습니다. 하나님께서 직접 하나님의 백성에게 나타나 복을 주고 은혜를 주실 수 없는 상황입니다.

그래서 하나님의 백성과 하나님 사이에서 중보의 역할을 하는 존재가 필요합니다. [나라와 제사장]인 하나님의 종들이 이 땅 위에서는 왕으로서 백성들 앞에 나타납니다. [나라와 제사장]인 하나님의 종들은 거룩합니다. 이들은 예수님의 피로서 죄를 용서받아 거룩한 종이 되었습니다.

이들은 하나님의 아들들로서 영으로만 존재했으나, 하나님의 나라가 이루어질 때는 육체를 가지게 되어 [나라와 제사장]으로 불리게 됩니다. 이 종들이 곧 [나라와 제사장]으로 땅에서는 왕들입니다.

하나님께서 땅 위에서 생육하고 번성하여 충만해진 백성 앞에 직접 나타나신다면 하나님의 거룩함에 의해 거룩하지 않은 하나님의 백성은 모두 죽음을 피할 수 없습니다. 그러나 [나라와 제사장]들은 피조물이기 때문에 창조주와 같지 않습니다. [나라와 제사장]이 예수님의 피로 죄를 씻어 거룩한 사람이 되었지만, 창조주의 거룩함과 같지는 않습니다. 그래서 [나라와 제사장]들이 백성들을 만나고 백성과 대면하여 볼지라도 백성들은 죽지 않습니다.

> "그 성의 성곽의 기초석은 각색 보석으로 꾸몄는데 첫째 기초석은 벽옥이요 둘째는 남보석이요 셋째는 옥수요 넷째는 녹보석이요 다섯째는 홍마노요 여섯째는 홍보석이요 일곱째는 황옥이요 여덟째는 녹옥이요 아홉째는 담황옥이요 열째는 비취옥이요 열한째는 청옥이요 열두째는 자수정이라."(계 21:19~20)

이 말씀은 새 예루살렘 성에 대한 묘사입니다. 새 예루살렘 성에 대한 설명은 뒤에서 하기로 하고, 지금은 보석에 대한 설명만 하겠습니다. 새 예루살렘 성은 제사장인 하나님의 종들이 있는 곳입니다. 12개의 보석을 설명하는 것은 제사장들이 12개로 구분된 보석들임을 말씀하고 있습니다.

하나님은 제사장들을 보석으로 설명합니다. 제사장들을 보석으로 설명하는 이유는 제사장의 상태를 가장 잘 설명해주기 때문입니다. 보석은 빛이 아니라서 스스로는 빛을 낼 수 없습니다. 그러나 빛이 보석에 비춰지면 보석은 각기 다른 아름다운 빛을 발산합니다.

하나님은 자신을 빛에 비유합니다. 그래서 빛은 하나님입니다. 제사장은 빛이 아닙니다. 제사장들은 하나님의 아들들로서 피조물입니다. 피조물은 빛이 아닙니다. 보석이 빛을 받으면 영롱하고 아름다운 다양한 빛을 발산합니다.

사람들은 하나님을 만날 수 없습니다. 왜냐하면, 하나님에게서 나오는 빛으로 인해 죽음을 피할 수 없기 때문입니다. 그런데 사람들은 제사장을 만날 수 있습니다. 왜냐하면, 제사장은 빛이 아니므로, 하나님과 같은 빛이 나오지 않습니다. 그래서 사람이 제사장을 만나도 죽지 않을 수 있습니다.

사람들은 제사장을 보면서 하나님을 느낄 수 있습니다. 보석은 스스로 빛을 낼 수 없는데, 보석이 빛난다는 것은 보석에 빛을 주는 빛의 근원이 있다는 것입니다. 제사장들이 사람들 앞에 나타나서 초월적인 능력과 권능을 보인다는 것은 그러한 능력과 권능을 주신 하나님이 존재한다는 것입니다.

이렇게 하나님은 제사장을 두기로 했습니다. 처음부터 제사장을 통해서 백성들에게 은혜와 복을 주려고 계획하셨습니다. 사람들은 제사장을 통해서 하나님을 느낄 수 있기 때문입니다.

창 1:26~28에서 사람들을 창조하려고 계획하셨을 때부터, 하나님의 백성을 거룩하지 않게 창조하고자 하신 겁니다. 하나님은 하나님의 백성을 자유롭게 스스로 행복하게 살도록 창조하셨습니다. 그래서 하나님의 백성은 하나님을 위해서 사는 것이 아니라 자기가 하고 싶은 것을 하면서 살게 됩니다. 이런 이유로 하나님의 백성은 거룩하게 창조되지 않았습니다.

하나님은 백성을 위하여 하나님께서 직접 백성을 만나는 것을 포기했습니다. 대신 하나님은 [나라와 제사장]을 그들의 왕으로 두고, [나라와 제사장]을 통하여 백성을 만나는 것입니다. [나라와 제사장]은 하나님의 백성의 자유로운 삶을 위하여 하나님께서 배려하신 방식입니다.

[나라와 제사장]의 존재는 하나님의 백성을 창조하는 데 필요한 것입니다.

하나님의 창조는 끝나지 않았다

하나님의 나라에서도
왕과 백성의 구분이 있다는 건가요?

구분이 아니라 손님과 종의 차이입니다. 하나님 나라의 백성은 손님과 같으며 [나라와 제사장]은 하나님의 종입니다. 이것은 복을 받을 대상과 복을 전하는 전달자의 차이입니다. 하나님의 종인 [나라와 제사장]은 복의 전달자입니다. 물론 [나라와 제사장]은 이 세상을 다스리는 왕이기도 합니다.

"그들이 하나님과 그리스도의 제사장이 되어 천 년 동안 그리스도와 더불어 왕 노릇 하리라"(계 20:6)

"그들이 세세토록 왕 노릇 하리로다"(계 22:5)

하나님의 아들들이 그리스도의 제사장이 되어, 일천 년 동안 왕으로 있다가(계 20:6), 천 년이 지난 후에 다시 영원한 왕(계 22:5)으로 있게 된다고 기록합니다. 하나님의 아들들은 [나라와 제사장]이며, 하나님의 종이며, 하나님을 대면하여 보는 사람들이며, 하나님을 밤낮으로 섬기는 사람들입니다.

이들은 땅에서는 영원한 왕으로 왕의 권세가 절대 옮겨지지 않습니다. 하나님의 나라에서 땅 위에는 하나님의 백성이 영원히 살게 되는데, 그들을 다스리는 왕들이 세워집니다. 이 왕들을 다스리는 왕은 예수 그리스도입니다. 그래서 예수님을 만 왕의 왕(King of kings)이라고 합니다. 예수님이 한번 왕으로 세우면, 이 왕위는 영원히 바뀌지 않습니다.

그런데 하나님의 나라에서도 백성과 왕으로 구분되어 있다고 하면 뭔가 차별받는 느낌이 듭니다. 같은 사람으로 한평생을 살았는데 누구는 천국에 들어가서 백성으로 살고, 누구는 왕으로 살게 되는가. 하나님이 다스리는 나라에서도 왕과 백성으로 구분되어 있다는 것은 잘못된 것이 아닌가 하는 생각을 가지게 합니다. 그런 생각이 드는 것도 충분히 이해가 됩니다.

그러면 이렇게 생각해 봅시다.

어느 지방에 큰 부자가 있습니다. 이 부자는 겸손하여 그 지방 사람들에게 좋은 사람입니다. 어느 날 이 부자는 자기 지방에서 함께 살아온 모든 사람을 위하여 큰 잔치를 계획합니다. 그 지방에 가장 큰 체육관을 빌립니다. 그리고 그 체육관에 그 지방에 있는 모든 사람을 초대합니다. 체육관 안에 초청받은 사람 수대로 의자와 테이블을 준비합니다. 초청받은 사람들에게 줄 선물도 준비합니다. 잔치 날에 초청받은 사람들이 먹을 잔치

하나님의 창조는 끝나지 않았다

음식도 준비합니다. 그리고 그날이 되자 많은 사람이 체육관으로 들어왔습니다.

부자는 먼저 고용했던 행사 진행 요원들을 통해서 잔치를 시작합니다. 어떤 직원은 안내 임무를 맡았습니다. 어떤 직원은 음식을 준비합니다. 어떤 직원은 서빙을 합니다. 어떤 직원은 주차 관리를 합니다. 어떤 직원은 청소를 맡았습니다. 어떤 직원은 선물을 준비하고 초청받은 사람을 한 명씩 확인하면서 빠짐없이 선물을 나눠 주는 역할을 합니다. 이렇게 고용된 직원들은 각자 충실히 자기가 맡은 일을 처리합니다.

그런데 이 부자는 행사 당일에 행사를 진행할 직원들을 고용하면서 초대받은 그 지방 사람들은 제외합니다. 왜냐하면, 그 지방 사람들은 초대를 받게 될 손님이기 때문입니다. 그리고 부자가 고용한 사람들은 당일에 초대받은 사람들에게 서비스를 제공해야 하는 직원이기 때문입니다. 부자에게 초대받아 서비스를 받을 사람들인데, 이런 사람들을 서비스를 제공하는 일군으로 고용할 수는 없습니다.

이렇게 서비스를 받을 사람들을 하나님의 백성이라고 부르며 하나님의 명령을 받아 서비스를 제공할 종들을 하나님의 아들들이라고 부릅니다.

하나님의 백성과 하나님의 아들들은 다른 존재입니다.

하나님의 아들들을 영(Spirit)으로 부르며 하나님의 백성을 혼(Soul)이라고 부릅니다. 영(Spirit)을 헬라어로 πνεῦμα(프뉴마)라고 하고 히브리어로 רוּחַ(루아크)라고 합니다. 혼(Soul)은 헬라어로 ψυχή(프쉬케)라고 하고 히브리어로 נְשָׁמָה(네샤마)라고 합니다. 히브리어 רוּחַ(루아크)는 [바람이 분다]는 의미의 [바람]이라는 단어입니다. 히브리어 נְשָׁמָה(네샤마)는 [숨을 쉰다]는 의미의 [숨]이라는 단어입니다.

하나님께서 아담의 코에 생기를 불어 넣었다는 말씀에서 아담이라는 사람에게 최초의 혼(Soul)이 생겼습니다. 그래서 혼(Soul)의 기원은 [숨을 쉰다]의 의미가 있는 נְשָׁמָה(네샤마)입니다. 헬라어 ψυχή(프쉬케)도 [숨을 쉰다]의 [숨]이라는 의미가 있으며 혼(Soul)으로 번역됩니다.

하나님께서 아담의 코에 생기를 불어 넣었다는 창 2:7의 말씀에서 [생기]라는 의미는 נִשְׁמַת חַיִּים(니스마트 하야임)이라는 단어입니다. 이것을 직역하면 [살아 있는 숨]이라는 의미로 혼(Soul)을 의미합니다. 혼(Soul)은 영원히 사라지지 않는 특성을 가졌는데, 이 특성은 하나님의 형상(이미지)을 닮게 했던 특성입니다.

히브리어 נֶפֶשׁ(네페쉬)를 혼(Soul)으로 해석하는 사람도 있습니다. 창 2:7의 [생령]이라는 단어는 히브리어로 נֶפֶשׁ חַיָּה(네페쉬 하야)라고 되어 있습니다. 그런데 히브리어 נֶפֶשׁ(네페쉬)는 창 1:21에 [움직이는 모든 생물]이라는 문장에서 생물이라는 의미로도 사용되었습니다.

창 1:21에서 [큰 물고기와 바다에서 움직이는 모든 생물]에서 [모든 생

하나님의 창조는 끝나지 않았다

물]이라는 히브리어 원어는 כָּל־נֶפֶשׁ הַחַיָּה(칼-네페쉬-하하야)로 되어 있습니다. נֶפֶשׁ(네페쉬)라는 단어는 사람과 동물에게 동시에 사용되는 단어로서 사람만의 고유한 혼(Soul)으로 설명하기는 어렵습니다. 하나님께서 동물에게는 생기를 불어 넣는 일을 하지 않았으나 사람인 아담에게만 코에 생기를 불어 넣으셨습니다. 그래서 이 말씀에서 말하는 생기(חַיִּים נִשְׁמַת - 니스마트 하야임)는 사람에게만 있는 고유한 혼(Soul)을 의미하게 됩니다. 혼(Soul)이란 단어는 נֶפֶשׁ(네페쉬)가 아니라 נְשָׁמָה(네사마)입니다.

또한, 헬라어에서 혼(Soul)은 ψυχή(프쉬케)로서 숨(breath)을 의미합니다. 그런데 히브리어 (네페쉬)는 물건(Thing)을 의미합니다. 한글 성경에서 찾아보면, 창 1:21에는 [생물]로 번역된 단어가 있는데, [살아 있는 물건]이라는 의미입니다. [살아 있는 물건]에서 살아 있다는 단어는 חַי(하이)이며, 물건이라는 단어는 נֶפֶשׁ(네페쉬)입니다. 그런데 히브리어 נְשָׁמָה(네사마)는 숨(breath)을 의미합니다. 창 2:7에서 [생기를 그 코에 불어 넣으시니]에서 [생기]는 [살아 있는 숨]이라는 뜻으로 영어로는 [the breath of life]입니다. 헬라어 ψυχή(프쉬케)에 해당하는 히브리어 단어는 숨(breath)이란 의미를 가지고 있는 נְשָׁמָה(네사마)입니다. נֶפֶשׁ(네페쉬)는 물건(Thing)이라는 의미를 가지고 있어서 헬라어 ψυχή(프쉬케)와 맞지 않습니다.

히브리어에서 רוּחַ(루아크)는 영(Spirit)이라는 의미로 사용되었으며, 신약에서는 πνεῦμα(프뉴마)가 영으로 사용되고 있습니다. 이 설명에는 모든 성경을 연구하는 분들에게 이견이 없을 것으로 생각합니다.

"하나님은 영이시니 예배하는 자가 신령과 진정으로 예배할찌니라"(요
4:24)

영(Spirit)은 하나님만을 의미하지 않고 천사들과 하나님의 아들들도 포
함하는 단어입니다. 다시 말해서 천사들도 영이고, 하나님의 아들들도 영
이며, 하나님께서도 영이라는 말입니다.

"저희가 놀라고 무서워하여 그 보는 것을 영으로 생각하는지라"(눅
24:37)

제자들이 예수님을 영(Spirit)으로 생각해서 두려워했다는 말입니다. 여
기에서 영이란 단어도 πνεῦμα(프뉴마)로서, 제자들은 영을 사람에게 보
이지 않으며 무서운 존재로 여겼음을 알 수 있습니다. 만약 영(Spirit)이라
는 단어가 하나님만을 의미했다면 두려움과 존경을 함께 표현하며 바로
하나님께 경배했을 것입니다.

눅 24:39에서 예수님은 [영은 살과 뼈가 없다]고 말씀하셨는데 이 말씀
도 하나님만을 설명하는 것이 아님을 알 수 있습니다.

πνεῦμα(프뉴마)라는 단어는 창조주만을 의미하는 것이 아니라는 것을
알 수 있습니다. 그래서 πνεῦμα(프뉴마)는 하나님에게만 사용된 고유한

하나님의 창조는 끝나지 않았다

단어가 아니라, 영적인 존재에 대해서 폭넓게 사용된 단어임을 알 수 있습니다.

저는 영혼이라는 하나의 단어로 설명하기도 하지만, 영과 혼을 분리하여 설명하기도 합니다. 정확하게는 영과 혼으로 분류하는 것이 맞으며, 영은 Spirit이고 혼은 Soul입니다. 영과 혼은 모두 하나님께서 창조하신 피조물이며, 하나님의 형상(이미지)을 닮아서 영원히 사라지지 않는 존재입니다.

창 1:27의 [남자와 여자]는 이 세상에서 하나님의 백성(Soul)으로 창조되었습니다. [남자와 여자]는 하나님께서 준비하신 아름다운 세계에서 하나님의 은혜와 복을 받을 대상으로 창조된 것입니다. 그래서 사람(Soul)이라면 모두 다 하나님의 복을 받아 영원히 즐겁게 살도록 창조되었습니다.

다만 하나님의 아들들(Spirit)이 사람(Body)으로 태어나서 복을 받을 사람들 속에 잠시 같이 있었던 것입니다.

하나님의 아들들(Spirit)은 이 물질세계를 만들기 전에 하나님께서 먼저 만든 피조물입니다. 그래서 하나님의 아들들(Spirit)은 창 1:27의 [남자와 여자]로 창조된 것이 아니라는 겁니다. [남자와 여자]를 창조하기 이전에 먼저 창조되었습니다. 하나님의 아들들(Spirit)은 하나님 옆에서 하나님의 명령을 받아 일하는 일군입니다.

하나님의 아들들(Spirit)은 이 땅 위에서 하나님의 복을 받기 위해 창조된 것이 아니라, 하나님의 옆에 있다가 하나님의 명령을 받아 그대로 행하는 일군으로 창조되었습니다. 하나님께서 복을 받을 대상으로 하나님의 백성을 창조하신 후에, 하나님의 아들들(Spirit)에게 하나님의 백성(Soul)을 위하여 하나님의 복을 전달하는 일을 맡긴다는 것입니다.

하나님께서는 하나님의 아들들(Spirit)을 복을 전달하는 일군으로 삼은 것입니다. 하나님의 나라에서 [나라와 제사장]들은 하나님의 복을 직접 전달하는 역할을 합니다. 비록 하나님의 아들들(Spirit)이 [나라와 제사장]으로서 세상에서는 왕이라고 표현되어 있습니다만, 하나님의 아들들(Spirit)은 밤낮으로 하나님을 섬기는 일을 합니다. 세상에 있는 하나님의 백성에게서 왕으로 대접받거나 권세를 누리는 일은 허용되지 않습니다.

하나님의 백성(Soul)은 하나님께서 만드신 이 아름다운 세상을 즐겁게 누리면서 영원히 살게 됩니다. 하나님께서 이스라엘에 명하신 것과 같이 7일 중에서 6일은 너희를 위하여 살고 제7일은 하나님을 기억하는 날로 거룩하게 지내라고 하신 것입니다.

이것은 영원한 명령입니다.

영원한 하나님의 나라에서도 하나님의 백성(Soul)은 제7일에 하나님께 예배하고 하나님의 말씀을 들으며 그 하루를 거룩하게 보내야 합니다. (사66:23)

그런데 6일 동안은 자신이 하고 싶은 일을 하면서 보내라는 것입니다. 6일 동안은 자신이 즐기고 싶은 모든 일을 할 수 있습니다. 윈드서핑을 하고 싶은 사람은 윈드서핑을 하고, 스키를 타고 싶은 사람은 스키를 타고, 여행하고 싶은 사람은 여행하고, 자전거를 타고 싶은 사람은 자전거를 타고, 테니스를 치고 싶은 사람은 테니스를 칩니다. 요리, 여행, 스포츠, 독서, 연구 등 하나님의 백성(Soul)은 하고 싶은 모든 것을 하며 살게 됩니다.

그런데 하나님의 아들들(Spirit)은 그렇지 않습니다. 하나님의 아들들(Spirit)은 하루도 빠짐없이 밤낮으로 하나님을 섬깁니다. 하나님을 섬기는 일이 그들을 창조한 목적이기 때문입니다. 하나님의 아들들(Spirit)이 [영원한 왕]이 될 것이라고 하셨는데, 여기서 [왕]이라는 것은 통치자의 권위와 위엄과 영광을 의미하지 않습니다.

왕의 사명은 하나님의 뜻에 따라 하나님의 백성(Soul)에게 서비스를 제공하는 것입니다. 물론 [나라와 제사장]들은 존귀와 영광이 있으며 하나님 백성(Soul)의 존경을 받을 것입니다. 그러나 이런 결과는 하나님의 아들들(Spirit)이 하나님의 백성(Soul)을 위하여 봉사하는 일에 비하면 작다고 할 수 있습니다. 하나님의 아들들(Spirit)은 오직 하나님을 사랑하여 하나님의 뜻을 받드는 것입니다.

이렇게 하나님의 나라가 이루어지면 하나님의 나라에는 하나님의 백성(Soul)과 그들을 다스리는 왕들(Spirit)로 나눠집니다. 그러나 왕들을 하나님의 백성 중에서 뽑는 것이 아닙니다. 원래부터 하나님 앞에서 봉사하고 순종하던 창세 전에 창조된 영(Spirit)들이 그 역할을 하게 됩니다.

하나님의 백성 중에서 누구를 백성으로 뽑고 누구를 왕으로 뽑는다면 차별이라고 말할 수도 있겠으나 하나님의 백성(Soul)으로 창조된 사람들은 처음부터 백성으로 창조되었기에 누구도 제외 없이 모두 하나님의 백성으로 살게 됩니다. 이것은 차별과는 다른 것입니다.

하나님의 나라에서 하나님의 백성(Soul)은 아름다운 세상에서 온갖 즐거움을 누리며 살도록 창조되었습니다. 그래서 하나님의 백성(Soul)은 거룩하게 살기보다는 자유롭게 살도록 허락되었습니다.

하나님은 하나님의 백성(Soul)을 창조하실 때 하나님만을 찬양하도록 기능을 제한하여 창조한 것이 아닙니다. 자유롭게 하고 싶은 것을 하면서 영원히 행복하게 살라고 창조하셨습니다. 이런 창조 목적에 맞게 하나님의 백성(Soul)은 자유의지를 가지고 살아가게 됩니다. 하나님의 백성(Soul)이 자유의지를 가지고 있다는 것은 하나님 나라의 법을 지킬 수도 있고, 어길 수도 있다는 것입니다. 자유의지란 한 방향으로만 결정하도록 정해져 있는 것이 아니라, 자신이 하고 싶은 대로 결정할 수 있다는 의미입니다.

그래서 하나님의 백성(Soul)은 거룩하게 창조되지 않았습니다. 하나님의 백성(Soul)은 하나님만을 찬양하도록 창조되지 않았습니다. 하나님의 백성(Soul)은 악을 행할 수 없도록 창조된 것이 아닙니다. 하나님의 백성

하나님의 창조는 끝나지 않았다

(Soul)은 죄를 범할 수 없도록 의지가 제한되어 있지 않습니다.

하나님의 백성(Soul)은 때로는 못된 마음을 먹을 수 있고, 때로는 나쁜 마음을 먹을 수 있고, 때로는 개구쟁이가 될 수 있고, 때로는 예배에 참석하지 않을 수 있습니다. 화가 나면 고래고래 소리 지를 수 있고, 슬프면 소리 내어 울 수도 있습니다. 지금의 사람과 같이 자기 일은 자신이 선택합니다.

하나님의 백성(Soul)은 하나님의 은혜와 복이 필요합니다. 죽음이 없는 영원한 세상에서 하나님의 은혜와 복이 없다면 결국에는 고통이 따르게 됩니다. 하나님이 주시는 고통이 아니라, 영원한 생명을 누리는 존재로서 하나님에게서 [생명의 소성]을 받아야 하기 때문입니다.

하나님의 백성(Soul)은 하나님이 주시는 은혜와 복을 받는 가운데 영원히 즐겁게 살도록 창조되었습니다. 하나님을 떠난다면 일시적으로는 악을 행하고 하나님의 법을 어기면서 살 수 있으나, 영원히 사라지지 않고 존재하기 때문에 결국에는 고통을 받게 됩니다. 그래서 다시 하나님에게서 오는 생명과 은혜를 받아 소성함을 받아야 합니다.

우리가 옷을 입는 것을 귀찮게 여길 수 있습니다. 그러나 추운 겨울에 옷을 입지 않으면 얼어 죽게 됩니다. 물고기는 마음껏 헤엄치며 행복하게 살 수 있습니다. 그러나 물 밖으로 나오면 고통이 따르게 되고 끝내 죽게 됩니다.

"나무 잎사귀들은 만국을 소성하기 위하여 있더라"(계 20:2)

하나님의 백성(Soul)은 만국입니다. 그래서 소성을 받아야 합니다. 하나님께서 하나님의 백성(Soul)을 창조하실 때, 영원한 생명을 주시는 대신 하나님이 주시는 은혜와 복으로 소성을 받도록 하셨습니다. 하나님의 백성(Soul)은 하나님을 떠나지 않는 조건으로 영원히 즐겁게 살도록 하셨습니다. 하나님의 백성(Soul)은 하나님을 떠나서도 살 수는 있지만, 하나님이 없는 영원한 생명은 결국에는 고통을 받게 되어 있습니다.

하나님의 백성과 [나라와 제사장]의 구분은 차별이 아닙니다. 하나님의 백성은 6일 동안 자신이 하고 싶은 일을 하면서 살 수 있으나, [나라와 제사장]들은 밤낮으로 하나님을 섬겨야 하며 1년 365일 중 예외는 없습니다. 하나님의 백성은 하나님의 복을 받는 대상이며, [나라와 제사장]은 하나님의 종으로서 하나님의 복을 하나님의 백성에게 전달하는 역할을 합니다. 하나님의 백성은 자기를 위하여 살기 때문에 거룩하지 않아도 되지만, [나라와 제사장]은 하나님을 직접 대면하고 보기 때문에 항상 거룩함을 유지해야 합니다.

[나라와 제사장]은 오직 하나님만을 위하여 봉사합니다. [나라와 제사장]이 권력과 부와 명예를 가지고 있다면 모르겠으나, [나라와 제사장]은 권력도 부도 명예도 없는 단순한 하나님의 종입니다.

"너희 중에 뉘게 밭을 갈거나 양을 치거나 하는 종이 있어 밭에서 돌아

하나님의 창조는 끝나지 않았다

오면 저더러 곧 와 앉아서 먹으라 할 자가 있느냐 도리어 저더러 내 먹

을 것을 예비하고 띠를 띠고 나의 먹고 마시는 동안에 수종 들고 너는

그 후에 먹고 마시라 하지 않겠느냐 명한대로 하였다고 종에게 사례

하겠느냐 이와 같이 너희도 명령받은 것을 다 행한 후에 이르기를 우

리는 무익한 종이라 우리의 하여야 할 일을 한 것뿐이라 할찌니라"(눅

17:7~10)

영(Spirit)은 창세 전에 창조된 하나님의 아들들로서 하나님 옆에 있도

록 하셨습니다. 그래서 하나님의 아들들은 하나님 옆에 있는 것이 처음부

터 주어진 자신의 자리입니다. 이것은 특권이 아니라 그렇게 창조되었다

는 의미입니다. 영(Spirit)들이 하나님 옆에 있다가 하나님에게서 명령을

받아 하나님의 일을 하게 되는데 그것이 [나라와 제사장]의 소임입니다.

세상을 소성하는 일을 하나 더 받은 것입니다.

하나님의 백성은 땅 위에서 생육하고 번성하며 충만해지도록 창조되었

습니다. 그뿐만 아니라 하늘의 새와 바다의 고기와 땅의 모든 생물을 다스

리는 권한까지 받았습니다. 이 땅 위에서 하나님의 백성으로 풍요와 자유

를 누리며 살도록 창조되었습니다. 하나님의 백성은 이 땅 위에서 자신을

위하여 자신만의 삶을 살게 됩니다. 하나님의 백성을 두렵게 할 존재는 없

으며, 오직 자신이 하고 싶은 일을 하면서 영원한 삶을 누리게 됩니다.

하나님의 백성이 예수님을
볼 수가 없다는 말인가요?

하나님의 백성(Soul)들은 하나님(예수님)을 볼 수 없습니다. 하나님을 보려면 하나님 앞에 서야 하는데, 거룩하지 않은 존재는 하나님 앞에 설 수 없습니다. 하나님이 하나님의 백성(Soul)을 거룩하지 않게 창조하셨기 때문에, 하나님의 백성은 하나님과 예수님을 볼 수 없습니다. 그 대신에 하나님의 백성은 하나님에게서 완전한 자유를 받았습니다.

하나님은 하나님의 백성이 하나님(예수님)에게 올 수 없도록 창조했기 때문에, 하나님이 백성에게로 오시는 겁니다. 그리고 백성 가운데 거하시기로 하셨습니다. 이 내용을 설명합니다.

하나님께서는 영(Spirit)인 하나님의 아들들을 이 땅 위의 사람으로 보내셨습니다. 그런데 사람으로 태어난 하나님의 아들들은 죄 가운데 태어나 거룩하지 못한 삶을 살게 됩니다. 이런 하나님의 아들들이 하나님 앞으로 돌아가려면 다시 거룩한 상태가 되어야 합니다. 이것을 위해 예수님이 피를 흘려 죽으셨고, 예수님의 피로 하나님의 아들들은 거룩한 상태가 될 수 있습니다. 예수님이 육체를 가진 하나님 아들들의 죄를 사하심으로 하나님의 아들들은 하나님 앞으로 돌아갈 수 있게 되었습니다.

> "예수께서 가라사대 내가 곧 길이요 진리요 생명이니 나로 말미암지 않
> 고는 아버지께로 올 자가 없느니라"(요 14:6)

이 말씀은 예수님을 통하지 않고는 하나님이 계신 곳에 갈 수 없다는 말입니다. 예수님의 피로서 죄사함을 받지 못하면 하나님께로 갈 수 없다는 뜻입니다. 예수님의 피로서 죄사함을 받은 사람만이 하나님이 계신 곳으로 올라가서 그곳에서 하나님의 만날 수 있습니다.

> "성안에 성전을 내가 보지 못하였으니 이는 주 하나님 곧 전능하신 이
> 와 및 어린 양이 그 성전이심이라"(계 21:22)

하나님께서는 새 예루살렘 성 안에 계시겠다고 하십니다. 이 새 예루살렘 성 안에는 성전이 없는데, 그 이유는 하나님이 친히 성전이 되기 때문입니다. 성전이 없다고 하더라도 그곳은 새 예루살렘 성의 내부입니다. 그래서 주 하나님께서 새 예루살렘 성 안에 계신다는 의미입니다. 성전이 필요 없는 이유는 하나님이 성 안에 있는 종들의 눈에 보이는 모습으로 계시기 때문입니다.

그런데 새 예루살렘 성은 하나님의 나라가 이 땅 위에 이루어지면 하늘에서 내려와서 땅 위에 존재하게 됩니다. 그러나 새 예루살렘 성은 땅 위

에 내려앉는 것이 아니라 공중에 머물러 있게 됩니다. 이 새 예루살렘 성은 하늘에서 하나님에게서 내려오다가 공중에서 멈추고, 그대로 머물러 있는 상태를 유지하게 됩니다.

하나님의 백성(Soul)은 땅 위에 세워진 하나님의 도시에 살면서 공중에 머물러 있는 새 예루살렘 성을 바라보게 될 것입니다. 하나님의 백성(Soul)이 새 예루살렘 성을 눈으로 보기는 하겠으나, 성 안으로 들어가지는 못합니다. 왜냐하면, 하나님의 백성은 하나님의 나라 안에 있는 하나님의 도시에서 살기는 하지만, 거룩하지는 않기 때문입니다. 새 예루살렘 성 안에 계시는 하나님을 만나려면 거룩한 상태가 되어야 가능합니다. 그러나 거룩하지 못한 사람들은 하나님을 만날 수 없으므로 새 예루살렘 성에 들어갈 수 없다는 말입니다.

그런데 반대로 생각해 봅시다.

새 예루살렘 성에 들어가지 않을 사람이라면 거룩하지 않아도 된다는 말입니다. 하나님의 나라가 이 땅 위에 이루어지고, 하나님의 나라 안에 많은 도시가 세워지며, 이 도시 안에는 많은 하나님의 백성(Soul)이 살고 있으며, 하나님의 백성은 하늘의 새와 바다의 고기와 땅의 생물들을 다스리며 땅 위에서 생육하고 번성합니다. 그리고 그들 위에 새 예루살렘 성이 빛나고 있습니다.

하나님의 백성이 하나님의 도시 안에서 살면서 빛나는 새 예루살렘 성

하나님의 창조는 끝나지 않았다

의 보호를 받으며 편안하고 행복하게 영원히 살아갑니다. 그런데 이 하나님의 백성은 거룩하지 않습니다.

"기록하였으되 내가 거룩하니 너희도 거룩할지어다 하셨느니라"(벧전 1:16)

이 말씀은 레 11:45을 인용한 말씀입니다.

"나는 너희의 하나님이 되려고 너희를 애굽 땅에서 인도하여 낸 여호와라 내가 거룩하니 너희도 거룩할찌어다"(레 11:45)

만약 하나님과 같은 거룩함을 이루어야 하나님의 나라에 들어갈 수 있다면 과연 누가 하나님의 나라에 들어갈 수 있을까요? 하나님께서 레 11:45의 말씀을 주신 것은, [나라와 제사장]으로서 하나님 앞으로 가게 될 사람들에게 주신 말씀입니다. 거룩함을 이루어야 하는 것은 거룩하신 하나님 얼굴 앞에 서게 되기 때문입니다.

"그의 피로 우리 죄에서 우리를 해방하시고 그 아버지 하나님을 위하여 우리를 나라와 제사장으로 삼으신"(계1:5~6)

"일찍 죽임을 당하사 각 족속과 방언과 백성과 나라 가운데서 사람들을 피로 사서 하나님께 드리시고 저희로 우리 하나님 앞에서 나라와 제사장을 삼으셨으니"(계 5:9~10)

예수님이 피로 사람들을 사는(buy) 이유는 그들을 하나님 앞으로 인도하여 하나님을 위한 [제사장]을 만들려는 것입니다. 하나님 앞에서 일할 종들이 [나라와 제사장]이기 때문에 이들은 거룩해야 합니다. 그래서 이들이 거룩해지려면 예수님의 피로서 죄사함을 받아야 한다는 것입니다. 이들은 [나라와 제사장]으로 새 예루살렘 성 안으로 들어가서 그 안에 계시는 하나님을 섬기는 것입니다.

그러나 하나님의 백성은 새 예루살렘 성에 들어갈 수 없으며, 하나님을 대면하여 만나는 일도 없으므로, 거룩함을 유지하지 않아도 됩니다.

그래서 하나님의 백성에 대해서는 예수님의 피로 사지 않는 것입니다. 예수님이 사람을 자신의 피로 사려는 이유는 하나님께 드리기 위해서입니다. 예수님이 피로 사면 그들은 모두 하나님께 드려지고 [나라와 제사장]이 되어야 합니다.

그런데 하나님의 백성이 될 사람들은 예수님의 피로 사지 않습니다. 하나님의 백성은 하나님을 직접 만날 일이 없기 때문입니다. 이것은 하나님께서 하나님의 백성을 외면하신다는 의미가 아닙니다. 하나님은 처음부터 하나님의 백성을 이렇게 창조하기로 하셨습니다.

하나님께서 하나님의 백성을 창조하실 때, 하나님의 백성을 어떻게 창조할 것인가를 먼저 결정하셨습니다. 하나님의 백성이 하나님을 만나도록 창조하시면, 하나님의 백성은 하나님 앞에서 거룩해야 합니다. 항상

하나님의 창조는 끝나지 않았다

거룩함을 유지해야 하는데, 이렇게 창조하면 하나님의 백성은 땅 위에서 모든 것을 자유롭게 누릴 수 없게 됩니다.

하나님 앞에서 항상 거룩함을 유지하도록 창조된 것은 하나님의 백성(Soul)이 아니라 하나님의 아들들(Spirit)입니다. 하나님 앞에서 항상 같이 있어서 하나님을 섬기는 일을 하도록 먼저 하나님의 아들들(Spirit)이 창조되었습니다.

그리고 이제는 다시 하나님의 백성을 창조하기로 하셨습니다. 하나님의 백성은 거룩하지 않게 창조하기로 하셨는데, 그 이유는 자유의지를 가지고, 땅 위에서 영원히 살게 하려는 겁니다.

하나님은 하나님의 백성(Soul)을 땅 위에서 생육하고 번성하며 충만하게 살도록 설계하셨습니다. 자유의지를 가지고 자신이 하고 싶은 일을 마음껏 하도록 설계하신 겁니다. 또한, 하늘의 새와 바다의 고기와 땅의 모든 생물을 다스리며 영원히 즐겁게 살도록 설계하셨습니다.

하나님의 백성으로 살다가 하나님께 등을 돌리고 멀리 떠나서 방탕하게 살아 볼 수도 있다는 것입니다. 자신이 시도할 수 있는 모든 것을 다 경험해 볼 수 있습니다. 그렇게 오랜 세월을 살다가 하나님을 다시 찾아오면 하나님은 다시 그를 하나님의 백성으로 받아 주십니다.

하나님의 백성이 영원히 살도록 하신 것은 하나님만의 확증이 있기 때문입니다. 사람이 영원히 살다 보면 언젠가는 참된 삶의 의미를 깨닫게 될 것이기 때문입니다. 그리고 하나님께로 돌아와 하나님이 주신 도시 안에서 영원히 편안하게 살게 되어 있습니다.

이렇게 세상의 모든 것을 하나씩 하나씩 경험하려면 참된 자유가 있어야 하며, 이 참된 자유라는 것은 하나님을 떠나는 선택도 할 수 있는 것입니다. 하나님을 떠나 세상의 여러 가지를 경험하다 보면, 아름답고 즐거운 것도 경험하지만, 아프고 고통스러운 것도 함께 경험하게 됩니다.

그리고는 언젠가 하나님 안에서의 참된 평안함이 그리워 하나님을 찾아 돌아올 것입니다. 영원한 생명이 없다면 죽어서 사라질 것이며 비극으로 인생이 끝날 수도 있습니다. 그러나 이미 영원한 생명을 주셨기 때문에, 그의 삶은 끝이 없으며, 비극으로 끝나는 일도 없습니다. 다만 하나님의 도시로 돌아오지 않는다면 비극적 상황이 영원히 이어지게 됩니다.

오랫동안 값진 경험을 통해서 진정한 삶의 의미를 깨닫게 될 것입니다. 결국에는 하나님을 찾아 하나님의 도시로 돌아올 것입니다. 이런 깊은 내적 성장을 이룬 하나님의 백성(Soul)이 스스로 하나님께 돌아와 하나님이 주신 도시 안으로 들어와서 하나님께 진심 어린 감사를 드릴 때, 하나님은 참으로 기뻐하실 겁니다. 하나님은 그들이 잠시 하나님을 떠났다고 해도 벌하지 않고 기다리는 분입니다.

하나님은 하나님의 백성(Soul)을 창조하기 전에 그들을 설계하실 때 백성들의 진정한 자유를 위하여 거룩함이라는 특성을 주지 않고, 직접 대면하고 볼 수 있는 기쁨도 포기하셨습니다. 대신에 하나님은 하나님의 백성(Soul)에게 완전한 자유를 주셨습니다.

하나님의 백성이 하나님과 예수님을 만나지 못하는 것은 특권을 빼앗긴 것이 아닙니다. 오히려 이 세상의 모든 것을 경험할 수 있는 자유를 얻은 것입니다.

하나님의 나라에서도
죄를 지을 수 있다는 건가요?

하나님의 나라가 이루어지고, 그 나라의 일부인 도시 안에서 하나님의 백성이 살게 됩니다. 이 도시 안에서 하나님의 백성은 참된 자유를 누리게 되지만, 자유와 함께 죄도 지을 수 있습니다. 자유란 선과 악을 선택할 때 어느 쪽도 선택할 수 있는 것을 의미합니다. 그래서 여기에서 하나님의 나라에서도 죄를 지을 수 있음을 설명합니다.

"불의를 하는 자는 그대로 불의를 하고 더러운 자는 그대로 더럽고 의로운 자는 그대로 의를 행하고 거룩한 자는 그대로 거룩되게 하라"(계 22:11)

예수님은 불의를 하는 자는 그대로 불의를 하라고 말씀합니다. 또 더러운 자는 그대로 더러운 상태로 있으라고 말씀합니다. 사람들의 생각에는 선하신 예수님은 [불의를 행하는 자에게 그대로 불의를 하라]고 말씀하시면 안 되는 겁니다. 오히려 [불의를 행하던 자들은 그 불의를 회개하고 의롭게 살도록 노력하라]고 말씀해야 합니다. 선하신 하나님의 이미지에 어울리는 말씀이어야 합니다. 그러면 예수님의 말씀이 잘못된 걸까요?

사람이 바라보는 시각에서는 예수님은 하나님이므로 선한 말씀을 해야 합니다. 예수님은 [더러운 자는 자신의 더러움을 깨닫고 자신을 깨끗게 하라]고 말씀해야 합니다. 예수님이 [더러운 자는 계속 더러워라]고 말씀 하면 안 되는 거지요. 아무리 종말이라서 회개할 시간이 없다고 하더라도 [계속 더러워라]는 표현은 깨끗하고 거룩한 하나님의 이미지에는 어울리 지 않는다는 겁니다. 그러면 예수님이 말실수를 하신 걸까요?

지금까지 여러분이 이처럼 생각했거나 지금도 이와 같은 생각이 든다 면 여러분은 하나님의 나라를 모르고 있는 것입니다. 하나님의 나라는 죄 가 없는 곳이 아니라, 억울한 사람이 없는 곳입니다.

하나님의 나라에서 하나님의 백성은 다양한 성격과 다양한 생각을 가지 고 살아갑니다. 또 각자 자기만의 취미와 취향을 가지고 사는 곳입니다. 그래서 하나님의 나라에서도 많은 일과 사건과 사고가 있을 것입니다. 하 나님의 나라 안에서 사는 하나님의 백성은 모두 영원히 존재하는 사람들 입니다. 아무리 다양한 사건과 사고가 있다고 하더라도 하나님의 백성이 죽어서 사라지는 일은 없습니다.

피해자가 항상 살아 있기 때문에 완전 범죄는 있을 수 없습니다. 결국, 피해자가 하나님께 호소하면 가해자는 공의로우신 하나님의 공정한 재판 을 통해서 반드시 자신의 죗값을 치르게 됩니다. 그래서 하나님의 나라는 죄가 없는 곳이 아니라 억울한 사람이 없는 곳입니다. 결론적으로 하나님의 나라에서도 죄를 지을 수 있다는 것입니다.

첫 번째 근거는 일흔 번씩 일곱 번을 용서하라는 말씀입니다.

"예수께서 가라사대 네게 이르노니 일곱 번뿐 아니라 일흔 번씩 일곱 번이라도 할찌니라"(마 18:22)

여태까지 우리는 이 말씀을 현재 삶에서 실천해야 하는 말씀으로 생각해 왔습니다. 그러나 이 말씀은 하나님의 나라가 이루어진 다음에, 그 나라 안에서 살게 되는 하나님의 백성에게 하시는 말씀으로, 용서의 삶을 살라는 것입니다. 물론 지금이라도 이 말씀을 실천하여 용서의 삶을 산다면 정말 좋은 일입니다. 당연히 현재의 삶에서도 이 말씀을 실천할 수 있다면 실천해야 합니다.

그러나 이 말씀을 현재의 삶에 적용해 본다면 대단히 과장된 말씀으로 보일 수밖에 없습니다. 왜냐하면, 한 사람이 다른 한 사람에게 일흔 번씩 일곱 번까지 죄를 짓는 일도 없을 것이지만, 이렇게까지 용서할 수 있는 사람도 없을 것이기 때문입니다.

당장은 할 수 있다고 말하는 성도가 있을지 모르겠으나, 잘 알고 있는 어떤 한 사람이 나에게 똑같은 잘못을 일곱 번이나 반복한다면, 아마 일곱 번이 되기도 전에 다시는 그 사람을 만나지 않을 것입니다.

하나님의 창조는 끝나지 않았다

많은 설교자가 이 말씀을 완전한 용서, 끝없는 용서로 설명합니다. 일흔 번씩 일곱 번인 사백 구십 번까지 용서하라는 말이 아니라, 이처럼 완전한 용서, 끊임없는 용서를 하라는 말로 이해합니다. 물론 이런 설명도 틀리지는 않습니다.

그러나 예수님의 의도는 하나님의 나라 안에서 살면서 용서하는 것을 설명한 겁니다. 일흔 번씩 일곱 번이라도 용서할 수 있는 것은 하나님의 백성이 영원히 살기 때문입니다. 영원히 살다 보면 언젠가는 죄를 범한 수가 그 이상이 될지도 모릅니다.

그런데 더 중요한 점은 천국에서는 일흔 번씩 일곱 번이라도 용서하는 일이 어렵지 않다는 겁니다. 영원한 삶을 누린다는 사실이 어떤 것도 용서할 수 있는 넓은 마음을 가지게 합니다. 우리가 하나님의 나라 안에서 영원히 살게 된다면, 누가 나에게 어떤 죄를 짓든 하나님의 나라 안에서는 용서하지 못할 죄가 없습니다.

천국에서 영원히 살다 보면, 일흔 번씩 일곱 번이나 형제를 용서하게 될 일이 생길 수도 있겠으나, 완전하고도 끊임없는 용서를 계속하라는 뜻으로 해석하는 것이 맞을 것 같습니다. 형제가 나에게 어떤 죄를 지어도 내가 소멸하여 사라지는 일은 없기 때문입니다.

결론적으로 하나님의 나라에서도 죄를 짓는 일이 있다는 겁니다. 일흔 번씩 일곱 번이라도 용서하라는 말씀은 현생보다는 오는 세상인 천국에 더 어울리는 말씀입니다.

두 번째 근거는 성령을 말로 거역하는 죄에 대한 말씀입니다.

"또 누구든지 말로 인자를 거역하면 사하심을 얻되 누구든지 말로 성령
을 거역하면 이 세상과 오는 세상에서도 사하심을 얻지 못하리라"(마
12:32)

예수님의 말씀에서 [이 세상]은 지금 우리가 사는 세상을 말합니다. 그
리고 [오는 세상]이란 이 땅 위에 세워지게 될 하나님의 나라를 의미합니
다. 예수님은 [하나님의 나라(천국)]이 가까이 왔다고 말씀하셨기 때문입
니다. 하나님의 나라가 이루어지고 난 후에도, 하나님의 나라 안에서 사
는 사람 중에는 성령을 거역하는 죄를 범하는 사람이 있을 수 있다는 말
입니다.

하나님의 나라가 이뤄지고 난 후에, 하나님의 나라 안에서 사는 하나님
의 백성 중에서도 성령을 훼방하는 죄를 범한다면, 그 사람은 성령 훼방
죄로 인해 반드시 법정에 서게 되며 결코 용서받지 못하고 반드시 형벌을
받게 된다는 겁니다. 또한, 중간에 용서되는 일이 없으므로 형기를 마치
기 전에는 결코 불 못에서 나오지 못한다는 의미입니다.

오는 세상(하나님의 나라)에서 여러 가지 죄를 지어도 그 죄들은 용서받
을 수 있으나, 성령을 훼방하는 죄는 절대 용서받을 수 없다. 그러니 오는

하나님의 창조는 끝나지 않았다

세상에서도 성령을 훼방하는 죄는 범하지 말라는 예수님의 당부입니다.

결론적으로 하나님의 나라에서도 성령을 거역하는 죄를 짓는 일이 있을 수 있다는 겁니다. 만약 이런 일이 절대 발생하지 않을 것이라면, 예수님은 [이 세상과 오는 세상에서도 사하심을 얻지 못하리라]는 말씀을 하지 않고, 단순히 [이 세상에서 사하심을 얻지 못하리라]고 하셨을 겁니다.

세 번째 근거로 산상수훈의 말씀 중 하나입니다.

"너를 고발하는 자와 함께 길에 있을 때에 급히 사화하라. 그 고발하는
자가 너를 재판관에게 내어 주고 재판관이 옥리에게 내어 주어 옥에 가
둘까 염려하라"(마 5:25)

이 말씀은 현대인의 눈으로 보면 조금 이상한 말씀입니다. 아무리 피해자가 고발하여 재판이 진행된다고 하더라도, 피해자에게 증인이 없거나 증거가 없다면 가해자는 법정에서 무죄 선고를 받게 됩니다. 악인이 큰 죄를 범했을지라도 증인이 거짓말을 하거나 증거를 조작하면 그 악인은 형벌을 받지 않습니다. 그뿐만 아니라 가해자와 피해자가 바뀌는 일도 자주 발생합니다. 이런 일들이 발생하는 것은 판사는 하나님이 아니며, 판사가 모든 것을 알 수는 없기 때문입니다. 그래서 마 5:25의 말씀은 현대인에게는 맞지 않는 말씀입니다.

피해자가 고발하려고 법정으로 가는 길에 가해자가 함께 있을 경우, 피

해자를 죽이거나 고발하지 못하게 하면 굳이 피해자에게 사과하거나 피해자와 화해하는 일을 하지 않아도 되고, 피해자에게 보상하는 일도 없게 됩니다. 왜냐하면, 지금의 세상은 완전 범죄가 가능한 세상이기 때문입니다.

물론 대한민국은 과학수사가 매우 발달해 있으며, CCTV와 차량 블랙박스도 많으며, 핸드폰과 신용카드 등으로 사람의 동선을 파악하여 완전 범죄가 거의 불가능한 사회입니다. 그러나 과학수사가 발달하기 전에는 대한민국에서도 완전 범죄가 가능했고, 아직도 해결되지 않았으나 수사를 종결한 사건이 있다고 합니다.

예수님이 하신 이 말씀이 완전한 진리가 되려면, 판사들이 예수님과 같이 사람의 속을 꿰뚫어 보는 능력이 있어야 합니다. 강제로 증인이 진실만을 말하게 한다든가, 증거를 조작해도 다 본래대로 드러나게 하든가, 판사의 눈이 가해자의 속마음을 뚫어본다든가 해야 합니다. 이런 전제가 있어야 판사는 옳은 판결을 내릴 수 있고, 가해자는 공정한 재판을 통해서 죗값을 받게 됩니다. 또 판사도 공의로운 재판을 하는 사람이어야 합니다. 이런 구조가 완성되어 있어야 예수님의 말씀은 진리가 됩니다.

그래서 마 5:25의 말씀은 지금의 세상이 아니라 하나님의 나라가 이루어진 후에, 하나님의 나라의 백성으로 사는 사람들에게 하시는 말씀입니다. 하나님의 나라가 이루어지면, 하나님의 백성에게 죽음이 없으므로 결단코 완전 범죄는 불가능합니다.

하나님의 창조는 끝나지 않았다

피해자는 반드시 하나님께 호소할 것이며 가해자는 반드시 죄에 합당한 벌을 받게 될 것입니다. 그래서 가해자는 피해자가 고발하려고 할 때 반드시 고발하기 전에 화해해야 합니다. 마 5:25은 하나님의 나라 안에서 하나님의 백성 사이에서 죄를 지었을 때 빨리 화해하라는 예수님의 권고의 말씀입니다.

결론적으로 하나님의 나라에서도 죄를 짓는 일이 있습니다. 하나님 나라 안에서 죄를 짓게 되면 재판 자리까지 가지 말라는 예수님의 경고입니다.

네 번째 근거는 마 18:23~35의 일만 달란트 비유입니다.

이 비유의 말씀에서도 천국에 들어간 하나님의 백성이 형제의 죄를 용서하지 못하는 장면이 나옵니다. 천국에서도 형제에게 죄를 지을 수 있다는 것을 말씀합니다. 천국의 삶을 살면서 형제가 다른 사람에게 죄를 지을 때, 그 가해자가 진심으로 용서를 구하면 피해자는 반드시 용서해야 한다는 말씀입니다. 만약 피해자가 사과하는 가해자를 용서하지 못한다면, 하나님께서도 용서하셨던 우리의 죄를 다시 되살리고, 하나님의 용서를 취소하신다는 말씀입니다.

물론 이 말씀을 다르게 이해하는 분들도 있을 것입니다. 그러나 일만 달란트의 비유는 예수님의 피로서 죄사함을 받는 것을 의미하지 않습니다. 일만 달란트의 비유는 천국에 들어갈 때와 들어간 후의 행동에 관한 내용입니다.

결론적으로 하나님의 나라에서도 형제가 형제에게 죄를 범할 수 있다는 것입니다. 이렇게 하나님의 나라에 들어가서도 하나님의 백성이 죄를 범할 수 있다는 사실은 예수님의 여러 말씀에서 확인할 수 있습니다.

하나님의 나라에서도 죄를 지을 수 있다는 사실은 기독교인들이 바라던 천국이 아니라는 생각을 가지게 합니다. 사람들이 생각하는 천국은 천사같이 착한 사람들만 있는 곳입니다. 그런데 이런 천국은 하나님께서 창조하려는 천국이 아닙니다.

하나님이 이 땅 위에 이루고자 하시는 천국은 창 1:28에 나타나 있는 것처럼, 사람(하나님의 백성)이 생육하고 번성하여 땅(하나님의 도시)에 충만하고, 그 도시에서 하늘의 새와 바다의 고기와 땅의 모든 생물과 함께 어울려 살면서 영원히 즐겁게 사는 것입니다.

하늘의 새와 바다의 고기와 땅의 모든 생물을 다스리는 일을 생각해 보세요. 천국이 흰옷 입고 하나님을 밤낮으로 찬양하는 그런 곳일까요? [하늘의 새와 바다의 고기와 땅의 모든 생물을 다스리라]는 말씀 속에서 천국에서도 많은 재미있는 일이 있을 것으로 생각되지 않나요?

하늘의 새들과 바다의 많은 고기와 땅에 있는 모든 생물과 함께 어울려 살아간다면, 많은 에피소드가 생길 것입니다. 사람들은 종종 사람들과 함께 사는 예쁜 강아지나 고양이가 재롱을 부리는 동영상을 보고 웃습니다. 천국에서는 이런 일들이 더욱 많을 것입니다.

하나님이 계신 영의 세계가 아니라 하늘(새)과 바다(고기)와 땅(모든 생물)에서 동물들과 함께 사는 곳이 바로 하나님이 계획하신 천국이며, 그곳이 이 세상입니다.

　하나님께서 사람을 창조하신 목적은 창 1:28처럼 처음부터 이렇게 살라고 창조하신 겁니다. 동물이 없는 영의 세계로 가서 밤낮으로 찬양만 하라고 창조하신 것이 아닙니다.

　각종 아름다운 일과 즐거운 일들이 있는 세상에서 살라고 창조하셨기 때문에 사람은 참된 자유를 하나님에게서 받게 되었습니다. 하나님의 백성이 하나님에게서 받은 참된 자유는 나열된 모든 경우에 대해 선택이 가능한 자유입니다. 오직 하나님만을 찬양하고 하나님만을 선택하고 하나님만 즐겁게 하는 의지는 자유의지가 아닙니다.

　하나님만을 선택하도록 방향이 결정되어 있다면 이것은 참된 자유가 아닙니다.

　하나님은 하나님의 백성에게 참된 자유를 주셨습니다. 이 자유는 하나님이 좋아하지 않는 일을 할 수도 있는 자유입니다. 하나님은 하나님의 백성을 창조하실 때, 모든 것을 스스로 결정할 수 있도록 하셨고, 이런 참된 자유를 가지고 스스로 하나님의 도시 안에서 즐겁게 사는 선택을 하기 바라십니다. 이런 선택은 하나님을 위해서 하라는 말이 아닙니다. 자신을 위하여 스스로의 삶을 선택하는 것입니다.

이런 진정한 자유를 주시기 위해 하나님의 백성이 하나님이 원치 않는 일을 할 수도 있는 자유를 주셨으며, 이 자유는 하나님의 백성이 하나님의 나라 안에서도 죄를 범할 수 있는 자유입니다. 하나님은 처음 하나님의 나라를 계획하실 때부터 하나님의 백성이 천국에서 죄를 범할 수 있음을 알고 계셨고 또 허용하신 겁니다.

일만 달란트 비유는 예수님의 피로
죄사함을 받는 것이 아닌가요?

예수님의 피로 죄사함을 받는 것은 채무의 완전한 변제를 의미합니다. 그런데 일만 달란트의 비유는 완전한 변제가 아니라, 조건적인 형벌의 영원한 집행유예를 의미합니다. 그런 의미에서 일만 달란트의 비유는 예수님의 피로 죄사함을 받는 사건이 아닙니다.

조건적 집행유예라는 것은 형벌을 정했으나, 형을 집행하지 않고 미래의 시간으로 미룬다는 의미입니다. 형벌이 없어지는 것이 아니므로 형을 집행하지 않는 한, 사람의 죄는 소멸하지 않습니다. 영원한 조건적 형벌의 집행유예는 땅 위에서 영원히 살게 되는 [하나님의 백성]들이 받게 되는 은혜입니다. 왜 일만 달란트의 비유가 영원한 집행유예를 의미하는지 설명합니다.

하나님의 백성은 [나라와 제사장(계 1:6)]이 아닙니다. 하나님의 백성은 땅 위에서 영원한 삶을 누리는 사람들입니다. 하나님의 백성은 [나라와 제사장]의 백성이고, [나라와 제사장]은 예수님의 백성이 됩니다.

그래서 예수님을 [왕들의 왕]이라고 부르며 [주들의 주]라고 합니다. [나라와 제사장]은 아래로 백성을 돌아보며, 위로는 예수님을 왕으로 모시는 [중보자]입니다. 땅 위에 사는 백성의 왕은 [나라와 제사장]이며, 땅 위에 사는 백성을 다스리는 왕들의 왕은 예수 그리스도입니다. 하나님의 백성과 예수님 사이에는 [나라와 제사장]들이 있어서 중보의 역할을 합니다.

일만 달란트의 비유는 땅 위에서 사는 하나님의 백성이 그들의 왕인 [나라와 제사장]으로부터 받는 은혜를 설명하고 있습니다. 예수님의 피로 죄를 용서받는 일은 [나라와 제사장]이 그들의 왕인 예수님으로부터 받게 되는 은혜입니다. 이 두 가지는 서로 다른 사건입니다. 물론 [나라와 제사장]들이 백성에게 베푸는 일만 달란트의 탕감이라는 은혜는 [나라와 제사장]들이 개인적인 역량에 따라 이루어지는 것이 아닙니다. 이 은혜는 예수님의 명령에 따라 [나라와 제사장]을 통하여 실현되는 은혜입니다. [나라와 제사장]들은 철저하게 예수님의 명령을 따르는 종들이기 때문입니다.

그러면 이제 일만 달란트의 비유의 말씀을 지금까지 배워 왔던 대로 설명해 보겠습니다. 이 설명을 자세히 생각해 보면 모순이 발생하는 것을 확인할 수 있습니다.

우리 기독교인들이 진심으로 회개하여 예수님의 피로서 우리의 죄를 용서받습니다. 우리의 죄를 용서받는 일을 일만 달란트의 죄를 탕감받은 것으로 설명합니다. 그런데 같은 교회에 다니는 교우가 나에게 죄(빚)를 지었습니다. 예를 들어 그 교우가 어떤 사실을 오해하여 나에 대한 소문

하나님의 창조는 끝나지 않았다

을 퍼트렸습니다. 교회의 많은 다른 교우들이 나를 이상하게 바라보면서 가까이하지 않는 것을 경험하게 됩니다. 나는 오해하는 사람을 만나는 대로 사실을 분명하게 밝히고 해명합니다. 나중에 나를 욕했던 사람이 와서 자신이 오해했다면서 나에게 용서를 구합니다.

그런데 그동안 겪은 고통이 있어서 쉽게 용서하지 못합니다. 나도 그 사람에 대한 악성 소문을 퍼트려서 나와 같은 고통을 겪게 하고 싶은 마음이 불쑥 올라옵니다. 그래서 하나님께 [왜 나만 고통받고 용서해야 합니까? 저 사람도 나처럼 똑같은 경험을 했으면 합니다. 그냥 아무 일도 없었던 것처럼 용서할 수는 없습니다.]고 기도하게 됩니다. 간혹 우리에게 이런 일들이 일어나지 않나요?

예수님은 우리에게 일만 달란트의 무거운 죄를 용서해 주셨으나, 나는 교우의 못된 행동을 용서하려고 해도 용서하지 못합니다. 나의 감정을 정리하지 못해서 상대를 용서하지 못하는 경우가 있습니다. 내가 상대방을 용서하지 못하겠다고 기도하는 순간

"주인이 노하여 그 빚을 다 갚도록 저를 옥졸들에게 붙이니라"(마 18:34)

이 말씀과 같은 상황이 펼쳐집니다.

예수님은 "내가 너의 빚 일만 달란트를 용서했던 일이 있었지? 너를 용

서했던 일은 취소한다. 다시 다 갚아라."라고 말씀하십니다. 예수님께서 용서해 주신다고 하시고는 다시 무르신다는 겁니다. 예수님이 이렇게 행동해도 될까요? 예수님이 죄를 용서하신 후에도 다시 무르는 일이 가능하다는 걸까요?

죄를 용서받은 후에, 그 사람의 행동에 따라, 다시 소급 적용하여 죄를 되살린다는 말입니다. 전능하신 하나님이 용서한다고 하셨다가, 다시 용서하지 않겠다고 하는 것인데, 이렇게 하나님께서 말을 바꾼다는 것이 가능한 일일까요?

만약 이런 일이 가능하다면, 우리 주위에서 신앙생활을 하는 많은 분들이 교우의 잘못을 용서하지 못하다가 바로 천사에게 붙들려 예수님이 계신 법정으로 끌려가서 다시 일만 달란트의 죗값을 지불하기 위해 감옥에 갇혀야 합니다.

"그 동료들이 그것을 보고 몹시 딱하게 여겨 주인에게 가서 그 일을 다 알리니 이에 주인이 그를 불러다가"(마 18:31~32)

주인이신 예수님께서 교우를 용서하지 못한 나를 불러야 합니다. 교우를 용서하지 못한 성도들이 예수님께 불려 가서 예수님이 계신 법정으로 끌려갔어야 합니다. 그리고 벌을 받았어야 합니다. 우리 주위에 있는 교회에서 이런 일들이 많이 일어났어야 합니다.

하나님의 창조는 끝나지 않았다

그러나 우리 주위의 교회에서 이런 일들이 일어나는 것을 본 적도 없고 들은 적도 없습니다. 천사가 내려와서 잡아가는 일은 고사하고 천사의 그림자도 볼 수가 없습니다. 예수님께서 일만 달란트의 비유에서 말씀하신 그런 일들이 현실에는 전혀 발생하지 않고 있습니다. 그래서 일만 달란트의 비유는 예수님의 피로 죄사함을 받는 사건을 설명하는 것이 아니라는 겁니다.

일만 달란트의 비유는
천국 백성이 받는 은혜입니다

일만 달란트의 비유는 땅 위에 세워진 하나님의 도시로 하나님의 백성이 들어갈 때, 땅을 다스리는 임금(나라와 제사장)을 통해서 하나님께서 주는 은혜를 설명한 것입니다. 이 은혜란 죄의 청산이 아니라, 죄로 인한 형벌에 대해서 조건적으로 집행을 영원히 유예하는 것을 의미합니다.

당연히 은혜를 주시는 분은 하나님입니다. 일만 달란트의 탕감은 하나님의 뜻이며, 이것은 땅을 다스리는 임금들(나라와 제사장)에게 내리는 하나님의 명령입니다. [나라와 제사장]들은 하나님의 뜻에 순종하여 하나님의 명령을 준행하는 겁니다.

죄의 완전한 소멸은 오직 예수님의 피로서만 가능합니다. 그런데 이 말은 좀 더 설명이 필요합니다. 죄의 특성에 따라 구분해 볼 때, 사람 간의 죄는 서로 용서하는 것으로 형벌을 받지 않을 수 있습니다. 그러나 사람이 하나님께 지은 죄는 결코 그냥 사라지는 일이 없습니다. 하나님을 향한 죄는 완전한 제물로 용서를 받아야 하는데, 이 세상에는 완전한 제물이 없습니다. 하나님께 범한 죄를 용서받는 일은 오직 예수님의 피로서만 가능합니다.

하나님 앞으로 가기 위해서는 모든 죄를 예수님의 피로 용서를 받아야 합니다. 오직 예수님의 피로만 죄를 용서받을 수 있는데, 그 이유는 하나님의 형벌을 받을 수 있는 것은 아들(예수 그리스도)뿐이기 때문입니다. 피조물이 창조주에게 받는 형벌은 그 자체가 완전한 소멸이거나, 영원히 나올 수 없는 불 못입니다. 그래서 아버지(하나님)의 진노는 아들(예수 그리스도)만이 감당할 수 있습니다. 그런데 확실히 해야 할 것이 있는데, 그것은 아들이 형벌을 받고자 했던 목적은 사람을 하나님 앞으로 데려가기 위해서입니다.

사람 사이에서는 서로의 죄에 대하여 서로가 용서하면 됩니다. 양자 간에 합의하면 됩니다. 비록 죄의 대가를 지급하지 않아도 사람들이 서로 용서하면 그냥 넘어갈 수 있다는 말입니다.

그러나 하나님 앞에서는 구두로 용서한다는 말로 끝나지 않습니다. 죄(채무)는 반드시 그 대가를 지급하여 완전히 소멸(변제)하여야 합니다. 모든 죄가 소멸하여 사라져야만 거룩한 상태가 되는 것이며, 이렇게 거룩한 상태가 되어야 하나님 앞에 나아갈 수 있습니다.

그런데 땅 위에서 영원히 살게 되는 하나님의 백성은 하나님 앞에 가지 않습니다. 하나님의 백성은 땅 위에서 [생육하고 번성하여 충만해질 것입니다. 하늘의 새와 바다의 고기와 땅의 모든 생물을 다스리며 영원히 땅 위에서 살게 됩니다.

하나님의 백성이 하나님이 계신 보좌로 갈 일은 없습니다. 그래서 예수님이 땅 위에 영원히 살게 될 하나님의 백성을 위하여 일만 달란트의 비유를 말씀하신 것입니다.

"갚을 것이 없는지라 주인이 명하여 그 몸과 처와 자식들과 모든 소유를 다 팔아 갚게 하라 한대"(마 18:25)

이 말씀은 우리가 예수 그리스도로부터 죄사함을 받고 거룩한 백성이 되는 것과는 전혀 다른 상황을 보여 줍니다. 지금까지 누구라도 예수님으로부터 빚을 갚으라는 명령을 받은 사람은 없습니다. 우리가 죄를 용서받기 전에 먼저 죄의 대가를 지급하라는 요구를 받은 적은 없습니다. 기독교인들이 죄를 대가를 지급하라는 명령을 받기 전에, 먼저 살아 있을 때 예수님을 영접하고 믿게 됩니다.

마 18:23에서 죄의 대가를 내라고 자기 종들에게 요구하는 임금의 모습은 기독교인이 믿는 예수님의 모습과 다릅니다. 많은 기독교인이 살아 있을 때, 예수님의 피로 죄사함을 받기 전에, 예수님 앞으로 끌려가서 죄의 대가를 내라는 요구를 받지 않습니다. 사람이 죽기 전에 예수님의 얼굴을 보는 일은 없습니다. 살아 있을 때는 예수님의 얼굴은 고사하고 천사조차 한번 보기도 어렵습니다. 물론 여러 간증에서 예수님을 봤다든가 천사를

하나님의 창조는 끝나지 않았다

봤다고 하지만 그것은 증명되지 않는 개인적인 간증일 뿐입니다. 기독교인 대부분은 예수님을 직접 만나지 못하며, 천사들에게 잡혀가는 일도 없습니다.

결론을 내리면, 일만 달란트의 비유는 기독교인들이 예수님의 피로 죄 사함을 받는 사건이 아니라는 겁니다.

> "그 종이 엎드리어 절하며 가로되 내게 참으소서 다 갚으리이다 하거늘"(마 18:26)

기독교인이 언제 예수님께 [내 죄의 대가를 다 지급하겠습니다]라고 말한 적이 있습니까? 1달란트는 6천 데나리온이며, 일만 달란트는 6천만 데나리온에 해당합니다. 1데나리온은 1일 품삯이라고 하니 하루도 빠짐없이 일한다는 조건으로 대략 162,384년 동안 일하면 갚을 수 있는 빚입니다.

설교자 대부분은 절대로 갚을 수 없는 빚이라고 설명합니다. 왜냐하면, 16만 년 동안 사는 사람은 없기 때문입니다. 일부 사람은 한 사람이 이렇게 많은 빚을 지는 예는 없다고 보기 때문에 비현실적인 비유라고도 합니다. 그러나 설교자 대부분은 일만 달란트의 빚은 우리가 갚을 수 없는 죄라고 설명합니다. 이 설명은 거의 맞는 설명이라고 생각합니다.

그런데 다시 생각을 해 보세요.

이 사람은 임금에게 [다 갚으리이다]고 대답하고 있다는 겁니다. 그런데 기독교인 중 누구라도 예수님께 죄를 갚겠다고 말한 사람은 없다는 겁니다. 많은 기독교인이 회개 기도를 할 때, 예수님께 우리의 죄를 사하여 달라는 기도를 드립니다. 기독교인 중에서 [내게 참으소서 다 갚으리이다]고 기도하는 사람이 혹시라도 있었을까요? 이렇게 기도하는 사람은 없었을 것으로 생각합니다.

다시 한번 결론을 내리면, 일만 달란트의 비유는 기독교인들이 예수님의 피로 죄사함을 받는 일을 말하는 것이 아니라는 겁니다.

"그 종의 주인이 불쌍히 여겨 놓아 보내며 그 빚을 탕감하여 주었더니"(마 18:27)

이 말씀은 마치 예수님이 우리의 모든 죄를 다 사하여 주셨다는 뜻으로 보입니다. 그러나 이 말씀은 이 종이 빚을 갚지 않아도 추궁하지 않겠다는 의미이지 이 종의 빚이 장부에서 지워졌다는 의미는 아닙니다.

"주인이 노하여 그 빚을 다 갚도록 저를 옥졸들에게 붙이니라"(마 18:34)

이 말씀은 이 종이 갚아야 할 빚이 장부에 그대로 남아 있었다는 뜻입니다. 이 종이 빚을 갚지 않았기 때문에 이 종의 빚은 사라지지 않은 겁니다.

마 18:27과 마 18:34의 말씀이 조화를 이루려면, 이 종은 일만 달란트라는 빚을 갚은 적이 없다는 것이고, 이 종의 빚은 장부에 그대로 적혀 있어서 사라지지 않았다는 것이며, 탕감이라는 말은 이 종의 빚을 장부에서 지우는 것이 아니라, 빚에 대해 상환요구를 하지 않겠다는 의미입니다.

임금이 종의 빚을 탕감하여 주었다고 기록되어 있습니다. 여기서 [탕감]이라는 헬라어 단어는 ἀφίημι(아피에미)라는 동사로 [to send away, leave alone, permit]의 의미가 있습니다. 마치 죄를 용서받아 다시는 기억되지 않는 영원한 변제로 보이지만, 여기에서 탕감은 빚이 사라지는 것이 아니라, 빚에 대해 상환요구를 하지 않는다는 뜻입니다.

일만 달란트 비유의 내용을 보면, 이 종의 빚은 장부에서 완전히 사라져서 다시는 갚으라는 요구를 받지 않는 [변제]가 아닙니다. 마 18:34에서 이 종의 빚은 갚아야 하는 상태로 장부에서 지워지지 않고 있었다는 것을 알 수 있습니다. 임금이 탕감하여 주었다고 기록되었으나, 내용상, 이 탕감은 변제가 아니며, 조건적인 영원한 집행유예입니다. 단, 조건은 형제를 진심으로 용서하는 것입니다.

형제들을 중심으로 용서한다는 조건을 지키고 있는 한, 하나님께서도 일만 달란트의 빚에 대한 상환을 영원히 유예하겠다는 의미입니다. 다시 말해서 탕감이라고 해도 빚이 사라진 것은 아니라는 말입니다.

다시 한번 더 결론을 내리면 일만 달란트의 비유는 기독교인들이 예수님의 피로 죄사함을 받는 사건이 아니라는 겁니다.

일만 달란트의 비유는 하나님의 백성이 처음으로 천국(하나님의 도시)에 들어갈 때, 하나님의 도시를 맡아서 다스리는 하나님의 종(나라와 제사장)에 의해 하나님의 은혜로 형벌을 받지 않게 되는 것을 의미합니다.

죄에 대한 은혜란 즉시로 형벌을 받지 않고, 조건부로 영원히 형집행정지를 받는 것을 의미합니다. 죄가 사라지지 않기 때문에 예수님의 피로 사함을 받는 것과는 다른 것입니다. 예수님의 피로 죄사함을 받으면, 그 죄는 소멸하여 사라지는 것이고, 죄의 장부에서 모든 기록이 사라지게 되는 것입니다. 그러나 일만 달란트의 비유에서는 죄의 장부에서 기록이 사라지지 않기 때문에 예수님의 피로 소멸하는 것과는 다르다는 겁니다.

둘째 부활에 참여한 모든 하나님의 백성이 하나님의 도시 안으로 들어가게 될 때, 그 하나님의 도시들을 다스리는 임금은 예수님의 종으로서 [나라와 제사장]으로 불립니다.

하나님의 백성이 천국의 도시 안으로 들어올 때, 예수님의 명령에 따라 [나라와 제사장]들이 백성을 다스리게 됩니다. 그런데 하나님의 백성이 하나님의 도시로 들어가기 전에 먼저, 자신이 살았던 첫 번째 삶의 모든 일을 정리하게 됩니다. 각 사람이 살아온 삶 속에서 선한 일은 상을 받고 악한 일을 벌을 받게 됩니다. 이렇게 과거를 정리하는 과정이 백보좌의 심판입니다.

하나님의 창조는 끝나지 않았다

과거를 청산하는 재판 자리에서, 사람들은 하나님께 갚을 수 없는 죄에 대해서는 일만 달란트라는 엄청난 죄의 무게를 짊어져야 합니다. 그러나 [나라와 제사장]들은 용서를 구하는 모든 사람에게 죄의 형벌을 내리지 않고, 영원히 형벌을 유예하게 됩니다.

백보좌의 심판에서는 형벌을 상쇄하는 완전한 죄 사함은 없습니다. 빚은 갚아야 소멸합니다. 죄의 소멸은 죄에 대한 대가를 지급해야만 가능합니다. 예수님이 우리의 죄를 사해 주신다는 말은 죄의 대가를 예수님이 지급하셨기 때문에 가능합니다. 그런데 현생에서 지은 죄에 대해서 그 대가를 지급하는 일은 예수님만 가능하므로, 예수님의 종(나라와 제사장)들은 할 수 없는 일입니다.

그래서 이 예수님의 종(임금)들은 하나님 백성의 죄를 소멸하는 권한이 없으므로 형벌의 집행을 영원히 유예하는 것만 가능합니다.

일만 달란트의 비유는 예수님의 종들이 천국에 들어가는 하나님 백성의 죄에 대하여 영원한 형집행정지의 은혜를 베푸는 장면입니다. 이 은혜는 하나님이 주는 것입니다. 그런데 하나님께서 예수님의 종(나라와 제사장)들에게 이 은혜에 대한 처리를 맡기셨습니다. 그래서 어떤 임금(나라와 제사장)이 처음에는 빚을 갚으라는 요구를 하는 겁니다.

> "주인이 명하여 그 몸과 아내와 자식들과 모든 소유를 다 팔아 갚게 하라 하니"(마 18:25)

어떤 임금(마 18:23)이었던 이 주인(마 18:25)은 처음에는 무조건 빚을 갚으라고 요구한다는 것입니다. 기독교인이 믿는 예수님과는 다른 모습입니다. 왜냐하면, 이 주인은 예수님을 비유하지 않기 때문입니다. 이 주인은 예수님의 종을 비유하고 있습니다.

일만 달란트라는 엄청난 죄는 하나님께 대한 죄를 의미합니다. 하나님을 믿지 않고, 하나님을 모독하고, 하나님을 거부하고, 하나님의 부인한 모든 죄가 이에 해당합니다.

단 사람(형제)에게 지은 빚에 대해서는 일만 달란트에 포함되지 않는 것으로 보입니다. 그 이유는 본문 말씀에서 종은 임금에게 빚을 졌기 때문입니다. 사람에게 지은 빚이 아니라 임금에게 빚을 진 자라는 의미입니다. 물론 이 빚은 하나님께 지은 죄를 말합니다.

결론적으로 일만 달란트의 비유는 하나님 백성의 죄가 소멸하여 사라지는 것이 아니라 조건적인 영원한 집행유예를 설명하고 있습니다. 예수님의 피로 죄사함을 받아서 죄가 완전히 소멸하는 것을 설명하고 있지 않습니다.

하나님의 창조는 끝나지 않았다

예수님의 피로 죄사함을 받는 것은
채무의 완전한 변제입니다

사람이 하나님을 직접 만나게 된다면, 하나님의 거룩함 때문에 죄 있는 사람은 살아 있을 수 없습니다. 사람이 하나님을 직접 뵙고 섬기려면 거룩함을 유지해야 해야 합니다. 하나님 앞에서 거룩함을 유지해야 하는 사람들은 반드시 죄가 없어야 합니다. 그래서 하나님 앞에 서게 될 사람들은 예수님의 피로 죄사함을 받아야 합니다.

"우리를 사랑하사 그의 피로 우리 죄에서 우리를 해방하시고 그 아버지
하나님을 위하여 우리를 나라와 제사장으로 삼으신"(계 1:5~6)

예수님께서 피로써 죄를 용서해 주시는 이유는 하나님을 위한 [나라와 제사장]을 삼기 위함이라고 합니다. 이 [나라와 제사장]이 하나님을 위한 사람들입니다.

"일찍 죽임을 당하사 각 족속과 방언과 백성과 나라 가운데서 사람들을
피로 사서 하나님께 드리시고 저희로 우리 하나님 앞에서 나라와 제사

장을 삼으셨으니 저희가 땅에서 왕노릇하리로다 하더라"(계 5:9~10)

예수님께서 사람들을 피로 사는 이유는 하나님을 위한 [나라와 제사장]으로 삼기 위함이라고 합니다. 예수님의 피로 죄사함을 받는 사람들은 모두 [나라와 제사장]이 됩니다.

이 사람들은 밤낮으로 하나님을 섬기는 사람들이며(계 7:15) 또한 하나님의 보좌 앞에 있게 될 사람들입니다(계 7:15). 그래서 이 사람들을 [나라와 제사장]으로 부르는데, 항상 하나님의 보좌 앞에 있을 것이므로 거룩함을 유지해야 합니다. 또한, 하나님의 보좌 앞에서 하나님을 직접 보고 섬기는 사람이 되어야 하므로, 그들의 모든 죄를 완전히 소멸하여야 합니다.

그래서 계 7:14에서 "어린 양의 피에 그 옷을 씻었다"라고 기록하고 있습니다. 하나님 앞에 서기 위해서 이 사람들의 죄는 완전히 사라지고 없어야 합니다. 그래서 이 사람들의 죄에 대한 형벌을 예수님이 대신 받은 것으로 하기 위해 어린 양의 피가 적용된 것입니다.

어린 양의 피로 죄사함을 받았다는 말은 단순히 죄가 감춰졌다는 말이 아니라, 마치 죄를 지은 사실이 없는 것처럼 죄 자체가 사라졌다는 말입니다. 죄는 빚을 의미하는데 이 빚을 예수님께서 대신 청산하셨다는 것이며, 채무에 대한 완전한 변제를 의미합니다.

"여호와께서 말씀하시되 오라 우리가 서로 변론하자 너희의 죄가 주홍

하나님의 창조는 끝나지 않았다

같을지라도 눈과 같이 희어질 것이요 진홍 같이 붉을지라도 양털 같이
희게 되리라"(사 1:18)

예수님의 피로 죄를 용서받으면 양털같이 희어질 것입니다. 이 말씀은
마치 처음부터 죄가 없었던 것처럼 완전히 사라지는 것을 의미합니다.

"또 잔을 가지사 사례하시고 저희에게 주시며 가라사대 너희가 다 이
것을 마시라 이것은 죄 사함을 얻게 하려고 많은 사람을 위하여 흘리는
바 나의 피 곧 언약의 피니라"(마 26:27~28)

이 말씀은 예수님의 피로서 죄 사함을 받는다는 의미입니다. 예수님은
사람들의 죄를 용서해 주시기 위하여 십자가에서 피를 흘리며 죽었습니다.

여기서 [사함]이라는 단어는 ἄφεσις(아페시스)라는 헬라어이며, 영어
로는 pardon, dismissal, release로 번역됩니다. 이 단어는 a sending away
라는 의미도 있습니다. 죄(빚)는 그냥 사라질 수 없습니다. 반드시 갚아야
만 사라지는 것입니다. 우리가 직접 갚을 수 없으므로 죄는 결코 사라지
지 않습니다. 예수님이 우리 죄를 우리에게서 멀어지게 합니다. 예수님이
우리의 죄를 우리에게서 가져가는 겁니다. 우리의 죄가 우리에게서 멀어
져서 예수님께로 가는 것입니다. 그리고 예수님이 우리에게서 가져간 죄
의 빚을 대신 갚으신다는 의미입니다.

예수님이 우리의 죄를 가져가는 것을 죄의 전가라고 합니다. 죄의 전가

는 유월절 어린 양의 사건에서 정확하게 설명됩니다. 하나님께서 모든 장자를 죽이시던 날에, 이스라엘의 장자를 대신하여 어린 양을 죽이고 그 피를 문설주와 문인방에 바른 사건입니다. 하나님의 사자가 애굽 전역을 다니며 모든 집의 장자를 죽일 때, 문설주와 문인방에 발라져 있는 양의 피를 보게 되면, 이 집에 있는 장자는 이미 죽은 것으로 인정한다는 것입니다. 죽어야 할 장자 대신에 양이 죽었고, 그 죽음의 증거가 문설주와 문인방에 바른 피였습니다.

다시 말해서 먼저 대가를 지급했다는 것입니다. 어린 양이 대신 죽지 않았다면 그 집의 장자를 모두 죽었으나, 어린 양이 대신 죽었다면 장자를 죽이지 않았다는 것입니다. 단순히 죄를 멀리 옮겨서 보이지 않게 했다는 정도가 아니라, 실제로 죄의 대가인 죽음을 지급하였고, 더는 죽음을 지급해야 하는 죄가 이제 없다는 의미입니다.

우리는 우리의 죗값을 예수님께서 대신 지급해 주셨음을 믿습니다. 예수님께서 우리를 위해 대신 죽었다는 말씀은 곧 내가 지은 죄로 인하여 예수님이 대신 형벌을 받았다는 의미입니다.

이렇게 생각해 봅시다.

어떤 가난한 사람이 가게 주인의 귀중품을 훔쳐 달아났습니다. 나중에 이 가난한 사람이 잡혀서 가게 주인에게 귀중품의 가치인 100만 원을 물어 주게 됩니다. 이 가난한 사람은 100만 원이란 돈이 없어서 감옥에 가야

하나님의 창조는 끝나지 않았다

하는데, 갑자기 은인이 나타나서 그 가난한 사람을 대신해서 돈을 갚아 주었습니다. 그 후로 어느 날 이 가난한 사람이 길을 가다가 가게의 주인을 만났습니다. 이 가게 주인은 이 가난한 사람에게 100만 원을 갚으라고 요구합니다.

그러나 가게 주인의 돈은 은인이 나타나서 이미 갚았습니다. 그런데 또 갚아야 할까요? 한 번 빚을 갚으면 그 빚은 장부에서 사라집니다. 다시 빚을 갚으라고 요구한다면 그것은 이중으로 돈을 달라는 것이 됩니다.

가게 주인의 귀중품의 가치만큼 은인이 갚아 주었는데, 가난한 사람이 다시 갚는다면 그 귀중품의 가치의 두 배에 해당하는 돈을 지급하는 것이 됩니다. 사실은 이 가게 주인에게 갚을 채무는 사라지고 없는 것입니다. 이미 존재하지 않는 채무를 다시 갚으라고 할 수는 없습니다.

공정하신 하나님께서 이런 식으로 죄에 대한 형벌을 내리시지는 않습니다. 이중으로 처벌하시는 분이 아닙니다.

기독교인들이 예수님의 피로 죄를 용서받았다는 말은 하나님께서 그 사람이 지은 죄에 대한 형벌을 내리셨고, 그 형벌을 예수님이 대신 받았다는 의미입니다.

예수님께서 그 사람 대신 형벌을 받으셨기 때문에, 그 사람의 죄는 사라지고 없는 겁니다. 이미 사라지고 없는 죄에 대해 다시 형벌을 내린다는 것은 잘못된 겁니다. 예수님의 피로 죄사함을 받는다는 말은 채무에 대한 완전한 변제로서, 한 번 변제가 완료되고 나면, 다시는 그 채무에 대해 요구를 할 수 없습니다.

예수님의 피로 죄사함을 받는 것은 눈과 같이 희어지는 것을 의미합니다. 이미 죗값을 지급했으므로 죄(빚)의 장부에서 해당 죄의 기록이 사라집니다. 더는 그 죄를 장부에서 찾아볼 수 없으며, 그 죄는 완전히 지워져서 소멸한 것입니다.

아직은 하나님 나라의
백성이 아닙니다

아직 하나님의 백성은 없습니다.

물론 많은 기독교인은 자신이 하나님의 백성이 되었다는 것을 믿습니다. 또 많은 기독교인이 하나님의 백성이 되기를 바라고 있습니다. 그리고 그분들 모두 하나님의 백성이 될 것입니다. 그러나 아직은 현실적인 하나님의 백성이 되지 못했습니다.

아무리 기독교인이 자신을 하나님의 백성이라고 주장하더라도 객관적인 현실을 생각해 보자는 겁니다. 우리 자신의 신앙 고백적 믿음은 잠시 논외로 하고, 기독교인을 바라보는 제삼자의 시각에서 현실을 생각하자는 것입니다.

기독교인과 그들의 가족 그리고 비기독교인들과 함께 어울려 살아가는 사회의 공동체는 현실적으로 한 나라의 국민입니다. 모든 사람은 왕이나 총리나 대통령이나 법치국가의 법 아래에 살고 있습니다.

우리가 아무리 하나님의 백성이 되고 싶어도 아직은 이 세상 나라가 하나님의 나라가 되지 못했습니다. 또한, 지금도 세상을 다스리는 보이지 않는 왕은 사단입니다. 우리는 사단이 다스리는 세상 나라에서 하나님을 바라보고 사는 신앙인입니다.

그런데 예수님은 주기도문에서 하나님의 나라가 이 땅 위에 임하게 될 것을 말씀합니다. 예수님은 하나님의 백성이 이 땅 위에 세워진 하나님의 나라 안에서 영원히 살게 될 것을 말씀합니다.

당시 예수님 앞에 서 있던 사람들은 이미 2,000년이나 지난 과거의 사람입니다. 그런데 예수님은 아직도 이 땅 위에 임하지 않은 미래 하나님의 나라를 바라보며 말씀합니다.

미래의 천국에서 하나님의 백성이 될 사람들에게 천국의 삶에 대해 교육하고 계십니다. 천국이 어떤 곳인지, 천국의 삶이 어떤 삶인지, 그리고 하나님 백성의 삶이 어떠할지 설명합니다. 다만 당시의 사람들에게는 감당하기 힘든 진실이기에 비유로만 설명합니다.

하나님의 나라는 이 땅 위에서 세워지게 될 것입니다. 그래서 하나님의 나라가 이 땅에 임하기를 기도하라고 주기도문을 통해서 명령하신 겁니다.

하나님의 나라가 이 땅에 세워지게 되면, 그 도시에는 하나님의 백성이 살게 될 겁니다. 하나님은 하나님의 백성에게 참된 자유를 주셨습니다.

하나님의 백성에게 주어지는 참된 자유는 모든 경우에 대한 선택이 가능함을 의미합니다.

빛이신 하나님(예수님)은 천국이 이루어진 후에도 하나님의 백성을 직접 만나지 않습니다. 그래서 계 22:11에서 하나님의 백성은 의롭게 살 수도 있고, 의롭지 않게 살 수도 있습니다. 또 거룩하게 살 수도 있으나 더럽게 사는 것도 가능합니다. 만약 빛이신 하나님이 직접 백성과 만난다면 백성은 죄가 없고 거룩하며 흠이 없는 사람만 살아남을 것입니다. 다른 사람은 모두 하나님의 거룩하신 빛에 의해 죽게 될 것입니다.

빛이신 하나님이 백성을 직접 만나지 않기 때문에, 하나님의 백성은 6일 동안 자유롭게 살 수 있으며, 때로는 하나님께 반항도 하고, 때로는 죄도 짓고, 때로는 하나님을 떠나 여러 가지 나쁜 경험을 할 수도 있습니다.

그래도 하나님께서 하나님의 백성을 크게 벌하지 않습니다.

그렇게 여러 가지 많은 것을 경험한 후에 언제라도 하나님의 나라로 돌아오라는 것입니다. 이렇게 백성에게 완전한 자유를 주기 위해서 하나님은 백성을 직접 만나는 일을 포기하셨습니다.

그런데 하나님의 백성은 하나님을 직접 만나지 않는다는 원칙과 함께 정말 자유롭게 자신의 삶을 살도록 창조된 것입니다. 하나님을 직접 만나지 않기 때문에 굳이 예수님의 피로서 죄사함을 받지 않아도 됩니다. 하나님의 백성은 죄가 있는 상태로 하나님의 나라에 들어갑니다. 죄가 있는 상태로 살면서 백성들 사이에서 서로에게 죄를 짓지 않으면 됩니다. 또 서로 실수하고 잘못해도 서로 용서하면 됩니다.

예수님의 피로 죄사함을 받는 사람은 모두 [나라와 제사장]입니다. 그 래서 백성은 예수님의 피로 죄사함을 받지 못합니다. 누군가 예수님의 피로 죄사함을 받았다면, 그는 백성이 아니라 [나라와 제사장]입니다. 이렇게 백성은 죄를 용서받지 못하고 죄가 있는 상태로 살게 됩니다. [나라와 제사장]은 하나님 곁에서 밤낮으로 하나님을 섬기게 됩니다.

창 1:26~28에서 사람은 생육하고 번성하여 땅에 충만해지고, 하늘의 새 와 바다의 고기와 땅의 짐승을 다스리며 영원히 살도록 창조됩니다. 이렇게 창조된 사람이 하나님의 백성입니다. 하나님은 하나님의 백성을 불 못에서 영원히 고통받도록 창조하지 않았습니다. 또한, 하나님의 백성을 밤 낮으로 하나님을 섬기라고 창조하지 않았습니다. 땅에서 충만하게 살라고 창조한 것이지, 하나님 옆에서 밤낮 섬기라고 창조한 것이 아닙니다. 그래서 [나라와 제사장]들은 밤낮으로 하나님을 섬기기 때문에, 백성이 아니라는 겁니다.

하나님의 백성이 하나님의 나라에서 살기 시작한 후로는 하나님과 다른 사람에게 죄를 짓지 말아야 합니다. 하나님의 백성은 죄가 없는 상태로 사는 것이 아니라 죄가 있는 상태로 영원히 살게 됩니다. 하나님 앞에 가지 않을 것이기 때문에 죄가 있는 상태로도 영원히 살 수 있습니다. 그

하나님의 창조는 끝나지 않았다

런데 죄를 가지고 영생한다고 해도, 천국 안에서 죄를 짓게 되면 불 못의 형벌을 받게 되므로 천국 안에서는 죄를 지으면 안 됩니다.

이렇게 하나님의 나라는 백성과 [나라와 제사장]으로 구분됩니다.

[나라와 제사장]은 창세 전부터 하나님과 함께 있었던 피조물로서, 땅에 거룩하지 못한 몸으로 태어났다가 어린 양의 피로 씻어 거룩한 상태가 되어 하나님께로 돌아갑니다. 그런데 하나님의 백성은 처음부터 백성으로 창조되었습니다. 처음부터 이 땅 위에서 생육하고 번성하여 충만해야 하고, 하늘의 새와 바다의 고기와 땅의 모든 생물을 다스리면서 살도록 허락을 받았습니다. 다만 이 땅 위에서 하나님의 백성으로 살면서 완전한 자유를 누리도록 허락받았기 때문에 거룩하지는 않습니다. 하나님의 백성이 거룩하지 않기 때문에 하나님을 직접 만나거나 볼 수는 없습니다.

일만 달란트의 비유의 말씀은 [나라와 제사장]들이 예수님의 피로 죄사함을 받는 것을 의미하지 않습니다. 일만 달란트의 비유의 말씀은 하나님의 백성이 하나님의 나라에 들어갈 때, 하나님의 나라를 위임받은 [나라와 제사장]이 죄의 결과로 백성이 받아야 하는 형벌을 유예해 주는 경우를 말합니다.

"그러므로 천국은 그 종들과 결산하려 하던 어떤 임금과 같으니"(마 18:23)

여기서 어떤 임금은 예수님을 말씀하는 것이 아니라, 예수님에게서 하나님의 나라 중 일부로 일정한 지역의 권한을 받은 [나라와 제사장] 중 한 명을 의미합니다.

[나라와 제사장]인 이 임금은 예수님의 피로 죄를 용서해 줄 수 없습니다. 이 임금은 예수님이 아니라 예수님의 종이기 때문입니다. 예수님의 피로 죄를 사하는 일은 오직 예수님만 하실 수 있습니다. 이 임금이 일만 달란트 빚진 자를 탕감하여 주는데, 이것은 예수님의 피로 죄사함을 받는 것이 아닙니다. 그래서 일만 달란트 빚진 자의 죄는 사라지지 않고 그대로 장부에 남아 있게 됩니다.

하나님의 창조는 끝나지 않았다

6

지옥

천국 백성이 지옥에
들어갈 수도 있다는 말인가요?

네, 당연히 그렇습니다.

천국에서도 죄를 짓는 사람이 생길 수 있으며 죄를 지은 사람은 벌을 받게 됩니다. 천국 백성이 천국에서 벌을 받는 곳이 바로 지옥입니다. 그리고 형기를 마치면 지옥에서 나오게 됩니다.

천국에 들어간 후에도 지옥에 간다는 것은 거부감이 드는 말일 겁니다. 지옥에서 나온다는 개념도 매우 생소할 것입니다. 그런데 이미 앞에서 설명했던 것처럼, 지옥은 천국에 있는 형무소라고 할 수 있습니다. 형무소는 죄를 지은 사람이 형벌을 받는 곳입니다. 그리고 형기를 마치면 출소하게 됩니다. 이처럼 천국에도 형무소가 있으며, 천국 백성도 천국에서 벌을 받을 수 있음을 설명합니다.

우리는 예수님의 피로 죄사함을 받고 천국에서 가면 모두가 흰옷을 입고 밤낮으로 하나님을 찬양하며 살 것으로 생각합니다. 천국을 영의 세계로 알고 있어서 천국에는 슬픔도 없고, 괴로움도 없고, 눈물도 없고, 고통도 없다고 생각합니다. 그런데 영의 세계라고 하면 없는 것이 더 있습니다. 천국에서는 먹는 일도 없을 것이며, 잠자는 일도 없을 것이고, 죽을 일도 없을 것이고, 동물도 없을 것입니다. 왜냐하면, 영의 세계이기 때문입니다.

> "그러므로 누구든지 이 계명 중의 지극히 작은 것 하나라도 버리고 또 그같이 사람을 가르치는 자는 천국에서 지극히 작다 일컬음을 받을 것이요 누구든지 이를 행하며 가르치는 자는 천국에서 크다 일컬음을 받으리라"(마 5:19)

그런데 예수님은 계명 중 하나라도 버리고 가르치는 사람이 천국에서 작은 사람으로 불릴 것이라고 합니다. 천국에서 큰 자와 작은 사람이 있다는 겁니다. 큰 자는 계명을 하나도 버리지 않고 행하고 가르치는 자입니다. 계명을 하나도 버리지 않고 행한다는 겁니다. 계명을 보면, 살인하지 말라 거짓 증거하지 말라, 부모를 공경하라, 타인의 물건을 도적질하지 말라 등 이런 일들을 계명을 따라 실천하는 사람입니다.

천국에서는 죽음이 없으니 살인을 할 수가 없고, 천국에서는 찬양밖에 없으니 거짓을 말하는 일이 없고, 천국은 영의 세계라서 훔칠 물건이 없으니 도적질할 수 없습니다. 그래서 모두가 큰 자가 될 것 같습니다.

이렇게 생각해 보세요.

천국이 영의 세계일 경우, 작은 자가 나올 수 없습니다. 그런데 어떻게 작은 자가 나올 수 있다는 걸까요? 천국을 가르치는 예수님이 천국의 모습에 대해 오해한 것일까요?

천국에서 작은 자는 계명 중 하나를 버린 사람이며, 그렇게 다른 사람을 가르친 사람입니다. 또 이 작은 자는 버린 계명을 실천하지 않을 겁니다. 만약 이 작은 자가 버린 계명이 [살인하지 말라]였다면 이 작은 자는 살인을 시도할 수도 있습니다. 만약 이 작은 자가 버린 계명이 [거짓 증거하지 말라]였다면 이 작은 자는 거짓 증거를 시도할 수도 있습니다. 만약 이 작은 자가 버린 계명이 [도적질하지 말라]였다면 이 작은 자는 남의 물건을 도적질하려고 시도할 수도 있습니다.

천국 안에 살면서도 이렇게 계명을 어기는 일이 가능하다는 것을 예수님이 말씀하신 겁니다. 천국 안에 살고 있어도 죄를 범하는 일이 가능하다는 겁니다.

"너를 고발하는 자와 함께 길에 있을 때에 급히 사화하라 그 고발하는 자가 너를 재판관에게 내어 주고 재판관이 옥리에게 내어 주어 옥에 가둘까 염려하라"(마 5:25)

천국 안에서 다른 천국 백성에게 빚(죄)을 지게 되면 빨리 사과하고 화해하라는 말씀입니다. 만약 빨리 사과하지 않을 경우, 법정에서 재판이 열리게 되고, 결국 형벌을 받아서 지옥에 갈 수 있기 때문입니다. 지옥은

하나님의 창조는 끝나지 않았다

천국 백성이 하나님의 나라 안에서 재판을 통하여 형벌을 받을 때 가는 곳입니다.

그래서 이 말씀은 천국이 이 땅 위에 임한 후에, 천국 백성이 천국 안에 살면서 지켜야 하는 말씀입니다. 왜냐하면, 지금은 이 말씀처럼 되지 않고 있기 때문입니다. 다른 사람들과 재판을 진행하고 있는 기독교인들도 많고, 또 기독교인 중에서 자신의 잘못을 숨기고 승소하는 일도 있을 것이기 때문입니다.

물론 이 말씀을 천국 안에서의 내용이 아니라 현재의 세상에서 지켜야 하는 말씀이라고 주장할 수 있습니다. 당연히 현재의 세상에서도 기독교인이 이 말씀을 지킬 수 있다면 지키는 것이 맞습니다. 이 말씀은 자신에게 잘못한 것이 있을 때마다 먼저 사과하라는 명령입니다. 깊은 신앙이 있는 참된 그리스도인이라면 이 말씀을 지킬 수도 있을 것입니다.

그런데 대부분의 평범한 기독교인들에게 이 말씀은 지키기 어려운 말씀입니다. 잘못할 때마다 먼저 사과하고, 빌리러 온 사람에게 거절하지 않고, 겉옷을 달라는 사람에게 속옷까지 주는 삶을 살아야 합니다. 그런데 이런 방식은 현재의 세상에서는 매우 어려운 생활 방식입니다. 그래서 예수님의 이 명령은 기독교인들에게는 어려운 명령입니다. 마 5:20에서 바리새인들의 의보다 낫지 못하면 천국에 들어갈 수 없다고 하셨습니다. 이 말씀은 곧 바리새인들의 의보다 더 나은 의를 행하라는 명령입니다. 예수님은 왜 이렇게 어려운 명령을 하시는 걸까요?

우리가 오해하기 때문에 어려운 명령으로 보이는 것입니다.

예수님의 명령 중에는 [나라와 제사장]에게 하시는 명령이 있습니다. [내가 너희를 사랑한 것 같이 너희도 서로 사랑하라]고 하신 요 15:12의 말씀은 정말 어려운 명령으로 [나라와 제사장]이 될 종들에게 하신 명령입니다.

그런데 예수님의 명령 중에는 [백성]들에게 주시는 명령도 있습니다. [너를 고발하는 자와 함께 길에 있을 때에 빨리 사과하라]는 마 5:25의 명령은 어렵지 않은 명령으로 백성에게 주신 명령입니다. 이 명령은 정말 실천하기 쉬운 명령입니다.

예수님의 이 명령은 현재의 세상에 사는 사람들에게는 매우 힘든 명령입니다. 세상의 분위기와 세상의 삶의 방식이 예수님의 명령을 지키기 어렵게 합니다. 이 세상은 아직 사단이 임금으로 있는 세상이기 때문입니다.

그러나 하나님이 만드신 하나님의 나라는 다릅니다. 하나님의 나라에서는 선한 자와 착한 사람들과 계명을 지키는 사람들이 인정받는 세상입니다. 이런 분위기 속에서 예수님의 명령을 지키는 것은 어렵지 않습니다. 예수님은 처음부터 지키기 쉬운 명령을 하나님의 백성에게 주신 것입니다. 빌리러 온 사람에게 거절하지 않고 줄 때 사람들로부터 명예와 칭송을 듣는다면, 거절하는 사람을 발견하기 힘들 겁니다. 겉옷(외투)을 달라는 사람에게 속옷(조끼)까지 주는 사회라면, 그 사회에서 겉옷(외투)과

하나님의 창조는 끝나지 않았다

속옷(조끼)을 주는 것은 어려운 일이 아닙니다.

예수님은 천국 백성에게 어렵지 않은 계명을 명하신 겁니다. 지금의 기독교인은 아직 천국 백성이 아닙니다. 천국 백성이 되기로 정해진 살아 있는 대기자라고 할 수 있습니다. 미래에 천국이 이 땅 위에 실현되면, 그때 천국 백성이 되겠지만 지금은 아직 천국 백성이 아니라는 겁니다. 왜냐하면, 아직 천국이 이 땅 위에 임하지 않았기 때문입니다. 그래서 아직 천국 백성이 아닌 기독교인들이 이 말씀을 지키려고 하니 매우 힘든 것입니다.

계 19:16에서 기록한 대로 예수님은 왕들의 왕이며 주들의 주입니다. 그래서 예수님의 말씀은 왕명과도 같습니다. 왕명은 왕국에서는 법입니다. 예수님은 예수님이 다스리는 하나님의 나라에서 왕이며 예수님의 명령은 왕명입니다. 그래서 하나님의 나라에서는 예수님의 말씀이 곧 법입니다.

예수님은 2,000년 전에 이 땅에 오셔서 왕명을 내리신 겁니다. 하나님의 나라에서 지켜야 하는 말씀을 선포하고 가셨는데 이 말씀들이 곧 왕명입니다. 지금은 예수님의 말씀(명령)을 지키기 어렵습니다. 그러나 천국이 이루어지게 되면 이 말씀을 지키는 것은 어렵지 않습니다.

지금은 이 말씀을 지켜야 하는 의무가 없습니다. 왜냐하면, 예수님의 이 명령은 아직은 왕명이 아니기 때문입니다. 예수님께서 내리신 명령이 왕명이 되려면 예수님이 왕이 되어야 합니다. 그런데 이 세상 나라의 권세는 아직도 사단에게 있습니다. 예수님은 아직도 이 세상 나라의 왕이 아닙니다. 그래서 예수님의 말씀이 아직은 왕명이 아니라는 겁니다.

우리 기독교인의 마음에는 예수님이 왕으로 있습니다. 그런데 실제 현실의 왕은 예수님이 아니라 사단입니다. 또한, 사람마다 자신이 속한 나라가 있으며 우리는 대한민국의 국민입니다. 우리의 현실을 외면하지 말고 바로 보면서 하나님의 말씀을 이해해야 합니다.

"일곱째 천사가 나팔을 불매 하늘에 큰 음성들이 나서 이르되 세상 나라가 우리 주와 그의 그리스도의 나라가 되어 그가 세세토록 왕 노릇 하시리로다 하니"(계 11:15)

이렇게 세상 나라가 예수님의 나라로 바뀌는 때가 옵니다. 이때부터 예수님은 세상 나라의 왕입니다. 이때부터 이 땅 위에 사는 모든 사람은 예수님의 백성이 됩니다. 그리고 이때부터 모든 사람은 왕이신 예수님의 명령을 법으로 지켜야 합니다.

"너를 고발하는 자와 함께 길에 있을 때에 급히 사화하라"(마 5:25)

이 말씀은 이제 권고사항이 아니라 왕의 명령이 됩니다. 모두가 지켜야 하는 법이 됩니다. 그래서 하나님의 백성은 예수님의 명령을 생활 속에서 지키며 살아야 합니다. 그때는 사회의 분위기가 이 말씀을 지키기 쉬운

하나님의 창조는 끝나지 않았다

분위기가 된다는 겁니다. 이 말씀들은 하나님의 나라에서 지켜야 하는 법으로 예수님이 선포하셨다는 것을 기억하세요.

지금은 이 말씀을 지키는 사람이 거의 없습니다. 왜냐하면, 현재의 사회 분위기에 전혀 맞지 않기 때문입니다. 기독교인도 사회생활을 할 때는 이 말씀을 잊고 살아갑니다. 주일에 목사님이 설교할 때, [아 이런 말씀이 있었지] 하는 정도입니다. 그런데 목사님도 이런 설교는 잘 하지는 않는다 겁니다.

예수님 당시에도 사회 분위기에 맞지 않았고, 지금도 시대상에 맞지 않는 이 말씀을 예수님께서 미리 명령하신 것은 천국이 이 땅 위에 임한 후에 천국 안에서 살면서 지키라는 것입니다. 예수님께서 시대를 잘못 읽어서 이런 말씀을 했다는 해석은 옳지 않습니다. 예수님이 시대에 맞지 않게 너무 완벽한 분이었다는 해석도 옳지 않습니다. 말씀을 지키기 어려워서 천국에 들어가는 일도 어려운 것이라는 해석도 옳지 않습니다.

예수님이 하나님의 나라가 이루어진 후에 지켜야 하는 말씀을 먼저 법으로 선포하신 것입니다. 예수님의 말씀이 왕명이 되기 전에 미리 백성이 될 사람들에게 말씀하신 겁니다. 우리는 천국에 들어가기 전에 천국에서 지켜야 할 법을 미리 듣는 겁니다. 사람이 이민하게 될 때, 가게 될 나라에 대해서 미리 공부하고 배우는 것과 같습니다.

그리고 예수님은 천국이 자유로운 곳이기 때문에 천국 백성들 사이에서도 오해가 있고, 실수가 있으며, 죄를 범할 수 있음을 알려 주는 겁니다. 또한, 천국에서 죄를 지어도 빨리 형제와 사과하고 화해한다면 하나님은 벌을 내리지 않는다는 것을 알려 주는 겁니다.

천국 안에서도 형제가 형제에게 죄를 범하는 일은 일어날 수 있습니다. 천국에서도 죄를 짓는 일은 발생합니다. 다만 이런 죄로 벌 받는 일이 극히 드물다는 겁니다. 왜냐하면, 모두가 예수님의 명령대로 빨리 사과하고 화해할 것이기 때문입니다.

하나님의 창조는 끝나지 않았다

지옥이 하나님의 나라 안에 있는
형무소라는 건가요?

지옥이란 불과 유황이 타오르는 못입니다. 영어로는 Lake of Fire입니다. 계 21:8에서 [불과 유황이 타는 못]이란 λίμνῃ τῇ καιομένῃ πυρὶ καὶ θείῳ(림네 테 카이오메네 푸리 카이 데이오)로 되어 있습니다. 헬라어에서 불과 유황은 πυρὶ καὶ θείῳ(푸리 카이 데이오)로 되어 있는데, 이 말은 ~과라는 단어로 연결되어 있습니다. 영어로는 [NIV: the fiery lake of burning sulfur]라고도 되어 있고, [KJV: the lake which burneth with fire and brimstone]으로 되어 있기도 합니다. 우리 성경 개역한글과 개역개정은 헬라어대로 [불과 유황]으로 번역하고 있습니다.

그런데 내용을 자세히 생각해 보세요. [불이 타오른다]는 말은 불이 난 상태를 설명합니다. 무엇이 타고 있는지는 표현되어 있지 않습니다. [불이 타오르는 못(호수)]이란 표현에서 그 못은 큰 웅덩이이고 그 웅덩이에서는 끊임없이 불이 올라온다는 말입니다. 그런데 [불이 타오르는 못]이란 표현에서, 불이 타오르기 위해서는 무엇인가 타는 소재가 있기 마련입니다. 다만 이 표현에는 그 소재가 무엇인지 표현되어 있지 않다는 겁니다. 그런데 [불과 유황이 타오르는 못]이라고 표현하면, 여기서는 유황이 타는 소재로 표현되고 있습니다. 어떤 불은 나무를 태우는 불이고, 어떤 불은 고무를 태우는 불입니다. 지옥의 불은 유황을 태우는 불입니다.

유황이라는 소재는 원자기호 16번의 물질입니다. 지옥은 물질인 유황이 타면서 불길이 올라오는 불의 웅덩이라는 겁니다. 지옥의 불길은 유황이 타는 불길입니다. 예수님이 말씀하시는 지옥은 불 못(계 21:8)으로, 이 불 못은 영의 세계가 아니라 물질세계에 있는 지옥입니다. 현재 지옥이 실존하고 있다면 그 지옥 불 못은 사람의 눈으로 볼 수 있는 곳입니다. 왜냐하면, 유황이 탈 때, 유황은 연한 푸른 불꽃을 내며 타기 때문입니다. 그러나 우리가 사는 이 세상에는 아직 지옥이 없습니다. 지옥이 있다면 우리가 이미 보았을 겁니다.

지옥은 땅속에 있지 않고 땅 위에 있게 됩니다. [Lake]라는 말이 의미하듯이, 물이 채워져 있는 큰 웅덩이가 호수라고 한다면, [불 못]은 물 대신에 불이 채워져 있는 큰 웅덩이입니다.

호수는 땅속에 있는 것이 아니라, 땅 위에 있지만, 주위 땅보다 낮게 움푹 들어간 깊은 웅덩이입니다. 이처럼 [불 못]도 땅속에 있지 않고 땅 위에 있으며 주위 땅보다 낮고 깊게 파인 움푹 들어간 큰 웅덩이입니다. 우리가 호수에서 물 다 빼고 본다면, 이 호수는 땅속이 아니라 땅 위에 있음을 알 수 있습니다.

하나님의 창조는 끝나지 않았다

하나님의 나라가 임하게 되면, 하나님의 나라는 이 땅 위에 이루어집니다. 이 땅 위에 하나님이 다스리는 도시들이 생기게 됩니다. 이 도시에는 하나님의 백성이 살게 됩니다. 하나님의 백성이 하늘의 새와 바다의 고기와 땅의 동물을 다스리면 영원히 행복하게 살게 됩니다.

그런데 [지옥 불 못]도 하나님의 나라가 이 땅 위에 임하게 될 때 함께 땅 위에 생겨납니다. 지옥이라고 불리는 [불의 웅덩이]는 도시 안에 있지 않고 도시 바깥에 있을 겁니다. 하나님의 도시에서 떨어진 곳에 불타는 큰 웅덩이가 있게 될 것입니다. 이 불의 웅덩이가 하나만 있을지, 여러 개가 있을지는 확실하지 않습니다.

"네가 아름다우므로 마음이 교만하였으며 네가 영화로우므로 네 지혜를 더럽혔음이여 내가 너를 땅에 던져 열 왕 앞에 두어 그들의 구경거리가 되게 하였도다"(겔 28:17)

"만민 중에 너를 아는 자가 너로 인하여 다 놀랄 것임이여 네가 경계거리가 되고 네가 영원히 다시 있지 못하리로다 하셨다 하라"(겔 28:19)

에스겔이 사단에 관하여 하나님에게 받아 기록한 말씀입니다. 이 말씀에서 사단은 구경거리가 될 것이며, 경계 거리가 될 것이라고 하셨습니다. 개혁개정에서는 경계 거리라고 하지 않고 공포의 대상이라고 번역하고 있습니다.

히브리어 원어에서는 בַּלָּהוֹת הָיִיתָ(발라호우트 하이야타)이며, 뜻은 영어로는 'You have become a horror'입니다. 한글로는 '너는 공포가 될 것이다'로 되어 있습니다.

이 말씀은 곧 사람들이 벌을 받는 사단을 보게 될 것이며, 사람들은 하나님께 죄를 범한 사단이 형벌을 받으며 고통스러워하는 모습을 보고 두려움을 가지게 될 것이라는 뜻입니다. 사람들이 하나님께 형벌을 받는 사단의 모습을 보고 하나님께 죄를 범하지 않겠다는 마음(경계 거리)을 가지게 된다는 뜻입니다.

하나님의 도시에 사는 하나님의 백성이 지옥을 방문하게 된다는 뜻도 됩니다. 이 말은 견학을 위해서 지옥 불 못으로 들어간다는 말이 아닙니다. 지옥 불 못은 하나님의 도시에서 떨어진 땅 위의 한 장소에 있는 큰 웅덩이이기 때문에 이곳으로 사람들이 와서 구경하게 된다는 겁니다. 지옥 불 못 바깥에서 불 못 안쪽을 바라보게 됩니다. 그런데 이것은 단순히 구경하러 오는 것이 아니라, 교육 차원에서 견학을 오는 것이며, 지옥 불 못에 있는 사단을 보고 경각심을 가지게 된다는 의미입니다.

사단이 불 못에서 고통받는 것을 보는 일은 천국 백성의 정서에 좋을 리가 없습니다. 다만 하나님의 나라 안에서 새로 태어난 백성은 교육 차원에서 한 번은 견학하게 될 것입니다. 그리고 하나님께 대한 경외심을 가지게 될 것입니다.

하나님의 창조는 끝나지 않았다

지옥은 하나님의 나라가 세워진 땅 위에 있는 형무소입니다. 사단은 여기서 영원히 나오지 못하게 됩니다. 그런데 하나님의 백성도 죄를 지으면 불 못에서 벌을 받게 됩니다.

> "만일 네 오른 눈이 너로 실족케 하거든 빼어 내버리라 네 백체 중 하나가 없어지고 온 몸이 지옥에 던지우지 않는 것이 유익하며"(마 5:29)

> "또한 만일 네 오른손이 너로 실족케 하거든 찍어 내버리라 네 백체 중하나가 없어지고 온 몸이 지옥에 던지우지 않는 것이 유익하니라"(마 5:30)

> "만일 네 손이 너를 범죄케 하거든 찍어버리라 불구자로 영생에 들어가는 것이 두 손을 가지고 지옥 꺼지지 않는 불에 들어가는 것보다 나으니라"(막 9:43)

이 말씀은 산상수훈으로 알려져 있습니다.

만약 현재의 삶에서 이 말씀대로 실천한다면 우리의 몸은 남아 있지 못할 겁니다. 오른 눈이 죄를 범해서 빼어 버리고 나면, 한 눈으로 남은 생을 살아야 합니다. 그러나 다른 눈마저 죄를 범해서 빼어 버린다면 그 사람은 남은 생을 시각장애인으로 살아야 합니다. 지금 현실에서 사는 사람들에게는 지키기 어려운 말씀입니다.

오른손이 죄를 범해서 찍어 버리고, 나중에 또다시 왼손이 죄를 범하면 어떤 손으로 찍어 버려야 할까요? 다른 사람에게 부탁해야 할까요? 양손이 없이 어떻게 남은 삶을 살아갈 수 있을까요? 예수님의 말씀은 현실에서는 실천하기 매우 어려운 명령입니다.

많은 분이 이 말씀을 주신 것은 [눈을 빼 내버릴 정도의 각오로 말씀을 지키라]는 뜻이라고 합니다. 또 [손을 잘라 버릴 정도의 각오라면 죄를 범하지 않고 살 수 있다]는 뜻으로 예수님이 말씀하신 것이라고 합니다.

그런데 이런 주장은 과장된 해석입니다.

우리 사회에서 대부분의 사람은 평범하게 살아갑니다. 평범하게 사는 것이 오히려 자유롭고 평화로운 삶이 될 수 있습니다. 또한, 평범하게 사는 것이 죄가 아닙니다. 평범하다는 것은 모든 사람의 평준화된 삶의 모습이라는 겁니다. 예수님의 명령은 하나님의 나라에서 백성의 평준화된 행동으로 지킬 수 있는 것입니다. 온 힘을 다하여 기를 쓰고 노력해야 지킬 수 있는 명령은 잘못된 명령입니다.

이 명령은 지옥에 가지 않기 위해서 눈을 빼고, 손을 자르고, 발을 찍어 버리라는 것입니다. 그런데 이 명령은 지금의 사회에서는 매우 지키기 어려운 명령입니다.

그런데 예수님은 지금 우리가 사는 세상에서 지키기 어려운 명령을 우

하나님의 창조는 끝나지 않았다

리에게 주신 것이 아닙니다. 비록 눈과 손과 발이 우리가 죄를 짓게 하더라도, 지금은 우리가 지옥 불에 던져질 걱정을 하지 않습니다. 이 법이 지금 우리에게는 적용되지 않고 있기 때문입니다.

물론 많은 사람들은 눈과 손으로 죄를 지은 결과는 살아 있을 때 지옥에 던져지는 것이 아니라, 죽은 후에 지옥에 던져지는 것이라고 합니다.

그런데 기독교인 중에서 눈과 손이 죄를 짓게 하더라도 지옥 불 못에 던져질까 걱정하는 사람은 없습니다. 왜냐하면 눈과 손이 죄를 범하게 하더라도 지옥 불 못에 던져지지 않는다는 것을 알고 있기 때문입니다. 아무리 눈과 손이 죄를 범하게 하더라도 예수님을 믿으면 지옥 불 못에 던져지지 않고 구원을 받는다고 믿기 때문입니다. 또, 아무리 눈과 손으로 죄를 범하지 않더라도 예수님을 믿지 않으면 지옥 불 못에 던져진다고 믿기 때문입니다.

기독교인들의 이런 생각에 의하면 예수님은 맞지 않는 말씀을 하신 것입니다. 그래서 기독교인 대부분은 이 말씀을 그렇게 두려운 말씀으로 생각하지 않습니다. 이렇게 된 이유는 [눈을 빼고 손을 자르라]는 말씀이 현재의 삶에서 해야 하는 일로 예수님이 말씀하셨다고 믿었기 때문입니다.

예수님의 이 명령은 하나님의 나라 안에서 살아가는 하나님의 백성에게 주신 것입니다. 예수님의 이 명령은 미래의 백성에게 주신 명령입니다. 당연히 우리는 이 명령이 아니더라도 죄를 짓지 않기 위해 노력해야 합니다.

그러나 이 명령은 천국 백성에게 주신 명령입니다. 왜냐하면, 천국에서는 눈을 빼 버려도 나중에 다시 눈을 만들어 넣어서 시각장애인으로 살지 않을 것입니다. 당장에 손이나 발을 찍어 내버려도 나중에 다시 손과 발을 고쳐서 정상인으로 살게 될 것이기 때문입니다. 천국에서는 눈과 손과 발을 다시 회복할 수 있어서 죄를 범하는 것보다 낫다는 말입니다.

그래서 예수님 때부터 지금까지는 눈과 손과 발을 잃는 것 곧 장애를 가지고 평생을 사는 것이 순간 죄를 범하는 것보다 더 큰 고통입니다. 그러나 천국에서는 범죄하여 지옥의 불에 들어가는 것이 눈과 손과 발을 찍어 내는 것보다 더 큰 고통입니다.

천국에서 하나님의 백성 대부분은 죄를 짓지 않을 것입니다. 그러나 가끔 또는 아주 뜸하게 눈이나 손이나 발에 의해서 죄를 짓게 되는 일도 생길 수 있다는 겁니다. 이때는 바로 죄를 짓지 않기 위해 신체의 일부를 잘라내는 것이 낫다는 겁니다. 잘린 신체는 의족이나 의수가 아니라 완벽하게 자신의 신체로 회복할 수 있기 때문입니다.

예수님은 천국에서 천국의 백성에게 죄를 범하지 말라고 말씀을 하신 겁니다. 아직도 하나님의 나라가 이 땅에 이루어지지 않은 현재의 세상에 사는 우리에게 하신 말씀은 아닙니다. 물론 우리도 천국이 이루어진 후에는 이 말씀을 지켜야 합니다. 만약 우리가 이 말씀을 지킬 수 있다면, 지금이라도 최대한 지켜야 합니다. 그러나 현재 우리의 사회에서는 지키기 매우 어려운 말씀입니다. 결론적으로 이 말씀들은 천국의 백성에게 주신 말

하나님의 창조는 끝나지 않았다

씀이라는 겁니다.

천국에서 죄를 지으면 [지옥 꺼지지 않는 불(마 9:43)]에 들어갈 수 있다는 겁니다. 만약 천국에서 손으로 죄를 지은 사람이 있다면, 그 사람은 재판을 받게 됩니다. 재판 결과로 죄가 인정되면 그 사람은 형을 선고받습니다. 형벌은 오직 [불 못]에 들어가는 것만 있고, 죄의 무게에 따라 불 못에 있는 기간이 달라집니다. 형을 집행하는 사람이 와서 그 사람을 불 못에 던지게 됩니다. 이 사람은 불 못에서 형벌을 받게 되며, 그 형기가 끝나기 전까지는 나오지 못합니다.

그래서 지옥은 천국에 있는 형무소라고 말하는 겁니다.

지옥은 사단이
다스리는 곳이 아닌가요?

불교적 지옥의 개념에서는 염라대왕 같은 존재가 다스린다고 믿습니다. 이것이 교회에서는 사단이 지옥을 다스린다고 생각하게 된 것 같습니다. 그러나 사단은 지옥을 다스린 적이 없으며 앞으로도 없을 것입니다. 지금부터 이 내용을 설명합니다.

사람들은 지옥을 사후에 벌을 받는 곳으로 생각하고 있습니다. 선하게 살았던 사람은 가지 않고, 악한 사람만 가는 곳으로 생각합니다. 그래서 살아 있는 동안 악행을 많이 한 사람은 지옥에서 고통을 받는다고 믿습니다. 물론 모든 사람이 이렇게 믿는 것은 아닙니다. 지옥을 전혀 믿지 않는 사람도 있습니다. 어떤 사람은 지옥의 형벌을 다 받고 난 후에는 다시 사람이나 동물로 환생하여 산다고 믿습니다. 그런데 일반적으로 지옥이란 곳은 나쁜 사람들이 가는 곳이라고 생각한다는 것입니다.

지옥에 관한 이야기를 들어 보면, 지옥에는 지옥을 관장하는 염라대왕 같은 존재가 있다고 합니다. 염라대왕과 같은 지옥을 관리하는 존재가 사람에 대해 평가한 후 형벌을 정합니다. 이 존재는 재판을 거쳐서 형벌을 정한 후에 거기에 해당하는 지옥에서 벌을 받게 합니다. 가만히 들어 보면 재판 없이 바로 지옥에 떨어지지 않는다는 겁니다.

성경상으로도 사람을 지옥으로 보내려면 먼저 재판을 거쳐야 합니다. 우리나라도 먼저 재판을 거쳐서 형을 정하고, 그 후에 형을 집행합니다. 이와 마찬가지로, 하나님은 먼저 재판을 하시고 재판 결과에 따라 사람을 지옥에 던져 벌을 내립니다. 재판 없이는 지옥에 보내지 않습니다.

> "또 내가 크고 흰 보좌와 그 위에 앉으신 이를 보니 땅과 하늘이 그 앞
> 에서 피하여 간 데 없더라 또 내가 보니 죽은 자들이 큰 자나 작은 자나
> 그 보좌 앞에 서 있는데 책들이 펴 있고 또 다른 책이 펴졌으니 곧 생명
> 책이라 죽은 자들이 자기 행위를 따라 책들에 기록된 대로 심판을 받으
> 니"(계 20:11~12)

하나님께서 모든 사람을 재판합니다. 사람들은 모두 자신의 삶에 대해서 행위를 따라 재판을 받습니다. 이 재판 결과에 따라, 생명책에 기록되지 못한 사람은 지옥에 던져집니다. 이렇게 하나님께서도 재판 없이 사람을 벌하지는 않습니다.

그런데 여기서 재판장에 대하여 집중해 볼 필요가 있습니다.

한국 사람이 한국에서 법을 어겼을 경우, 한국의 법정에서 재판을 받게

됩니다. 영국 사람이 영국에서 죄를 범하면 영국 경찰에 잡히고 영국의 법정에서 재판을 받게 됩니다. 프랑스에 사는 사람이 프랑스에서 법을 어겼다고 해도, 한국 법정에 세우지는 않습니다. 왜냐하면, 프랑스 사람은 한국 백성이 아니기 때문입니다.

사람이 재판을 받게 되면, 그 나라의 법정에서 그 나라의 판사에게 재판을 받게 됩니다. 이것은 너무나 당연합니다. 하나님 나라에서는 하나님이 재판장이 되셔서 모든 것을 주관하십니다. 하나님의 나라에서는 하나님이 왕이기에 하나님께 재판을 받습니다.

만약 사람이 죽은 후에 바로 지옥에 간다면, 그것은 누군가 죽은 사람을 심판하는 존재가 있다는 겁니다. 그리고 그 심판자는 지옥을 관리하는 존재입니다. 만약 사단이 지옥을 관리하는 존재라면 사단이 죽은 사람을 재판할 것입니다. 그래서 사람은 죽은 후에 하나님께 심판을 받는 것이 아니라, 지옥을 형벌의 장소로 관리하는 사단에게 심판을 받게 되는 겁니다. 사단이 지옥을 다스리고 있다고 전제했을 때, 그렇다는 겁니다.

> "또 왼편에 있는 자들에게 이르시되 저주를 받은 자들아 나를 떠나 마귀와 그 사자들을 위하여 예비된 영원한 불에 들어가라"(마 25:41)

하나님이 지옥을 만드셨습니다.

물론 지금은 지옥이 없습니다. 그러나 마 25:41의 말씀이 이루어질 때

하나님의 창조는 끝나지 않았다

는 지옥이 있게 됩니다. 이 지옥은 마귀와 그 사자들을 위하여 예비한 것이라고 말씀합니다. 지옥은 처음부터 마귀와 그 사자들을 잡아서 던져 넣기 위해 준비한 것입니다. 그런 지옥을 사단이 다스린다면 매우 이상한 상황이 됩니다. 사단이 들어갈 감옥을 거꾸로 사단이 관리한다는 것은 말이 안 되는 겁니다. 하나님은 마귀에게 지옥을 맡긴 적이 없습니다.

사단은 지금도 세상 임금입니다. 사단은 사람이 사는 이 세상을 관리하고 있습니다. 사단은 세상에 사는 사람을 죽이기도 하고 살리기도 합니다. 자신이 세상을 어떻게 운영할 것인가에 따라 어떤 이는 살리고, 어떤 이는 죽게 한다는 겁니다. 사단에게 이렇게 할 권한이 있습니다. 그러나 사람이 죽은 후, 그 사람의 영혼을 관리할 권한은 없습니다.

"몸은 죽여도 영혼은 능히 죽이지 못하는 자들을 두려워하지 말고 오직
몸과 영혼을 능히 지옥에 멸하실 수 있는 이를 두려워하라"(마 10:28)

사람이나 사단은 살아 있는 사람의 몸을 죽일 수 있습니다. 그러나 영혼은 어떻게 할 수 없습니다. 영혼(Soul)은 하나님이 주셨기 때문에, 사단의 소유가 아닙니다. 몸과 영혼을 지옥에 멸하는 분은 하나님입니다. 사단은 단지 살아 있는 사람의 물질적 생명만을 관리할 수 있습니다. 그러나 사람의 영혼은 하나님께서 창조하신 것이기 때문에 사단의 관리하에 있지 않습니다.

"여호와 하나님이 땅의 흙으로 사람을 지으시고 생기를 그 코에 불어넣

으시니 사람이 생령이 되니라"(창 2:7)

이렇게 아담을 지으실 때, 하나님께서 직접 생기를 불어넣으셨습니다. 이 생기가 곧 영혼(Soul)입니다. 그래서 살아 있는 사람의 반은 하나님의 소유이면서 반은 세상에 속한 육체로서 사단의 권세 아래 있습니다.

사단이 세상 나라의 왕이 된 후로 아담 전까지는 사람에게 영혼(Soul)이 없었습니다. 그런데 하나님께서 특별히 아담을 창조하시고 아담에게 영혼(Soul)을 만들어 넣으셨습니다. 영혼(Soul)은 사단이 세상 나라의 권세를 받은 이후에 창조된 것입니다. 그래서 영혼(Soul)에 대한 관리 권한이 세상 나라의 권세에 포함되어 있지 않다는 겁니다.

성경을 자세히 살펴보더라도 사단이 죽은 영혼을 심판한다는 기록은 없습니다. 죽은 영혼은 땅 아래에 내려가 쉬게 됩니다. 땅 아래에 죽은 영혼들이 쉬는 곳이 있는데 헬라어로는 Ἅδης(하데스)라고 하며, 히브리어로는 שְׁאוֹל(스올)이라고 합니다. 한글 성경에는 음부로 번역되어 있습니다. 죽은 후에, 죽은 사람의 영혼은 땅 아래 하데스(스올)에서 심판 때까지 기다리게 됩니다.

사단은 사망과 하데스(스올)의 권세를 가지고 있었습니다. 사단은 사망의 권세를 가지고 사람을 죽일 수 있었으며, 하데스의 권세를 가지고 있어서 하데스를 관리합니다. 그러나 하데스를 관리하는 권세이지 영혼을 심판하는 권세를 아니라는 겁니다. 사단은 하데스에서 쉬는 영혼들을 심

하나님의 창조는 끝나지 않았다

판하지 못합니다. 그래서 성경에서는 오직 계 20:11~15에만 죽은 영혼에 대한 심판이 묘사되어 있습니다. 영혼(Soul)의 주인은 하나님이기 때문입니다.

세상 임금인 사단의 심판은 이 세상에 살아 있는 동안만 가능합니다. 만약 살아 있을 때 사단의 심판을 받는다면 결과는 육체적인 죽음입니다. 아담 이전의 사람들은 영혼(Soul)이 없으므로 죽고 나면 소멸합니다. 그래서 죽음 이후에 영혼을 심판하는 일은 처음부터 사단에게 없었던 일입니다. 땅 위에서 잘못을 한 사람이 심판을 받으면 죽음으로 이어져서 완전히 소멸합니다.

그런데 하나님께서 아담을 창조하시고 생기(Soul)를 불어넣으셨기 때문에 사단이 손댈 수 없는 영역이 생겼습니다. 사단은 사람의 육체를 죽일 수 있었으나, 사람의 영혼(Soul)은 손댈 수 없습니다. 그래서 사단은 죽은 영혼(Soul)을 심판하는 권세를 가지고 있지 않습니다.

지옥은 처음부터 하나님께서 사단에게 벌을 내리는 장소로 만들게 됩니다. 그뿐만 아니라 사람이 지옥의 형벌을 받게 된다고 하더라도 지옥의 형벌을 내리는 분은 하나님이며 사단이 아닙니다. 사단은 지옥을 관장하는 존재가 아니라, 지옥에서 형벌을 받아야 하는 존재입니다. 그리고 지옥에서 벌을 받게 되는 사람들도 사단의 심판을 받는 것이 아니라는 겁니다.

사단은 처음부터 지옥을 다스리는 권세가 없으며, 도리어 지옥은 사단을 벌하기 위하여 하나님께서 만드시는 곳입니다. 그래서 지금까지도 지옥은 존재하지 않습니다. 왜냐하면, 사단이 아직 세상 나라의 임금으로 있기 때문입니다. 사단이 세상 나라의 권세를 빼앗기게 될 때, 그때 지옥을 만들게 됩니다.

결론적으로 사단은 지금까지 단 한 번도 지옥을 다스린 적이 없습니다.

하나님의 창조는 끝나지 않았다

No. 44

지금은 지옥이 없다는 건가요?

지금은 지옥이 없습니다. 왜 지옥이 없는지를 설명합니다.

우리나라에서 전통적으로 내려오는 이야기에는 지옥에 관한 내용이 많습니다. 지옥은 죽은 후에 가는 곳으로, 지옥에 도착하면 지옥문이 있는데, 지옥문이 무척 크고 무섭게 표현됩니다. 지옥에는 여러 개의 지옥으로 나뉘어 있다고 합니다. 불지옥, 뱀지옥 등등 여러 가지 무서운 형벌을 내리는 곳으로 묘사됩니다. 또 지옥에는 여러 개로 나눠진 방들이 있고 이 방들은 철장으로 되어 있어서 그곳에 사람을 가두고 있다고 묘사되기도 합니다. 또 지옥에는 괴물 같이 생긴 무서운 존재가 사람을 때리거나 찌르면서 하면서 고통을 준다고 묘사합니다. 그리고 지옥에는 지옥을 다스리는 염라대왕 같은 존재가 있다고 합니다.

이런 이야기는 성경에서 말하는 지옥이 아닙니다. 그런데 이런 이야기와 섞여서 지옥의 염라대왕 같은 존재를 사단으로 생각하는 것입니다.

사단은 단 한 번도 지옥을 다스린 적이 없습니다. 왜냐하면, 지옥이 아직 이 땅 위에 없기 때문입니다. 지옥은 앞으로 미래에 어느 시점에서 땅 위에 생기게 될 것입니다. 이 세상 나라가 하나님의 나라로 바뀌게 되면 그때 땅 위에 생기게 됩니다.

성경에서 말하는 지옥에는 염라대왕 같은 존재가 없습니다. 또 지옥에는 괴물이나 악마나 도깨비 같은 존재가 없습니다. 괴물 같은 존재가 사람을 칼로 찌르거나 때리거나 고통을 주는 일도 없습니다. 지옥에는 간수가 없습니다.

지금까지 죽은 사람의 영혼(Soul)은 땅 아래 하데스(스올)로 내려갑니다. 그런데 이 하데스(스올)은 지옥이 아니라 땅 아래에 있는 곳으로 영혼들이 머물러 있는 곳입니다.

> "왕이 그에게 이르되 두려워하지 말라 네가 무엇을 보았느냐 하니 여인이 사울에게 이르되 내가 영이 땅에서 올라오는 것을 보았나이다 하는지라. 사울이 그에게 이르되 그의 모양이 어떠하냐 하니 그가 이르되 한 노인이 올라오는데 그가 겉옷을 입었나이다 하더라 사울이 그가 사무엘인 줄 알고 그의 얼굴을 땅에 대고 절하니라 사무엘이 사울에게 이르되 네가 어찌하여 나를 불러 올려서 나를 성가시게 하느냐 하니"(삼상 28:13~15)

이 말씀은 신학자들 사이에서 논란이 많은 말씀입니다. 어떻게 하나님

하나님의 창조는 끝나지 않았다

의 선지자가 신접한 여인의 부름에 응하여 움직일 수 있겠는가. 그래서 여기에 나오는 사무엘은 진짜 사무엘 선지자가 아니라 귀신이라고 해석하는 겁니다.

그러나 이런 식으로 해석하면 성경상의 문맥이 깨지고 내용의 전개가 깨집니다. 선지자 사무엘이 땅에서 올라오는 것이 맞습니다. 성경에서는 땅에서 올라온 영혼이 선지자 사무엘이라고 기록하고 있습니다. 그런데 이런 신학적 논란은 여기서 다루지 않습니다.

사무엘 선지자에 관한 이 기록과 같이, 사무엘은 땅에서 올라온 것이 맞습니다. 사무엘은 땅에서 쉬고 있었는데 사울이 신접한 여인을 통하여 사무엘을 불러서 사무엘이 성가시다는 겁니다.

지금은 위성에서 땅 위를 스캔하여 지질조사를 하는 시대입니다. 그런데 사람이 아무리 땅 위를 탐색하고 조사해도 죽은 자들의 영혼이 있는 땅 아래로 내려가는 계단이나 구멍 같은 것을 찾을 수 없습니다. 이로 보건대 영혼(Soul)은 물질의 영향을 크게 받지 않는 것으로 보입니다. 영혼들이 다니는 곳은 살아 있는 사람의 눈에는 보이지 않는 것 같습니다. 사무엘은 사람들이 보이지 않는 어떤 길을 통하여 땅 아래 하데스(스올)로 내려가서 쉬고 있었습니다.

이 여인이 사무엘을 불러서, 사무엘이 쉬는 것을 멈추고 땅 위로 올라왔는데, 이것을 사무엘은 성가시다고 표현하고 있습니다. 땅 아래에 있는 하데스(스올)는 고통받는 곳이 아니라 죽은 영혼들이 쉬고 있는 곳입니다.

하나님의 선지자인 사무엘을 신접한 여인이 부를 때, 사무엘은 굳이 올라오지 않아도 되었습니다. 사무엘은 성가시기는 해도 하나님의 선지자로서 하나님의 말씀을 전하려고 사울에게 올라온 것입니다.

> "여호와께서 이스라엘을 너와 함께 블레셋 사람들의 손에 넘기시리니
> 내일 너와 네 아들들이 나와 함께 있으리라 여호와께서 또 이스라엘 군
> 대를 블레셋 사람들의 손에 넘기시리라 하는지라"(삼상 28:19)

이 말은 하나님께서 주지 않으면 알 수 없는 내용입니다. 사무엘은 하나님께서 나라를 다윗에게 주셨으며, 사무엘과 그 아들들이 내일 죽을 것임을 말합니다. 이것은 하나님께서 그렇게 정하셨기 때문에 그렇게 진행된다는 겁니다.

그런데 여기서 사무엘의 말을 주목해 봐야 합니다. 사무엘은 [너와 네 아들들이 나와 함께 있으리라]고 말합니다. 죽은 후에 가는 곳은 어떤 곳일까요? 그곳은 사무엘과 사울이 함께 있게 되는 곳입니다. 사무엘은 하나님의 선지자로서 구원받을 사람입니다. 사울은 하나님께 범죄하여 버림받은 사람입니다. 그런데 이 두 종류의 사람이 같은 장소에 있을 것이라는 말입니다.

구약에서 사람이 죽은 후에 가는 곳은 하데스(스올)입니다. 하데스(스

올)는 천국과 지옥이 아니라, 모든 죽은 사람들의 영혼이 그냥 쉬는 곳이라는 사실입니다. 하데스(스올)는 악한 자나 선한 자나 구분 없이 그냥 쉬는 곳입니다.

사람이 죽게 되면 그 영혼(Soul)이 파라다이스(낙원)로 가든가 아니면 하데스(스올)로 가든가 합니다. 보통 사람들은 선하게 살았든지, 악하게 살았든지 구분 없이 모두 하데스(스올)로 가게 됩니다.

물론 파라다이스(낙원)도 죽은 후에 가는 곳입니다. 파라다이스(낙원)도 땅 아래에 있습니다. 그런데 파라다이스(낙원)는 선한 사람들만 가는 곳이 아닙니다. 또 구원받은 사람들만 가는 곳도 아닙니다. 우리가 성경을 통해 알고 있는 것처럼, 파라다이스(낙원)에 들어간 사람은 예수님과 함께 십자가에 달린 강도가 있습니다.

"예수께서 이르시되 내가 진실로 네게 이르노니 오늘 네가 나와 함께 낙원에 있으리라 하시니라"(눅 23:43)

이렇게 낙원은 예수님의 인도를 받아야 갈 수 있는 곳입니다. 선하게 살았다고 해서 바로 갈 수 있는 곳은 아닙니다. 낙원에 가신 예수님은 살아서 간 것이 아니라 죽은 후에 가셨습니다. 마찬가지로 십자가에 함께 달렸던 강도도 죽은 후에 영혼(Soul)으로 낙원에 간 것입니다.

이렇게 지금까지 죽은 사람들은 그 영혼이 파라다이스 또는 하데스로 가게 됩니다. 파라다이스는 예수님이 인도하지 않으면 갈 수 없는 곳입니다. 하데스는 선하거나 악한 것과 관계없이 모든 죽은 영혼들이 가는 곳입니다. 그래서 파라다이스도 천국이 아니며 하데스도 지옥이 아닙니다.

죽은 사람들이 천국이나 지옥에 가지 못하는 것은 천국이나 지옥이 아직 없기 때문입니다. 예수님을 믿고 죽었다고 하더라도 천국에 갈 수 없는 것은 아직도 천국이 이 땅 위에 임하지 않았기 때문입니다. 또한, 지옥도 아직은 없습니다. 지옥은 영원히 유황으로 타오르는 불이 있는 큰 웅덩이입니다.

"만일 네 눈이 너를 범죄하게 하거든 빼버리라 한 눈으로 하나님의 나라에 들어가는 것이 두 눈을 가지고 지옥에 던져지는 것보다 나으니라 거기에서는 구더기도 죽지 않고 불도 꺼지지 아니하느니라. 사람마다 불로써 소금 치듯 함을 받으리라"(막 9:47~49)

지옥에서의 불은 단지 무서움을 느끼게 하는 가시효과로 쓰인 것이 아니라, 형벌을 받는 사람에게 고통을 주는 직접적이고 유일한 수단입니다. 불로써 소금 치듯 함을 받으리라는 표현은 지옥의 주된 고통은 뜨거움이라는 겁니다.

지옥은 하나님의 나라 안에 있는 형무소이기 때문에 지옥을 다스리는 분도 하나님입니다. 하나님은 하나님이 관리하는 지옥 안에서 사람을 창으로 찌르거나 칼로 자르거나 하는 형벌을 내리지 않습니다. 하나님의 성

하나님의 창조는 끝나지 않았다

품을 생각해 본다면, 아무리 형벌을 내리더라도 이런 방법은 하나님께 맞지 않는 형벌의 형태입니다. 사람의 혀를 뽑거나 안구를 찌르거나 하는 형벌은 하나님이 내리는 형벌이 아닙니다. 하나님의 격에 맞지 않습니다.

또 지옥에 삼지창을 들고 있는 악마나 사람을 씹어 먹는 괴물이 있다는 것도 잘못된 개념입니다. 지옥을 다스리는 하나님의 격에 맞지 않는 내용입니다. 하나님께서 이런 존재를 만들어 지옥에 두시지 않는다는 겁니다. 지옥의 고통은 오직 유황이 타는 뜨거운 불길입니다.

"마귀와 그 사자들을 위하여 예비된 영원한 불"(마 25:41)

하나님은 사람을 벌하려고 지옥을 만드시는 것이 아닙니다. 하나님이 유황이 타는 불의 웅덩이를 만드시는 것은 마귀와 그 사자들을 가두려는 겁니다. 또한, 이 지옥의 웅덩이는 사람들에게 교훈을 주는 겁니다. 사람들은 사단이 있는 웅덩이를 보면서 교훈을 얻게 됩니다. 하나님의 나라 안에서 죄를 범하지 않아야 한다는 것을 배우는 겁니다. 그래서 지옥은 하나님께서 마귀를 벌할 때가 되었을 때 이 땅 위에 나타나게 됩니다.

죄를 지은 사람은 지옥의 형벌을 받게 되지만, 처음부터 지옥은 사단과 그 사자들을 위하여 만드는 곳입니다. 그래서 사람들은 지옥에 들어가지 말아야 합니다. 지옥의 목적은 사람을 벌하려는 것이 아니기 때문입니다. 예수님도 사람에게 지옥의 형벌을 받지 않기 위해서 죄를 범하지 말라고 당부하십니다.

"만일 네 오른 눈이 너로 실족케 하거든 빼어 내버리라 네 백체 중 하나
가 없어지고 온 몸이 지옥에 던져지지 않는 것이 유익하며"(마 5:29)

"만일 네 눈이 너를 범죄케 하거든 빼어 내버리라 한 눈으로 영생에 들
어가는 것이 두 눈을 가지고 지옥 불에 던져지는 것보다 나으니라"(마
18:9)

"누구든지 생명책에 기록되지 못한 자는 불 못에 던져지더라"(계
20:15)

예수님은 사람들에게 마귀를 벌하는 지옥 불 못에 던져지지 않도록 하
라는 겁니다. 지옥에 들어가지 않기 위해 노력하라고 당부하십니다.

그런데 지옥은 던져지는 곳입니다. 예수님은 지옥에 대해서 던져지는
곳으로 일관되게 말씀합니다. 던져진다는 표현은 중력에 영향을 받는다
는 의미입니다. 지옥에 들어가게 되는 사람은 중력에 영향을 받는 육체를
가지고 있다는 말입니다. 육체가 없는 영혼(Soul)이 중력의 영향을 받는
지 알 수 없습니다. 그러나 지옥은 영혼이 아니라, 육체를 가지고 있는 사
람들이 벌을 받게 되는 곳입니다.

"누구든지 생명책에 기록되지 못한 자는 불 못에 던져지더라"(계
20:15)

하나님의 창조는 끝나지 않았다

어떤 사람을 벌을 내리려고 지옥의 불 못으로 던졌다고 가정합니다. 그런데 이 사람이 날개가 있어서 훨훨 날아서 공중으로 도망간다면 하나님이 형벌을 내리셨는데 사람은 형벌을 받지 않는 상황이 됩니다. 이런 상황이 생긴다면 하나님의 형벌은 무의미한 것이 되겠지요. 당연히 말이 안 되는 내용입니다.

사람은 날개가 없으므로 공중으로 날아서 지옥 불 못을 피하여 도망갈 수 없습니다. 사람은 날개가 없어서 지옥에 던져지면 반드시 불 못으로 떨어지게 됩니다.

그런데 죄수를 다루는 간수(교도관)들이 죄인을 잡아서 지옥 불길 안까지 데리고 함께 들어간다면 그 간수(교도관)들도 뜨거운 불길에 고통을 받을 것입니다. 그래서 간수(교도관)들은 그냥 웅덩이 밖에 서서 죄수를 잡고 던지는 겁니다.

그런데 만약에 죄수가 중력을 조절할 능력이 있다고 가정합시다. 간수(교도관)가 죄인을 양쪽에서 잡고 지옥 불 웅덩이로 던졌는데, 이 죄인이 중력을 조절하여 지옥 불길 위로 둥둥 떠서 웅덩이 밖으로 이동한다면 이 죄인은 하나님이 내린 형벌을 피하게 됩니다. 이런 일도 벌어져서는 안 되겠지요. 이런 일이 생긴다면 형벌을 내리시는 하나님의 심판이 무의미하게 됩니다.

그런데 영혼(Soul)의 상태로 있다면 이 사람은 육체가 없어서 중력의 영향을 받지 않거나 중력의 영향이 적어서 지옥의 웅덩이에 던져지지 않을 것입니다. 물론 영혼(Soul)의 상태라면 잡을 수도 없을 것이고 던져지지도 않을 것입니다.

지옥은 육체를 가지고 있는 사람들이 하나님께 벌을 받는 곳입니다. 죄인을 던졌을 때 죄인은 중력의 영향을 받아 지옥 불 못 아래로 떨어져야 합니다. 그래서 지옥은 중력의 영향을 받는 육체가 있어야 벌을 받게 되는 장소입니다. 지옥은 육체를 가지고 있는 사람들이 고통받는 곳이기 때문에, 육체를 가지고 있는 보통 사람들의 눈에도 보이는 곳입니다.

지금은 사람들이 아무리 지구를 둘러보고 찾아봐도 땅 위에는 지옥이 없습니다. 왜냐하면, 지금은 사단이 세상 임금으로 있어서 아직 벌을 받을 때가 되지 않았기 때문입니다. 사단이 세상 권세를 빼앗기고 하늘에서 쫓겨날 것인데 이런 일이 생겼을 때 지옥이 땅 위에 생기게 됩니다. 그때는 사단을 벌할 때가 되었기 때문입니다. 지옥은 마귀와 그 사자들을 위하여 만들게 되는 곳이기 때문에 사단에게 형벌을 내릴 때 생기는 것입니다. 사람들을 벌하기 위해 만드는 지옥은 없습니다.

결론적으로 예수님이 말씀하시는 지옥(유황의 불이 영원히 타오르는 깊은 웅덩이)은 지금은 없습니다. 물론 화산지대에서 유황이 타오르는 웅덩이는 있을 것입니다. 그러나 그런 웅덩이는 지옥이 아니라 그냥 웅덩이입니다. 사단을 벌하기 위한 지옥의 웅덩이는 없습니다.

하나님의 창조는 끝나지 않았다

[부자와 나사로] 비유에서
부자가 들어간 지옥은 어디인가요?

예수님은 [부자와 나사로]의 비유를 들어 교훈의 말씀을 주셨습니다.
이 교훈의 주된 내용은 재물에 대한 것입니다.

> "한 부자가 있어 자색 옷과 고운 베옷을 입고 날마다 호화롭게 즐기더
> 라"(눅 16:19)

[부자와 나사로]의 비유는 누가복음에만 등장합니다. 그런데 이 비유의
첫 번째 말씀은 [호화롭게 즐기더라]는 것입니다. [부자와 나사로]의 비유
는 누가복음 16장 전체에 흐르는 개념에서 파악해야 하는데, 이 개념은
물질을 대하는 태도에 대한 것입니다.

> "또한 제자들에게 이르시되 어떤 부자에게 청지기가 있는데 그가 주인
> 의 소유를 낭비한다는 말이 그 주인에게 들린지라"(눅 16:1)

눅16:1~13은 [옳지 않은 청지기] 비유입니다. 이 비유에서도 옳지 않은

청지기가 재물을 지혜롭게 사용했다고 하십니다. 이 청지기는 의롭지 못한 청지기입니다.

> "주인이 이 옳지 않은 청지기가 일을 지혜 있게 하였으므로 칭찬하였으니"(눅 16:8)

예수님은 주위에서 듣고 있던 사람들에게 이 비유를 말하면서 옳지 않은 청지기를 칭찬했습니다. 옳지 않은 청지기가 재물을 어떻게 사용하였는지 살펴보라는 겁니다. 예수님은 재물을 올바르게 사용하는 좋은 예를 보여 주고 계십니다.

이 청지기는 옳지 않았지만, 자신의 해고당할 때 지혜롭게 자신의 미래를 대비했다는 겁니다. 물론 이 청지기가 사용한 재물은 자신의 것이 아니라 주인의 것입니다.

일반적으로 이 비유의 말씀은 재산가들과 사업하는 사람들과 정의를 주장하는 사람에게서 환영을 받지 못합니다. 왜냐하면, 이 청지기가 자신의 것이 아니라 주인의 재물을 가지고 선심을 썼기 때문입니다.

하여튼 예수님은 이 청지기가 재물을 어떻게 사용하였는지 보라는 겁니다. 재물 자체를 목적으로 삼지 말고, 재물을 도구로 쓰라는 교훈입니다. 옳지 않은 청지기 비유와 마찬가지로 [부자와 나사로]의 말씀도 재물에 대한 교훈을 담고 있습니다.

하나님의 창조는 끝나지 않았다

"바리새인들은 돈을 좋아하는 자들이라 이 모든 것을 듣고 비웃거
늘"(눅 16:14)

바리새인들이 돈(재물)을 좋아하고 재물을 모아서 부자가 되려는 것을
두고 예수님이 지적하고 계십니다. 눅 16:15~18에서 예수님은 바리새인
들의 문제를 지적하고 계십니다. 그 후에 재물을 좋아하는 바리새인들에
게 그들이 죽은 후에 경험하게 될 일을 미리 말씀해 주시는 겁니다.

"한 부자가 있어 자색 옷과 고운 베옷을 입고 날마다 호화롭게 즐기더
라. 그런데 나사로라 이름하는 한 거지가 헌데 투성이로 그의 대문 앞
에 버려진 채 그 부자의 상에서 떨어지는 것으로 배 불리려 하매 심지
어 개들이 와서 그 헌데를 핥더라"(눅 16:19~21)

이 내용은 재물을 좋아하는 바리새인들에게 재물을 어떻게 사용해야
하는지 또 재물을 모아서 자신만 누렸던 부자에게 죽은 후에 어떤 일이
생기는지를 말씀해 주신 것입니다.

"이에 그 거지가 죽어 천사들에게 받들려 아브라함의 품에 들어가고 부
자도 죽어 장사되매 그가 음부에서 고통 중에 눈을 들어 멀리 아브라함
과 그의 품에 있는 나사로를 보고"(눅 16:22~23)

예수님은 [부자와 나사로] 비유에서 나사로는 아브라함의 품에 있게 되
고, 부자는 음부에 있게 된다고 말씀합니다. 아브라함이 있는 곳이 천국

일까요? 만약 아브라함이 있는 곳이 천국이라면 왜 [나사로가 천국으로 들어갔다는 표현을 하지 않았을까요? 왜 천국이라는 표현을 쓰지 않고 굳이 아브라함의 품에 안겨 있다고 표현했을까요? 이것은 아브라함이 천국에 있지 않았기 때문입니다.

예수님께서 [부자와 나사로]의 비유를 말씀하실 때는 아직 순교하기 전입니다. 이때는 예수님께서 음부에 내려가기 전이며, 사망과 음부의 열쇠를 사단에게서 빼앗아 가져오기 전입니다. 그래서 예수님은 아직 음부(스올)에서 기다리고 있는 믿음의 사람들을 이끌지 못한 상태입니다.

"내가 땅에서 들리면 모든 사람을 내게로 이끌겠노라 하시니"(요 12:32)

이 말씀을 하실 당시에는 예수님이 순교하지 않았기 때문에 믿음의 사람들이 예수님께로 인도되지 못한 상태입니다. 우리는 아브라함과 이삭과 야곱에 관한 내용을 자세히 이해해야 합니다.

"그가 그들에게 명하여 가로되 내가 내 열조에게로 돌아가리니 나를 헷 사람 에브론의 밭에 있는 굴에 우리 부여조와 함께 장사하라. 이 굴은 가나안 땅 마므레 앞 막벨라 밭에 있는 것이라 아브라함이 헷 사람 에 브론에게서 밭과 함께 사서 그 소유 매장지를 삼았으므로 아브라함과 그 아내 사라가 거기 장사되었고 이삭과 그 아내 리브가도 거기 장사되 었으며 나도 레아를 그곳에 장사하였노라. 이 밭과 거기 있는 굴은 헷

하나님의 창조는 끝나지 않았다

사람에게서 산 것이니라. 야곱이 아들에게 명하기를 마치고 그 발을 침
상에 거두고 기운이 진하여 그 열조에게로 돌아갔더라"(창 49:29~33)

이 말은 야곱이 죽기 전에 한 말입니다. 야곱이 죽게 되면 자신을 아브
라함과 이삭이 묻힌 막벨라 밭에 있는 굴에 함께 있게 해달라는 유언입
니다. 여기서 부여조로 번역된 히브리어는 원형은 אָב(아브)로서 아버지
(father)를 의미합니다. 이 단어는 אֲבֹתַי(아보타이)로서 אָב(아브)의 남성
복수로 fathers로 번역됩니다. 이 단어는 조상, 선조, 아비 등으로 번역됩
니다. 정확하게 표현한다면 남성계열의 선조들을 의미하며 여기서는 아
버지 이삭, 그리고 그 위의 아버지인 아브라함을 의미합니다. 야곱은 자
신이 죽게 되면, 아브라함과 이삭이 있는 곳에 함께 있도록 해달라는 것
입니다.

"그 열조에게로 돌아갔더라"(창 49:33)

이 말씀은 야곱이 아브라함과 함께 있게 되었음을 말하고 있습니다. 어
떤 사람들은 단순히 야곱이 죽게 된 것을 두고 열조에게 돌아갔다고 표현
한 것이라는 해석을 합니다. 야곱이 죽은 후에 그 영혼이 아브라함과 함
께 있다는 것보다는 아브라함이 죽은 것처럼 야곱도 죽게 된 것을 표현한
다는 겁니다. 열조에게 돌아갔다는 표현은 단순히 죽음을 의미한다는 것
입니다. 죽은 후에 그 영혼이 어디에 있느냐가 핵심이 아니라, 죽는 것 자
체를 의미한다고 보는 겁니다.

그러나 성경은 야곱이 죽은 후에 야곱의 영혼이 아브라함과 이삭에게
갔다는 것을 의미합니다.

"나는 네 조상의 하나님이니 아브라함의 하나님, 이삭의 하나님, 야곱
의 하나님이니라"(출 3:6)

"또 가라사대 이는 그들로 그 조상의 하나님 곧 아브라함의 하나님, 이
삭의 하나님, 야곱의 하나님 여호와가 네게 나타난 줄을 믿게 함이니라
하시고"(출 4:5)

"나는 아브라함의 하나님이요 이삭의 하나님이요 야곱의 하나님이로라
하신 것을 읽어 보지 못하였느냐"(마 22:32)

성경은 아브라함과 이삭과 야곱이 함께 있음을 말하고 있습니다. 하나
님께서 스스로 모세에게 말씀하실 때, 자신을 아브라함과 이삭과 야곱의
하나님으로 표현하고 계십니다. 예수님께서도 [아브라함의 하나님이요
이삭의 하나님이요 야곱의 하나님]이라는 말씀을 인용하고 계십니다. 이
렇게 아브라함과 이삭과 야곱은 함께 있다는 것입니다. 아브라함의 영혼
이 있는 곳에 이삭과 야곱도 함께 있다는 말입니다.

"그 모든 자녀가 위로하되 그가 그 위로를 받지 아니하여 가로되 내가
슬퍼하며 음부에 내려 아들에게로 가리라 하고 그 아비가 그를 위하여
울었더라"(창 37:35)

하나님의 창조는 끝나지 않았다

그런데 야곱은 자신이 음부에 내려가게 된다고 말하고 있습니다. 여기서 음부라고 번역된 단어는 영어로 Grave로 번역되어 있습니다. Grave는 무덤을 의미하는데, 이것은 조금은 부족한 번역입니다. 야곱이 자신이 죽어서 무덤에 묻히겠다는 의미라면, 야곱의 무덤에 아들인 요셉이 있을 수는 없기 때문입니다. 야곱은 요셉이 짐승에게 죽은 것으로 알았고, 죽은 요셉의 몸을 수습하지 못해서 무덤도 만들지 못했습니다. 야곱은 죽은 요셉의 영혼이 있는 곳으로 간다고 말한 겁니다. 그래서 음부(스올)은 무덤이 아니라 죽은 영혼이 있는 곳을 의미합니다.

앞에서 설명했지만, 한글 성경에서 음부는 영어로 Grave로 번역되어 있으나 히브리어로 שְׁאוֹל(스올)입니다. 히브리어 שְׁאוֹל(스올)을 영어로 설명하면 underworld(place to which people descend at death)라고 정의됩니다. שְׁאוֹל(스올)이라는 단어는 헬라어로는 Ἅδης(하데스)에 해당합니다. 만약 야곱이 죽은 후에 스올에 있다면 아브라함도 스올에 있는 것입니다.

"예수께서 이르시되 이 세상의 자녀들은 장가도 가고 시집도 가되 저 세상과 및 죽은 자 가운데서 부활함을 얻기에 합당히 여김을 받은 자들은 장가 가고 시집 가는 일이 없으며, 그들은 다시 죽을 수도 없나니 이는 천사와 동등이요 부활의 자녀로서 하나님의 자녀임이라. 죽은 자가 살아난다는 것은 모세도 가시나무 떨기에 관한 글에서 주를 아브라함의 하나님이요 이삭의 하나님이요 야곱의 하나님이시라 칭하였나니 하나님은 죽은 자의 하나님이 아니요 살아 있는 자의 하나님이시라 하나

님에게는 모든 사람이 살았느니라 하시니"(눅 20:34~38)

예수님은 죽은 자의 부활에 대하여 사두개인들에게 말씀하셨습니다. 사두개인들은 부활이 없다고 믿는 사람들입니다. 예수님은 이 사람들에게 부활에 대하여 설명하실 때 아브라함과 이삭과 야곱을 언급하셨습니다. [하나님은 살아 있는 자의 하나님]이라는 표현은 아브라함과 이삭과 야곱이 살아 있다는 것입니다.

예수님 당시에는 아브라함과 이삭과 야곱은 이미 죽어서 몸도 없어진 상태이며, 이들을 볼 수도 없고 들을 수도 없으나 이들은 살아 있다는 겁니다. 예수님의 말씀은 아브라함과 이삭과 야곱에게 영혼이 있어서 살아 있는 것이며 나중에 부활할 것이라는 말입니다.

아브라함과 이삭과 야곱은 부활해야 합니다. 그러나 아직은 부활하지 못하고 기다리고 있습니다. 부활해야 한다는 말은 육체가 없는 영혼의 상태로 있다는 겁니다. 그런데 아브라함과 이삭과 야곱은 어디서 기다리고 있는 걸까요?

천국은 이 땅 위에 임하는 것이며, 땅 위에 세워지는 하나님의 도시입니다. 하나님의 도시는 부활하여 몸을 가지고 들어가는 곳입니다. 그래서 천국은 아직 어디에도 존재하지 않습니다.

지옥도 이 땅 위에 있게 될 어느 장소입니다. 지옥도 육체를 가지고 들어가는 곳이기 때문에 사람이 눈으로 볼 수 있습니다. 그런데 지옥은 아직은 없습니다. 왜냐하면, 지옥은 사단을 벌하기 위한 곳으로 아직 사단을 벌할 때가 되지 못했기 때문입니다.

천국과 지옥은 물질세계에 만들어지게 되지만, 아직은 천국과 지옥이 없습니다. 천국과 지옥은 이 땅 위에 세워지게 될 것입니다. 천국은 창세 때부터 준비되어 있습니다. 창세 때부터 준비했다는 말은 바로 이 땅을 의미하기 때문입니다. 그러나 아직 이 땅에는 하나님의 나라가 임하지 않았습니다. 그래서 이 땅 위에는 하나님의 백성이 살아갈 도시들이 건설되지 않았습니다. 동시에 사단을 벌하는 지옥도 아직 만들어지지 않았습니다.

[부자와 나사로]의 비유에서 부자가 간 곳은 지옥이 아니며, 나사로가 간 곳도 천국이 아닙니다. 나사로는 아브라함의 품에 안겨 있었는데, 아브라함은 이삭과 야곱과 함께 부활을 기다리는 스올[underworld]에 있었기 때문입니다. [부자와 나사로]는 예수님 당시에 살았던 실제 인물이라고 말하는 사람도 있습니다. 그러나 이 두 사람(부자와 나사로)의 실체는 중요하지 않습니다.

예수님이 이 말씀을 하실 당시에는 예수님도 아직 부활하지 않았기 때문에, 아브라함과 이삭과 야곱은 스올에 있었습니다.

[부자와 나사로]의 비유에서 부자와 나사로는 서로 대화할 수 있으나, 서로 건너갈 수는 없다고 합니다. 이 비유를 두고 이런 천국과 지옥이라

면 하나님을 믿지 않겠다고 하는 사람이 있었습니다. 왜냐하면, 가족 중에 천국에 간 사람과 지옥에 간 사람이 있다고 가정할 때, 천국에 있는 사람이 지옥에서 고통받는 자신의 가족을 보면서 과연 천국에서 행복하게 살 수 있을까 하는 지적을 합니다.

[부자와 나사로]의 비유가 천국과 지옥을 설명하는 것이라면 이 사람이 지적하는 바와 같이 천국은 행복한 곳이 아닐 겁니다. 그러나 [부자와 나사로]의 비유는 천국과 지옥이 아닙니다. 본문의 비유에서 가장 중요한 것은 [재물을 다루는 태도]입니다.

"너희는 하나님과 재물을 겸하여 섬길 수 없느니라"(눅 16:13)

예수님은 하나님과 재물을 겸하여 섬길 수 없다고 하십니다. 그리고 그 예시로 [부자와 나사로]의 비유를 말씀하십니다.

"아브라함이 이르되 얘 너는 살았을 때에 좋은 것을 받았고 나사로는 고난을 받았으니 이것을 기억하라 이제 그는 여기서 위로를 받고 너는 괴로움을 받느니라"(눅 16:25)

[부자와 나사로] 비유에서 가장 중요한 핵심은 아브라함의 말입니다. 아브라함은 부자가 불꽃 가운데서 고통받는 이유를 설명합니다. 부자가 스올의 불꽃에서 고통받는 이유는 [살아 있을 때 좋은 것을 받았다]는 것입니다. 살아 있을 때 좋은 것을 받았다는 아브라함의 말은 사실은 예수

하나님의 창조는 끝나지 않았다

님의 비유에 등장하는 것이며, 이 말은 예수님의 말씀입니다.

[살아 있을 때 좋은 것을 받았]는 의미는 눅 16:19에 나와 있듯이 [자색 옷과 고운 베옷을 입고 날마다 호화롭게 즐기더라]입니다. 자색 옷과 고운 베옷을 입고 날마다 호화롭게 즐기는 것은 죄가 아닙니다. 자신의 재물이 많아서 그 재물로 좋은 것을 입고 좋은 것을 먹고 좋은 데서 자는 것은 죄가 되지 않습니다.

지금 부자는 죄에 대한 대가를 치르는 것이 아닙니다. 단순히 살아 있을 때 좋은 것을 받았기 때문에, 죽은 후에 스올에서는 괴로움을 받는 것입니다.

"죽은 자들이 자기 행위를 따라 책들에 기록된 대로 심판을 받으니 바다가 그 가운데에서 죽은 자들을 내주고 또 사망과 음부(스올)도 그 가운데에서 죽은 자들을 내주매 각 사람이 자기의 행위대로 심판을 받고 사망과 음부(스올)도 불 못에 던져지니 이것은 둘째 사망 곧 불 못이라. 누구든지 생명책에 기록되지 못한 자는 불 못에 던져지더라"(계 20:12~15)

스올이 죽은 자를 내어준다고 기록되어 있습니다. 부자는 눅 16:23에서 스올에 있다고 합니다. 부자가 실제 인물이라면 예수님 당시에 죽어서 스올로 내려가 불꽃 가운데서 지금까지 있을 것입니다. 그리고 계 20:13에서 스올이 죽은 자를 내어줄 때, 스올에 있던 부자도 심판을 받기 위해서 스올에서 나오게 됩니다. 그리고 부자는 심판을 받게 되는데, 행위를 따라 책들에 기록된 대로 심판을 받게 된다고 합니다. 심판 결과 부자는 생명책에 이름이 기록되지 못할 경우, 지옥 불 못에 던져지게 됩니다.

지옥은 행위의 결과로 형벌을 받는 곳이며, 스올은 재판을 받기 전까지 죽은 영혼들이 대기하는 땅 아래의 장소입니다.

이해를 돕기 위해 내용을 바꿔 보겠습니다.

어떤 부자가 있는데 재물이 많아서 좋은 것을 먹고 좋은 것을 입으면서 날마다 호화롭게 즐겁게 살고 있습니다. 그런데 이 부자가 어쩌다가 사람을 죽이고 말았습니다. 이 부자는 살인죄를 지었습니다.

이 부자는 스올의 뜨거운 곳에서 고통받을 것이며, 지옥 불 못에서 고통받게 될 것입니다. 스올의 불꽃에서 고통받는 이유는 살인죄로 벌 받는 것이 아니라 살아 있을 때 좋은 것(많은 재물)을 받았기 때문입니다. 지옥의 불 못에서 고통받는 이유는 많은 재물을 가졌기 때문이 아니라 살인죄를 지었기 때문입니다.

스올의 경우는 선행과 악행을 따지지 않습니다. 그리고 지옥 불 못의 경우는 재물의 많고 적음을 따지지 않습니다. 이 차이를 분명하게 이해해야 합니다.

하나님의 창조는 끝나지 않았다

스올은 땅 아래에 있으며, 깊이에 따라 길게 나뉘어 있는 것으로 보입니다. 지구의 핵에 가까우면 뜨거운 스올이 되며, 지구의 지표면으로 가까우면 편안한 스올이 됩니다. 같은 스올이지만 아브라함이 있는 곳은 편안하게 쉬는 곳이며, 부자가 있는 곳은 핵에 가까워서 뜨거운 불꽃이 있는 곳입니다.

모든 사람은 죽은 후에, 심판 때까지 스올에서 대기하게 되는데, 스올의 편안한 곳으로 가거나, 스올의 뜨거운 곳으로 가게 됩니다. 스올의 두 장소 중에 어느 곳이든 가게 되는데, 그 기준은 살아 있을 때 얼마나 많은 재물을 소유했느냐 하는 것입니다. 사람이 선하게 살았느냐 악하게 살았느냐 하는 것은 지옥 지옥 불 못과 관련이 있습니다. 스올은 이것과 상관이 없습니다.

이 땅에서 살아 있을 때 우리에게 많은 재물이 있다면 이 재물을 잘 사용해야 합니다. 재물을 계속 소유하지 말고 가난한 사람과 불쌍한 사람과 약자를 위하여 나눠주어야 합니다. 또한, 자신과 가족이 충분히 쓸 양은 남겨 두고, 그 외에 남는 재물은 가능한 한 사회에 환원하거나 자선단체에 기부하거나 해야 합니다. 만약 이 부자와 같이 많은 재물을 소유하고도 이웃과 나누지 않았다면 뜨거운 불꽃이 있는 스올에서 심판 때까지 대기하게 됩니다.

부자가 뜨거운 스올에서 고통받는 것은 부자의 악행에 대한 형벌이 아닙니다. 단지 살아 있을 때 좋은 것을 받았기 때문입니다. 나사로는 살아 있을 때 고난을 많이 받았기 때문에 편안한 스올에서 위로를 받는다는 말입니다.

예수님은 [부자와 나사로]의 비유에서 사람이 살아 있을 때 재물을 어떻게 사용해야 하는가를 설명하신 겁니다. 이 재물은 궁극적으로는 우리의 소유가 아닙니다. 사람이 죽으면 결국 그 재물은 자녀에게 상속되거나 국가의 소유가 되거나 합니다. 결국, 내가 쥐고 있던 재물은 타인의 소유가 됩니다.

재물에 대한 영원한 소유는 현재의 세상에서는 불가능합니다. 옳지 않은 청지기의 비유에서 예수님이 말씀하신 것처럼 우리가 소유한 재물은 결국은 [주인의 것]이라는 말입니다. 우리가 소유한 것이라서 내 것으로 느껴지지만, 잠시 살아 있는 동안에 나에게 맡겨진 것이라는 뜻입니다. 예수님은 우리에게 재물을 목적으로 삼지 말고 도구로 사용하라고 교훈을 주셨습니다.

사람들은 세상이 불공평하다는 말을 합니다.

누구는 선진국에서 부자의 아들로 태어나고, 누구는 아프리카 같은 나라에서 가진 것이 없는 상태로 태어난다는 겁니다. 부자인 사람의 아들로 태어나는 것과 가난한 사람의 아들로 태어나는 것은 처음 시작부터 다릅니다. 인생의 출발선 자체가 이미 큰 차이가 나고 있다는 겁니다. 세상 자체가 이미 불공평한 세상입니다. 이런 세상에서 어떻게 정의가 실현될 수

하나님의 창조는 끝나지 않았다

있으며, 어떻게 평등이 실현되느냐는 것입니다.

이 땅 위에 하나님의 나라가 아직 임하지 않았기 때문에 이런 문제들이 있음을 알고 있습니다. 하나님의 나라가 이 땅 위에서 세워지면 이런 문제가 해결됩니다. 그러나 하나님은 이런 불공평을 조금은 해소하셨습니다. 죽은 후에 심판 때까지 기다리는 장소를 다르게 하셨다는 겁니다.

우리는 오래 살면 80세입니다. 물론 지금은 100세까지 사는 세상이 되었습니다. 이 삶의 기간은 사실은 매우 짧은 기간입니다. 우리가 잠시 짧은 생을 살면서, 앞으로 우리가 영원히 살게 될 세상의 모습을 조금 경험하는 것입니다. 그런데 이 짧은 생을 사는 동안 재물을 많이 가진다고 하더라도 그것이 없는 사람에 비해 얼마나 큰 차이가 될까요? 이 우주는 넓고 넓으며 우리가 가진 재물은 극히 적은 것입니다.

"그러나 내가 너희에게 말하노니 솔로몬의 모든 영광으로도 입은 것이
이 꽃 하나만 같지 못하였느니라"(마 6:29)

짧은 생을 살면서 누구는 많이 가지고, 누구는 적게 가졌다고 불평합니다. 그래서 하나님은 공평하게 하시려고 죽은 후에 심판 때까지 기다리는 장소를 다르게 하셨습니다. 그러나 우리의 이런 불평도 사실은 부끄러운 것입니다. 많이 가진 자와 적게 가진 자의 차이가 우리 눈에는 매우 크게 보입니다만 무한한 우주에서 많은 것을 만드신 하나님의 눈에는 매우 적은 차이일 뿐입니다.

지금 우리는 많고 적음을 떠나서 각자가 재물을 가지고 있습니다. 마치 내 것으로 느껴지는 재물을 가지고 살아갑니다. 그런데 이 재물은 내 것이 아니라 주인이신 하나님의 것입니다. 잠시 나에게 맡겨졌던 것입니다. 그래서 나에게 있는 재물을 목적으로 삼지 말고 도구로 쓰라는 교훈을 주신 겁니다.

> "너희가 만일 남의 것에 충성하지 아니하면 누가 너희의 것을 너희에게
> 주겠느냐"(눅 16:12)

여기서 [남은 것]은 우리가 가지고 있는 우리 소유의 재물을 의미합니다. 남의 것이라고 표현하신 것은 우리는 재물을 영원히 소유하지 못하기 때문입니다. 사람은 죽을 것이며, 죽게 되면 그 사람이 소유했던 재물은 타인의 재물이 됩니다. 그래서 내 소유의 재물도 내 것이 아니라 남의 것이라고 하신 겁니다. 남의 것에 충성하는 기간은 첫 번째 삶의 짧은 생애입니다.

[너희의 것을 너희에게 주신다]는 말씀은 영원한 삶을 살게 되는 두 번째 삶을 의미합니다. 두 번째 삶은 둘째 부활이 있고 난 후에 천국에 들어가서 살게 되는 영원한 삶을 의미합니다. 이때 하나님은 우리에게 상으로 좋은 것을 주십니다.

이때 하나님께 받는 것은 [남의 것]이 아니라 [우리의 것]이 됩니다. 왜냐하면, 여기서 하나님께 받는 재물은 앞으로 영원히 우리 자신의 소유가

하나님의 창조는 끝나지 않았다

될 것이기 때문입니다. 죽음이 없는 영원한 삶을 살게 되기 때문에, 이때부터 소유하게 되는 재물은 영원히 우리의 소유가 됩니다. 그래서 예수님은 [너희의 것]이라고 표현하신 겁니다.

[부자와 나사로]의 비유는 우리가 재물을 어떻게 사용해야 하는지를 알려 줍니다. 예수님은 이 비유를 통하여 재물에 대한 태도를 교훈으로 가르쳐 주셨습니다. 이 비유에 나오는 불꽃이 있는 음부는 죽은 후에 많은 재물을 가지고 욕심을 부렸던 사람들이 가게 될 곳입니다. 이곳은 죄에 대한 형벌을 받는 것이 아니므로 지옥 불 못이 아닙니다. 단순히 심판 때까지 기다리는 장소입니다. 이곳은 스올입니다. 결론적으로 부자가 죽어서 간 곳은 지옥이 아니라 뜨거운 불꽃이 있는 스올입니다.

사람을 위한 지옥은
없다는 건가요?

사람을 넣으려고 만든 지옥은 없습니다. 하나님은 처음부터 사람에게 벌을 내릴 마음이 없으셨고, 사람에게 고통을 주는 지옥을 계획하지 않았습니다.

하나님은 사람을 벌하려고 지옥을 만든 것이 아닙니다. 물론 하나님은 지금까지도 유황불이 타오르는 지옥을 만들지 않았습니다. 지옥은 아직 없습니다. 그러나 나중에 지옥이 생긴다고 하더라도 사람을 벌하려는 것이 아닙니다. 하나님은 근본적으로 사람에게 벌을 내리는 것을 좋아하지 않았습니다. 하나님이 친히 손으로 사람을 창조하셨으므로 하나님은 사람에게 벌을 내리는 것을 원하지 않습니다. 그래서 사람에게 고통을 주는 지옥을 만들지 않으셨습니다. 하나님은 앞으로도 사람에게 벌을 내리기 위한 목적으로는 지옥을 만들지 않으실 겁니다.

"또 왼편에 있는 자들에게 이르시되 저주를 받은 자들아 나를 떠나 마귀와 그 사자들을 위하여 예비된 영원한 불에 들어가라"(마 25:41)

지옥(유황불 붙는 못)은 마귀와 그 사자들을 벌하기 위하여 만들게 됩니다. 지옥은 사람을 벌하는 곳이 아니라 마귀와 그 사자들을 벌하는 곳입니다. 하나님은 마귀와 그 사자들을 벌하기 위해 지옥을 준비하셨습니다. 그러나 사람을 벌하는 장소는 준비하지 않으셨습니다. 그래서 만약에 사람이 죄를 짓게 되면 마귀를 벌하는 곳에서 함께 벌을 받게 됩니다. 왜냐하면, 사람을 위한 지옥은 만들지 않으셨기 때문입니다.

"일흔 번씩 일곱 번이라도 용서하라"(마 18:22)

이 말씀은 하나님께서 벌을 내리는 것을 원하지 않는다는 뜻입니다. 가해자가 자신의 잘못을 뉘우치고 용서를 빌 때 무조건 용서하라는 말씀입니다. 가해자가 용서를 빌고 있는데도 불구하고 피해자가 하나님께 와서 가해자에 대한 형벌을 요구한다면, 의로우신 하나님은 그 가해자에게 벌을 내려야 합니다. 가해자가 자신의 잘못을 인정하고 회개하여 잘못된 행동을 고친다면, 그 가해자에게 벌을 내리지 않으려는 것이 하나님의 마음입니다. 물론 가해자는 진심으로 회개해야 합니다.

피해자가 하나님께 호소하지 않으면 하나님은 가해자에게 벌을 내리지 않습니다. 사람에게 벌을 내리는 것은 하나님께서 즐거워하지 않는 일입니다. 그래서 하나님은 사람을 벌하기 위한 지옥을 만들지 않는 겁니다.

많은 사람이 하나님을 오해합니다. 하나님이 사람을 창조하시고는 사람을 영원한 지옥에서 고통받게 한다고 오해합니다. 사람을 창조하고 자유의지를 주신 후에, 예수님을 믿지 않는다는 이유로 지옥에 보내는 분이라고 생각합니다. 그러나 하나님은 사람을 지옥에 보내려고 하지 않으십니다. 하물며 사람을 지옥에 영원히 가두는 일은 더더욱 하지 않습니다.

그러면 하나님의 나라는 불법과 불의와 비리가 난무하고 불평등과 불공정과 부조리가 심한 곳일까요?

그렇지 않습니다.

하나님의 나라는 매우 깨끗하고 선하며 정의롭고 공평하며 모든 것이 투명한 나라입니다. 하나님이 가해자를 벌하지 않아도 하나님의 나라는 아름답고 살기 좋은 공정한 세상이 됩니다. 그 이유는 모든 하나님 나라의 백성들이 죽지 않고 영원히 살기 때문입니다.

하나님의 나라는 아무리 작은 죄라도 감추어지지 않는 세계입니다. 아무리 사소한 죄라도 그 피해자가 죽지 않고 영원히 살기 때문입니다. 피해자가 덮어 두기로 한다면 가해자의 범죄행위는 덮어질 것이며 벌을 받지 않을 것입니다.

하나님의 나라 안에서 가해자의 범죄행위가 덮어질 수 있고, 알려지지 않을 수 있습니다. 그것은 피해자가 그렇게 했기 때문입니다. 그러나 피해자가 덮어 두지 않으면 그 범죄행위는 반드시 드러나게 됩니다.

하나님의 창조는 끝나지 않았다

만약 자기 자신만 피해를 받았다면, 그 행위는 범죄가 아닙니다. 자신 외에는 피해자가 없기 때문입니다. 타인에게 피해를 줬을 때에 범죄가 됩니다. 자기 자신에게는 범죄가 되지 않습니다. 물론 자살이나 마약은 자신에게 죄를 범하는 행위입니다. 그런데 자살할 수 있거나 마약이 존재하는 현재 세상에서는 그렇습니다. 하나님의 나라 안에서는 자살할 수 없으며 마약도 의미가 없습니다. 하나님 나라의 백성들은 마약에 몸이 파괴되거나 상하지 않으며, 마약에 중독되지 않을 것입니다. 또한 마약이 더 이상은 마약이 되지 못합니다. 마약을 사용해도 기분이 좋아지지 않을 것이기 때문입니다.

천국에서는 담배를 끊으라는 요구를 하지 않을 것입니다. 그러면 담배 피우는 사람들이 많아질까요? 아닙니다. 아무리 담배를 피워도 중독되지 않으며 담배를 피우는 순간에도 아무런 느낌이 없을 것이기 때문에 사람들이 담배를 그냥 피우지 않게 됩니다.

하나님의 나라 안에서 하나님의 백성이 타인의 범죄를 덮어 둘 수 있습니다. 그런데 이런 행동을 하는 것은 피해자가 협박이나 공포로 인한 것이 아닙니다. 피해자가 볼 때, 크게 중요하지 않은 일이라고 생각했을 것이기 때문입니다. 피해가 크지 않은 경우에도 피해자는 그 일을 덮어 둘 수 있습니다. 피해자가 보기에 충분히 허용할 수 있는 정도라고 판단한다면 그 범죄행위를 덮어 둘 수 있습니다.

그리고 천국에서는 피해자가 살해의 위협을 당할 일이 없습니다. 왜냐하면, 하나님의 나라의 백성에게는 죽음이 없기 때문입니다. 피해자를 두렵게 할 일이 없습니다. 가족을 협박하는 일도 발생하지 않을 것입니다. 가족들도 죽지 않기 때문입니다. 오직 피해자 스스로가 판단하여 그냥 넘어가기로 하면 가해자는 벌을 받지 않을 수 있으며, 가해자의 범죄행위도 알려지지 않게 됩니다.

그런데도 천국에는 억울한 일이 없습니다. 피해자가 그냥 고소하지 않기로 한 것은 억울하지 않기 때문입니다. 만약 피해자가 억울한 마음이 든다면, 피해자는 가해한 사람을 고소할 것이며, 가해자는 공정한 재판을 통하여 그에 상응하는 벌을 받게 됩니다. 그래서 억울한 일은 없다는 겁니다.

피해자가 용납할 수 없다고 판단할 경우 가해자를 고소할 것입니다. 가해자를 두려워할 이유가 전혀 없으므로 필요하다고 판단할 때는 가해자의 범죄행위를 고소하는 것입니다. 이제 가해자의 범죄행위는 드러나게 되어 있으며, 반드시 형벌을 받을 수밖에 없습니다. 가해자는 무슨 일이 있어도 피해자에게 사과하고 용서를 구해야 합니다.

"재판관이 옥리에게 내어 주어 옥에 가둘까 염려하라"(마 5:25)

여기에서 옥은 단순히 유치장 정도를 의미하는 것이 아닙니다. 현재의 유치장은 단순히 갇혀 있는 것뿐이며 갇힌 사람에게 특별한 고통을 주지는 않습니다. 이 말씀에 나오는 옥은 [지옥 불 못]을 의미합니다. 옥에 간

하나님의 창조는 끝나지 않았다

히는 것 자체가 지옥에 들어가는 것이며, 바로 지옥 유황불의 고통을 받게 됩니다. 옥에 가둘까 염려하라는 말씀은 지옥 불 못에 던져질까 염려하라는 말입니다.

만약 가해자가 용서를 구하지 않으면 그 가해자는 자신의 범죄행위로 인하여 불 못에서 벌을 받게 될 것입니다. 가해자는 자신이 고소되었다는 것을 알게 된 순간부터 재판이 시작되기 전까지 가능한 빨리 피해자와 화해하여 재판받는 일을 피해야 합니다. 가해자가 자신의 죄를 인정하지 않고 버티면 결국 공정한 심판에 의해서 불 못에 던져지게 될 것이기 때문입니다.

많은 사람이 살아 있을 때 범한 죄들에 대해서 죽은 후에 벌을 받는다고 생각합니다. 실제로 현실에서는 죄를 지어도 들키지 않는 경우도 많고, 벌을 받지 않는 경우도 많습니다. 그래서 살아 있을 때는 그냥 넘어갈 수 있습니다. 그러나 죽은 후에 백 보좌 심판 때는 그 대가를 치르게 될 것이라고 믿습니다. 당연히 백 보좌 심판 자리에서는 모든 죄가 드러나고 그에 맞는 형벌을 받게 될 것입니다.

그런데 이 말씀은 살면서 지은 죄에 대해서 죽은 후에 심판하는 그런 내용이 아닙니다. 이 말씀은 천국 안에서 지은 죄에 대해 말하는 겁니다.

"너를 고발하는 자와 함께 길에 있을 때"(마 5:25)

이 말씀은 [죄를 범한 뒤, 얼마 후에]라는 의미가 있습니다. 죽을 때까지 가지 않는다는 말입니다. 죽은 후에 심판을 받고 벌을 받는다는 내용이 아니라, 살아 있을 때 발생하는 일이라는 겁니다. 가해자가 죄를 범한 뒤 얼마 지나지 않았다는 겁니다. 가해자에게 피해자가 피해를 받은 후로부터 오래되지 않아서 피해자는 고소했다는 의미입니다. 피해자와 가해자가 함께 살아 있는 상태에서 피해자가 피해받은 것을 인지한 지 오래되지 않은 시간입니다. 그래서 이 말씀은 현재가 아니라 미래에 하나님의 나라에서 발생하는 일들을 설명하고 있다는 겁니다.

> "만일 네 오른 눈이 너로 실족하게 하거든 빼어 내버리라 네 백체 중 하나가 없어지고 온 몸이 지옥에 던져지지 않는 것이 유익하며 또한 만일 네 오른손이 너로 실족하게 하거든 찍어 내버리라 네 백체 중 하나가 없어지고 온 몸이 지옥에 던져지지 않는 것이 유익하니라"(마 5:29~30)

예수님은 하나님의 나라에서 하나님의 백성에게 지옥에 던져지지 않도록 하라는 경고를 하셨습니다. 차라리 눈을 빼거나 손을 찍어 버리더라도 지옥 불 못에 던져지지 않도록 하라는 겁니다.

물론 지금은 눈을 빼거나 손을 찍어 버리면 남은 평생을 장애인으로 살아야 합니다. 그래서 지금은 이 말씀대로 하면 안 됩니다.

예수님의 말씀은 지금 이렇게 실천하라는 말씀이 아니라, 하나님의 나라에 들어간 후에 하나님의 백성으로 살면서 이 말씀을 실천하라는 겁니다. 하나님의 나라 안에서는 다시 눈과 손을 회복할 수 있어서 장애인으로 살지 않을 것이기 때문입니다. 지금은 우리의 눈과 손이 우리가 죄를 범하게 할지라도 당장에 불 못에 들어가지 않습니다. 왜냐하면, 지금은 불 못도 없고, 천사들이 잡으려고 내려오지 않기 때문입니다. 그래서 우리의 눈을 빼거나 손을 찍는 일은 하지 말아야 합니다.

하나님의 나라 안에서는 눈을 빼서 버리거나 손을 찍어 버려도 다시 회복될 수 있어서, [불 못]에 들어가는 것보다 눈과 손을 제거하는 것이 낫다는 것입니다.

예수님은 이렇게 우리에게 죄를 범하지 말라고 강하게 경고하고 계십니다. 그래서 하나님의 나라에서는 죄를 범하는 일이 극히 적거나 없을 것입니다.

만약 죄를 범하더라도 피해자가 하나님께 고소하지 않으면 벌을 받지 않습니다. 피해자가 고소하지 않으면 피해자를 찾아가 고맙다고 말하면서 또한 용서도 구해야 합니다. 만약 피해자가 고소하면 법정에 가기 전에 먼저 화해하라는 것입니다.

"너를 고발하는 자와 함께 길에 있을 때에 급히 사과하고 화해하라"(마 5:25)

하나님은 가해자나 피해자 모두에게 고소하는 일을 만들지 말라고 경고하시는 겁니다. 고소하면 하나님은 공정한 재판을 진행하게 되며, 가해자는 선고를 받고 [불 못]에 던져지게 됩니다. 하나님은 하나님의 백성을 지옥 불 못에 던지는 것을 원하지 않습니다. 그래서 가해자는 반드시 용서를 구하라는 것이며, 피해자는 반드시 용서하라는 말씀입니다.

피해자가 용서하고 싶어도 가해자가 용서를 구하지 않으면 죄는 사라지지 않습니다. 물론 피해자가 하나님께 호소해야 가해자가 벌을 받게 됩니다. 또 가해자가 용서를 구해도 피해자가 용서하지 않으면 그 가해자는 벌을 받게 됩니다.

만약 가해자가 용서를 구했으나, 피해자가 용서하지 않는다면 그 가해자는 벌을 받게 되며, 동시에 피해자도 벌을 받게 됩니다. 가해자는 피해자에게 지은 죄로 인해 벌을 받습니다. 그런데 피해자는 하나님의 계명을 어긴 것으로 벌을 받습니다. 피해자는 일흔 번씩 일곱 번이라도 용서하라고 하신 계명을 어긴 겁니다.

> "이에 주인이 그를 불러다가 말하되 악한 종아 네가 빌기에 내가 네 빚을 전부 탕감하여 주었거늘 내가 너를 불쌍히 여김과 같이 너도 네 동료를 불쌍히 여김이 마땅하지 아니하냐 하고 주인이 노하여 그 빚을 다 갚도록 그를 옥졸들에게 넘기니라"(마 18:33~35)

그래서 하나님의 나라에서는 가해자도 피해자도 서로 화해하여 하나님의 앞에 고소거리를 가지고 오지 말라는 것입니다. 하나님은 자신이 창조

하나님의 창조는 끝나지 않았다

한 하나님의 백성을 [불 못]에 넣게 되는 일 자체를 만들지 말라는 뜻입니다. 하나님은 백성에게 최대한 가해자가 되지 말라는 것입니다.

하나님은 하나님의 백성을 창조하면서 하나님의 백성이 [형벌] 받을 것을 생각하지 않았습니다. 하나님은 하나님의 백성에게 벌을 내리는 것을 원하지 않습니다. 그래서 사람을 위한 지옥은 만들지 않으신다는 겁니다.

"나는 너희에게 이르노니 형제에게 노하는 자마다 심판을 받게 되고 형제를 대하여 [라가]라 하는 자는 공회에 잡혀가게 되고 미련한 놈이라 하는 자는 지옥 불에 들어가게 되리라"(마 5:22)

이 말씀을 읽으면서 어떤 이들은 너무 가혹하다고 말할지도 모르겠습니다. 화를 낼 때마다 법정에 서서 심판을 받게 된다고 합니다. [라가]라는 욕을 하면 공회에 끌려가서 재판을 받게 된다고 합니다. [미련한 놈]이라고 말하면 지옥 불에 들어가게 된다고 합니다.

하나님이 이렇게 벌을 내리는 것은 너무 심한 것으로 생각할 수도 있을 겁니다. 예수님의 이 말씀은 너무 강하다는 생각을 할 수도 있습니다. 예수님의 말씀대로 한다면 모두 지옥에 갈 것이고 천국에 갈 사람은 없을 것으로 생각됩니다.

[살면서 욕 한번 안 한 사람이 누가 있겠는가] 하는 생각에 천국에 가는 일이 매우 어려운 일이라는 생각을 하게 됩니다.

그러나 마 5:22의 말씀은 현재의 삶을 사는 사람들에게 하신 말씀이 아니라 천국에서 살게 될 미래의 백성에게 하신 말씀입니다. 물론 지금은 이 땅 위에 천국이 임하지 않았기 때문에, 천국에 들어간 사람은 아직 없습니다. 그래서 지금이 아니라 미래의 어느 시점에서 천국에 들어가서 살게 된 후의 일입니다. 천국 백성이 된 후에, 천국에서 살면서 지켜야 한다는 말입니다.

천국 백성이 되어 천국에 살면서 형제에게 노하면 법정이 열리고 이 법정에서 심판을 받게 된다는 말입니다. 천국 백성으로 살다가 같은 천국 백성인 형제에게 라가(욕)라고 하게 되면 천국에 있는 공회가 열리고 그 공회에 잡혀서 심문을 받게 되는데 이 공회가 곧 법정입니다. 천국 백성으로 살면서 형제에게 [미련한 놈]이라고 하면 공회의 법정에서 심판한 결과로 지옥 불 못에 던져져서 정해진 형기를 채워야 합니다.

천국 백성이 천국에서 다른 백성에게 노하고 욕하게 되면, 이 사건을 단순하게 다루지 않는다는 겁니다. 이런 작게 보이는 일이 발생해도 경범죄로 다루지 않는다는 겁니다. 형제에게 노하고 욕하는 행위는 결코 작은 죄가 아니라는 겁니다. 그래서 이 행위는 크게 문제가 되며 공회가 열리고 무거운 심판이 있게 됩니다. 그 이유는 이 죄가 매우 큰 죄이기 때문입니다.

이 행위는 지금 기준으로는 경범죄로 보입니다. 어떻게 보면, 이런 행동은 죄로 정하기도 어려워 보입니다. 그러나 천국에서는 매우 큰 죄로 다

하나님의 창조는 끝나지 않았다

루게 됩니다. 지금 이 세상에서 발생하는 큰 죄들은 천국에서는 발생하지 않을 겁니다. 우리 생각에 [큰 죄]는 살인죄와 사기죄와 절도죄와 폭행죄 같은 것일 겁니다. 이런 죄들은 그 규모에 따라 형량에 차이가 있겠지만 처벌의 대상이 됩니다.

그런데 이런 죄들은 천국에서는 존재하지 않습니다. 그래서 형제에게 노하고 욕하는 죄가 매우 크다는 겁니다. 거의 모든 천국 백성들은 노하거나 욕하는 경우가 없으므로, 노하고 욕하는 범죄는 매우 이례적인 일입니다. 이런 범죄가 발생하면 공회가 열리게 되고, 범죄자에게 소명의 기회를 주며, 무겁게 형을 선고한다는 겁니다.

지금까지 설명한 대로, 하나님의 백성은 거의 죄를 범하지 않을 것입니다. 하나님은 천국에서는 벌을 내리는 일이 거의 발생하지 않으리라고 보시고 사람을 위한 지옥을 만들지 않으신 겁니다. 하나님은 하나님의 백성을 친히 창조하셨고, 하나님의 백성을 사랑합니다. 그래서 하나님의 백성이 자유롭고 행복하게 살기를 바라십니다.

하나님은 선하다는데
어떻게 지옥의 고통을 주실 수 있나요?

만약 누군가가 지옥의 불길 속에서 고통을 받는다면, 그것은 하나님이 주시는 것이 아니라 자신이 자초한 것입니다. 하나님은 어떤 사람도 지옥의 고통을 받는 것을 원하지 않습니다.

유황불 붙는 지옥의 불길은 사람에게 극심한 고통을 주게 될 것입니다. 그런데 이 영원한 불은 사람을 위해 준비한 것이 아니라, 사단을 가두기 위해 준비한 것입니다.

> "또 왼편에 있는 자들에게 이르시되 저주를 받은 자들아 나를 떠나 마귀와 그 사자들을 위하여 예비된 영원한 불에 들어가라"(마 25:41)

지옥의 영원한 불은 사단과 그 천사들을 벌하기 위해 천사급에 맞추어 준비한 것입니다. 지옥 불 못은 사람에게 맞게 설계된 것이 아닙니다. 그래서 사람에게는 극심한 고통이 될 것입니다. 사람을 벌하는 것과 천사를 벌하는 것은 같은 수준이 될 수 없을 것입니다. 사실 마귀와 그 천사들이 유황이 타는 불길 속에서 얼마나 고통을 느끼게 될지는 모릅니다. 다만 이 고통이 사람에게는 극심한 고통이 되리라는 것입니다.

하나님은 마귀와 그 천사들을 잡아서 지옥 불 못에 가두게 될 것입니다. 그러나 이 지옥 불 못에 하나님의 백성이 들어가는 것은 바라지 않으십니다. 하나님은 아무리 큰 죄인이라도 지옥 불 못의 고통을 받게 되는 것을 원하지 않습니다.

아마도 어떤 사람은 백보좌 심판 자리에서 이렇게 항변할 것입니다.

"하나님! 전 하나님을 몰랐습니다. 천국과 지옥이 있고, 심판이 있다는 것을 알았다면 제가 왜 이렇게 살았겠습니까! 기독교인들이 하나님과 천국과 지옥에 대한 말을 하기는 했습니다. 저도 듣기는 했지만 믿어지지 않았습니다. 제가 죄를 지은 것은 인정합니다. 그러나 저에게 믿을 수 있도록 말해 주는 사람은 없었습니다. 성경책 하나만 들고 와서 말로만 믿으라는데 그게 어떻게 믿어집니까!"

설득력이 있는 항변입니다. 일부러 믿지 않았던 사람도 많겠지만, 믿고 싶어도 믿어지지 않는 사람들 역시 많을 것입니다. 하나님은 보이지 않고, 죄를 지어도 벌을 받지 않는 사람도 많고, 세상에는 나쁜 사람들이 정말 많습니다. 이런 상황에서 하나님을 믿는 일은 쉽지 않을 것입니다. 물론 사람 중에는 아름다운 세상을 바라보는 사람과, 작지만 선한 행동으로 주위를 행복하게 하는 사람도 있을 것입니다.

선하고 착한 사람들은 당연히 벌을 받지 않겠지만, 벌을 많이 받게 될 사람 중에서 이렇게 항변하는 사람의 주장을 하나님은 받아 주십니다. 물론 용서를 구해도 쉽지 않은 상황입니다. 그런데도 반대로 하나님께 항변한다는 것은 더욱 쉬운 일이 아닙니다. 하나님은 용서를 구하는 사람도, 항변하는 사람도 다 받아 주시려는 겁니다. 그래서 하나님은 재판을 주관하는 하나님의 종들에게 심판 중에 사람을 어떻게 판결해야 하는지에 관한 말씀을 주십니다.

> "먼저 책에 기록된 대로 행위들을 판단하여 모든 죄의 대가를 받도록 판결하라. 하나의 죄도 남김없이 다 사라질 때까지 옥에 가두고 형벌을 받게 하라. 용서를 구하지 않고 이의를 제기하지 않는 사람은 지옥 불 못에 던져 모든 죄의 대가를 치르게 하라. 만약 용서를 구하거나 이의를 제기하면 불쌍히 여기고 탕감해 주거라. 사단이 다스리는 악한 세상에서 태어나 좋지 못한 환경에서 자랐으니, 이 점을 고려하여 가능하다면 모든 사람에게 은혜를 베풀어 형벌을 내리지 말고 형을 영원히 유예하라."

그렇습니다. 하나님은 모든 사람을 불쌍히 여기시며, 벌을 내리지 않으려고 심판 전에 종들에게 말씀하셨습니다. 하나님은 사람들의 죄를 그 사람에게만 책임이 있다고 하지 않습니다. 왜냐하면, 세상을 주관하는 사단이 세상을 악하게 만들었기 때문입니다. 사단이 관리하는 세상이었기에, 많은 사람이 하나님의 은혜를 경험하지 못했고, 하나님이 살아계심을 느끼지 못했으며, 하나님을 제대로 배우지 못했습니다. 그래서 사람들 대부

하나님의 창조는 끝나지 않았다

분은 벌을 받기 전에 최소한 한 번 정도는 하나님에 대해서 배우고 경험하는 기회가 있어야 하지 않겠습니까. 사람들 대부분은 하나님의 존재를 모르고 살다가 백보좌의 심판 자리에서 하나님을 마주하게 됩니다. 매우 당황스럽고 놀라는 상황이 됩니다.

그래서 하나님은 조금 악하게 살았어도 백보좌 심판에서 모든 사람에게 은혜를 주시려고 합니다.

"결산할 때에 만 달란트 빚진 자 하나를 데려오매 갚을 것이 없는지라 주인이 명하여 그 몸과 아내와 자식들과 모든 소유를 다 팔아 갚게 하라 하니"(마 18:24~25)

예수님이 말씀하신 일만 달란트 빚진 자의 비유입니다. 결산할 때(마 18:24)라는 말씀은 백보좌의 심판을 의미합니다.

이 말씀에서 이 빚진 자는 빚을 탕감받기 전에 먼저 임금으로부터 빚을 갚으라는 요구를 받게 됩니다. 사람이 살아 있을 때는 예수님에게서 죗값을 치르라는 요구를 받지 않습니다. 기독교인 중에서 예수님을 믿기 전이나 회개의 은혜를 받기 전에 먼저 예수님에게서 죄의 대가를 치르라는 요구를 받은 사람은 없습니다. 그래서 이 말씀은 기독교인들이 살아 있을 때 은혜를 받는 사건을 말하는 것이 아닙니다. 백보좌의 심판 때를 말씀하고 있습니다.

또 기독교인은 예수님을 믿고 회개할 때 [나의 죄를 용서해 주소서]라는 기도를 합니다. 그런데 이 종은 그렇지 않습니다.

"그 종이 엎드려 절하며 이르되 내게 참으소서 다 갚으리이다 하거늘"(마 18:26)

기독교인 중에서 은혜를 받고 회개할 때 [내 죗값을 다 치르겠습니다. 조금만 참아주십시오]라고 기도한 사람이 있었을까요? 당연히 모든 기독교인은 용서를 구하는 기도를 했을 겁니다. 하나님께 갚겠다고 기도한 사람은 없을 겁니다. 그래서 일만 달란트 빚진 자의 비유는 살아 있을 때 예수님께 용서를 받는 상황이 아닙니다.

백보좌의 심판 결과, 불 못에 던져질 위기에 처한 사람들이 용서를 구하거나 항변하는 장면을 설명한 것입니다. [참아주소서]라는 말은 용서를 구하는 하나의 형태입니다. 백보좌 심판을 받을 때는 사람들 대부분이 용서를 구할 것입니다.

만약 용서를 구하지 않고 버티는 사람이 있다면, 그 사람의 이름은 생명책에 기록되지 못할 것이며, 그 사람은 불 못에 던져질 것입니다. 그러나 심판 결과 불 못에 던져져야 하는데, 그때 엎드려 용서를 구하면, 형벌의 영원한 집행유예를 받고, 생명책에 이름이 기록되어, 천국으로 들어가게 될 것입니다.

하나님의 창조는 끝나지 않았다

물론 용서를 구해도 용서받지 못하는 죄가 있습니다. 그것은 하나님께 지은 죄가 아니라 사람에게 지은 죄입니다. 사람에게 지은 죄는 하나님이 일방적으로 용서하는 것이 아닙니다. 먼저 사람에게 용서를 구하여 용서를 받은 후에, 하나님께 용서를 구해야 합니다.

많은 사람이 백보좌 심판 자리에서 일만 달란트나 되는 죄의 형벌을 탕감받게 될 것입니다. 이것은 하나님께 지은 죄로 사람이 갚을 수 없는 무게입니다. 하나님은 이런 무거운 죄를 용서하고 형벌을 영원히 유예하십니다. 그런데 사람에게 지은 죄가 남아 있다면 생명책에 이름이 기록되지 못하고 불 못에 던져지게 됩니다. 비록 죄가 무겁지 않고 적은 양이라고 해도, 사람에게 지은 죄는 탕감되지 않습니다. 그래서 죽기 전에 살아 있을 때, 타인에게 지은 죄가 있다면 모두 해결해야 합니다. 사람에게 지은 죄는 주인에게 빚을 진 것이 아니므로 일만 달란트 안에 포함되지 않습니다.

선하고 인자하며 사랑이 많으신 하나님은 사람을 벌하시려는 마음이 없습니다. 그래서 사람을 넣을 지옥도 만들지 않았습니다.

사람은 자신의 이웃과 형제에게 용서받지 못할 죄를 짓지 말아야 합니다. 또 그런 죄가 있다면 심판 전에 피해자로부터 용서받아야 합니다. 그렇지 않으면 사단을 벌하기 위해 준비된 지옥 불 못에 던져지게 됩니다.

법이 있고 없고를 떠나서, 하나님을 믿고 안 믿고를 떠나서, 우리 이웃과 형제에게 해서는 안 되는 일은 하지 말아야 합니다. 그래서 불 못에 던져지게 된다면, 그것은 자신의 책임입니다.

　지옥 불 못에 넣지 않으려고 일만 달란트의 무거운 죄도 탕감하시는 하나님입니다. 최대한 사람을 벌하지 않으려고 사람을 위한 지옥도 만들지 않으셨습니다. 하나님은 사람이 지옥의 불 못에서 고통받는 것을 원하지 않습니다.

하나님의 창조는 끝나지 않았다

7

새 예루살렘 성

새 예루살렘 성이
왜 필요한가요?

새 예루살렘 성은 하나님이 백성과 함께하려고 만드신 것입니다. 하나님은 하나님의 백성과 함께 있기를 원하십니다. 그래서 하나님은 하나님의 백성 속에 있기로 하셨습니다.

만약 땅 위의 백성이 모두 거룩하다면, 하나님은 어떤 제약도 없이 하나님의 백성과 함께 있을 수 있습니다. 하나님은 친히 백성과 함께 있으며, 사람들은 하나님과 함께 있을 수 있습니다.

그런데 만약에 땅 위의 하나님의 백성이 거룩하지 않다면 하나님은 백성과 함께 있을 수 없습니다. 왜냐하면, 하나님에게서 나오는 거룩한 빛이 거룩하지 않은 사람들을 죽이게 되기 때문입니다.

"또 이르시되 네가 내 얼굴을 보지 못하리니 나를 보고 살 자가 없음이니라. 여호와께서 또 이르시기를 보라 내 곁에 한 장소가 있으니 너는 그 반석 위에 서라. 내 영광이 지나갈 때에 내가 너를 반석 틈에 두고 내

하나님의 창조는 끝나지 않았다

가 지나도록 내 손으로 너를 덮었다가 손을 거두리니 네가 내 등을 볼 것이요 얼굴은 보지 못하리라"(출 33:20~23)

하나님은 모세에게 하나님을 보고는 살 수 없다고 말씀합니다. 하나님께 은혜를 받았던 모세였습니다. 그런 모세조차 하나님을 보게 되면 살 수 없다는 것입니다.

이처럼 하나님은 친히 백성과 함께 있으려고 하지만, 백성이 거룩하지 않으면 하나님의 빛으로 인해 죽게 됩니다. 그래서 하나님은 땅 위의 백성과 함께 있을 수 없습니다.

하나님이 백성 속에 거하시려고 새 예루살렘 성을 만듭니다. 하나님의 지극히 거룩한 빛이 새 예루살렘 성 안을 비추게 됩니다. 이 빛은 새 예루살렘 성 안에만 비추게 됩니다. 이 빛으로 인해 성 안에서는 태양과 달이 필요치 않습니다. 그러나 하나님의 빛이 성 밖으로 나가지는 않습니다.

"그 성은 해나 달의 비침이 쓸 데 없으니 이는 하나님의 영광이 비치고 어린 양이 그 등불이 되심이라"(계 21:23)

"다시 밤이 없겠고 등불과 햇빛이 쓸 데 없으니 이는 주 하나님이 그들에게 비치심이라 그들이 세세토록 왕 노릇 하리로다"(계 22:5)

이렇게 새 예루살렘 성 안은 하나님에게서 나오는 영광으로 환한 곳입니다. 이 새 예루살렘 성 안에 거룩하지 못한 사람들은 있을 수 없습니다. 왜냐하면, 하나님에게서 나오는 영광으로 죽임을 당하기 때문입니다. 하나님이 죽이는 것이 아닙니다. 하나님의 영광이 자연스럽게 하나님에게서 뿜어져 나와서 온 성 안을 비추며, 성 안에서는 이 빛을 피할 수 없습니다. 그래서 새 예루살렘 성 안에 있는 백성은 모두 거룩합니다. 그러나 성 밖에 땅 위에 사는 백성은 거룩하지 않습니다.

하나님은 새 예루살렘 성 안에 계시고, 새 예루살렘 성은 땅 위에 세워진 하나님의 백성 가운데 있게 됩니다. 그래서 하나님은 거룩하지 않은 땅 위의 백성 사이에 함께 있을 수 있게 됩니다.

하나님이 땅 위에 사는 백성을 직접 만난다면, 그 백성은 죽게 됩니다. 그러나 하나님께서 새 예루살렘 성에 계시고, 새 예루살렘 성이 백성 가운데 있게 되면 거룩하지 않은 땅 위의 백성도 죽지 않게 됩니다. 이런 방법을 통해서 하나님은 거룩하지 않은 땅 위의 백성과 함께 있고자 하셨습니다.

하나님이 거룩하지 않은 백성 사이에 함께 있기 위해서 새 예루살렘 성이 필요했습니다. 만약 하나님께서 백성과 함께 있지 않겠다면 새 예루살렘 성은 필요하지 않습니다. 하나님께서 친히 백성 속에 계시려고 새 예루살렘 성을 계획하신 겁니다. 새 예루살렘 성은 하나님이 백성 가운데 계실 수 있도록 하는 장치입니다.

하나님의 창조는 끝나지 않았다

새 예루살렘 성 안으로 들어가거나 나오는 사람은 모두 거룩한 사람입니다. 이들은 하나님의 종으로, 땅 위의 백성에게 하나님을 전하고 가르치는 중보자입니다. 하나님은 새 예루살렘 성과 성 안에 머무는 종들을 통해서 땅 위에 사는 모든 하나님의 백성 사이에 거하실 수 있게 됩니다.

하나님의 백성은
모두 거룩하지 않나요?

만약 하나님의 백성이 모두 거룩하다면 새 예루살렘 성은 필요하지 않습니다. 하나님께서 직접 백성을 만나도 백성이 죽지 않을 것이기 때문입니다. 실제로 그런 내용이 성경에 기록되어 있습니다.

"그러므로 그들이 하나님의 보좌 앞에 있고 또 그의 성전에서 밤낮 하나님을 섬기매 보좌에 앉으신 이가 그들 위에 장막을 치시리니 그들이 다시는 주리지도 아니하며 목마르지도 아니하고 해나 아무 뜨거운 기운에 상하지도 아니하리니 이는 보좌 가운데에 계신 어린 양이 그들의 목자가 되사 생명수 샘으로 인도하시고 하나님께서 그들의 눈에서 모든 눈물을 씻어 주실 것임이라"(계 7:15~17)

"이 사람들은 여자와 더불어 더럽히지 아니하고 순결한 자라 어린 양이 어디로 인도하든지 따라가는 자며 사람 가운데에서 속량함을 받아 처음 익은 열매로 하나님과 어린 양에게 속한 자들이니 그 입에 거짓말이 없고 흠이 없는 자들이더라"(계 14:4~5)

하나님의 창조는 끝나지 않았다

"만국이 그 빛 가운데로 다니고 땅의 왕들이 자기 영광을 가지고 그리로 들어가리라… 사람들이 만국의 영광과 존귀를 가지고 그리로 들어가겠고… 오직 어린 양의 생명책에 기록된 자들만 들어가리라"(계 21:24~27)

"다시 저주가 없으며 하나님과 그 어린 양의 보좌가 그 가운데에 있으리니 그의 종들이 그를 섬기며 그의 얼굴을 볼 터이요 그의 이름도 그들의 이마에 있으리라. 다시 밤이 없겠고 등불과 햇빛이 쓸 데 없으니 이는 주 하나님이 그들에게 비치심이라 그들이 세세토록 왕 노릇 하리로다"(계 22:3~5)

이렇게 직접 하나님의 얼굴을 보고 밤낮으로 하나님을 섬기는 자들이 있는데 이들이 [나라와 제사장]입니다. 이 사람들은 흠이 없고 거룩하여 하나님을 직접 만나는 사람들입니다.

그런데 이 사람들은 [생육하고 번성하여 땅에 충만하라]는 창 1:28의 명령을 받는 백성이 아닙니다. 이 사람들은 밤낮으로 하나님을 섬깁니다. 그래서 잠을 자는 일도 없습니다. 새 예루살렘 성에는 밤이 없습니다. 그래서 새 예루살렘 성 안에서 하나님을 섬기는 [나라와 제사장]에게는 밤과 낮의 구분이 없습니다.

하나님께서 [나라와 제사장]을 만날 때는 새 예루살렘 성도 필요하지 않습니다. 새 예루살렘 성만이 아니라 어디에서도 하나님과 하나님의 종들은 만날 수 있으며 하나님의 종들은 하나님을 만나도 죽지 않습니다. 이들은 거룩하기 때문입니다.

그런데 땅 위에서 생육하고 번성하여 충만해야 하는 하나님의 백성은 밤과 낮이 있습니다. 땅 위에서 살아야 하는 백성은 밤에 쉬어야 합니다.

> "엿새 동안은 힘써 네 모든 일을 행할 것이나 일곱째 날은 네 하나님 여호와의 안식일인 즉 너나 네 아들이나 네 딸이나 네 남종이나 네 여종이나 네 가축이나 네 문안에 머무는 객이라도 아무 일도 하지 말라"(출 20:9~10)

하나님의 백성은 6일 동안 자신을 위하여 살도록 하셨습니다. 하나님의 백성은 하나님을 위하여 사는 것이 아니라 자신의 삶을 살도록 자유로운 존재로 지음을 받았습니다. 하나님의 백성은 생육하고 번성하여 땅에 충만한 상태로 살아갈 것입니다.

오직 [나라와 제사장]들만이 밤낮으로 하나님을 섬기는 겁니다. 그래서 [나라와 제사장]들은 하나님 앞으로 갈 수 있는 대신에 밤낮으로 하나님을 섬기게 됩니다. [나라와 제사장]에게는 일주일이라는 시간은 의미가 없습니다. 제7일에 안식하는 일도 의미가 없습니다. 1년 365일 밤낮으로 하나님을 섬기는데, 일주일 중에 6일과 제7일을 구분하는 것이 무슨 의미가 있겠습니까!

하나님의 창조는 끝나지 않았다

그런데 일곱째 날은 거룩하여 하나님을 기억하고 예배하는 날입니다.

"내가 지을 새 하늘과 새 땅이 내 앞에 항상 있는 것 같이 너희 자손과 너희 이름이 항상 있으리라 여호와의 말이니라. 여호와가 말하노라. 매월 초하루와 매 안식일에 모든 혈육이 내 앞에 나아와 예배하리라. 그들이 나가서 내게 패역한 자들의 시체들을 볼 것이라 그 벌레가 죽지 아니하며 그 불이 꺼지지 아니하여 모든 혈육에게 가증함이 되리라"(사 66:22~24)

이 말씀을 보면, 이 말씀의 시대적 배경은 천국입니다. 왜냐하면, 새 하늘과 새 땅을 말씀하셨기 때문입니다. 또 그 벌레가 죽지 않는다고 말씀하셨기 때문입니다. 예수님은 천국과 지옥을 말씀하실 때 그 벌레가 죽지 않는다고 하셨습니다. 그래서 이 말씀은 천국이 이루어진 후의 일들을 말하고 있습니다.

그런데 천국에서도 매월 초하루와 매 안식일이 있다고 말씀합니다. 매 안식일에는 모든 사람이 하나님 앞에 나와서 예배해야 한다는 겁니다. 천국에도 일주일이 있으며 제7일에는 모든 일을 쉬고 하나님께 예배를 드려야 합니다. 혈육이라고 하셨음으로 몸을 가지고 있다는 말입니다. 땅 위에서 몸을 가지고 영생을 누리는 하나님의 백성은 일주일 중 마지막 날인 하루를 하나님께 예배하며 거룩하게 보내야 합니다.

7일 중에서 하루를 하나님께 예배드리며 일하지 않고 거룩하게 보내야 한다는 말입니다. 그렇다면 7일 중에서 6일은 예배하지 않아도 되며, 일해도 되고, 거룩하게 보내지 않아도 된다는 말입니다. 이 말씀은 6일 동안은 자신을 위하여 살라는 말씀입니다. 6일 동안 자신을 위하여 사는 사람들은 당연히 [나라와 제사장]이 아닙니다. 땅 위에 사는 하나님의 백성은 6일 동안은 자신이 하고 싶은 일을 하면서 살게 되어 있습니다.

그래서 [나라와 제사장]과 땅 위의 백성은 구분되어 있습니다. 땅 위의 백성은 자신을 위해 살기 때문에 거룩하지 않습니다. 그러나 [나라와 제사장]은 하나님 앞에 있으므로 거룩합니다.

하나님은 하나님의 백성을 창조할 때, 완전한 자유를 주기로 하셨습니다. 완전한 자유는 하나님을 선택하지 않고 하나님을 떠날 수도 있는 자유입니다. 궁금하면 직접 체험해 보고, 알고 싶으면 직접 가서 확인하고, 의심이 나면 반대로 행동해 보는 것도 백성의 자유입니다. 하나님의 나라를 등지고 새로운 삶을 살려고 시도할 수 있는 자유가 있다는 겁니다. 하나님이 원하지 않는 선택을 할 수 있는 자유가 있습니다.

그래서 하나님을 등지고 멀리 떠난 사람들이 나중에 후회하고 다시 하나님께로 돌아올 때 하나님은 아무 조건 없이 받아 주신다고 하셨습니다. 이 내용을 설명한 것이 탕자의 비유(눅 15:11~32)입니다.

하나님은 하나님의 백성을 창조하실 때 로봇을 창조하신 것이 아니라 자유의지를 가지고 있는 사람을 창조한 겁니다. 그래서 하나님을 등지고

하나님의 창조는 끝나지 않았다

떠날 수도 있는 자유를 주셨기 때문에, 하나님의 백성은 거룩할 수가 없는 겁니다. 하나님은 아담을 지을 때부터 하나님께 반대되는 선택의 가능성을 허락하신 겁니다. 이 가능성 자체가 곧 거룩하지 않게 지어졌다는 의미입니다. 언제든지 하나님께 등을 돌릴 수 있는 자유가 있어서, 거룩하지 않은 사람으로 창조된 겁니다.

하나님은 땅 위에서 살아가는 하나님의 백성을 거룩하지 않게 창조하시고도 그 백성들과 함께 있으려고 하셨습니다. 새 예루살렘 성을 지어 그 안에 계시면서 [나라와 제사장]을 통하여 백성을 돌아보고자 하신 겁니다.

새 예루살렘
성의 예표인 성막 성전

하나님의 계획을 설명합니다.

하나님은 땅 위에 하나님의 백성을 창조하시고, 백성이 땅 위에 세워지는 하나님의 도시들 안에서 영원히 살게 하고자 하셨습니다. 그리고 이 땅 위에 세워진 하나님의 도시들 가운데 머물러 있게 될 성을 만들려고 합니다. 하나님은 성 안에 계시면서 영원히 백성들과 함께 있고자 하셨습니다.

이런 계획을 세우시고 처음으로 말씀을 선포하셨습니다.

> "하나님이 그들에게 복을 주시며 하나님이 그들에게 이르시되 생육하고 번성하여 땅에 충만하라, 땅을 정복하라, 바다의 물고기와 하늘의 새와 땅에 움직이는 모든 생물을 다스리라 하시니라"(창 1:28)

이 말씀의 선포가 곧 하나님 계획의 시작입니다.

이 계획에 따라 영원히 사라지지 않고 존재하는 하나님의 백성을 창조합니다. 그 첫 번째 사람이 아담입니다. 아담은 몸이 죽더라도 영원히 사라지지 않는 영혼(Soul)으로 지어졌습니다. 아담은 영원히 존재하는 사람들의 시조입니다. 그런데 지금까지도 하나님의 계획이 완성되지 않았기 때문에 땅 위에는 하나님의 도시가 없습니다.

하나님은 땅 위에서 자유롭게 사는 하나님의 백성 한가운데 거하시고자 새 예루살렘 성을 계획했습니다. 하나님이 백성들 가운데 직접 모습을 나타내면 백성이 죽게 됩니다. 그래서 하나님은 백성을 보호하시려고 새 예루살렘 성 안에 있으려는 겁니다. 새 예루살렘 성 안에 계실지라도 백성들과 함께 있겠다는 것이 하나님의 뜻입니다.

물론 하나님은 온 우주에 존재합니다. 그러나 온 우주에 하나님이 계시더라도 죄가 있는 사람들이 죽지는 않습니다. 왜냐하면, 하나님의 형상이 직접 나타난 것은 아니기 때문입니다.

그래서 하나님은 온 우주에 계시면서 동시에 하나님의 형상으로 직접 새 예루살렘 성에도 계시겠다는 겁니다. 하나님은 온 우주에 가득하시면서 모든 것을 보십니다. 그러면서 모든 것을 주관하시고 모든 것을 다스립니다. 그렇지만 하나님은 거룩한 영광이 뿜어져 나오는 하나님의 형상을 새 예루살렘 성에 두시겠다는 겁니다.

이런 하나님의 뜻을 예표로 먼저 보여 주신 것이 성막 성전입니다.

"여호와께서 모세에게 말씀하여 이르시되 보라 내가 이스라엘 자손 중에서 레위인을 택하여 이스라엘 자손 중에 태를 열어 태어난 모든 자를 대신하게 하였은 즉 레위인은 내 것이라. 처음 태어난 자는 다 내 것임은 내가 애굽 땅에서 그 처음 태어난 자를 다 죽이던 날에 이스라엘의 처음 태어난 자는 사람이나 짐승을 다 거룩하게 구별하였음이니 그들은 내 것이 될 것임이니라. 나는 여호와이니라"(민 3:11~13)

유월절 어린 양의 피로 죽음을 면한 사람은 레위인에 해당합니다. 또한, 예수님의 피로 죄사함을 받아 하나님의 소유가 된 사람들을 [나라와 제사장]이라고 부릅니다. (계 1:5~6)

"너는 아론과 그의 아들들을 세워 제사장 직무를 행하게 하라 외인이 가까이하면 죽임을 당할 것이니라"(민 3:10)

이처럼 하나님은 성막을 이스라엘 진 한가운데 두시고 제사장들을 세워 외인이 가까이 오지 못하게 하십니다. 만약 외인이 가까이 오면 죽임을 당할 것이라고 하십니다. 여기서 외인은 제사장과 레위인을 제외한 이스라엘 사람들을 의미합니다.

"게르손 종족들은 성막 뒤 곧 서쪽에 진을 칠 것이요"(민 3:23)

"고핫 자손의 종족들은 성막 남쪽에 진을 칠 것이요"(민 3:29)

하나님의 창조는 끝나지 않았다

"아비하일의 아들 수리엘은 므라리 종족과 조상의 가문의 지휘관이 될 것이요 이 종족은 성막 북쪽에 진을 칠 것이며"(민 3:35)

"성막 앞 동쪽 곧 회막 앞 해 돋는 쪽에는 모세와 아론과 아론의 아들들이 진을 치고 이스라엘 자손의 직무를 위하여 성소의 직무를 수행할 것이며 외인이 가까이하면 죽일지니라"(민 3:38)

성막 남쪽 편은 고핫 자손이 지키도록 하셨고, 성막 서쪽 편은 게르손 자손이 지키도록 하셨고, 성막 북쪽 편은 므라리 자손이 지키도록 하셨고, 성막 앞(동쪽 편)에는 모세와 아론과 아론의 아들들이 지키도록 하셨습니다.

성막과 이스라엘 백성들 사이에는 레위인과 제사장(아론의 후손)들이 있습니다. 하나님은 이스라엘 진 속에 계시기 위해 성막을 만들도록 하셨습니다. 이 성막에는 하나님이 계십니다. 성막에 하나님이 계시기 때문에 성막에 접근하는 이스라엘 백성은 죽임을 당하게 됩니다. 이스라엘 백성은 거룩하지 않기 때문입니다. 그래서 이스라엘 백성들이 죽지 않도록 하려고 레위인과 제사장으로 성막을 둘러 진을 치게 하셨습니다.

"성막을 운반할 때에는 레위인이 그것을 걷고 성막을 세울 때에는 레위인이 그것을 세울 것이요 외인이 가까이오면 죽일지며"(민 1:51)

이렇게 하나님이 계시는 성막에는 레위인과 제사장을 제외하고는 아무도 접근할 수 없습니다.

> "이스라엘 자손은 막사를 치되 그 진영별로 각각 그 진영과 군기 곁에
> 칠 것이나 레위인은 증거의 성막 사방에 진을 쳐서 이스라엘 자손의 회
> 중에게 진노가 임하지 않게 할 것이라 레위인은 증거의 성막에 대한 책
> 임을 지킬지니라 하셨음이라"(민 1:52~53)

하나님이 이스라엘 백성 가운데 계시고, 이스라엘 사람들이 죽지 않게
하시려고 레위인과 제사장이 성막을 둘러 진을 치는 겁니다. 레위인이 없
다면 이스라엘 백성 가운데 하나님이 계실 수 없습니다. 왜냐하면, 이스
라엘 사람들이 하나님이 거하시는 성막에 접근했다가 죽임을 당할 것이
기 때문입니다.

그래서 하나님은 이스라엘 백성들과 하나님 사이에 중보자이며 완충지
대로서 레위인과 제사장을 두신 겁니다. 레위인과 제사장은 하나님이 백
성 가운데 계실 수 있도록 하는 안전장치입니다.

> "이스라엘 자손이 모세에게 말하여 이르되 보소서 우리는 죽게 되었나
> 이다. 망하게 되었나이다. 다 망하게 되었나이다. 가까이 나아가는 자
> 곧 여호와의 성막에 가까이 나아가는 자마다 다 죽사오니 우리가 다 망
> 하여야 하리이까"(민 17:12~13)

고라의 일로 인하여 르우벤의 자손 다단과 아비람의 장막이 땅이 갈라

져서 아래로 떨어지는 재앙을 받았습니다. 또 고라와 함께 하여 향로를 들고 있던 250명이 하나님에게서 나온 불로 모두 타 죽는 재앙을 받았습니다. 이 일로 인하여 이스라엘 사람들이 모세와 아론을 원망하자, 이스라엘 사람의 진 안에 염병(전염병 또는 페스트)이 퍼져 순식간에 사천 칠백 명이 죽었습니다. 민 17:12~13은 이렇게 계속 진노를 당하자 이스라엘 사람들이 하는 말입니다.

> "레위인은 너와 합동하여 장막의 모든 일과 회막의 직무를 다할 것이요 다른 사람은 너희에게 가까이하지 못할 것이니라. 이와 같이 너희는 성소의 직무와 제단의 직무를 다하라 그리하면 여호와의 진노가 다시는 이스라엘 자손에게 미치지 아니하리라"(민 18:4~5)

여호와의 성막에 가까이 가면 누구든지 죽게 됩니다. 아무리 하나님의 백성이 되었다고 하더라도 제사장과 레위인을 제외한 다른 지파 사람들은 성막에 가까이 가지 못합니다. 왜냐하면, 레위인을 제외한 다른 지파 사람들은 어린 양의 피로 죽음을 면한 사람들이 아니기 때문입니다. 그래서 시내산에서 하나님의 백성이 되었지만, 제사장과 레위인을 제외한 다른 지파 사람들은 거룩하지 않습니다. 거룩하지 않아도 하나님의 백성이 될 수 있었다는 겁니다.

어린 양의 피로 죽음을 면한 사람은 장자입니다. 차자들과 여자는 어린 양의 피와 관련이 없습니다. 그런데 장자를 제외한 다른 사람들(여자들과 남동생들)도 모두 하나님의 백성이 되었습니다. 하나님은 거룩하지 않은 하나님의 백성(이스라엘 민족) 가운데 거하시며, 그들의 하나님이 되기 위해 어린 양의 피로 레위인과 아론의 자손들을 거룩하게 하시고, 제사장으로 세운 겁니다.

성막 성전은 하나님이 계획하신 하나님 나라의 구조를 표현한 예표입니다. 출애굽 사건에서 어린 양의 피로 죽음을 면한 장자들을 레위인으로 대체하여 제사장으로 삼았습니다. 이것은 계시록에서 예수님의 피로 거룩하게 된 [나라와 제사장(계 1:5~6)]을 의미합니다.

출애굽 사건에서 제사장과 레위인을 제외한 모든 지파 사람들은 하나님의 백성이 되었습니다. 이것은 창 1:28의 [생육하고 번성하여 땅에 충만하라]는 명령을 받은 땅의 백성에 대한 예표입니다.

출애굽 사건에서 장자들을 제외한 사람들은 어린 양의 피의 적용이 없었습니다. 이것은 하나님의 백성이 거룩하지 않으며 예수님의 피로 죄사함을 받지 않아도 하나님의 백성이 되는 것을 의미합니다.

출애굽 사건에서 성막은 하나님이 거하시는 장소입니다. 이 성막은 계 21:2의 새 예루살렘 성을 의미합니다. 예표라고 해서 성막에 하나님이 임재하지 않았다는 말은 아닙니다. 실제로 하나님은 광야에서 성막에 임재하셨습니다. 이스라엘의 진 가운데 있는 성막에 하나님께서 실제로 임하셨기 때문에, 마지막 새 예루살렘 성에도 하나님께서 친히 임하신다는 것을 믿을 수 있습니다.

하나님의 창조는 끝나지 않았다

출애굽 사건과 계 21장의 천국을 비교해 봅니다.

(1) 출애굽 사건에서 이스라엘 백성의 진은 계 21장에서 땅 위에 세워지는 하나님의 도시들을 의미합니다. 이 도시들은 만국(계 21:24)으로 표현되어 있습니다.

(2) 출애굽 사건에서 이스라엘 가운데 세워진 성막 성전은 계 21장에서 땅 위에 세워진 하나님의 도시들 가운데 머물러 있는 새 예루살렘 성을 의미합니다.

(3) 출애굽 사건에서 레위인과 제사장은 계 21장에서 새 예루살렘 성 안에서 봉사하는 땅의 왕들(계 21:24)이며 나라와 제사장(계 5:9~10)을 의미합니다.

(4) 출애굽 사건에서 성막 성전에 하나님이 임하신 것처럼, 계 21장에서 새 예루살렘 성에도 하나님과 어린 양이 임하십니다.

(5) 출애굽 사건에서 레위인과 제사장은 어린 양의 피로 죽음을 면한 사람들입니다. 이 사람들은 예수님이 피로 사서 하나님께 드려 [나라와 제사장]으로 삼은 종들(계 1:5~6)의 예표입니다.

(6) 출애굽 사건에서 이스라엘 백성이 성막에 접근하면 죽었는데, 이스라엘 백성은 거룩하지 않았기 때문입니다. 이것은 계 21장에서 땅 위에 세워진 하나님 도시에 사는 사람은 거룩하지 않다는 것(계 21:27)을 의미합니다.

(7) 출애굽 사건에서 이스라엘 백성이 회막에 접근할 수 없었던 것처럼, 계 21장에서 땅 위에서 사는 하나님의 백성이 새 예루살렘 성에 들어가지 못하고 땅의 왕들만 들어가는 것(계 21:24)과 같습니다.

이렇게 출애굽 사건은 하나님이 이 땅 위에 오셔서 백성들 가운데 계시려고 하신 하나님의 뜻을 그대로 보여 주고 있습니다.

하나님의 창조는 끝나지 않았다

No. 51

새 예루살렘 성을
사람이 만든다는 겁니까?

새 예루살렘 성은 사람이 만듭니다.

새 예루살렘 성은 모세의 성막과 같이, 솔로몬의 성전과 같이 사람의 손으로 만들어집니다. 새 예루살렘 성도 모세가 성막을 준비했던 것과 같고, 솔로몬이 성전을 건축했던 것과 같습니다.

성막 성전에 대해서 먼저 생각해 봅시다.

하나님께서 성막을 만들기 전에 먼저 모세에게 만들어야 하는 성막의 모습을 보여 주셨습니다. 모세는 하나님이 보여 주고 명령하신 대로 똑같이 성막을 만들었습니다. 성막을 만드는 일은 모세가 장인들과 함께 만든 것입니다.

"브살렐과 오홀리압과 및 마음이 지혜로운 사람 곧 여호와께서 지혜와 총명을 부으사 성소에 쓸 모든 일을 할 줄 알게 하신 자들은 모두 여호

와께서 명령하신 대로 할 것이니라"(출 36:1)

"일하는 사람 중에 마음이 지혜로운 모든 사람이 열 폭 휘장으로 성막을 지었으니 곧 가늘게 꼰 베 실과 청색 자색 홍색 실로 그룹들을 무늬 놓아 짜서 지은 것이라"(출 36:8)

"브살렐이 조각목으로 궤를 만들었으니 길이가 두 규빗 반, 너비가 한 규빗 반, 높이가 한 규빗 반이며"(출 37:1)

"그가 또 조각목으로 번제단을 만들었으니 길이는 다섯 규빗이요 너비도 다섯 규빗이라 네모가 반듯하고 높이는 세 규빗이며"(출 38:1)

"그가 놋으로 물두멍을 만들고 그 받침도 놋으로 하였으니 곧 회막 문에서 수종드는 여인들의 거울로 만들었더라"(출 38:8)

"유다 지파 훌의 손자요 우리의 아들인 브살렐은 여호와께서 모세에게 명령하신 모든 것을 만들었고 단 지파 아히사막의 아들 오홀리압이 그와 함께 하였으니 오홀리압은 재능이 있어서 조각하며 또 청색 자색 홍색 실과 가는 베 실로 수 놓은 자더라"(출 28:22~23)

이렇게 성막을 사람이 만들었습니다. 사람이 성막을 만드는 중에는 성막의 모든 것은 거룩하지 않은 단순한 물건일 뿐입니다.

하나님의 창조는 끝나지 않았다

"그는 또 성막과 제단 주위 뜰에 포장을 치고 뜰 문에 휘장을 다니라 모
세가 이같이 역사를 마치니 구름이 회막에 덮이고 여호와의 영광이 성
막에 충만하매 모세가 회막에 들어갈 수 없었으니 이는 구름이 회막 위
에 덮이고 여호와의 영광이 성막에 충만함이었으며"(출 40:33~35)

성막을 다 만든 후에, 하나님께서 모세에게 명하신 대로 행하여, 성막
문에 휘장을 다는 마지막 일까지 끝나자 성막 위로 구름이 덮여서 하나님
의 영광이 임했습니다.

이때부터 성막은 백성이 접근할 수 없으며 접근하는 백성은 모두 죽게
됩니다. 하나님의 명령대로 성막 주위에는 레위인이 진을 치고 있으며 레
위인은 이스라엘 백성을 막아서 성막에 접근하지 못하게 했습니다.

이처럼 성막 성전의 과정을 볼 때, 사람이 성막을 직접 만들었으나, 하
나님의 영광이 임한 후에는 백성이 들어올 수 없는 거룩한 성전이 되었습
니다.

솔로몬 성전에 관해서도 함께 생각해 봅시다.

"이 사람은 단의 여자들 중 한 여인의 아들이요 그의 아버지는 두로 사
람이라 능히 금, 은, 동, 철과 돌과 나무와 자색 청색 홍색 실과 가는 베
로 일을 잘하며 또 모든 아로새기는 일에 익숙하고 모든 기묘한 양식에
능한 자이니 그에게 당신의 재주 있는 사람들과 당신의 아버지 내 주

다윗의 재주 있는 사람들과 함께 일하게 하소서"(대하 2:14)

"솔로몬이 예루살렘 모리아 산에 여호와의 전 건축하기를 시작하니 그
곳은 전에 여호와께서 그의 아버지 다윗에게 나타나신 곳이요 여부스
사람 오르난의 타작 마당에 다윗이 정한 곳이라 솔로몬이 왕위에 오른
지 넷째 해 둘째 달 둘째 날 건축을 시작하였더라"(대하 3:1~2)

솔로몬은 하나님의 성전을 건축하기로 마음먹고 성전건축을 시작합니
다. 성전을 건축하는 과정에서 재주 있는 사람들과 함께 건축합니다. 솔
로몬은 성전을 건축하는 일을 주도하고 있습니다. 그러나 솔로몬은 물건
하나하나를 직접 만들지 않습니다. 성전에서 사용하는 물건들은 장인에
게 맡겨서 만드는 겁니다. 이렇게 성전에 사용될 물건들이 만들어집니다.
그러나 이 물건들은 거룩하지 않으며 단순한 물건에 불과합니다.

"솔로몬이 여호와의 전을 위하여 만드는 모든 일을 마친지라"(대하 5:1)

이처럼 솔로몬이 예루살렘 성전 건축을 끝냈습니다. 성전이 완성된 후
에 솔로몬은 하나님의 명령대로 제사장을 통하여 법궤를 성전에 안치했
으며 제사장들이 찬양했습니다.

"노래하는 레위 사람 아삽과 헤만과 여두둔과 그의 아들들과 형제들이
다 세마포를 입고 제단 동쪽에 서서 제금과 비파와 수금을 잡고 또 나
팔 부는 제사장 백이십 명이 함께 서 있다가 나팔 부는 자와 노래하는

하나님의 창조는 끝나지 않았다

자들이 일제히 소리를 내어 여호와를 찬송하며 감사하는데 나팔 불고
제금 치고 모든 악기를 울리며 소리를 높여 여호와를 찬송하여 이르되
선하시도다 그의 자비하심이 영원히 있도다 하매 그 때에 여호와의 전
에 구름이 가득한지라 제사장들이 그 구름으로 말미암아 능히 서서 섬
기지 못하였으니 이는 여호와의 영광이 하나님의 전에 가득함이었더
라"(대하 5:12~14)

하나님의 법궤를 성전에 안치하고, 제사장들이 찬양할 때, 하나님의 영
광이 임하고, 구름이 성전에 가득 찼습니다. 성전을 사람의 손으로 만들
었으나, 하나님의 영광이 임한 후에는 제사장들조차 서서 섬길 수 없었습
니다.

이렇게 모세의 성막과 솔로몬의 성전은 먼저 사람이 만들고, 완성된 성
전을 하나님께 봉헌하면 그 후에 하나님의 영광이 임하게 됩니다. 하나님
의 새 예루살렘 성도 이와 같습니다. 새 예루살렘 성도 사람이 만들고, 완
성된 후에 하나님의 영광이 임하여 거룩한 곳이 됩니다.

"천 년이 차매 사탄이 그 옥에서 놓여 나와서 땅의 사방 백성 곧 곡과 마
곡을 미혹하고 모아 싸움을 붙이리니 그 수가 바다의 모래 같으리라.
그들이 지면에 널리 퍼져 성도들의 진과 사랑하시는 성을 두르매 하늘
에서 불이 내려와 그들을 태워버리고 또 그들을 미혹하는 마귀가 불과
유황 못에 던져지니 거기는 그 짐승과 거짓 선지자도 있어 세세토록 밤
낮 괴로움을 받으리라"(계 20:7~10)

사단이 잡혀 있는 천 년 동안 이 세상은 발전합니다. 사단이 없는 세상은 평화로운 세상일 겁니다.

"땅의 사방 백성"(계 20:8)

사단이 놓여나왔을 때 곡과 마곡이 있는데, 사단은 곡과 마곡을 미혹합니다. 곡과 마곡은 땅의 사방 백성이라고 합니다. 다시 말해서 곡과 마곡은 이 지구의 모든 지역에 널리 퍼져 사는 백성입니다.

"그들이 지면에 널리 퍼져"(계 20:9)

곡과 마곡이 마귀에게 미혹되어 성도들의 진과 사랑하시는 성을 공격하려고 합니다. 그런데 사랑하시는 성과 성도들의 진을 공격하려고 하는 곡과 마곡이 한곳으로 몰려간 것이 아니라 지면에 널리 퍼졌다는 겁니다. 곡과 마곡이 성도들의 진을 공격하려고 지면에 널리 퍼졌다는 것은 성도들의 진이 한 지역에만 몰려 있는 것이 아니라 땅 위 사방에 여러 곳으로 나누어져 있었다는 말입니다.

천 년 동안 하나님의 도시들은 지구 위 여러 지역에 퍼져서 발전하고 있었다는 말입니다. [성도들의 진이라는 표현은 하나님이 다스리는 도시들을 의미합니다.

성도들의 진은 지구 위에 여러 지역으로 두루 퍼져 있었으나, [사랑하시

하나님의 창조는 끝나지 않았다

는 성은 한 곳에 있습니다. 이 [사랑하시는 성]이 곧 새 예루살렘 성입니다. 곡과 마곡이 공격하려고 [사랑하시는 성]으로 왔을 때, 이 성은 아직은 건물에 불과합니다.

"천 년이 차매 사탄이 그 옥에서 놓여"(계 20:7)

곡과 마곡이 마귀에게 미혹되었던 때는 천 년이 지난 때였습니다. 마귀가 놓여나왔을 때는 이미 천 년이라는 평화로운 기간이 지난 후입니다. 천 년이 시작되기 전에는 [사랑하시는 성]이 지구상에 없었습니다. 그런데 천 년이 끝난 후에는 [사랑하시는 성]이 완공되어 우뚝 서 있었던 겁니다.

계 20:9에서 [사랑하시는 성]을 [새 예루살렘 성]이라고 부르지 않는 것은 아직은 이 성에 하나님의 영광이 임하지 않았기 때문입니다. [사랑하시는 성]은 천 년이 시작된 후에 만들기 시작하여 천 년이 끝나기 전에 완성된 것입니다.

건설 기간이 천 년인지 아니면 천 년이 되지 못하는지 확실히 알 수는 없습니다. 천 년이 시작된 후에 바로 건설을 시작한 것인지, 천 년이 시작된 후로 한참 지나서 건설을 시작했는지도 알 수 없습니다. 다만 확실한 것은 [사랑하시는 성]을 천 년 기간 안에 만들었다는 겁니다. [사랑하시는 성]은 천 년 동안 [성도들의 진]에 살던 성도들이 만들었다는 겁니다.

천 년 동안 그리스도로 더불어 왕이 되어 세상을 다스리던 종들이 [사랑하시는 성을 만드는 일을 주도했습니다. 그러나 이 [사랑하시는 성]에는 아직 하나님의 영광이 임하지 않았습니다.

곡과 마곡은 [사랑하시는 성]에 하나님의 영광이 임하기 전에 무너뜨리려고 공격을 합니다. 곡과 마곡이 [사랑하시는 성]을 공격할 수 있다고 생각한 것은 [사랑하시는 성]이 땅 위에 세워져 있었기 때문입니다. [사랑하시는 성]은 이미 완공되어 있었습니다. [곡과 마곡]이 [사랑하시는 성]을 공격하기 위하여 주위를 포위하자, 하나님은 [사랑하시는 성]을 가동하였고, [사랑하시는 성]은 공중으로 부양하여 하늘로 이동했습니다. [사랑하시는 성]이 하늘로 이동했기 때문에, [곡과 마곡]은 [사랑하시는 성]을 공격할 수 없게 되었습니다.

하나님은 [사랑하시는 성]을 받으셨으며, [사랑하시는 성]에 임재하셨습니다. 이제 [사랑하시는 성]은 [새 예루살렘 성]으로 바뀐 것입니다. 하나님이 임재하셔서 하나님의 영광이 가득한 거룩한 [새 예루살렘 성]이 되었습니다.

이렇게 [새 예루살렘 성]이 거룩한 성전으로 봉헌되기 전에는 [사랑하시는 성]이었으며 이 성을 사람이 만들게 됩니다.

하나님의 창조는 끝나지 않았다

새 예루살렘 성이
사람의 눈에 보인다는 건가요?

새 예루살렘 성은 땅에 사는 사람들의 눈에 보입니다.

땅 위에 세워진 도시들에 사는 하나님의 백성은 새 예루살렘 성을 바라보며 살게 됩니다. 새 예루살렘 성이 사람들의 눈에 보인다는 것은 곧 물질로 만들어진 성이라는 뜻입니다.

새 예루살렘 성은 이 세상의 물질로 이루어져 있으며, 그 내부도 사람들이 직접 만든 것으로 채워져 있습니다. 새 예루살렘 성은 가시광선의 반사로 인해 땅에 사는 사람들에게 보이게 됩니다.

많은 사람은 새 예루살렘 성을 하나님이 만드신다고 생각합니다. 또 어떤 사람들은 새 예루살렘 성을 비유로 생각하며, 실존하는 물질이 아니라고 생각하기도 합니다. 그래서 새 예루살렘 성을 영적인 것으로 해석하며 영적으로 구원받은 사람들의 모임으로 설명하기도 합니다.

계 21:2, 10에서 새 예루살렘 성이 하늘에서 하나님께로부터 내려온다고 기록되어 있기 때문에, 하나님이 친히 만든 것으로 생각하는 사람이 많습니다. 새 예루살렘 성이 하늘에서 내려오는 이유는 곡과 마곡의 사건이 있을 때, [사랑하시는 성]이 땅에서 하늘로 올라갔기 때문입니다. 하늘에서 하나님의 영광이 임하고 하나님이 새 예루살렘 성을 받으셨습니다.

많은 분이 이런 식으로 오해하는 것도 충분히 이해됩니다. 그만큼 요한계시록의 말씀이 이해하기에 쉽지 않기 때문입니다.

"만국이 그 빛 가운데로 다니고"(계 21:24)

이 말씀은 만국이 새 예루살렘의 빛 가운데 다닌다고 기록하고 있습니다. 이 말씀의 의미는 땅 위에 사는 모든 사람이 하늘 위 공중에 있는 새 예루살렘 성을 바라보면서 산다는 의미입니다.

물론 이 설명은 말씀을 직역한 것이 아니라 해석한 겁니다. 사람들은 이 말씀을 영적인 것으로 이해하려고 합니다. 그래서 하나님의 영광이 있는 가운데 사람들이 사는 것으로 이해하기도 합니다. 이런 설명도 크게 틀리지는 않습니다.

그리고 어떤 사람들은 이 말씀을 근거로 새 예루살렘 성은 모든 사람이 들어가는 천국으로 이해하기도 합니다. 그러나 이 설명은 잘못된 설명입니다.

하나님의 창조는 끝나지 않았다

이제 헬라어 원어로 직역을 하고자 합니다. 어렵게 느껴지거나 지루하게 느껴지는 분은 이 부분을 건너뛰고 읽어도 됩니다.

만국이 그 빛 가운데로 다닌다는 말씀은 헬라어 원어로 아래와 같습니다. καὶ περιπατήσουσιν τὰ ἔθνη διὰ τοῦ φωτὸς αὐτῆς(카이 페리파테수신 타 에드네 디아 투 포토스 아우테스)

카이(καὶ)는 [그리고]라는 접속사입니다.

페리파테수신(περιπατήσουσιν)은 페리파테오(περιπατέω)라는 동사의 미래·직설법·능동태·3인칭·복수입니다.

페리파테오(περιπατέω)는 [내가 걷는다]라는 뜻의 동사이며, 페리파테수신(περιπατήσουσιν)은 [그들이 걷게 될 것이다]로 해석됩니다.

타(τὰ)는 정관사이며 에드네(ἔθνη)는 [나라]라는 뜻입니다.

에드네(ἔθνη)는 에드노스(ἔθνος)라는 명사의 주격·중성·복수입니다.

타 에드네(τὰ ἔθνη)는 만국으로 해석되어 있는데, 정확하게는 [그 나라들]입니다.

디아(διὰ)는 전치사로서 여러 가지 뜻이 있습니다.

디아(διὰ)의 의미는 소유격과 함께 사용될 경우 [through, throughout, by the instrumentality of]와 같은 의미로 사용되고 목적격과 함께 사용될 경우 [through, on account of, by reason of, for the sake of, because of]과 같은 의미로 사용됩니다.

여기서 디아(διὰ) 뒤에 소유격인 투 포토스 아우테스(τοῦ φωτὸς αὐτῆς)가 옵니다.

그래서 디아(διὰ)의 해석은 [~의 도움으로, ~을 수단으로 하여, ~의 힘으로, ~을 통해서 ~의 힘이 미치는 모든 곳에] 등의 의미가 됩니다.

아우테스(αὐτῆς)는 인칭대명사로 아우토스(αὐτός)의 소유격·여성·3인칭·단수입니다.

아우테스(αὐτῆς)는 [그녀의]로 해석됩니다. 여기서 [아우테스]가 여성인 것은 계 21:23의 성(πόλις)이 여성명사이기 때문입니다. 아우테스(αὐτῆς)는 [새 예루살렘 성]을 의미합니다.

이 내용을 번역한다면, [그 나라들은 새 예루살렘 성의 빛의 도움을 받아 걷게 될 것이다]입니다.

여기서 [디아 투 포토스(διὰ τοῦ φωτὸς): 빛 가운데로]를 어떻게 해석할 것인가의 문제가 있습니다. 많은 사람은 [예루살렘 성 안에서 머물면서 하나님의 영광이 비추는 낮 같은 환한 곳을 이리저리 다니면서 살게되는 것을 상상하게 됩니다. 그런데 이 말씀은 하나님의 영광이 아니라, 예루살렘 성의 빛이라는 의미입니다.

계 21:23의 하나님의 영광과 어린 양의 등불은 예루살렘 성 안을 비추는 것이며, 계 21:24의 포토스 아우테스(φωτὸς αὐτῆς)는 [그녀의 빛]입니다. 아우테스(αὐτῆς)는 예루살렘 성을 의미하기 때문에, 예루살렘 성의 빛이 됩니다. 이 말씀은 예루살렘의 빛이 땅 위에 나라들을 감싼다는 뜻입니다.

하나님의 창조는 끝나지 않았다

계 21:23의 영광(독사: δόξα)은 태양이나 달의 빛이 아닙니다. 또한, 예루살렘 성 안에 있는 거룩한 백성도 태양이나 달의 빛이 필요하지 않습니다.

> "낮에 성문들을 도무지 닫지 아니하리니 거기에는 밤이 없음이라"(계 21:25)

예루살렘 성 안에는 밤이 없다는 것입니다. 예루살렘 성 안으로 들어오고 나가는 사람들은 땅 위에서는 왕이면서 하나님 앞에서는 제사장들입니다. 이 사람들에게는 밤이 필요하지 않습니다. 몸이 피곤하지도 않고 잠을 자야 하는 일도 없습니다. 제사장들의 몸은 거룩한 몸이기 때문에 피곤해지는 몸이 아니며, 약해지거나 병드는 몸이 아닙니다.

> "그러므로 그들이 하나님의 보좌 앞에 있고 또 그의 성전에서 밤낮 하나님을 섬기매"(계 7:15)

이 사람들은 예루살렘 성 안에 있으면서 하나님과 어린 양의 보좌 앞에서 밤낮으로 하나님을 섬기는 것입니다. 지금 우리 사람들은 밤에 쉬어야 합니다. 그래야 피곤도 풀리고 우리의 몸도 회복하여 다음 날 상쾌하게 하루를 시작할 수 있습니다.

새 예루살렘 성에 있는 사람들은 모두 하나님의 종이면서 제사장입니다. 제사장들은 밤낮으로 하나님을 섬기는데, 예루살렘 성 안에는 밤이 없고, 하나님의 영광이 항상 있는 곳입니다. 하나님의 영광은 오직 거룩한 제사장만 감당할 수 있습니다. 죄가 있거나 거룩하지 않은 사람은 하나님의 영광을 감당하지 못하고 죽게 됩니다. 그래서 하나님의 영광은 새 예루살렘 성 안에만 비추게 됩니다.

여기서 다시 디아 투 포토스(διὰ τοῦ φωτὸς)를 어떻게 해석할 것인가를 설명합니다. 계 21:23의 하나님의 영광(독사: δόξα)은 태양이나 달의 빛이 아닙니다. 예루살렘 성 안에 있는 종(나라와 제사장)들은 자연의 빛이 필요하지 않습니다. 그러나 땅 위에 사는 사람들에게는 낮과 밤이 있으며 밤에는 자야 하고 쉬어야 합니다.

"내가 지을 새 하늘과 새 땅이 내 앞에 항상 있는 것 같이 너희 자손과 너희 이름이 항상 있으리라. 여호와의 말이니라. 여호와가 말하노라. 매월 초하루와 매 안식일에 모든 혈육이 내 앞에 나아와 예배하리라. 그들이 나가서 내게 패역한 자들의 시체들을 볼 것이라 그 벌레가 죽지 아니하며 그 불이 꺼지지 아니하여 모든 혈육에게 가증함이 되리라"(사 66:22~24)

사 66:22~24에서 하나님은 새 하늘과 새 땅에 대해 말씀합니다. [새 하늘과 새 땅]이라는 표현은 계 21:1의 말씀과 일치합니다. 사 66:22~24을 통해 주신 말씀은 그 시대적 배경이 먼 미래와 완성될 천국에 대한 말씀입니다.

이 말씀에서 보면 새 하늘과 새 땅이 항상 있게 될 것이라는 겁니다. 이

하나님의 창조는 끝나지 않았다

세상의 물질이 타서 사라진다는 것은 잘못된 개념입니다. 이렇게 새 하늘과 새 땅이 시작된 후로, 매월 초하루와 매 안식일이 있게 되며, 먼 미래의 천국에서도 안식일(7일째 되는 날)은 예배를 드리게 됩니다.

새 예루살렘 성에 있는 제사장들은 안식일에만 하나님을 예배하는 것이 아니라 밤낮으로 356일 쉬지 않고 하나님을 섬깁니다. 그러나 이사야 66:23의 백성은 밤낮으로 하나님을 섬기는 것이 아니라 매월 초하루와 매 안식일에 예배한다는 겁니다. 여기서 땅 위에 백성은 일주일에 한 번 주일에 하나님께 예배합니다.

땅 위에서 영생을 누리는 하나님의 백성은 어떻게 안식일을 계산할까요? 밤이 없는 세상에서 타이머를 맞춰 놓고 안식일에 하나님께 예배를 드리게 될까요? 하루를 어떻게 계산할까요?

사 66:23에서 [매월 초하루]라는 말은 히브리어 원어에서는 חֹדֶשׁ(코데츠)라고 합니다. חֹדֶשׁ(코데츠)는 חֹדֶשׁ(코데쉬)의 남성 단수로서 영어로는 'new moon, a month'라는 의미입니다. 이 단어는 달이 있어야 사용할 수 있는 단어입니다. 달이 없다면 매월 초하루라는 말은 있을 수 없게 됩니다.

땅 위에서 영생을 누리는 하나님의 백성은 태양과 달이 있고 태양의 빛과 달의 빛이 있으며 낮과 밤이 있는 세상에 사는 겁니다. 땅 위의 하나님의 백성은 밤에 잠을 자거나 쉬게 됩니다. 그래서 지금과 같이 달력이 있

으며 일주일이 있고 하나님께 예배하는 안식일(주일: 제7일)이 존재하게
됩니다.

"그의 성전에서 밤낮 하나님을 섬기매"(계 7:15)

이 말씀에서는 밤낮으로 하나님을 섬긴다고 합니다. 그런데 이 말씀은
밤에도 하나님을 섬기고 낮에도 하나님을 섬긴다는 말입니다. 밤도 존재
하고 낮도 존재한다는 의미가 됩니다.

"거기에는 밤이 없음이라"(계 21:25)

그런데 새 예루살렘 성에는 밤이 없습니다. 그래서 많은 사람이 태양도
달도 없으며 밤이 없는 세상으로 생각합니다. 그런데 제사장들이 하나님
의 성전에서 밤낮으로 하나님을 섬긴다고 합니다. 이 말씀은 밤에도 섬기
고 낮에도 섬긴다는 의미입니다. 모순처럼 보이는 부분입니다.

천국이 이루어진 후에도 태양과 달은 지금처럼 존재하며, 지구는 하나
님의 나라가 이루어진 미래의 어느 시점에서도 계속 존재하고 태양 주위
를 돌고 있을 겁니다. 지구에 사는 하나님의 백성은 지구의 자전으로 인
해 낮과 밤을 경험할 것입니다.

사 66:23에서 [혈육]이라는 단어는 히브리어로 בָּשָׂר(바사르)라는 단어
입니다. בָּשָׂר(바사르)는 בָּשָׂר(바사르)의 남성·단수로서 영어로는 flesh

하나님의 창조는 끝나지 않았다

로 번역됩니다. 이 단어에서 [하나님의 백성이 몸을 가지고 있다]라는 것을 알게 됩니다. 지금과 같은 육체를 가지고 산다면 당연히 지구와 같은 암반 행성에서 살 것입니다. 해와 달이 있고, 낮과 밤이 있으며, 땅 위에서 숨을 쉬며 영원히 산다는 의미입니다.

지금과 다를 것이 없습니다.

땅 위에서 사는 백성이 볼 때, [새 예루살렘 성]에 있는 제사장들은 낮에도 쉬지 않고 하나님을 섬기며, 밤에도 쉬지 않고 하나님을 섬긴다는 겁니다. 땅에서는 밤일 때도 새 예루살렘 성 안에는 낮이기 때문에 제사장들이 하나님을 섬기는 일을 쉬지 않는다는 의미입니다. 땅에 사는 백성이 생각할 때, 제사장들은 밤낮 하나님을 섬기고 있는 겁니다. 그래서 계 7:15에서 [밤낮 하나님을 섬기매]라고 기록하고 있는 겁니다.

새 예루살렘 성 안에는 밤이 없으나, 새 예루살렘 성을 바라보는 땅 위의 세상에는 낮과 밤이 있습니다. 만약 새 예루살렘 성에서 나오는 빛이 하나님의 영광이라면 세상의 밤은 사라지게 될 것입니다. 또한, 새 예루살렘 성에서 나오는 빛이 하나님의 영광이라고 한다면, 하나님의 영광이 닿는 거리에 있는 백성은 죽음을 피할 수 없습니다.

거룩한 제사장들 외에는 하나님의 영광을 보고 살 자가 없기 때문입니다. 그래서 새 예루살렘 성에서 밖으로 나오는 빛은 하나님의 영광이 아니라, 물질세계의 빛인 가시광선입니다.

물론 빛의 직진성과 지구가 둥글다는 점에서 새 예루살렘 성이 없는 반대편은 밤이 될 수도 있다는 생각을 할 수 있습니다. 그런데도 하나님의 영광이 너무나 강해서, 반사광만으로 지구 반대편 역시 밤이 사라질 겁니다. 그래서 새 예루살렘 성에서 나오는 빛은 하나님의 영광이 아닙니다.

또한, 새 예루살렘 성에서 세상으로 나오는 빛은 태양만큼 밝지 않습니다. 새 예루살렘 성에서 나오는 빛은 달빛처럼 은은하게 보이는 빛으로 생각됩니다. 새 예루살렘 성이 보이는 상황에서도 땅 위에 사람들이 밤에 잠을 자거나 쉬어야 하기 때문입니다.

새 예루살렘 성은 성도들이 만든 인공 구조물이며, 이 구조물은 제사장들이 하나님을 섬기는 곳으로 하나님께서 이 구조물을 받으시면, 이 구조물은 새 예루살렘 성이 됩니다. 이때부터 새 예루살렘 성은 거룩한 성이 되며 하나님이 계시는 곳이 됩니다. 이때부터 새 예루살렘 성은 제사장들만 들어올 수 있습니다. 그러나 새 예루살렘 성은 땅 위에 사는 백성들의 눈에도 보이는 하나님의 성입니다. 왜냐하면, 사람들이 만든 물질세계에 속한 구조물이기 때문입니다.

그래서 [만국이 그(그녀의) 빛 가운데로 다니고]에서 [그 빛]은 하나님의 영광이 아니라 새 예루살렘 성에서 나오는 은은한 가시광선의 빛으로 생각됩니다. [그 빛]이 하나님의 영광이면 땅 위에 사는 사람들이 모두 죽기 때문입니다. [그 빛]에서 [그]라는 단어는 지시대명사 αὐτῆς(아우테스)로서 여성·단수이기 때문에 예루살렘 성을 의미합니다. 물론 [이 빛]은

하나님의 창조는 끝나지 않았다

가시광선을 의미하는 것이 아니라, 하나님의 은혜와 보호를 의미하는 비유법의 표현일 수도 있습니다.

"만국이 그 빛 가운데로 다니고"(계 21:24)

καὶ περιπατήσουσιν τὰ ἔθνη διὰ τοῦ φωτὸς αὐτῆς
(카이 페리파테수신 타 에드네 디아 투 포토스 아우테스)

이 말씀을 비유로 보고 설명한다면 다음과 같은 뜻이 됩니다.

땅에 거하는 하나님 나라의 모든 백성은 새 예루살렘 성에서 나오는 빛으로 인하여 살 것이다. 땅의 백성들은 새 예루살렘 성의 보호와 은혜와 복으로 영원한 삶을 누리게 될 것이다. 다닌다는 표현은 평상적으로 삶을 유지한다는 비유적인 표현입니다. 빛으로 산다는 말은 하나님의 은혜와 복을 받으며 산다는 비유적인 표현입니다.

땅의 백성들을 두렵게 할 사람이 없는데 그 이유는 하나님이 새 예루살렘 성 안에 계시면서 친히 백성들을 지켜보며 보호하시기 때문입니다. 그래서 땅에 사는 백성들도 새 예루살렘 성을 올려보면서, 하나님의 임재와 보호를 느끼며 평안하게 영생을 누리게 됩니다.

새 예루살렘 성이
공중에 떠 있다는 말인가요?

계 20:9의 [사랑하시는 성]은 하늘로 올려져서 하나님께 봉헌됩니다. 높이 올라간 [사랑하시는 성]을 하나님이 계시는 성소로 받으셨습니다. 이제 [사랑하시는 성]은 제사장이나 백성의 거처가 아니라, 하나님의 거처가 되었고, 거룩한 [새 예루살렘 성]이 되었습니다. 그리고 새 예루살렘 성은 하늘에서 서서히 내려옵니다. 새 예루살렘 성은 어느 정도 내려오다가 공중에 멈추게 됩니다. 이때부터 새 예루살렘 성은 공중에 영원히 떠 있으면서 하나님의 도시들과 온 우주를 다스리는 본부가 됩니다.

새 예루살렘 성은 땅 위로 내려앉지 않습니다. 새 예루살렘 성이 땅 위로 내려앉지 않는 이유를 지금부터 설명합니다.

"그 성은 해나 달의 비침이 쓸 데 없으니 이는 하나님의 영광이 비치고
어린 양이 그 등불이 되심이라"(계 21:23)

이 말씀을 보면 성에서는 해나 달의 비침이 쓸데없다고 합니다. 이 말

씀은 해나 달이 사라진다는 의미가 아닙니다. 이 지구라는 행성에서 해와 달이 사라진다면 지구는 우주에서 어두운 떠돌이 행성이 됩니다. 그렇게 되면, 아름다운 천국의 도시라는 말은 의미가 없게 됩니다.

해와 달의 빛이 소용없다는 말은 곧 새 예루살렘 성 안에서 그렇다는 겁니다. 새 예루살렘 성 안에 들어가면 해나 달의 빛보다 더 강한 하나님의 영광이 있습니다. 이 안에는 하나님의 종(나라와 제사장)들이 있어서 하나님을 직접 보면서 밤낮으로 섬기고 있습니다. 거룩하지 않으면 하나님의 영광을 견딜 수 없습니다. 새 예루살렘 성 안을 비추는 하나님의 영광은 해나 달의 빛보다 더 강하다는 의미입니다. 새 예루살렘 성 안을 비추는 빛은 하나님의 영광입니다.

> "그 성은 네모가 반듯하여 길이와 너비가 같은지라 그 갈대 자로 그 성을 측량하니 만 이천 스다디온이요 길이와 너비와 높이가 같더라"(계 21:16)

새 예루살렘 성은 정육면체입니다. 가로와 세로와 높이가 12,000 스타디온이며, 모두 같습니다. 사람마다 약간의 차이는 있으나 사전에서는 대부분 1 스타디온을 192m라고 합니다. 이렇게 계산하면 한 면의 길이가 2,200km나 됩니다.

그런데 여기서 주목할 것은 높이입니다. 높이가 2,200km나 된다는 것은 다층구조라는 것을 알게 됩니다. 또한, 짐작할 수 있는 것은 윗면이 막혀 있다는 것입니다. 성은 영어로는 City로 번역되는데 [새 예루살렘 도시]라고 한다면 어감이 매우 다릅니다. 도시라는 단어를 생각하면 푸른 하늘이 보이는 주거 공간을 떠올리게 됩니다. 다시 말해서, 새 예루살렘 성은 하늘이 오픈되어 있고 도시 주위를 높은 벽(성곽)으로 둘러싼 형태를 떠올리게 됩니다.

그러나 새 예루살렘 성은 높이가 2,200km이고 넓이와 길이와 높이가 같으며 동서남북 4방위의 옆면과 윗면과 아랫면이 모두 막힌 정사각형의 형태입니다. 윗면이 막혀 있다는 것은 태양 빛과 달빛이 새 예루살렘 성 안으로 들어오지 않는다는 것을 의미합니다. 또한, 윗면까지 막혀 있어서 이 성 안을 비추는 하나님의 영광도 새 예루살렘 성 밖으로 새어 나오지 않습니다.

성 안을 비추는 하나님의 영광이 밖으로 새어 나온다면, 땅 위의 도시들은 너무나 강한 빛을 보게 될 것입니다. 해와 달의 빛을 사라지게 하는 하나님의 강한 영광이 땅 위에 사는 사람들의 눈을 멀게 하고 밤을 사라지게 할 것입니다. 그래서 새 예루살렘 성 안을 비추는 하나님의 영광은 성 밖으로 나오지 않습니다.

지구는 자전해야 합니다. 지구가 자전을 멈춘다면 지구의 자기장은 사라지게 되고 지구는 큰 재앙을 맞게 될 것이며, 지구에는 사람이 살 수 없게 됩니다. 자전을 멈추지 않는 지구는 태양으로 인해 낮과 밤이 있을 수밖에 없습니다. 그래서 낮에는 태양의 빛이 지구를 비추고 밤에는 태양의

하나님의 창조는 끝나지 않았다

빛이 달에 반사되어 지구를 비추게 됩니다.

지구는 태양이 필요합니다. 태양에서 오는 빛으로 식물이 광합성을 하고 푸른 지구가 됩니다. 태양이 없는 지구에서 식물이 하나님의 영광으로 광합성을 한다고는 생각되지 않습니다.

사 65:17~25의 말씀을 통하여 하나님의 나라가 이 땅 위에 이루어진 후에도 태양이 있음을 설명합니다.

"내가 새 하늘과 새 땅을 창조하나니 이전 것은 기억되거나 마음에 생 각나지 아니할 것이라"(사 65:17)

사 65:17~25의 말씀으로 새 하늘과 새 땅을 설명하고 있습니다. 하나님의 나라가 이루어진 이후의 천국의 아름다운 모습을 이사야 선지자를 통해 설명하고 있습니다.

"거기는 날 수가 많지 못하여 죽는 어린이와 수한이 차지 못한 노인이 다시는 없을 것이라 곧 백 세에 죽는 자를 젊은이라 하겠고"(사 65:20)

새 하늘과 새 땅이 이루어지면, 그 천국에서 하나님의 백성은 나무의 수명과 같이 오래 살게 됨을 말씀합니다. 백 세를 사는 것은 장수가 아니라 어린아이라는 말입니다.

"그들이 가옥을 건축하고 그 안에 살겠고 포도나무를 심고 열매 먹을
것이며"(사 65:21)

천국에서도 가옥이 있고 포도나무가 있고 열매를 먹는 일이 있다는 겁
니다.

"그들이 심은 것을 타인이 먹지 아니하리니"(사 65:22)

천국에서도 열매는 먹는 일이 있다는 것입니다. 그런데 천국에서는 다
른 사람이 노력한 것을 빼앗지 못합니다. 각자가 자신이 한 일을 누리며,
타인의 것을 가져가지 않는다는 말입니다. 지금의 세상과는 다르게 뺏고
뺏기는 일이 사라진다는 말씀입니다.

"이리와 어린 양이 함께 먹을 것이며 사자가 소처럼 짚을 먹을 것이며
뱀은 흙을 양식으로 삼을 것이니"(사 65:25)

사 65:17~25의 말씀은 확실히 천국에 대한 말씀입니다. 이리가 풀을 먹
으며, 사자가 풀을 먹으며, 뱀이 풀(흙)을 먹는다는 겁니다. 이사야 65:25의
기록은 하나님이 선포하신 하나님의 말씀이 성취되었음을 알게 합니다.

"땅의 모든 짐승과 하늘의 모든 새와 생명이 있어 땅에 기는 모든 것
에게는 내가 모든 푸른 풀을 먹을 거리로 주노라 하시니 그대로 되니
라"(창 1:30)

하나님께서 선포하신 내용은 반드시 이루어질 것이기 때문에 이미 이루어진 것으로 기록하고 있습니다. [그대로 되나리]는 말씀은 반드시 이루어질 것이기 때문입니다. 이 말씀과 같이 사자가 풀을 먹고 이리가 풀을 먹으며 뱀이 풀을 먹는 하나님의 나라가 이루어질 것입니다. 사 65:25의 말씀은 창 1:30의 성취입니다.

사 65:17~25의 말씀은 새 하늘과 새 땅을 설명하고 있습니다. 하나님의 나라인 계 21:1과 같은 의미의 말씀입니다. 이 말씀에서 보면, 포도나무를 심고 열매를 먹는다고 합니다. 포도나무를 심어서 포도 열매를 수확하는데 이 포도는 하나님의 영광으로 광합성을 해서 생기는 포도일까요?

당연히 아닙니다. 하나님이 나라가 이루어지고, 새 예루살렘 성이 하늘에서 내려온 후로도 땅 위에 있는 하나님의 백성은 포도나무도 심고 포도를 수확합니다. 그리고 이 포도는 태양 빛을 받아서 만들어지는 열매입니다.

또 이리와 어린 양이 함께 먹는다는데 무엇을 먹을까요? 당연히 사자가 짚을 먹는 것처럼 이리와 어린 양이 풀을 먹는 겁니다. 사자가 짚을 먹는다고 했는데 이 짚도 풀을 말하는 겁니다. 이 말씀에서 뱀이 흙을 양식으로 삼는다고 했는데 이 말씀도 마찬가지로 뱀이 푸른 풀을 먹는다는 의미입니다. 여기서 흙이란 땅에서 자라나는 풀을 비유적으로 말한 것입니다.

땅 위에 세워진 하나님의 도시에는 푸른 풀이 있고 아름다운 자연이 있습니다. 하나님의 나라 안에 있는 하나님의 도시는 자연과 함께 조화를 이루는 아름다운 도시입니다.

이렇게 아름다운 자연은 태양이 필요합니다. 태양과 달은 계속해서 지구를 비출 것입니다. 그리고 이 지구는 하나님이 다스리는 땅이 되어, 하나님의 백성이 살아갈 아름다운 도시들로 채워질 것입니다.

"성문들을 낮에 도무지 닫지 아니하리니 거기는 밤이 없음이라"(계 21:25)

새 예루살렘 성의 문은 낮에는 닫지 않는다고 합니다. 그런데 새 예루살렘 성 안에는 밤이 없다고 하니 새 예루살렘 성의 문은 항상 열려 있게 됩니다.

지구에는 밤이 있으나, 새 예루살렘 성 안에는 밤이 없고 성문은 항상 열려 있게 됩니다. 만약 하나님의 영광이 새 예루살렘 성문으로 새어 나온다면, 그 지역은 태양 빛보다 강한 하나님의 영광으로 인해 사람도 죽고, 동물도 죽을 것이며, 식물들도 문제가 생길 것입니다. 하나님의 영광은 성문을 통해 밖으로 새어 나와서는 안 됩니다.

"그 열두 문은 열두 진주니 문마다 한 진주요 성의 길은 맑은 유리 같은 정금이더라"(계 21:21)

새 예루살렘 성의 문은 열두 진주 문입니다. 사도 요한이 봤을 때, 문들

하나님의 창조는 끝나지 않았다

이 진주처럼 둥글며 은은하게 빛나고 있었기 때문에 진주라고 표현하는 겁니다. 아치형의 문을 많은 진주로 꾸몄다는 뜻이 아닙니다. 문 하나가 동그랗고 크며 은은하게 빛난다는 의미입니다.

진주라는 표현은 새 예루살렘 성의 한쪽 면에 3개의 큰 진주가 박혀 있는 것처럼 보였다는 뜻입니다. 둥글게 구멍이 뚫려 있는 것이 아니라 큰 진주가 반쯤 성벽에 들어가 박혀 있는 모습입니다. 성의 옆면 한쪽에 3개씩 박혀 있는 모습이며, 이런 모습으로 네 면에 총 12개의 문이 있다는 뜻입니다.

하나님의 영광이 새 예루살렘 성 밖으로 나오지 않지만, 이 12개의 진주 문은 은은하고 영롱하게 빛을 낼 겁니다. 12개의 진주 문의 빛은 하나님의 영광이 아닙니다. 그래서 강한 빛이 아닙니다. 새 예루살렘 성은 그 외곽이 태양 빛에 반사되어 사람 눈에 보이게 됩니다. 이 진주 문의 영롱한 빛은 태양이 한가운데 떠 있는 낮에도 확실하게 보일 것입니다. 밤에도 낮에도 이 진주 문의 영롱한 빛은 땅 위에 사는 모든 사람에게 보일 것입니다.

새 예루살렘 성의 문을 하나의 진주로 표현한 것은 문 자체가 둥근 모습이기 때문입니다. 이 문은 사람이 걸어서 드나드는 형태의 문이 아니라는 의미입니다. 둥근 문은 문이 열려도 둥글게 열려 있어서 이 진주 문을 지나가려면 날아야 합니다. 날아서 들어가거나 날아서 나와야 하는 문이라는 뜻입니다.

만약 사람이나 동물이 드나드는 문이라면 아래쪽은 땅에 닿는 면이기 때문에 아치형이나 사각형의 문이 되어야 합니다. 새 예루살렘 성의 문이 하나의 큰 진주로 되어 있다는 말은 새 예루살렘 성이 공중에 부양되어 있으며, 둥글게 열려 있는 문을 통하여 제사장들이 날아서 들어가거나 나온다는 것을 느끼게 합니다.

물론 땅의 왕이면서 동시에 제사장인 하나님의 종들이 날개를 가지고 있다는 말은 아닙니다. 또 제사장들이 날아다니는 것도 아닙니다. 다만 사도 요한의 지식 수준으로 볼 때, 성에는 문이 있어야 합니다. 그래서 문을 보여 준 것입니다. 그런데 둥근 형태의 진주 문으로 보여 주신 것은 날아서 들어가고 나오는 것을 떠올리게 하는 문입니다. 이렇게 보여 주신 것은 새 예루살렘 성은 항상 공중에 부양되어 있다는 것을 알게 하려는 겁니다.

또한, 새 예루살렘 성에 하나님이 임재하신 후로는 새 예루살렘 성은 거룩한 성이 됩니다. 땅의 백성들이 다가와서 만질 수 있는 성이 아닙니다. 만약 백성이 와서 만지면 백성은 죽게 됩니다. 천국에서는 죽음이 없으므로 만지는 사람의 육체는 소멸하고, 그 영혼(Soul)은 다시 육체를 만들어 그 속에 들어가는 일을 반복해야 합니다.

"외인이 가까이 오면 죽일지며, 이스라엘 자손은 막사를 치되 그 진영
별로 각각 그 진영과 군기 곁에 칠 것이나, 레위인은 증거의 성막 사방
에 진을 쳐서 이스라엘 자손의 회중에게 진노가 임하지 않게 할 것이

하나님의 창조는 끝나지 않았다

라 레위인은 증거의 성막에 대한 책임을 지킬지니라 하셨음이라"(민 1:51~53)

하나님은 성막 사방에 레위인으로 진을 쳐서 백성이 회막에 접근하지 못하도록 막으셨습니다. 만약 백성이 성막에 접근하여 성막을 만지면 하나님의 진노가 임하여 그 사람이 죽게 됩니다.

"이스라엘 자손이 모세에게 말하여 이르되 보소서 우리는 죽게 되었나이다. 망하게 되었나이다. 다 망하게 되었나이다. 가까이 나아가는 자 곧 여호와의 성막에 가까이 나아가는 자마다 다 죽사오니 우리가 다 망하여야 하리이까"(민 17:12~13)

성막에 가까이 가는 백성은 모두 죽었습니다. 죽은 사람들은 이방인이 아니라 애굽에서 모세를 따라 나와서 시내산에서 하나님의 백성이 되었던 이스라엘 사람입니다. 약속된 이스라엘의 자손들이 아무리 하나님의 백성이 되었어도 성막에 접근하면 죽게 됩니다. 이스라엘의 지파들은 아무리 하나님의 백성이 되었을지라도 성막에 접근하는 것을 허락받지 못했습니다.

"너와 네 아들들은 제단과 휘장 안의 모든 일에 대하여 제사장의 직분을 지켜 섬기라 내가 제사장의 직분을 너희에게 선물로 주었은즉 거기 가까이 하는 외인은 죽임을 당할지니라"(민 18:7)

"이 후로는 이스라엘 자손이 회막에 가까이 하지 말 것이라 죄값으로 죽을까 하노라"(민 18:22)

이처럼 백성은 성막에 접근할 수 없었습니다. 백성의 눈으로 보면, 성막은 매우 위험한 장소입니다. 위험한 장소가 백성의 진 가운데 있다는 겁니다. 성막은 백성에게 위험한 장소가 되었는데도 하나님의 성막이 이스라엘 사람들 가운데 있게 된 것은, 하나님이 백성 중에 거하시려는 목적이 있었기 때문입니다.

새 예루살렘 성도 마찬가지입니다. 백성이 만지면 그 몸의 죽음을 피할 수 없으며, 또한 새로운 몸을 다시 가져야 합니다. 그래서 새 예루살렘 성은 백성들이 만질 수 없는 곳에 있게 됩니다. 땅 위에 세워져 있지 않고 하늘 높은 곳에 머물러 있게 됩니다.

이제 결론을 내립니다.

새 예루살렘 성은 공중에 부양되어 있으며, 둥근 문으로 땅의 왕인 제사장들이 들어가거나 나옵니다. 물론 백성은 제사장이 문을 통하여 들어가거나 나오는 것을 볼 수 없습니다. 그러나 땅 위에 있는 백성은 공중에 있는 새 예루살렘 성을 바라볼 수 있습니다. 또한, 진주 문도 자체적으로 은은하게 빛나기에 백성은 낮에도 밤에도 새 예루살렘 성을 볼 수 있습니다. 백성은 그 새 예루살렘 성 안에 하나님이 계신다는 것을 알고 있으며 하나님의 보호를 받고 있음을 느끼게 됩니다.

하나님의 창조는 끝나지 않았다

새 예루살렘 성에는
왕들만 들어간다는 건가요?

　그렇습니다. 새 예루살렘 성에는 오직 땅의 왕들만 들어갈 수 있습니다. 이 땅의 왕들은 계 1:6의 [나라와 제사장]입니다. 민주주의 국가에서는 대통령을 투표로 선출합니다. 그러나 왕은 투표로 선출되는 존재가 아닙니다. 또한, 땅의 왕들은 왕족처럼 세습되어 내려오는 가문의 사람이 아닙니다.

　이 왕들은 오직 예수님께서 임명하시며, 한번 임명되면 영원히 왕으로 있게 됩니다. 이 왕들만 하나님이 계신 거룩한 새 예루살렘 성에 들어갈 수 있습니다. 이 내용을 계시록에서 하나씩 확인합니다.

　"땅의 왕들이 자기 영광을 가지고 그리로 들어가리라"(계 21:24)

　이렇게 땅 위에서 살아가는 백성들이 아니라, 땅의 왕들이 새 예루살렘 성으로 들어간다고 되어 있습니다. 물론 혹자는 구원받은 모든 사람이 다 땅의 왕이라고 생각할 수 있습니다. [만인제사장] 이론에 의해서 모든 사람이 다 왕 같은 제사장이라고 생각합니다. 그래서 구원받은 모든 사람은 모두가 왕이면서 백성이면서 제사장이라는 겁니다. 왕과 백성이 나누어져 있는 것이 아니라, 모두가 왕이고 모두가 동시에 백성이라는 개념입니다.

그래서 본문의 내용을 더 자세히 살펴보겠습니다.

[땅의 왕들이 자기 영광을 가지고 그리로 들어가리라]는 헬라어 원문은 여러 개가 있으나 아래 3가지를 살펴봅니다. 헬라어 원어 분석이 지루한 분은 이 부분을 넘어가시면 됩니다.

첫 번째로 [Nestle 1904]과 [Westcott and Hort 1881]의 성경입니다.
καὶ οἱ βασιλεῖς τῆς γῆς φέρουσιν τὴν δόξαν αὐτῶν εἰς αὐτήν
(카이 호이 바실레이스 테스 게스 페루신 텐 독산 아우톤 에이스 아우텐)

두 번째로 [Stephanus Textus Receptus 1550]의 성경입니다.
καὶ οἱ βασιλεῖς τῆς γῆς φέρουσιν τὴν δόξαν καὶ τὴν τιμὴν αὐτῶν εἰς αὐτήν
(카이 호이 바실레이스 테스 게스 페루신 텐 독산 카이 텐 티멘 아우톤 에이스 아우텐)

세 번째로 [RP Byzantine Majority Text 2005]의 성경이며, 이 본문에서는 가장 중요한 헬라어 성경입니다.
καὶ οἱ βασιλεῖς τῆς γῆς φέρουσιν αὐτῷ δόξαν καὶ τιμὴν τῶν

하나님의 창조는 끝나지 않았다

ἐθνῶν εἰς αὐτήν

(카이 호이 바실레이스 테스 게스 페루신 아우토 독산 카이 티멘 톤 에
드논 에이스 아우텐)

이 세 원문 중에서 세 번째 원문을 분석합니다. 아래와 같이 번호를 붙
여서 쉽게 비교할 수 있도록 했습니다.

① καὶ ② οἱ βασιλεῖς ③ τῆς γῆς ④ φέρουσιν ⑤ αὐτῷ ⑥ δόξαν
καὶ τιμὴν ⑦ τῶν ἐθνῶν ⑧ εἰς αὐτήν.

① καὶ(카이)는 [그리고]라는 접속사입니다.

② οἱ(호이)는 정관사로서 ὁ(호)의 주격·남성·복수의 형태입니다. 뒤
에 나오는 체언 βασιλεῖς(바실레이스)를 수식합니다. βασιλεῖς(바
실레이스)는 βασιλεύς(바실류스)라는 명사의 주격·남성·복수의
형태입니다. βασιλεύς(바실류스)는 왕(King)이라는 뜻입니다. οἱ
βασιλεῖς(호이 바실레이스)는 [그 왕들]이라는 의미입니다.

③ τῆς(테스)는 정관사로서 ὁ(호)의 소유격·여성·단수의 형태입니다.
뒤에 나오는 체언 γῆς(게스)를 수식합니다. γῆς(게스)는 γῆ(게)라는
명사의 소유격·여성·단수의 형태입니다. γῆ(게)는 땅(earth)이라
는 뜻입니다. τῆς γῆς(테스 게스)는 [그 땅의]라는 뜻입니다.

④ φέρουσιν(페루신)은 φέρω(페로)라는 동사의 현재 · 능동태 · 직
설법 · 3인칭 · 복수의 형태입니다. φέρω(페로)는 [내가 가져온다
(bring)]라는 뜻입니다. φέρουσιν(페루신)의 의미는 3인칭 · 복수이
기 때문에 [그들이 가져온다]라는 뜻입니다.

⑤ αὐτῷ(아우토)는 αὐτός(아우토스)라는 인칭대명사의 여격 · 남성 · 3
인칭 · 단수의 형태입니다. αὐτός(아우토스)는 그, 그녀, 그들, 그녀들
과 같은 인칭대명사입니다. αὐτῷ(아우토)는 [그에게]라는 뜻입니다.

⑥ δόξαν(독산)은 δόξα(독사)라는 명사의 대격 · 여성 · 복수의 형태입
니다. δόξα(독사)는 영광이라는 뜻입니다. καὶ(카이)는 [~과]라는 연
결접속사입니다. [그리고]라는 뜻으로 사용되거나 [~과]라는 뜻으로
사용됩니다. 여기서는 [~과]로 사용됩니다. τιμὴν(티멘)은 τιμὴ(티
메)라는 명사의 대격 · 여성 · 복수의 형태이며 τιμὴ(티메)는 명예
(honor)라는 뜻입니다. δόξαν καὶ τιμὴν(독산 카이 티멘)은 [영광과
명예를]이라는 뜻입니다.

⑦ τῶν(톤)은 정관사로서 ὁ(호)의 소유격 · 남성 · 복수의 형태입니다.
뒤에 나오는 체언 ἐθνῶν(에드논)을 수식합니다. ἐθνῶν(에드논)은
ἔθνος(에드노스)라는 명사의 소유격 · 중성 · 복수의 형태입니다.
ἔθνος(에드노스)는 [나라]라는 뜻입니다. τῶν ἐθνῶν(톤 에드논)은
[그 나라들의]라는 뜻입니다.

하나님의 창조는 끝나지 않았다

⑧ εἰς(에이스)는 전치사로서 뒤에 나오는 명사와 결합하여 [~으로(~to)] 또는 [~안으로(~into)]로 사용됩니다. αὐτήν(아우텐)은 αὐτός(아우토스)라는 인칭대명사의 대격(목적격)·여성·3인칭·단수의 형태입니다. αὐτήν(아우텐)은 [그녀를]로 해석됩니다. 여기서 αὐτήν(아우텐)은 [새 예루살렘 성]을 의미합니다. εἰς αὐτήν(에이스 아우텐)은 [새 예루살렘 성 안으로]라는 뜻입니다.

단어의 의미와 내용은 여기까지 분석합니다. 이제 위의 3가지 헬라어 원어를 설명하면 아래와 같습니다.

첫 번째 원문입니다.

καὶ οἱ βασιλεῖς τῆς γῆς φέρουσιν τὴν δόξαν αὐτῶν εἰς αὐτήν.

이 원문은 [Nestle 1904]과 [Westcott and Hort 1881]으로, 직역하면 다음과 같습니다. [그리고 땅의 왕들이 그들의 영광을 새 예루살렘 성 안으로 가져온다] 한글 성경은 [땅의 왕들이 자기 영광을 가지고 그리로 들어가리라]로 번역되어 있으나 실제로 이 헬라어 원문에는 한글 성경에 있는 [들어가리라]는 단어가 없습니다.

두 번째 원문입니다.

καὶ οἱ βασιλεῖς τῆς γῆς φέρουσιν τὴν δόξαν καὶ τὴν τιμὴν αὐτῶν εἰς αὐτήν.

이 헬라어 원문은 [Stephanus Textus Receptus 1550]으로 직역하면 다음과 같습니다. [그리고 땅의 왕들이 그들의 영광과 명예를 새 예루살렘 성 안으로 가져온다] 한글성경에는 [땅의 왕들이 자기 영광을 가지고 그리로 들어가리라]로 번역되어 있으나 실제로 이 헬라어 원문에서도 [들어가리라]는 단어가 없습니다.

세 번째 원문입니다.

καὶ οἱ βασιλεῖς τῆς γῆς φέρουσιν αὐτῷ δόξαν καὶ τιμὴν τῶν ἐθνῶν εἰς αὐτήν.

이 헬라어 원문은 [RP Byzantine Majority Text 2005]으로 이 원문을 직역하면 다음과 같습니다. [그리고 땅의 왕들이 나라들의 영광과 명예를 그 안으로 그에게 가져온다] 한글 성경에는 [땅의 왕들이 자기 영광을 가지고 그리로 들어가리라]로 번역되어 있으나 실제로 이 헬라어 원문에서도 [들어가리라]는 단어가 없습니다.

한글 성경에서는 모두 [그리로 들어간다(들어온다)]를 추가하여 번역하고 있습니다. 한글 성경으로 개역개정/개역한글/공동번역/새번역/현대인의 성경 모두 같은 번역을 하고 있습니다. 영어 성경에서는 bring으로 되어 있어서 바르게 번역하고 있습니다.

세 번째 헬라어 원어 [RP Byzantine Majority Text 2005]에서 주목할 점은 αὐτῷ(아우토)입니다. αὐτῷ(아우토)는 [그에게]라는 뜻으로 새 예루살렘 성의 주인이신 하나님과 어린 양을 의미하게 됩니다.

εἰς αὐτήν(에이스 아우텐)은 세 가지 헬라어 성경에서 공통으로 나오는

데 [그 안으로]라는 의미입니다. αὐτήν(아우텐)은 대격·여성·단수로 앞 구절에 나오는 πόλις(폴리스)를 의미하게 됩니다. 그래서 [새 예루살렘 성 안으로]라는 뜻이 됩니다.

이 헬라어 성경들에서 조금씩 다른 부분이 있는데, 그것은 [영광과 명예(존귀)]라는 문구입니다. 첫 번째 헬라어 원문에서는 τὴν δόξαν αὐτῶν 으로 되어 있고, 두 번째 헬라어 원문에서는 τὴν δόξαν καὶ τὴν τιμὴν αὐτῶν으로 되어 있으며, 세 번째 헬라어 원문에서는 δόξαν καὶ τιμὴν τῶν ἐθνῶν으로 되어 있습니다.

각각을 해석하면, 첫 번째 헬라어 원문은 [그들의 영광을]이라는 뜻이고, 두 번째 헬라어 원문은 [그들의 영광과 명예를]이라는 뜻이고, 세 번째 헬라어 원문은 [만국의 영광과 명예를]이라는 뜻입니다.

땅의 왕들이 새 예루살렘 성으로 가지고 들어오는 것이 무엇일까요? 그 것은 [그들의 영광]이고, [그들의 영광과 명예]이고, [만국의 영광과 명예]라는 의미입니다. 다시 말해서, 만국의 영광과 명예는 곧 땅의 왕들의 명예와 영광이라는 의미입니다. 만국은 곧 땅이 왕들이 다스리는 나라라는 의미가 있습니다.

이 헬라어 원문들을 종합해서 번역한다면 다음과 같습니다.

"그리고 땅의 왕들이 그들의 나라의 영광과 명예를 새 예루살렘 성 안

으로 그(하나님과 어린 양)에게 가져온다"(계 21:24)

자, 이제 계시록 21장 24절 하반절의 의미가 정확해졌습니다.

땅의 왕들이 새 예루살렘 성 안에서 자신의 영광과 명예를 쌓아 두고 사는 것이 아닙니다. 새 예루살렘 성은 땅의 왕들이 쉬는 공간이 아니라, 하나님과 어린 양이 주인으로 계시는 거룩한 장소입니다. 땅의 왕들은 [하나님과 어린 양]에게 만국의 영광과 명예를 드리려고 들어가는 것입니다. 땅의 왕들은 새 예루살렘 성으로 하나님을 뵙기 위해서 들어갑니다. 만국에서 얻은 영광과 명예도 자신 것이 아니라 하나님께 드리는 것입니다. 땅이 왕들이 새 예루살렘 성 안으로 들어가는 이유는 하나님이 그 곳에 계시기 때문입니다.

[땅의 왕들이 자기 영광을 가지고 그리로 들어가리라](계 21:24)는 한글 성경의 번역은 내용 면에서도 잘못되었고 정확한 번역도 아닙니다. [땅의 왕들이 자기 영광을 가지고 그리로 들어가리라]가 아닙니다. 본래의 의미는 [땅의 왕들이 자신들의 나라의 영광과 명예를 새 예루살렘 성 안으로 그(하나님과 어린 양)에게 가져온다]입니다.

이 말씀에서 왕들은 한 명이 아니라 여러 명입니다. 단수가 아니라 복수로 사용되었습니다. 그런데 이 왕들은 각자가 자기의 나라를 가지고 있습니다. 여기서 τῶν ἐθνῶν(톤 에드논)은 [나라들의]라는 뜻으로, 이 나라들은 각 왕들이 다스리는 자신의 나라를 의미합니다.

하나님의 창조는 끝나지 않았다

땅의 왕들은 각자가 자신이 다스리는 나라(왕국)를 가지고 있다는 말입니다. 이 왕들은 국민에 의해 선출된 대표자가 아닙니다. 이 왕들은 각 나라를 다스리도록 예수님에게서 왕권을 받았습니다. 그래서 땅의 왕들은 예수님의 종입니다.

우리 한글 성경에서는 [자기 영광을 가지고]라고 되어 있는데, 여기서 [자기]라는 말은 αὐτῶν(아우톤)입니다. αὐτῶν(아우톤)은 [그들의]라는 뜻입니다. 헬라어 성경 중에서 대부분 성경이 αὐτῶν(아우톤)으로 기록되어 있습니다. 그런데 [RP Byzantine Majority Text 2005] 헬라어 성경에서는 τῶν ἐθνῶν(톤 에드논)으로 기록되어 있습니다. [그들의 영광과 명예]가 [나라의 영광과 명예]라는 겁니다. 이 말씀은 곧 그들이 가져오는 영광과 명예는 각 땅의 왕들이 소유한 것임을 의미합니다. 땅의 왕들이 가져오는 영광과 명예(존귀)는 그들이 소유한 나라에서 나온 것임을 알 수 있습니다.

땅 위에는 많은 나라가 있습니다. 그런데 이 나라들은 새 예루살렘 성이 아닙니다. 왜냐하면, 새 예루살렘 성은 단수로 되어 있으며, 나라들은 복수로 되어 있기 때문입니다. 그리고 이 많은 나라에는 왕이 있는데, 나라들이 많아서 왕도 단수가 아니라 복수로 사용되는 겁니다.

이 많은 나라에는 각자 다스리는 왕들이 있어서 그 왕들이 자신이 맡은 나라에서 일하다가 새 예루살렘 성으로 들어온다는 겁니다. 이 왕들은 밤낮으로 새 예루살렘 성과 자신들의 나라를 왕래하며 하나님을 섬깁니다.

이 왕들이 새 예루살렘 성으로 들어올 때는 하나님이 기뻐하시는 소식을 가지고 들어옵니다. 하나님이 기뻐하는 것은 각 나라에서 올라오는 영광과 명예입니다. 각 왕은 자신들의 왕국을 다스리면서 그 왕국 안에서 백성을 치료하고 고치며 영생을 얻게 합니다. 이런 일이 땅의 왕들이 해야하는 사명입니다.

> "열매 거둘 때가 가까우매 그 열매를 받으려고 자기 종들을 농부들에게
> 보내니"(마 21:34)

이 말씀은 마 21:33~43의 포도원 농부라는 비유의 말씀입니다. 이 말씀 속에서 포도원의 주인이신 하나님은 열매를 받고자 하셨습니다. 하나님은 농부들에게 열매를 요구하고 있습니다. 하나님께서 왜 열매를 요구할까요? 포도원의 열매라고 한다면 포도송이가 될 것입니다. 하나님이 포도를 먹는 것은 아닙니다.

> "제 때에 열매를 바칠 만한 다른 농부들에게 세로 줄지니이다"(마
> 21:41)

이 말은 대제사장들과 바리새인들이 예수님께 대답한 내용입니다. 예수님은 이들의 대답을 듣고 이에 맞추어 말씀하십니다.

> "하나님의 나라를 너희는 빼앗기고 그 나라의 열매 맺는 백성이 받으리
> 라"(마 21:23)

하나님의 창조는 끝나지 않았다

포도원인 하나님의 나라를 열매 맺는 백성이 받게 될 것이라고 합니다. 여기서 많은 사람이 열매 맺는 백성이라는 말의 의미를 예수님을 믿는 사람들이 성령의 열매는 맺는 것으로 이해합니다. 그런데 이 비유를 전체적으로 살펴보면, 열매 맺는 백성은 포도원을 세로 받게 되는 다른 농부들을 의미합니다.

하나님은 포도원에서 농부들에게 열매를 요구하고 있습니다. 열매를 요구하시는 하나님께 포도원의 농부들이 [내가 그 열매입니다]라고 말할 수는 없겠지요. 하나님이 요구하시는 것은 열매이지 농부가 아닙니다. 농부는 열심히 일해서 하나님께 포도원에서 생산되는 열매를 드려야 합니다. 이 비유의 말씀이 성취되었을 때, 그 모습이 곧 새 예루살렘 성입니다.

포도원은 하나님의 나라입니다. 하나님의 나라는 곧 이 세상을 말하며, 세상의 모든 왕국을 의미합니다. 하나님은 새 예루살렘 성에 계시면서 농부들에게 열매를 요구하십니다. 이제 새로운 농부들은 땅의 왕들입니다. 땅의 왕들이 하나님의 왕국을 세로 받았습니다. 하나님은 제때에 실과를 바칠 농부들에게 포도원을 세로 주셨는데, 왕국들을 받은 땅의 왕들이 새로운 농부입니다.

땅의 왕들은 하나님께 포도원의 열매를 드립니다. 이 열매가 각 나라의 영광과 명예입니다. 하나님은 땅의 왕들에게서 그들이 다스리던 나라의 영광과 명예를 받으십니다. 하나님이 받으시는 것은 땅의 왕들이 아니라, 땅의 왕들에게 맡긴 땅 위의 나라들 가운데서 모으게 되는 영광과 명예입니다. 하나님이 받고자 하는 열매는 세상에 있는 모든 나라에서 하나님을 믿고 새롭게 된 사람들의 소식을 듣는 것입니다. 하나님이 다스리는 포도원에서, 땅의 많은 왕국에서, 하나님을 믿고 영생에 이르는 사람들의 소식을 기쁘게 받으시는 겁니다. 이 소식들이 곧 각 왕국의 영광과 명예로서 하나님이 요구하시는 열매입니다. 금이나 은 같은 재물이 아닙니다.

> "강 좌우에 생명나무가 있어 열 두 가지 열매를 맺되 달마다 그 열매를 맺고 그 나무 잎사귀들은 만국을 치료하기 위하여 있더라"(계 22:2)

많은 사람은 구원받은 백성들이 생명나무에서 과일을 따서 먹게 될 것으로 생각합니다. 그러나 이 말씀에서 생명나무는 그런 형태의 나무가 아닙니다. 생명나무는 하나님의 보좌로부터 흐르는 생명수를 받아서 힘을 얻고, 이 힘으로 땅 위에 있는 만국에서 열심히 일하는 왕들을 의미합니다.

이들이 새 예루살렘 성 안으로 들어가며 나오는 땅의 왕들입니다. 이 땅의 왕들은 곧 [나라와 제사장]입니다. 이 사람들이 하늘에서는 하나님의 백성이지만, 땅에서는 각 나라를 다스리는 왕입니다.

이 땅의 왕들은 하나님의 종으로서 밤낮으로 하나님을 섬깁니다. 밤낮으로 포도원에서 일하면서 하나님께 열매를 드립니다. 각자가 하나님에게서 위임을 받은 왕국에서 만국을 치료하고 그들을 열매로 맺어서 하나님께 드립니다. 각자의 왕국에서 영생에 이르는 백성을 얻는 것이 열매입니다. 이 열매를 맺어서 하나님께 기쁜 소식을 드리는 것이 곧 하나님을 밤낮으로 섬기는 일입니다.

열두 가지 열매를 달마다 맺는다는 것은 계속해서 영생에 이르는 하나님의 백성을 얻는다는 뜻입니다. 이렇게 땅의 왕들이 열매를 맺어서 하나님께 드린다는 겁니다. 하나님이 포도원의 열매를 요구하고 있기 때문입니다.

때가 되면, 세상의 모든 통치 권한이 우리 주와 그리스도에게 옮겨질 것입니다. 사단은 세상 임금의 자리에서 내려오게 됩니다. 그러면 이 세상 모든 나라를 다스리는 예수님께서 충성된 종들에게 자신의 나라를 나누어 주십니다. 이때 나라의 통치권을 위임받는 사람은 왕이 됩니다. 하나님의 나라는 민주주의가 아니라 왕국이기 때문에, 한번 왕이 되면 영원히 왕으로 있게 됩니다. 그러면 땅의 왕들은 자신이 위임을 받은 나라에서 제때에 실과를 바쳐야 합니다.

왕들이 다스리는 각 왕국에는 많은 하나님의 백성이 있습니다. 땅 위에 사는 하나님의 백성은 하늘에서 빛나는 새 예루살렘 성을 바라보며, 하나님의 보호와 복을 받고 있음을 알게 됩니다. 또한, 그 왕국을 다스리는 왕들이 땅 위의 백성을 잘 보살피고 이끌어 갑니다. 이 왕들은 하나님에게서 포도원을 세로 받은 겁니다. 이 왕들에게는 열매를 맺어 하나님께 드리는 사명이 있습니다. 땅의 백성은 왕(나라와 제사장) 들의 보호를 받으며 땅의 왕국에서 영원히 평안하게 살게 됩니다.

땅의 백성은 자신의 왕이 새 예루살렘 성으로 들어가서 하나님을 뵙는다는 것을 알게 됩니다. 땅에서 영생을 누리는 하나님의 백성은 새 예루살렘 성 안으로 들어가지 못합니다. 그러나 자신들의 왕이 하나님께 열매를 드리려고 새 예루살렘 성으로 왕래하는 것을 알게 됩니다.

하나님 백성의 삶의 터전은 땅 위에 있습니다. 백성은 땅 위에서 생육하고 번성하여 충만해질 것입니다. 새 예루살렘 성은 백성을 위한 삶의 터전이 아닙니다. 그래서 백성은 새 예루살렘 성으로 들어갈 일이 없습니다. 백성은 새 예루살렘 성에 들어가지 못하지만, 자신들의 왕을 보면서 하나님의 임재를 느끼게 됩니다. 새 예루살렘 성은 오직 땅의 왕들만 들어갑니다. 땅 위에서 영생을 누리는 하나님의 백성은 들어갈 수 없습니다.

하나님의 창조는 끝나지 않았다

새 예루살렘 성에
왕들만 들어간다면 차별이 아닌가요?

이 일은 차별이 아닙니다.

사람은 하나님의 형상대로 지음을 받아서 그 속에 혼(Soul)이 있습니다. 말하고 생각하고 먹고 마시며 일을 하고 희로애락을 느끼며 살아가는 인간의 본질은 혼(Soul)입니다. 혼(Soul)이 몸을 통해서 세상을 보고 듣고 만지고 느끼는 것입니다.

하나님은 우리 사람에게 영생을 주시려고 우리를 혼(Soul)으로 만드셨습니다. 그래서 혼(Soul)은 하나님을 닮아서 사라지지 않는 불멸의 존재입니다. 예수님을 믿거나 믿지 않거나 이에 상관없이 모든 사람은 혼(Soul)이 있어서 영원히 사라지지 않습니다. 혼(Soul)으로만 있는 것은 영생이 아닙니다. 그러나 혼(Soul)은 이미 영존하고 있습니다. 혼(Soul)이 몸을 가지고 이 땅에서 물질을 접하며 살아갈 때 삶을 누리는 것입니다.

영생이란 곧 영존하는 혼(Soul)이 몸을 가지고 삶을 누리는 것을 의미합니다. 몸이 없는 상태로 있는 혼(Soul)은 영존하지만 영생하지 못하고 있는 겁니다. 몸을 가지고 있는 혼(Soul)은 영존하면서 삶을 누리고 있는 겁니다.

하나님은 하나님의 백성을 창조할 때, 영존하도록 혼(Soul)으로 창조하셨습니다. 그래서 죽은 사람들도 영원히 존재합니다. 다만 몸이 없으므로 삶을 누리지 못하고 있는 것입니다. 하나님은 이미 죽어서 몸이 없는 혼(Soul)에게 몸을 주어 영원한 삶을 누리도록 계획하셨고 지금도 이 계획을 성취하는 중입니다.

"하나님이 그들에게 복을 주시며 하나님이 그들에게 이르시되 생육하고 번성하여 땅에 충만하라, 땅을 정복하라, 바다의 물고기와 하늘의 새와 땅에 움직이는 모든 생물을 다스리라 하시니라"(창 1:28)

하나님은 사람을 지을 때부터 땅에서 영원히 행복하게 살도록 지으신 겁니다. 그런데 제사장들은 밤낮으로 하나님을 섬깁니다.

"그들이 하나님의 보좌 앞에 있고 또 그의 성전에서 밤낮 하나님을 섬기매"(계 7:15)

제사장들은 새 예루살렘 성에서 밤낮으로 하나님을 섬깁니다. 1년 365일 밤과 낮의 구분이 없이 하나님을 섬깁니다. 이렇게 하는 이유는 하나님께 가까이 갈 수 있는 존재이기 때문입니다.

하나님의 창조는 끝나지 않았다

그러나 하나님의 백성은 일주일 중에서 6일은 자신이 하고 싶은 일을 하면서 살도록 하셨습니다. 처음 창조될 때부터, 자유롭게 살도록 창조된 다는 것입니다. 물론 아직은 하나님의 창조의 일이 끝나지 않았기 때문에 예수님께서 [아버지께서 일하시니 나도 일한다(요 5:17)]고 말씀하신 겁니다.

창 1:27의 [남자와 여자]는 이 세상의 아름다움을 누리고 살도록 창조되고 있습니다. 창 1:27의 [남자와 여자]는 둘째 부활에 참여하게 되는 모든 혼(Soul)입니다. 모든 사람은 둘째 부활을 하게 될 때 창 1:27의 [남자와 여자]가 됩니다.

그리고 모든 사람이 영원한 삶을 누리기 시작합니다. 영원한 삶이 곧 영생입니다. [남자와 여자]는 아름다운 자연을 화폭에 담아 그리기도 하고, 멋진 스포츠 경기로 열정을 불태우기도 하며, 세상에 좋은 일을 하기 위하여 열심히 과학을 탐구하고 연구하기도 하고, 자신이 성취하고 싶은 일들을 하나씩 도전하며 살게 됩니다.

이렇게 하나님이 창조하신 백성(Soul)이 행복하게 살도록 제사장들은 일하는 겁니다. 하나님께 열매를 드리기 위해 밤낮으로 일하는 겁니다. 그래서 새 예루살렘 성으로 들어가는 특권이 있다고 해서 땅의 백성들이 부러워할 필요는 없습니다. 땅의 백성들은 땅에서 자유롭게 영원히 살도록 창조됩니다. 땅의 백성들은 자신들의 창조목적에 맞게 땅에서 자유롭게 영원히 살면 됩니다.

[나라와 제사장]들은 잠시 이 땅에 사람으로 있었으나, 하나님 앞에 있었던 영들입니다. 하나님 앞에 있었던 영들은 땅에서 자유롭게 행복하게 살도록 창조된 것이 아니라, 하나님 옆에 있도록 세상을 만들기 전에 먼저 창조되었습니다.

[나라와 제사장]이 새 예루살렘 성에서 하나님 앞에 있는 것은 그렇게 창조되었기 때문입니다. 땅의 백성(Soul)들이 땅에서 자유롭게 자신이 원하는 것을 하면서 영원히 살아가는 것도 그렇게 창조되었기 때문입니다.

땅의 백성들은 자유로운 영혼(Soul)입니다. 이 땅의 백성들은 하나님의 새 예루살렘 성에서 밤낮으로 하나님을 섬기는 일을 하지는 못할 것입니다. 땅의 백성을 창조한 목적에 맞지 않는 일입니다. 백성은 땅에서 친구들과 함께 선의의 경쟁을 하거나, 스포츠를 즐기거나, 새로운 것을 탐구하고 모험하며 도전하거나 하는 일을 하면서 자유롭게 살아야 합니다.

땅의 백성도 [나라와 제사장]도 모두 창조된 목적대로 그렇게 살게 됩니다. 땅의 백성이 새 예루살렘 성에서 [제사장]과 같이 살 수는 없습니다. 마찬가지로 [나라와 제사장]은 땅에서 백성처럼 살 수 없습니다. [나라와 제사장]은 하나님의 보좌 앞으로 가서 하나님 앞에서 있도록 창조되었습니다.

[나라와 제사장]은 먹지도 않으며, 밤도 없고, 잠을 잘 필요가 없으며, 피곤하지도 않습니다. 또한, 스포츠나 모험이나 탐험을 즐기지 않습니다.

하나님의 창조는 끝나지 않았다

[나라와 제사장]은 본분은 오직 하나님 앞에서 하나님을 섬기는 일뿐입니다. 이렇게 서로 존재의 가치가 다르며, 존재 이유가 다릅니다.

새 예루살렘 성이 매우 좋은 곳이라면 차별이라고 할 수 있을지 모르겠습니다. 그런데 새 예루살렘 성은 땅의 백성(Soul)이 살기에는 좋지 않은 곳입니다.

땅의 백성은 사자와 이리와 어린 양과 뱀과 함께 어울려 살아야 합니다. 땅의 백성은 자연과 푸른 풀과 산과 들과 바다를 보고 누리며 살아야 합니다. 땅의 백성은 채소와 나무 열매를 가지고 여러 가지 맛있는 요리를 만들어 먹으면서 살아야 합니다. 땅의 백성은 세상의 많은 것을 누리고 즐기며 살아야 합니다.

새 예루살렘 성 안에는 동물도 없고 나무나 풀이 없으며 강도 없습니다. 새 예루살렘 성의 길이 정금이면 땅이 없는데 풀이 있을 리 없지요. 물론 생명수의 강이 흐르고 강 좌우에 생명나무가 있다고 하니 강과 나무가 있을 것처럼 보입니다.

"또 그가 수정 같이 맑은 생명수의 강을 내게 보이니 하나님과 및 어린 양의 보좌로부터 나와서 길 가운데로 흐르더라"(계 22:1~2)

"성의 길은 맑은 유리 같은 정금이더라"(계 21:21)

이 두 구절을 보면 이해할 수 있습니다.

새 예루살렘 성 안에는 정금으로 된 길이 있으며, 이 길 가운데는 생명수의 강이 흐릅니다. 생명수의 강은 정금으로 된 길 가운데로 흐릅니다. 생명수 강의 강바닥은 흙이 아니라 정금입니다. 그리고 강의 폭보다는 정금으로 된 길의 폭이 더 크다는 겁니다. 왜냐하면, 길 가운데 흐르기 때문입니다.

강 좌우는 정금으로 되어 있는 길 위입니다. 생명나무는 정금으로 된 길 위에 있습니다. 생명나무는 하나가 아니라 최소한 2그루 이상입니다. 왜냐하면, 강 좌우에 있기 때문입니다. 그런데 강 좌측에 하나, 강 우측에 하나 이렇게 2그루가 있는 것이 아니라, 강을 따라서 길게 나무들이 있다는 의미입니다.

강을 따라서 많은 수의 생명 나무가 있습니다. 그런데 이 생명나무의 실과는 먹을 수 있는 과일이 아닙니다. 왜냐하면, 이 생명나무는 흙 위에 있는 나무가 아니라 정금 위에 있는 나무이기 때문입니다. 이 정금의 길은 투명한 유리와 같은 맑은 정금입니다.

그러면 생명나무의 뿌리가 보이는 걸까요?
그것도 흙이 아니라 정금(Gold)으로 되어 있는데 말입니다.

그래서 생명수의 강도 비유로 된 것이며, 생명나무도 비유로 된 것입니

하나님의 창조는 끝나지 않았다

다. 새 예루살렘 성에 강이 있다는 말이 아니라, 하나님의 보좌로부터 생명의 에너지가 나온다는 의미입니다. 생명나무는 식물(tree)이 아니라, [나라와 제사장]을 나타냅니다. 생명나무는 하나님의 종들을 의미합니다. 하나님의 종들이 하나님에게서 생명수로 비유된 에너지를 받는다는 말입니다. 이 생명수는 백성에게 주는 것이 아닙니다. 하나님의 종들인 [나라와 제사장]들이 새 예루살렘 성으로 들어가서 하나님이 주시는 능력을 받아서 이 능력을 가지고 땅으로 내려와 땅의 백성들에게 하나님의 은혜와 복을 전해 준다는 의미입니다.

정확하게는 새 예루살렘 성 안에 실제 흙과 풀과 나무(tree)와 동물(animal)이 있는지 없는지는 알 수 없습니다. 계시록에 기록되어 있지 않기 때문입니다. 다만 여기서 말하는 생명나무와 생명수의 강은 우리가 아는 나무(tree)와 강(river)이 아니라는 겁니다.

오직 하나님 영광이 빛나는 곳이며, 하나님의 종들이 [나라와 제사장]의 직분으로 하나님을 뵙는 장소입니다. 땅의 백성이 살기에 적합하지 않습니다. 새 예루살렘 성은 하나님이 이 세상에 있기 위해 만든 것으로 하나님과 하나님의 종들이 있는 곳입니다.

새 예루살렘 성은 땅의 백성을 위한 삶의 터전이 아닙니다. 하나님이 이 땅에 직접 들어오기 위해서 만든 거룩한 장소입니다. 하나님의 백성을 위한 삶의 터전은 이 땅입니다.

"그 때에 임금이 그 오른편에 있는 자들에게 이르시되 내 아버지께 복 받을 자들이여 나아와 창세로부터 너희를 위하여 예비된 나라를 상속 받으라"(마 25:34)

하나님의 백성에게 주시려는 천국은 창세 때부터 준비되어 있었습니다. 창세 때 준비했다는 말은 바로 세상을 만들 때부터 준비되었다는 말입니다. 이 말씀은 곧 이 세상을 하나님의 백성에게 삶의 터전으로 주기 위해서 만들었다는 뜻입니다.

예수님께서 준비했던 나라를 상속해 주시는 시기는 [인자가 자기 영광으로 모든 천사와 함께 올 때(마 25:31)]입니다. 이때가 계 19:11~21에 나와 있는 백마를 탄 만왕의 왕이며 만주의 주께서 이 땅 위로 오시는 때입니다.

천 년 왕국이 지난 후의 시대인 계 21장과 계 22:1~5에는 이런 재림장면이 묘사되어 있지 않기 때문입니다. 그래서 예수님의 재림은 천 년 왕국이 시작되기 전입니다.

그런데 [새 예루살렘 성]은 천 년 동안 지어지고, 천 년이 끝난 후에 하나님의 영광이 임하게 됩니다. 예수님께서 마 25:34에서 오른편에 있는 자들에게 창세 때부터 준비한 나라를 주실 때 새 예루살렘 성은 아직 만들어지지 않았습니다. 그래서 창세 때부터 준비한 것은 새 예루살렘 성이 아니라 이 세상입니다.

하나님의 창조는 끝나지 않았다

결론적으로 하나님의 백성을 위하여 삶을 터전을 만드셨는데, 이 터전은 땅 위에 있는 이 세상입니다. 새 예루살렘 성은 하나님이 이 땅의 백성들과 함께 있기 위해 하나님이 머무는 거룩한 장소로 만든 것입니다. 그러서 하나님의 백성은 땅 위에서 영원히 삶을 누리며 새 예루살렘 성에는 들어가지 않습니다.

하나님의 백성으로 창조되는 [남자와 여자]는 이 땅 위에서 영생을 누리면서, 하늘의 새와 바다의 고기와 땅의 모든 생물을 다스리며 살게 됩니다.

βασιλεία(바실레이아)와
ἔθνος(에드노스)의 차이

요한계시록에서 βασιλεία(바실레이아)와 ἔθνος(에드노스)를 구분하는 일은 중요합니다. 왜냐하면, 하나님께서 요한계시록을 통하여 말씀하고자 하는 의도가 정확하게 나타나기 때문입니다.

요한계시록에서 βασιλεία(바실레이아)와 ἔθνος(에드노스)는 같은 단어인 [나라]라는 뜻으로 번역되어 있습니다. 그러나 βασιλεία(바실레이아)는 왕국(kingdom)이라는 뜻으로 사용하고, ἔθνος(에드노스)는 나라(nation)이라는 의미로 사용하는 것이 더 좋습니다. 이렇게 번역했다면 계시록의 내용을 더 정확하게 이해할 수 있었을 것입니다.

요한계시록에서 βασιλεία(바실레이아)는 9번 사용되고 있습니다.

(1) 계 1:6 βασιλείαν - (대격·여성·단수) 우리를 [나라]와 제사장으로…
(2) 계 1:9 βασιλείᾳ - (여격·여성·단수) 예수의 환난과 [나라]와 참음에…
(3) 계 5:10 βασιλείαν - (대격·여성·단수) 하나님 앞에서 [나라]와…

(4) 계 11:15 βασιλεία - (주격·여성·단수) 그의 그리스도의 [나라]가…

(5) 계 12:10 βασιλεία - (주격·여성·단수) 능력과 [나라]와 또 그의…

(6) 계 16:10 βασιλεία - (주격·여성·단수) 그 [나라]가 곧 어두워지며…

(7) 계 17:12 βασιλείαν - (대격·여성·단수) 아직 [나라]를 얻지 못하…

(8) 계 17:17 βασιλείαν - (대격·여성·단수) 그들의 [나라]를 그 짐승…

(9) 계 17:18 βασιλείαν - (대격·여성·단수) 다스리는 큰 [성]이라 하더…

요한계시록에서 ἔθνος(에드노스)는 23번 사용되고 있습니다.

(1) 계 2:26 ἐθνῶν - (속격·중성·복수) 그에게 [만국]을 다스리는 권세를…

(2) 계 5:9 ἔθνους - (속격·중성·단수) 각…백성과 [나라] 가운데에서…

(3) 계 7:9 ἔθνους - (속격·중성·단수) 각 [나라]와 족속과 백성과…

(4) 계 10:11 ἔθνεσιν - (여격·중성·복수) 네가 많은 백성과 [나라]와…

(5) 계 11:2 ἔθνεσιν - (여격·중성·복수) 이것은 [이방인]에게 주었은즉…

(6) 계 11:9 ἐθνῶν - (속격·중성·복수) 족속과 방언과 [나라] 중에서…

(7) 계 11:18 ἔθνη - (주격·중성·복수) [이방들]이 분노하매 주의…

(8) 계 12:5 ἔθνη - (주격·중성·복수) 철장으로 [만국]을 다스릴 남자라…

(9) 계 13:7 ἔθνος - (대격·중성·단수) 각… 방언과 [나라]를 다스리는…

(10) 계 14:6 ἔθνος - (대격·중성·단수) 곧 모든 [민족]과 종족과…

(11) 계 14:8 ἔθνη - (주격·중성·복수) 성 바벨론이여 모든 [나라]에게…

(12) 계 15:3 ἐθνῶν - (속격·중성·복수) [만국]의 왕이시여 주의 길이…

(13) 계 15:4 ἔθνη - (주격·중성·복수) 나타났으매 [만국]이 와서 주께…

(14) 계 16:19 ἐθνῶν - (속격·중성·복수) 갈라지고 [만국]의 성들도…

(15) 계 17:15 ἔθνη - (주격·중성·복수) 무리와 [열국]과 방언들이니라

(16) 계 18:3 ἔθνη - (주격·중성·복수) 말미암아 [만국]이 무너졌으며…

(17) 계 18:23 ἔθνη - (주격·중성·복수) 네 복술로 말미암아 [만국]이…

(18) 계 19:15 ἔθνη - (대격·중성·복수) 그것으로 [만국]을 치겠고…

(19) 계 20:3 ἔθνη - (대격·중성·복수) 차도록 다시는 [만국]을 미혹하…

(20) 계 20:8 ἔθνη - (대격·중성·복수) 나와서 땅의 사방 [백성] 곧…

(21) 계 21:24 ἔθνη - (주격·중성·복수) [만국]이 그 빛 가운데로…

(22) 계 21:26 ἐθνῶν - (속격·중성·복수) [만국]의 영광과 존귀를 가지고…

(23) 계 22:2 ἐθνῶν - (속격·중성·복수) 잎사귀들은 [만국]의 치료를…

βασιλεία(바실레이아)와 ἔθνος(에드노스)는 같은 단어인 [나라]로 번역되어 있지만, 사용 예를 보면 그 뜻은 다르게 사용됩니다. 먼저 [나라]로 번역된 단어 βασιλεία(바실레이아)를 설명합니다.

βασιλεία(바실레이아)는 통치자(왕)에 강조점이 있으며, 땅 위의 한 지역에 한정되지 않습니다. 계 1:6과 계 5:10과 계 11:15의 βασιλεία(바실레이아)는 특정 지역에 한정되지 않고 세상 전체를 다스리는 왕국으로 설명됩니다. 계 12:10은 하나님의 구원과 함께 언급되고 있습니다. 하나님의 왕국(βασιλεία)은 구원과 함께 성취되는 것이기 때문입니다. 계 1:9은 사도 요한이 하나님이 다스리는 왕국의 일원이 된다는 의미입니다. 계 16:10의 나라(왕국)는 짐승의 왕좌가 있는 나라로서 짐승의 권한이 미치는 영역을 의미합니다. 특정 지역에 한정된 나라가 아니라 따르는 사람들에 대한 영향력입니다. 계 17:12과 계 17:17의 나라(왕국)는 사단에 속한

하나님의 창조는 끝나지 않았다

사람들을 다스리는 통치권이 짐승에게 주어지거나 열 왕에게 주어지는 것을 의미합니다.

계 1:6과 계 5:10과 계 11:15과 계 17:18의 말씀에는 공통되는 부분이 있는데 그것은 세상 나라를 다스리는 통치권입니다. 계 1:6과 계 5:10에서는 이 통치권이 하나님께 있어서 세상은 하나님의 왕국이 됩니다. 계 17:18 에서는 이 통치권이 사단에게 있어서 세상은 사단의 왕국이 됩니다. 계 11:15에서는 이 통치권이 사단에게서 그리스도에게 옮겨지는 것을 설명합니다.

> "일곱째 천사가 나팔을 불매 하늘에 큰 음성들이 나서 이르되 세상 나라가 우리 주와 그의 그리스도의 나라가 되어 그가 세세토록 왕 노릇하시리로다 하니"(계 11:15)

일곱째 천사가 나팔을 부는 때를 시작으로 앞으로 영원히 그리스도께서 통치하실 것입니다. [왕 노릇]으로 번역된 헬라어 원어는 βασιλεύσει(바실류세이)입니다. βασιλεύσει(바실류세이)는 βασιλεύω(바실류오)의 미래·직설법·능동태·3인칭·단수입니다. βασιλεύω(바실류오)는 [내가 통치한다/내가 다스린다]는 의미의 동사입니다.

예수 그리스도는 왕이 아니면서 마치 왕인 것처럼 노릇만 하는 분이 아닙니다. 예수 그리스도는 왕입니다. 진정한 왕입니다. 그래서 예수님은 왕 노릇을 하는 것이 아니라 왕으로서 통치하시는 분입니다. 성경 번역상의 오류로 인해 오해하는 분이 없기는 바랍니다.

일곱째 천사가 나팔을 불 때부터 예수님이 세상 나라를 통치하게 된다는 의미입니다. 이 말씀은 곧 일곱째 천사가 나팔을 불기 전까지는 사단이 세상 나라를 통치하고 있다는 의미입니다.

일곱째 천사가 나팔을 불 때, 세상 나라를 다스리던 사단이 그 권세를 빼앗기게 되며, 예수님이 세상 나라를 다스리는 권세를 빼앗게 됩니다. 이때부터 예수님이 영원히 세상을 다스리게 됩니다.

그래서 βασιλεία(바실레이아)라는 왕국은 세상을 누가 다스리는가에 중점을 두고 사용된 단어입니다. 물론 사단이 왕이 되어 있어도 βασιλεία이며, 예수님이 왕이 되어도 βασιλεία입니다. 예수님이 왕이면 세상은 하나님의 왕국이 되는 것이고, 사단이 왕이면 세상은 사단의 왕국이 됩니다. 이렇게 βασιλεία(바실레이아)는 특정 지역에 한정한 어떤 특정 국가를 의미하지 않고, 세상 전체를 다스리는 존재로 결정됩니다.

그러면 이제부터는 [나라]로 번역된 단어 ἔθνος(에드노스)를 설명합니다.

ἔθνος(에드노스)라는 단어는 통치자에 상관없이 땅 위에 특정 지역에 한정된 나라를 의미합니다. ἔθνος(에드노스)는 위에서 나열된 성구만 보더라도 알 수 있듯이 단수로 사용되지 않고 복수로 사용됩니다. 그런데

하나님의 창조는 끝나지 않았다

위에서 사용된 23번 중에서 4번은 단수로 사용되었습니다. 계 5:9과 계 7:9과 계 13:7과 계 14:6에서는 단수로 사용되었는데, 이때는 모든(every) 이라는 뜻의 형용사 πᾶς(파스)와 함께 사용되었습니다. ἔθνος(에드노스) 는 복수형태인 [나라들]로 사용되거나, 단수형태인 [모든 나라]로 사용되 었다는 겁니다. 한글 성경에서 [나라들]은 [만국]으로 번역된 부분이 많습 니다. 물론 [만국]이라는 단어도 맞는 번역입니다.

계 11:2과 계 11:18에서 ἔθνος(에드노스)는 [이방들]로 번역되어 있는 데, 원어로는 [나라들]입니다. 계 11:2에서는 [이방인]으로 계 11:18에서는 [이방들]로 번역되어 있어서, 이 말씀을 읽는 사람은 이스라엘 민족과 이 스라엘 민족이 아닌 사람들로 구분되는 듯한 느낌이 들게 됩니다. [나라 들]을 [이방]으로 번역한 것은 계시록을 읽는 사람들이 오해할 수 있는 번 역입니다.

ἔθνος(에드노스)는 단지 하나의 나라를 표현할 때는 사용되지 않았 고, [모든 나라] 또는 [나라들]로 사용되었습니다. 또한, 이 단어는 [족속] 과 [방언]과 [백성]이라는 단어와 함께 사용된 경우가 많습니다. 이로써 ἔθνος(에드노스)는 단순히 땅 위의 특정 지역을 점유하는 지역적 의미의 나라임을 알 수 있습니다. 그리스도께서 통치하는가 아니면 사단이 통치 하는가 하는 관점에서 말할 때는 βασιλεία(바실레이아)를 사용하지만 땅 위에 있는 많은 나라를 언급할 때는 그냥 ἔθνος(에드노스)를 사용하는 겁 니다.

땅 위의 모든 ἔθνος(에드노스)를 다스리는 존재가 사단이라면 세상은 사단의 βασιλεία(바실레이아)가 되는 것이며, 땅 위의 모든 ἔθνος(에드노스)를 다스리는 존재가 예수님이면 세상은 하나님의 βασιλεία(바실레이아)가 된다는 겁니다. 잘 이해하기를 바랍니다.

이렇게 βασιλεία(바실레이아)와 ἔθνος(에드노스)가 사용된 성구를 요한계시록에서 확인해 봤습니다.

땅 위에 있는 나라들은 ἔθνος(에드노스)로서 한국/미국/일본/중국 등과 같은 많은 나라가 있습니다. 지구상에는 UN에 가입한 나라로 한정하더라도 예전에는 150개국이나 되었고 지금은 190개국이 넘는다고 합니다. 땅 위의 국가들은 여러 가지 형태가 있습니다.

어떤 나라는 왕이 다스리고, 어떤 나라는 대통령을 선출하고, 어떤 나라는 총리를 선출하고, 어떤 나라는 국가주석이 종신제로 다스립니다. 물론 대한민국 같은 법치국가는 대통령이라고 해도 법률에 정해진 대로 국가를 운영합니다. 이 나라들 전체를 지칭할 때 사용하는 단어가 πᾶς ἔθνος(파스 에드노스: 모든 나라)입니다.

그런데 이 세상을 다스리는 보이지 않는 임금이 있습니다. 세상을 조정하고 관리하며 원하는 방향으로 이끌어가는 보이지 않는 왕이 있습니다. 이 왕이 곧 사단입니다.

하나님의 창조는 끝나지 않았다

"이제 이 세상에 대한 심판이 이르렀으니 이 세상의 임금이 쫓겨나리라"(요 12:31)

"이 후에는 내가 너희와 말을 많이 하지 아니하리니 이 세상의 임금이 오겠음이라 그러나 그는 내게 관계할 것이 없으니"(요 14:30)

"또 네가 본 그 여자는 땅의 왕들을 다스리는 큰 [성]이라 하더라"(계 17:18)

이렇게 사단은 땅의 왕들을 다스려왔던 큰 성(βασιλείαν: 바실레이안)이었으며, 세상 임금이었습니다. 물론 사단은 지금도 세상을 다스리는 권세를 가지고 있습니다. 그래서 아직도 사단은 이 세상의 임금입니다.

사단은 땅 위에 있는 나라를 관리하면서 자신의 왕국으로 다스렸습니다. 사단의 나라는 땅 위의 어떤 특정 지역에 한정되지 않습니다. 세상을 다스리는 사단의 권세는 세상 나라 전체를 다스립니다. 그래서 세상의 모든 나라는 사단의 βασιλεία(바실레이아) 아래에 있습니다.

예수님은 [이 세상의 임금이 쫓겨나리라]고 말씀합니다. 세상을 다스리는 임금이었던 사단이 쫓겨날 것입니다. 그러면 세상 나라의 권세는 그리스도에게 옮겨집니다. 그리고 그 후로 그리스도께서 세상 나라의 임금이 되어 영원히 다스립니다. 이때부터 ἔθνος(에드노스)를 통치하는 하나님의 βασιλεία(바실레이아)가 세워지게 됩니다.

지금까지의 세상 나라를 다스리는 사단은 눈에 보이지 않습니다. 그래서 세상에는 사단의 존재를 부인하는 사람도 많습니다. 하나님의 βασιλεία(바실레이아)는 새 예루살렘 성으로 인해 눈에 보이는 왕국이 됩니다. 땅 위에 있는 모든 만국(ἔθνος: 에드노스)은 하나님의 통치를 눈으로 바라보면서 하나님의 보호를 받게 됩니다.

하나님의 βασιλεία(바실레이아)은 새 예루살렘 성을 중심으로 펼쳐집니다. 새 예루살렘 성을 통해서 만국(ἔθνος: 에드노스)은 하나님의 βασιλεία(바실레이아)의 통치 아래에 있게 됩니다. 그리고 만국(의 백성)은 새 예루살렘 성의 보호와 은혜와 복을 받으며 영원히 살게 될 것입니다. 이것이 계 21:24의 [만국이 그 빛 가운데로 다닌다]는 표현입니다.

하나님의 창조는 끝나지 않았다

예수님의 피로 죄사함을 받는 사람은
하나님의 종입니다

βασιλεία(바실레이아)는 왕이 다스리는 나라를 의미합니다. 주로 [왕국]으로 번역되는데 이 단어는 왕(King)을 강조하는 단어입니다. 왕국은 왕이 다스리는 형태의 나라입니다. 왕은 백성에 의해서 선출되는 것이 아닙니다. 왕국에서의 왕은 종신제로서 왕이 살아 있는 동안 자신의 나라를 다스립니다. 물론 왕이 자신의 왕위를 물려주면 왕의 직분은 사라집니다. 그러나 왕이 스스로 왕위에서 물러나지 않으면 죽을 때까지 왕위를 유지합니다. 왕국에서의 왕은 그 왕국의 중심이며, 모든 권력은 왕에게서 나옵니다. 왕국에서는 왕이 나라의 주인이며, 왕국의 백성은 왕의 소유입니다. 물론 민주주의 국가에서 나라의 주인은 [국민]입니다. 민주주의 국가에서 모든 주권은 국민에게서 나옵니다. 이런 점에서 왕국과 민주주의 국가는 그 체계가 다릅니다.

계 1:6을 보면 [나라와 제사장]이라는 표현이 있습니다. 이 표현은 헬라어로 βασιλείαν ἱερεῖς(바실레이안 히에레이스)입니다. 영어로 번역하면 [a kingdom, priests]입니다. βασιλείαν(바실레이안)은 βασιλεία(바실레이아)의 대격·중성·단수의 형태입니다. 그 의미는 [하나의 왕국을]입니다. ἱερεῖς(히에레이스)는 ἱερεύς(히에류스)의 대격·남성·복수의 형태입니다. 이 단어는 [제사장들을]이라는 의미입니다.

> "우리를 사랑하사 그의 피로 우리 죄에서 우리를 해방하시고 그 아버지
> 하나님을 위하여 우리를 나라와 제사장으로 삼으신 그에게"(계 1:5~6)

이 말씀을 보면, 예수님의 피로 죄에서 해방된 사람들에 대하여 말하고 있습니다. 예수님의 피로 죄사함을 받은 사람들은 [나라와 제사장]이라는 겁니다. 그런데 헬라어 원본대로 번역한다면 [하나의 왕국을 삼았고, 제사장들을 삼았다]라는 말입니다.

예수님의 피로 죄사함을 받은 사람들이 몇 명인지는 나와 있지 않습니다. 그런데 본문에서 βασιλείαν(바실레이안)이라고 하는 단어는 복수가 아니라 단수입니다. 이 말씀은 하나님의 왕국이 유일하다는 겁니다. 예수님의 피로 죄사함을 받은 사람 한 명이 하나의 왕국이고, 이런 사람들이 모이면 왕국들이 된다는 설명은 잘못된 것입니다.

이런 뜻이 되려면 βασιλεία(바실레이아)가 복수의 형태가 돼야 했습니다. 그러나 [하나님의 왕국]으로 표현될 때는 항상 [단수]의 형태로 사용되었습니다. 이 사람들 각자는 왕국의 백성입니다. 그러나 각각 한 사람이 하나의 왕국이라는 의미는 아닙니다.

하나님의 창조는 끝나지 않았다

예수님이 친히 다스리는 나라는 그리스도의 왕국입니다. 그리스도의 왕국은 하나만 있으며 유일한 왕국입니다. 이 왕국의 중심은 사람이 아니라 예수님입니다. 그리고 예수님이 직접 임재하신 곳이 왕국의 중심이 됩니다. 이곳이 [새 예루살렘 성]입니다.

예수님의 왕국에 속한 백성은 새 예루살렘 성에 모여서 그들의 왕인 예수님을 섬깁니다. 이 사람들은 모두 예수님의 피로 죄에서 해방된 사람들입니다. 이 사람들은 하나님의 왕국의 일원입니다. 예수님의 피로 죄사함을 받은 한 사람, 한 사람을 [왕국]이라고 부르지 않습니다. 이 사람은 [왕국]에 속한 사람으로 왕국의 일원입니다.

어떤 한국 사람이 외국에 여행을 갔을 때, 한국이 여행을 갔다고 말하지는 않습니다. 한국이 여행을 떠난 것이 아니라, 한국 사람이 여행을 떠난 것입니다. 그 사람이 한국 백성인 것은 맞지만, 한국 자체는 아닙니다. 이처럼 예수님의 피로 죄사함을 받은 각각 한 사람은 자신을 하나님의 왕국이라고 부르면 안 된다는 겁니다.

예수님을 믿는 기독교인 중에서 어떤 사람은 자신의 마음에 성령이 임하셨다고 하면서 자신을 하나님의 나라라고 부릅니다. 하나님의 나라가 이런 식으로 기독교인들 사이에서 확장된다고 합니다. 그러나 이런 식의 접근은 잘못된 해석입니다.

한국 사람이 다른 나라로 여행을 갔을 때, 아무리 자신이 한국 사람이라고 주장해도, 한국의 경찰력과 군사력이 미치지 않는 장소에는 한국의 주권이 작용하지 않습니다. 어느 나라에 대사관이 있다면, 그 나라에서는 대사관 안에서만 한국의 주권을 인정합니다. 그 사람이 한국 사람인 것은 맞지만, 한국의 영향력이 없는 지역에서는 그 사람은 단순한 여행객일 뿐입니다.

하나님 왕국의 왕은 예수님이며, 예수님은 하나님 왕국의 주인이고, 이 왕국을 소유하고 계십니다. 그래서 예수님은 하나님 왕국의 백성을 소유하고 계시며, 이 백성들을 예수님의 종이라고 표현합니다. 예수님의 피로 죄에서 해방된 사람들이 새 예루살렘 성으로 들어가서 하나님의 보좌 앞에서 하나님과 어린 양을 섬깁니다. 왜냐하면, 이들이 모두 예수님의 종이기 때문입니다. 종들은 자유인이 아니라 주인에게 매여 있습니다. 종들은 자신의 삶을 살지 않습니다. 종들은 주인의 명령이 떨어지면 바로 순종하기 위하여 항상 대기하고 있습니다. 이 종들은 새 예루살렘 성에 모여 있으며, 새 예루살렘 성은 하나님 왕국(a kingdom)의 중심입니다. 왜냐하면, 새 예루살렘 성 안에 종들이 있는 중앙에는 그들의 주인이신 예수님이 있기 때문입니다.

"다시 저주가 없으며 하나님과 그 어린 양의 보좌가 그 가운데에 있으리니 그의 종들이 그를 섬기며 그의 얼굴을 볼 터이요 그의 이름도 그들의 이마에 있으리라 다시 밤이 없겠고 등불과 햇빛이 쓸 데 없으니 이는 주 하나님이 그들에게 비치심이라 그들이 세세토록 왕 노릇 하리로다"(계 22:3~5)

하나님의 창조는 끝나지 않았다

이 말씀에서 [그의 종들이 그를 섬긴다]고 기록하고 있습니다. 하나님의 왕국에 들어간 사람들은 모두 하나님의 종이 됩니다. 하나님 왕국의 주인은 예수님이며, 이 왕국의 백성들은 예수님의 소유입니다. 그래서 종입니다. 하나님의 왕국에 들어간 종들은 자신이 왕국의 대표자인 것처럼 행동해서는 안 됩니다. 종은 자신의 의견이나 자신이 원하는 것을 주인에게 주장하지 않습니다. 오직 주인에 대한 순종이 요구됩니다.

대부분 교회에서는 [새 예루살렘 성]에 들어가지 못하면 구원받지 못하고 지옥에 간다고 생각합니다. 론 모든 교회가 다 그렇게 가르치는지 알 수 없습니다. 모든 교회를 다 확인한 것은 아닙니다. 다만 일반적으로 교회에서 가르치는 내용이 그렇다는 겁니다. 어떤 교회에서는 다르게 가르칠 수도 있을 것입니다. 다만 일반적으로 [새 예루살렘 성]이 천국이며, 여기에 들어가지 못하면 지옥에 간다는 겁니다. 죽음 이후의 세계는 천국과 지옥밖에 없다고 생각하기 때문입니다. 그러나 이런 생각은 잘못된 것입니다.

이렇게 생각해 봅시다.

어떤 사람이 청와대에 들어가고자 했습니다. 청와대에 가서 대통령도 만나고 그곳에서 살고 싶어 했습니다. 그런데 정문에서 청와대를 지키는 경찰과 군인에게 막혀 들어가지 못했습니다. 청와대를 지키는 경찰과 군인들은 이 사람을 돌려보냈습니다. 청와대에 들어가려면 대통령과 관련된 업무가 있어야 합니다. 아무런 관련된 일도 없이 청와대에 들어갈 수

는 없습니다. 청와대는 대통령의 집무실이라고 할 수 있습니다. 청와대는
사람들을 위한 삶의 터전이 아닙니다. 결국, 이 사람은 청와대에 들어가
지 못합니다. 그렇다고 이 사람이 형무소에 갇힌 것은 아닙니다.

이처럼 [새 예루살렘 성]은 사람들을 위한 삶의 터전이 아닙니다. [새 예
루살렘 성]은 하나님의 보좌가 있는 곳으로, 그의 종들이 하나님을 섬기
는 곳입니다.

"그러므로 그들이 하나님의 보좌 앞에 있고 또 그의 성전에서 밤낮 하
나님을 섬기매"(계 7:15)

이렇게 [새 예루살렘 성]은 사람들을 위한 삶의 터전이 아니라는 것을
분명히 알아야 합니다. 사람들을 위한 삶의 터전은 [새 예루살렘 성]이 아
니라 이 세상인 땅(earth)입니다.

"하나님이 그들에게 복을 주시며 하나님이 그들에게 이르시되 생육하
고 번성하여 땅에 충만하라, 땅을 정복하라, 바다의 물고기와 하늘의
새와 땅에 움직이는 모든 생물을 다스리라 하시니라"(창 1:28)

하나님의 백성은 땅을 정복하고 땅 위에서 번성하라는 것이 하나님의
말씀입니다. 하나님은 하나님이 창조하는 백성들을 위해 삶의 터전으로
땅(earth)을 준비하셨습니다.

하나님의 창조는 끝나지 않았다

"그 때에 임금이 그 오른편에 있는 자들에게 이르시되 내 아버지께 복
받을 자들이여 나아와 창세로부터 너희를 위하여 예비된 나라를 상속
받으라"(마 25:34)

하나님은 창세 때부터 하나님의 나라를 준비했습니다. 하나님의 백성
에게 주시려고 창세 때 준비한 것이 무엇일까요? 하나님이 세상을 창조하
실 때, 준비한 것은 당연히 세상입니다. 하나님은 하나님의 백성에게 주
시려고 세상을 창조하셨습니다. 그리고 창 1:28에서 땅을 차지하고 정복
하라고 말씀하신 겁니다. 하나님의 백성이 영생을 누리며 살아가게 될 삶
의 터전은 이 땅입니다.

하나님의 보좌가 있는 [새 예루살렘 성]은 하나님의 백성이 아니라, 그
의 종들이 있게 될 곳입니다. 종들은 하나님의 백성과 다르게 자유가 없
습니다. 그래서 종들은 밤낮 쉬지 않고 하나님을 섬기는 일을 해야 합니
다. 다르게 생각해 보면, 하나님의 종들이 되는 것보다 하나님의 백성이
되는 것이 나을 수 있습니다. 하나님의 종들은 밤낮으로 하나님을 섬기는
일만 하지만, 하나님의 백성은 땅 위에서 영원히 자유롭게 자신이 하고
싶은 일을 마음껏 하면서 살 수 있습니다.

사람이 자신의 주인이 되어 주체적으로 살고 싶다면 그는 하나님 왕국
(βασιλεία: 바실레이아)의 백성(종)이 될 수 없습니다. 만약 자신이 하고
싶은 것을 하면서 살고 싶다면, 땅 위에 있는 만국(ἔθνος: 에드노스)의 백
성이 되어야 합니다. 땅 위에서 만국(ἔθνος: 에드노스)에 속한 하나님의

백성으로 살게 된다면, 자기 자신을 위하여 주체적으로 살 수 있습니다.
영원히 자신이 하고 싶은 일을 하면서 살 수 있습니다.

No. 58

세상 나라는 사단의 나라로서
악한 것 아닌가요?

세상 나라는 그 나라를 누가 다스리느냐에 따라 달라집니다.

칼을 잡은 손이 가정주부이면, 이 칼은 요리용 칼이 됩니다. 그러나 칼을 잡은 손이 살인자이면 이 칼은 살인 도구가 됩니다. 칼 자체는 악한 것도 선한 것도 아닙니다.

마찬가지로, 세상 나라는 악한 것도 선한 것도 아닙니다. 다만 지금은 세상 나라를 사단이 다스리고 있어서 세상 나라에서 나쁜 일들이 많이 일어납니다. 만약 세상 나라를 그리스도께서 다스린다면, 세상은 아주 좋은 나라가 될 것입니다.

세상의 풍조를 따르는 것(엡 2:2)은 하나님을 믿는 신앙과 맞지 않습니다. 지금까지 계속 그렇습니다. 그러나 세상을 예수님이 다스리게 되면, 세상의 모든 것이 하나님을 믿는 신앙과 어긋나지 않을 것입니다. 계 11:15에서는 세상 나라가 그리스도의 나라가 된다고 말씀하고 있습니다.

"일곱째 천사가 나팔을 불매 하늘에 큰 음성들이 나서 이르되 세상 나라가 우리 주와 그의 그리스도의 나라가 되어 그가 세세토록 왕 노릇 하시리로다 하니"(계 11:15)

그런데 이 말씀은 조금 번역이 다르게 되어 있습니다. 물론 의미는 같다고 볼 수 있습니다. 이 말씀에서 [세상 나라가 우리 주와 그의 그리스도의 나라가 되어]라는 부분의 번역을 확인하겠습니다.

Ἐγένετο ἡ βασιλεία τοῦ κόσμου τοῦ Κυρίου ἡμῶν καὶ τοῦ Χριστοῦ αὐτοῦ

(에게네토 헤 바실레이아 투 코스무 투 쿠리우 헤몬 카이 투 크리스투 아우투)(계 11:15)

이 문장을 아래와 같이 번호를 붙여서 설명합니다.

① Ἐγένετο ἡ βασιλεία ② τοῦ κόσμου ③ τοῦ Κυρίου ④ ἡμῶν καὶ ⑤ τοῦ Χριστοῦ αὐτοῦ

① Ἐγένετο(에게네토)는 동사 γίνομαι(기노마이)의 부정과거 · 직설법 · 중간태 · 3인칭 · 단수의 형태입니다. γίνομαι(기노마이)는 [to come into being, to happen, to become]등의 의미입니다. Ἐγένετο(에게네토)는 [그가 되었다]는 뜻입니다. ἡ(헤)는 정관사로서 뒤에 오는 체언 βασιλεία(바실레이아)를 수식합니다. βασιλεία(바실레이아)는 [왕국]이라는 의미의 단어로서 주

하나님의 창조는 끝나지 않았다

격·여성·단수의 형태입니다. 이 문장의 주어입니다. Ἐγένετο ἡ βασιλεία(에게네토 헤 바실레이아)는 [왕국이 되었다]는 의미입니다.

② τοῦ κόσμου(투 코스무)에서 τοῦ(투)는 정관사로서 속격·남성·단수의 형태이며 뒤에 오는 체언 κόσμου(코스무)를 수식합니다. τοῦ κόσμου(투 코스무)에서 κόσμου(코스무)는 κόσμος(코스모스)라고 하는 명사의 속격·남성·단수의 형태입니다. κόσμος(코스모스)는 세상(world)이라는 의미의 남성명사입니다. τοῦ κόσμου(투 코스무)는 [세상의]라는 뜻입니다.

③ τοῦ Κυρίου(투 쿠리우)에서 τοῦ(투)는 정관사로서 속격·남성·단수의 형태이며 뒤에 오는 체언 Κυρίου(쿠리우)를 수식합니다. τοῦ Κυρίου(투 쿠리우)에서 Κυρίου(쿠리우)는 κύριος(쿠리오스)라고 하는 명사의 속격·남성·단수의 형태입니다. κύριος(쿠리오스)는 주인(load, master)이라는 의미의 남성명사입니다. τοῦ Κυρίου(투 쿠리우)는 [주인의]라는 뜻입니다.

④ ἡμῶν(헤몬)은 ἐγώ(에고)라는 인칭대명사의 속격·1인칭·복수의 형태입니다. ἐγώ(에고)는 [나]라는 뜻으로, ἡμῶν(헤몬)은 [우리의]라는 의미입니다. καὶ(카이)는 [~과]라고 사용되며 두 개의 단어를 연결하는 접속사입니다.

⑤ τοῦ Χριστοῦ αὐτοῦ(투 크리스투 아우투)에서 τοῦ(투)는 정관사로

서 속격·남성·단수의 형태이며 뒤에 오는 체언 Χριστοῦ(크리스투)를 수식합니다. Χριστοῦ(크리스투)는 그리스도라는 의미의 명사 Χριστός(크리스토스)의 속격·남성·단수의 형태입니다. αὐτοῦ(아우투)는 αὐτός(아우토스)라는 인칭대명사의 속격·남성·3인칭·복수의 형태입니다. τοῦ Χριστοῦ αὐτοῦ(투 크리스투 아우투)는 [그 그리스도의]라는 의미입니다.

Ἐγένετο ἡ βασιλεία(에게네토 헤 바실레이아)는 [왕국이 되었다]라는 뜻이며, τοῦ κόσμου(투 코스무)는 [세상의]라는 뜻이며, τοῦ Κυρίου ἡμῶν(투 쿠리우 헤몬)는 [우리의 주인의]라는 뜻이며, τοῦ Χριστοῦ αὐτοῦ(투 크리스투 아우투)는 [그 그리스도의]라는 뜻입니다. 이 문장의 뜻은 [우리 주인과 그 그리스도의 세상의 왕국이 되었다]입니다.

[세상 나라가 우리 주와 그의 그리스도의 나라가 되어]라는 부분에서 [나라]라고 하는 단어는 한글 성경에서 두 번 사용되었으나, 실제로 헬라어에서는 βασιλεία(바실레이아)라는 단어가 한 번만 사용되었습니다. 한글 성경에는 번역상의 문제가 있지만, 의미에 있어서는 바르게 된 것으로 보입니다.

여기서 동사의 시제가 과거로 되어 있는데 그 이유를 설명합니다.

계 11:15의 이전까지의 시간에서는 세상을 다스리는 존재는 사단이었습니다. 그런데 일곱째 천사가 나팔을 분 후에는 세상을 다스리는 왕권이

하나님의 창조는 끝나지 않았다

우리 주와 그 그리스도에게로 옮겨졌다는 뜻입니다. 기준 되는 시점은 사도 요한이 계시록을 받을 당시(A.D 95년 정도)가 아니라 일곱째 천사가 나팔을 불었던 시점입니다. 요한 당시에도 일곱째 천사가 나팔을 불지 않았고, 지금도 일곱째 천사가 나팔을 불지 않았기 때문에 현재 A.D 2,000년의 시점에서도 세상 나라의 왕권이 바뀌는 일은 미래의 사건입니다.

그러나 Ἐγένετο(에게네토)라는 동사의 시제가 부정과거 · 직설법으로 되어 있는 이유는 일곱째 천사가 나팔을 부는 시점에서 하늘의 존재가 말했기 때문입니다. 세상 나라를 다스리는 권세는 사단에게 있었으나, 우리 주와 그 그리스도에게로 왕권이 위임된 후에, 일곱째 천사가 나팔을 불게 됩니다. 그래서 일곱째 천사가 나팔을 불게 되는 시점에서 세상 나라의 왕권이 그리스도에게로 옮겨지는 일은 이미 과거가 되기 때문입니다.

이 말씀을 원어대로 직역한다면 아래와 같습니다.

“그리고 일곱째 천사가 나팔을 불었다. 그리고 하늘에 큰 음성들이 있었다. 말하기를 우리 주인과 그 그리스도의 세상의 왕국이 되었다. 그리고 그가 영원히 다스릴 것이다”(계 11:15)

세상 나라는 사단이 다스려 왔으나, 그리스도께서 다스리게 되면 세상은 하나님 왕국의 통치를 받는 좋은 곳이 됩니다. 세상 나라를 누가 다스리느냐에 따라 세상은 좋은 곳이 되기도 하고 나쁜 곳이 되기도 합니다. 사단이 세상을 다스리고 있는 동안에는 세상 나라는 하나님의 나라와 상반된 것으로 묘사됩니다. 그러나 예수님이 세상을 다스리게 되면, 세상 나라가 하나님의 나라입니다.

사람들이 새 예루살렘 성으로
들어간다고 되어 있어요

"사람들이 만국의 영광과 존귀를 가지고 그리로 들어가겠고"(계 21:26)

이 말씀은 새 예루살렘 성 안으로 모든 사람이 자유롭게 들어가고 나오는 것으로 보입니다. 그런데 이 말씀에서는 번역상에 큰 오류가 있습니다. 그래서 정확한 번역을 위해 원어를 살펴볼 필요가 있습니다.

이 말씀의 헬라어 원어는 아래와 같습니다.
καὶ οἴσουσιν τὴν δόξαν καὶ τὴν τιμὴν τῶν ἐθνῶν εἰς αὐτήν
(카이 오이수신 텐 독산 카이 텐 티멘 톤 에드논 에이스 아우텐)

이 문장을 아래와 같이 번호를 붙여서 설명합니다.
① καὶ οἴσουσιν ② τὴν δόξαν καὶ ③ τὴν τιμὴν ④ τῶν ἐθνῶν
⑤ εἰς αὐτήν

① καὶ(카이)는 접속사로서 [그리고]라는 의미입니다. οἴσουσιν(오이수

신)은 φέρω(페로)라는 동사의 미래·직설법·능동태·3인칭·복수입니다. φέρω(페로)라는 동사는 [내가 가져오다]라는 의미입니다. 영어로는 [I carry / I bring]으로 번역됩니다. οἴσουσιν(오이수신)은 동사 원형의 [내가 가져오다]에서 미래·3인칭·복수로 [그들이 가져올 것이다]로 번역됩니다.

② τὴν(텐)은 정관사로서 대격·여성·단수의 형태입니다. 뒤에 오는 체언 δόξαν(독산)을 수식합니다. δόξαν(독산)은 δόξα(독사)라는 명사의 대격·여성·단수의 형태입니다. δόξα(독사)는 [영광]이라는 의미의 명사로 영어로는 glory로 번역됩니다. τὴν δόξαν(텐 독산)은 [영광을]로 번역됩니다.

③ τιμὴν(티멘)은 τιμή(티메)라는 명사의 대격·여성·단수의 형태입니다. τιμή(티메)는 [명예]라는 의미의 명사로 영어로는 honor로 번역됩니다. 한글 성경에서는 [존귀]로 번역되어 있습니다. τὴν τιμὴν(텐 티멘)은 [명예를]로 번역됩니다.

④ τῶν(톤)은 정관사로서 속격·중성·복수의 형태입니다. 뒤에 오는 체언 ἐθνῶν(에드논)을 수식합니다. ἐθνῶν(에드논)은 ἔθνος(에드노스)라는 명사의 속격·중성·복수의 형태입니다. ἔθνος(에드노스)는 [나라]라는 의미의 명사입니다. τῶν ἐθνῶν(톤 에드논)]은 [그 나라들의]라고 번역됩니다.

하나님의 창조는 끝나지 않았다

⑤ εἰς(에이스)는 전치사로서 [~안으로]라는 의미입니다. αὐτήν(아우
텐)은 인칭대명사로 αὐτός(아우토스)의 대격·여성·3인칭·단수
입니다. αὐτήν(아우텐)은 여성명사를 지시하고 있어서, 계 21:23의
πόλις(폴리스: city)을 의미합니다. 계 21:23의 πόλις(폴리스)는 한글
성경에서 [성]으로 번역되어 있습니다. εἰς αὐτήν(에이스 아우텐)은
[성 안으로]라고 번역됩니다. 한글 성경에서는 [그리로]로 번역되어
있습니다.

이 문장은 다음과 같이 번역됩니다.
καὶ(카이) - 그리고
οἴσουσιν(오이수신) - 가져올 것이다.
τὴν δόξαν καὶ τὴν τιμὴν(텐 독산 카이 텐 티멘) - 영광과 명예를
τῶν ἐθνῶν(톤 에드논) - 그 나라들의
εἰς αὐτήν(에이스 아우텐) - 그 안으로

이 문장을 연결해서 보면 다음과 같이 번역됩니다.
[그리고 그 나라들의 영광과 명예를 그 안으로 가져올 것이다]

그런데 한글 성경에 나와 있는 [사람들이]라는 단어는 어디에 있을까
요? 이 단어는 계 21:26의 헬라어 원어에 없습니다. 원어에서 계 21:26에
는 주어가 되는 단어가 생략되어 있습니다. 그런데 동사 οἴσουσιν(오이
수신)에 주어가 포함되어 있다고 볼 수 있습니다. οἴσουσιν(오이수신)은
φέρω(페로)라는 동사의 3인칭·복수의 형태를 가지고 있어서 [그들이 가

겨올 것이다]로 번역됩니다. 그런데 여기서 [그들]을 [사람들]로 바꿔서 번역했기 때문에 [사람들이 가져올 것이다]로 된 것입니다.

[사람]이라는 헬라어 원어는 ἄνθρωπος(안드로포스)입니다. [사람들]이라는 단어는 헬라어 ἄνθρωπος(안드로포스)의 주격·복수의 형태이며 ἄνθρωποι(안드로포이)가 됩니다. [사람]이라는 단어 ἄνθρωπος(안드로포스)는 신약성경에서 554회나 사용되었습니다. 그만큼 많이 사용된 일반적인 단어입니다. 계시록에서도 많이 사용되었으나 아래와 같이 몇 개만 살펴봅니다.

(1) 계 13:13 ἀνθρώπων(안드로폰)(속격·남성·복수) 심지어 [사람들] 앞…

(2) 계 14:4 ἀνθρώπων(안드로폰)(속격·남성·복수) [사람] 가운데에서…

(3) 계 16:8 ἀνθρώπους(안드로푸스)(대격·남성·복수) [사람들]을 태우…

(4) 계 16:9 ἄνθρωποι(안드로포이)(주격·남성·복수) [사람들]이 크게…

(5) 계 16:21 ἀνθρώπους(안드로푸스)(대격·남성·복수) [사람들]에게…

(6) 계 16:21 ἄνθρωποι(안드로포이)(주격·남성·복수) [사람들]이 그 우…

(7) 계 21:3 ἀνθρώπων(안드로폰)(속격·남성·복수) [사람들]과 함께 있…

만약 [사람들]이라는 단어를 주어로 명시할 경우 해당 문장은 다음과 같이 οἱ ἄνθρωποι οἴσουσιν(호이 안드로포이 오우수신)으로 기록되었을 것입니다. 그러나 사람을 의미하는 ἄνθρωποι(안드로포이)]가 계 21:26에는 없습니다. 이 문장에서는 그냥 [그들이 가져올 것이다]로 번역

하나님의 창조는 끝나지 않았다

되어야 하며, 여기서 [그들]은 앞 문장에 등장하는 남성명사 [땅의 왕들]인 οἱ βασιλεῖς τῆς γῆς(호이 바실류스 테스 게스)을 의미합니다. 왜냐하면, οἴσουσιν(오이수신)은 3인칭·복수의 형태인데, 계 21:24의 [왕들]인 βασιλεῖς(바실류스)도 주격·남성·복수이기 때문입니다.

또한 계 21:24의 [땅의 왕들이 자기 영광을 가지고 그리로 들어가리라]는 말씀과 계 21:26의 [사람들이 만국의 영광과 존귀를 가지고 그리로 들어가겠]라는 말씀은 자세히 살펴보면 같은 의미의 말씀입니다.

계 21:26에는 [사람들]이라는 단어 ἄνθρωποι(안드로포이)가 없습니다. 또한, 문장 내에는 주격·복수에 해당하는 명사가 없습니다. 그래서 계 21:26은 [새 예루살렘 성으로 만국의 영광과 존귀를 가져올 것이다.]로 번역해야 맞습니다. 물론 동사 οἴσουσιν(오이수신)의 형태가 3인칭·복수의 형태이기 때문에 [그들]이라는 주어를 넣을 수 있습니다. 문장 내에서 주어가 명시되어 있지 않은 경우, 동사의 형태를 가지고 주어를 넣을 수 있습니다. 이런 경우는 앞 문장의 주어가 반복된 것으로 봅니다. [사람들]이라고 하지 않고 원어대로 [그들]이라고 했다면, 계 21:24과 계 21:26은 같은 의미의 말씀이라는 것을 쉽게 알 수 있었을 것입니다.

아래와 같은 문장을 예로 듭니다.

이순신 장군은 칼을 가지고 있습니다.
그는 말을 가지고 있습니다.

군사들을 가지고 있습니다.

거북선을 가지고 있습니다.

마지막 문장에서 [거북선을 가지고 있습니다]를 보면 주어가 없습니다. 그런데 내용을 보면 주어는 [이순신 장군]이 됩니다. 비록 주어는 없으나, 주체가 되는 사람은 [이순신 장군]임을 알 수 있습니다. 왜냐하면, 주어가 반복되기 때문에, 다음에 오는 문장에서 주어를 생략해도 그 동사의 주어를 알 수 있기 때문입니다.

이처럼 계 21:26의 말씀은 땅에 있는 모든 사람이 전부 새 예루살렘 성으로 들어간다는 말이 아니라, 계 21:24에 나오는 땅의 왕들이 자신의 나라의 영광과 존귀를 가져온다는 말입니다.

계 21:26의 [사람들이]라는 단어는 헬라어 원어에는 없는 단어이지만, 성경 번역 과정에서 동사의 성과 수를 고려하여 [사람들이]라는 단어를 추가했던 겁니다. 그래서 [땅의 왕들이]라는 주어가 [사람들이]라는 주어로 변경되었습니다. 이렇게 번역되어 성경을 읽는 많은 사람이 이 말씀을 오해하게 되었습니다. 헬라어 원어대로 [그들이 만국의 영광과 존귀를 그리로 가져올 것이다]로 번역했다면, 말씀의 본래 의미에 좀 더 가깝게 해석할 수 있었을 겁니다.

결론적으로 이 말씀은 모든 사람이 새 예루살렘 성에 들어간다는 말이 아니라, 땅의 왕들만 새 예루살렘 성으로 들어간다는 의미였습니다.

하나님의 창조는 끝나지 않았다

8

어린 양의 생명책

No. 60

구원받은 사람들은
모두 땅의 왕들이 아닌가요?

구원받은 사람들은 땅의 왕들이 맞습니다. 그런데 지금까지는 아닙니다. 천국이 이루어진 후에는 땅 위에 왕들과 백성들이 있게 됩니다. 왕들은 구원받은 것입니다. 그런데 하나님의 백성은 구원받은 것이 아니라 창조된 것입니다. 왕들은 예수님의 피로 죄사함을 받고 구원받아서 하나님의 소유가 되었으며, 예수님에 의해 땅의 왕으로 임명되었습니다. 그리고 땅 위에 사는 백성은 창조되었습니다.

이제부터 땅 위의 왕과 백성을 구분하여 설명합니다.

"땅의 왕들이 자기 영광을 가지고 그리로 들어가리라"(계 21:24)

계 21:24에서 땅의 왕들이 자기 영광을 가지고 새 예루살렘 성으로 들어갈 것이라고 합니다. 그래서 이 말씀 때문에 구원받은 사람들은 모두 땅 위에서 왕들이라고 생각합니다. 물론 벧전 2:9에서도 왕 같은 제사장(a royal priesthood)이라고 베드로는 설명하고 있습니다.

하나님의 창조는 끝나지 않았다

구원받은 사람들이 모두 땅의 왕이라면, 땅에는 왕들만 있고 백성은 없습니다. 구원받지 못한 사람은 천국에 들어갈 수 없으니 땅 위에는 왕들만 있습니다. 땅 위의 어떤 왕도 백성을 가지고 있지 않습니다.

그런데 이런 설명은 잘못된 것입니다.

백성이 없는 왕은 왕이 아닙니다. 백성이 없다면 왕이라고 부르지 않습니다. 또한, 구원받은 사람을 ἱερεύς(제사장)이라고 하는데, 제사장은 하나님과 백성 사이를 중보하는 역할을 합니다. 백성이 없다면 제사장도 필요하지 않습니다. 그래서 왕이나 제사장이라는 단어는 백성이 있다는 것을 전제로 말하는 것입니다. 백성이 없다면, 구원받은 사람을 왕이나 제사장이라고 부를 수 없습니다.

요한계시록 21장에는 하나님이 완성하고자 하시는 아름다운 하나님 나라가 설명되어 있습니다. 완성된 이 하나님의 나라는 두 개의 나라가 있습니다. 하나는 영적인 나라이고, 다른 하나는 물질적인 나라입니다. 영적인 나라는 하나님과 천사들이 있는 영적인 세계입니다. 물질적인 나라는 이 땅 위에 세워지는 나라입니다. 땅 위에 있는 하나님의 나라는 하나만 있는 것이 아니라 땅 위 여러 곳에 많이 있게 됩니다. 영적인 하나님의 나라가 이 물질세계에 들어오게 됩니다. 그것이 새 예루살렘 성입니다. 새 예루살렘 성에 영적 존재였던 천사들이 들어오고, 하나님과 어린 양의 보좌가 만들어지고, 예수님의 피로 구원받은 나라와 제사장이 들어오게 됩니다. 그래서 새 예루살렘 성은 물질세계인 땅 위의 모든 하나님의 나라를 다스리는 본부가 됩니다.

계 21:24과 계 22:2의 만국(나라들)은 헬라어 원어로 ἔθνη(에드네)로 되어 있는데 영어로는 nations으로 번역되어 있습니다. 하늘에 있는 하나님의 나라는 하나(단수)이며 헬라어 원어로는 βασιλεία(바실레이아)로 되어 있습니다. 여기서 βασιλεία로 설명하고 있는 하나님의 나라는 [새 예루살렘 성]입니다. 다시 정확하게 말해서 ἔθνη는 복수이고 βασιλεία는 단수라는 말입니다. 천국이 이루어진 후에 땅 위에는 많은 나라가 있게 됩니다. 그런데 하늘에 있는 하나님의 왕국은 유일하다는 겁니다. 왜냐하면, 하나님의 보좌가 있게 되는 곳은 오직 [새 예루살렘 성]밖에 없기 때문입니다.

"그 나무 잎사귀들은 만국을 소성하기 위하여 있더라"(계 22:2)

하나님의 나라가 이루어지고 [새 예루살렘 성]이 하늘에서 내려온 후에도, 만국이 존재하고 있습니다. 이 만국은 땅 위에 존재합니다. 땅 위가 아니라면 만국은 어디에 있는 걸까요? 땅 위가 아니고는 있을 곳이 없습니다.

"거룩한 성 새 예루살렘이 하나님께로부터 하늘에서 내려오니"(계 21:2)

새 예루살렘 성이 하늘에서 어디로 내려온다는 걸까요? 당연히 땅으로 내려오고 있음을 설명하는 겁니다. 내려온다는 말은 땅을 향하여 서서히

하나님의 창조는 끝나지 않았다

가까워지고 있다는 말입니다. 물론 새 예루살렘 성은 땅과 완전히 접촉하지 않습니다. 다만 새 예루살렘 성이 하늘에서 땅을 향하여 천천히 이동하고 있음을 설명한 것입니다. 땅과 가까워지고 있었다는 말입니다. 그러니 새 예루살렘 성이 있는 곳에는 땅도 존재하는 것입니다.

그런데 이때는 마귀가 이미 불 못에 던져지고, 땅 위에는 마귀의 활동이 없습니다. 마귀가 없는 세상이면 거의 천국이라고 봐도 되지 않을까요? 그런데 계 22:1~5은 마귀가 있느냐 없느냐와 상관없이 이미 천국이 이루어졌습니다. 땅 위에 많은 나라가 있는데 마귀가 없는 시대라는 겁니다. 영적인 존재는 마귀의 편에 있는 존재와 하나님 편에 있는 존재로 구분됩니다. 그런데 마귀와 그 천사들이 이미 사라졌으니, 영적인 존재는 하나님 편에 있는 존재밖에 없습니다. 그러니 땅 위에 있는 많은 나라도 하나님의 나라라고 볼 수 있습니다.

그런데 땅 위의 많은 나라는 하늘의 하나님이 계신 [새 예루살렘 성]은 아니라는 겁니다. ἔθνη(에드네)(나라들, 만국: 복수 형태)와 βασιλεία(바실레이아)(왕국: 단수 형태)는 완전히 다르기 때문입니다.

땅 위에 있는 하나님의 나라에는 많은 백성이 살게 됩니다. 땅 위의 백성은 새 예루살렘 성에는 들어가지 못합니다. 땅 위의 백성은 땅 위에서 영생을 누리게 되는데, 이들도 하나님의 백성입니다.

땅 위에 있는 ἔθνη(에드네)는 [나라들]이며, 각 나라에는 그 나라의

βασιλεῖς(왕들)이 있습니다. 이 왕들은 하늘에 있는 βασιλεία(바실레이아)인 하나의 왕국에 속한 일원으로 새 예루살렘 성 안으로 들어가거나 나오며 하나님을 섬깁니다. 이 왕들은 예수님의 피로 죄사함을 받아 하나님의 소유가 된 하나님의 종입니다. 땅 위에서 영생을 누리는 하나님의 백성은 하나님께서 창조하신 백성입니다. 이 ἔθνη(만국: 백성)은 영생을 누리지만, [하나님의 종]은 아닙니다. 이 ἔθνη(만국: 백성)은 자유롭게 자신의 삶을 살면서 영생합니다.

ἔθνη(에드네)는 ἔθνος(에드노스)의 복수 형태며, ἔθνος(에드노스)는 [나라]라는 의미입니다. 그래서 ἔθνη(에드네)는 [나라들] 또는 [만국]으로 번역됩니다. 단어의 뜻만 생각해 보면, ἔθνη(에드네)는 [나라들]을 의미하기 때문에 그 나라들의 백성을 의미하지는 않습니다. [나라]와 [나라의 백성]은 다른 것입니다. 그런데 왜 ἔθνη(에드네)를 백성들로 설명할까요?

ἔθνη(에드네)의 용법을 보면, 그 의미가 모든 나라 사람들로 해석되는 것을 알 수 있습니다. 계 21:24 상반절은 [만국이 그 빛 가운데로 다니고]라고 되어 있습니다. 여기서 만국은 ἔθνη(에드네)입니다. [다니고]라는 헬라어 원어는 περιπατήσουσιν(페리파테수신)이며, 헬라어 원형은 περιπατέω(페리파테오)입니다. περιπατέω(페리파테오)는 [내가 걷는다]는 의미를 가지고 있습니다. 계 21:24 상반절의 헬라어 원어는 καὶ περιπατήσουσιν τὰ ἔθνη(카이 페리파테수신 타 에드네)입니다. 말 그대로, [나라들이 걷게 될 것이다]입니다. 걷는다는 표현은 사람에게 사용하는 말입니다. 실제로 나라가 걸어다니지는 않지요. [걷는다]는 표현에서

하나님의 창조는 끝나지 않았다

[만국]은 모든 나라에 살고 있는 모든 사람을 의미합니다.

하나님의 나라는 아직 완성되지 않았으며, 아직도 이 땅에 임하지 않았습니다. 우리는 아직도 주기도문을 통하여 [하나님의 나라가 이 땅에 임하옵소서]라는 기도를 드리고 있습니다. 완성된 하나님의 나라는 ἔθνη(백성의 나라들)과 βασιλεία(왕국=제사장의 나라)로 구분되며, 하나님께서 보시기 좋았다고 하신 구조입니다.

지금은 계 21:24의 말씀을 가지고 앞으로 완성될 하나님 나라의 구조를 설명하고 있습니다.

지금 설명하고자 하는 것은 ἔθνη(나라들의 백성)과 βασιλεῖς(왕들)을 구분하는 것입니다. ἔθνη(나라들)은 땅 위에서 영생하는 백성들이며, 새 예루살렘 성에 들어가지 못합니다. βασιλεῖς(왕들)은 죄사함을 받은 사람들로 제사장이며 새 예루살렘 성의 일원으로서 하나님의 종입니다.

계 21:24의 말씀을 헬라어 원어로 확인해 볼 필요가 있습니다. 이미 **No. 54** 주제에서 설명했습니다. 그래서 중요한 부분만 설명합니다.

계 21:24에서 땅의 왕들이 자기의 영광을 가지고 온다고 하는데, 여기서는 자기 영광을 설명합니다. [자기 영광]이라는 부분은 3가지 헬라어 원어 성경에서 차이가 납니다. (1) Nestle 1904 / Westcott and Hort 1881 원어 성경에서는 τὴν δόξαν αὐτῶν(텐 독산 아우톤)으로 되어 있습니다. (2) Stephanus Textus Receptus 1550 원어 성경에서는 τὴν δόξαν καὶ τὴν τιμὴν αὐτῶν(텐 독산 카이 텐 티멘 아우톤)으로 되어 있습니다. (3) RP Byzantine Majority Text 2005 원어 성경에서는 δόξαν καὶ τιμὴν τῶν ἐθνῶν(독산 카이 티멘 톤 에드논)으로 되어 있습니다.

이 세 가지 원어를 각각 설명한다면, (1) Nestle 1904 / Westcott and Hort 1881에서는 [그들의 영광을]로 되어 있으며, (2) Stephanus Textus Receptus 1550에서는 [그들의 영광과 명예를]로 되어 있으며, (3) RP Byzantine Majority Text 2005에서는 [나라들의 영광과 명예를]로 되어 있습니다.

땅의 왕들이 새 예루살렘 성으로 영광을 가져오는데, 그 영광은 그들의 영광이라는 말입니다. 그런데 그들의 영광은 곧 나라들의 영광이라는 겁니다. 이 말은 땅의 왕들은 자신들이 다스리는 나라들에서 영광과 명예를 가지고 온다는 말입니다. 땅의 왕들은 단순히 왕처럼 사는 것이 아니라, 땅 위에 자신들의 나라가 있으며, 그 나라 안에는 하나님의 백성이 있다는 말입니다.

다시 여기서 주목해야 하는 헬라어 원어가 있습니다.

[RP Byzantine Majority Text 2005]에서는 αὐτῷ(아우토)라는 단어가 포함되어 있습니다. αὐτῷ(아우토)는 αὐτός(아우토스)라는 인칭대명사의 여격·남성·3인칭·단수의 형태입니다. αὐτός(아우토스)는 그, 그녀, 그

하나님의 창조는 끝나지 않았다

들, 그녀들과 같은 인칭대명사입니다. αὐτῷ(아우토)는 [그에게]라는 뜻입니다. 이 단어가 한글 성경에는 빠져 있습니다. 물론 헬라어 원어 성경 중에서 일부에만 있어서 번역상에서 빠지는 것도 이해되는 면이 있습니다. 그러나 이 단어는 매우 중요한 의미가 있습니다.

한글 성경에서 [그리로]라는 부분은 εἰς αὐτήν(에이스 아우텐)으로 [새 예루살렘 성 안으로]라는 의미입니다. αὐτήν(아우텐)은 [새 예루살렘 성]을 의미하는 인칭대명사인데 αὐτός(아우토스)의 대격·여성·3인칭·단수의 형태입니다. αὐτήν(아우텐)은 단수로 되어 있으며 [새 예루살렘 성]을 의미합니다.

이 말씀을 번역하면, [땅의 왕들이 그들의 만국의 영광과 명예를 새 예루살렘 성 안으로 그에게 가져오리라]입니다. 땅이 왕들이 영광과 명예를 새 예루살렘 성으로 가져오는 것이 아니라, 새 예루살렘 성 안에 계시는 [하나님]에게로 가져온다는 의미입니다.

땅의 왕들이 새 예루살렘 성으로 들어오는 이유는 하나님께 영광과 명예를 드리려고 하는 겁니다. 땅의 왕들은 하나님의 종으로서 나라와 제사장입니다. 땅의 왕들은 자신의 삶을 사는 것이 아니며, 새 예루살렘 성도 그들의 삶의 터전이 아닙니다. 땅의 왕들이 새 예루살렘 성에 들어가는 것은 그곳에 그들의 주인이신 하나님이 계시기 때문입니다. 그래서 새 예루살렘 성은 제사장이나 백성을 위한 삶의 터전이 아니라, 하나님의 보좌가 있는 하나님의 처소입니다. 땅의 왕들이 새 예루살렘 성에 들어가는 것은 자신의 거주지로 돌아가서 쉬려는 것이 아니라, 하나님을 만나기 위해 들어가는 것입니다. 하나님을 만나는 목적이 아니라면 새 예루살렘 성에 들어갈 수 없습니다.

땅의 왕들은 영원히 하나님을 섬기는 하나님의 종입니다. 땅의 왕들은 자신을 위한 삶을 살지 않습니다. 자신들의 삶이 따로 존재하지 않는다는 겁니다.

그러나 땅의 백성은 자신만의 삶을 살게 됩니다. 하나님 백성의 삶은 땅 위에 있습니다. 땅 위에서 영생을 누리는 백성은 새 예루살렘 성으로 들어갈 이유가 없습니다. 새 예루살렘 성은 백성들의 삶의 터전이 아니기 때문입니다.

땅의 왕들은 예수님의 피로 죄사함을 받은 사람들입니다. 그래서 구원 받았다고 하는 말이 맞습니다. 그런데 땅에서 영생을 누리는 백성은 구원 받았다고 하기보다는 창조되었다고 보는 것이 더 적절합니다.

땅의 나라들에는 많은 백성이 살게 됩니다. 땅의 나라에서 왕을 제외한 모든 사람은 하나님의 백성입니다. 하나님은 땅 위에서 영원히 살아갈 하나님의 백성을 창조한 것입니다.

하나님은 땅 위에서 영원히 살게 될 하나님의 백성을 창조하시려고 창세기 1장에서 일을 시작하셨습니다. 아직도 하나님의 일은 끝나지 않았

하나님의 창조는 끝나지 않았다

으며, 하나님은 지금도 일하고 계십니다. 하나님의 창조 사역이 끝나게 되면, 땅 위에는 나라들이 세워지고, 이 나라들 안에는 영생하는 하나님의 백성이 살게 됩니다. 이 글을 읽고 있는 사람들도 하나님의 백성으로 창조되고 있는 과정에 있습니다.

예수님의 피로 죄사함을 받은 사람들은 땅의 왕들이 됩니다. 예수님께서 자신의 나라를 나눠주시기 때문입니다.

"내 아버지께서 나라를 내게 맡기신 것 같이 나도 너희에게 맡겨 너희로 내 나라에 있어 내 상에서 먹고 마시며 또는 보좌에 앉아 이스라엘 열두 지파를 다스리게 하려 하노라"(눅 22:29~30)

이처럼 예수 그리스도를 믿고 그의 피로 죄사함을 받은 사람들은 하나님의 나라인 땅 위의 많은 나라 중에서 일부를 위임받아 다스리게 됩니다.

이 땅 위에 있는 나라들의 왕은 새 예루살렘 성으로 들어가기도 하고, 나오기도 하면서 하나님을 밤낮으로 섬깁니다. 그러나 땅에 사는 하나님의 백성은 왕이 아니므로 새 예루살렘 성으로 들어가지 못합니다. 땅의 백성이 구원을 받지 못했다는 말이 아닙니다. 하나님의 계획과 뜻에 따라 땅 위에서 영생하는 하나님의 백성으로 창조되었다는 겁니다. 땅 위에서 영생하도록 창조되었기 때문에, 하늘에 계신 하나님 앞에 서야 할 필요가 없습니다.

하나님은 이 땅 위에 하나님의 백성을 창조하시고, 백성이 하늘의 새와 바다의 고기와 땅의 짐승을 다스리며 땅을 정복하고 생육하여 번성하기를 원하십니다. 하나님의 뜻대로 땅 위에는 하나님의 백성이 창조될 것이며, 하나님의 백성은 이 땅 위에서 영원한 삶을 누리게 될 것입니다.

어린 양의 생명책에
기록된 자들만 구원받는 것이죠?

어린 양의 생명책에 이름이 기록된 사람은 구원받습니다. 또한, 어린 양의 생명책에 기록된 사람들만 새 예루살렘 성 안으로 들어가거나 나올 수 있습니다.

어린 양의 생명책에 이름이 기록되지 않은 사람은 모두 지옥 불 못에서 영원히 고통받을 것으로 생각하는 분들이 많습니다. 그러나 어린 양의 생명책에 이름이 기록되지 않는 사람들도 하나님의 백성이 되어 천국에서 영생을 누리게 됩니다. 다시 말해서, 어린 양의 생명책에 이름이 기록되는 일은 천국과 지옥을 나누는 기준이 아니라는 말입니다.

지금 여기서는 어린 양의 생명책에 대한 기록을 하나씩 찾아보겠습니다. 그러면서 어린 양의 생명책의 특징을 나열하겠습니다. 이 주제에서 어린 양의 생명책에 대한 입체적인 접근은 아직 어렵습니다. 조금만 더 마음의 여유를 가지고 하나씩 확인해 보기를 바랍니다.

요한계시록에는 [생명책]이 6번 기록되어 있습니다.

(1) 계 3:5 - (비블리우 조에스) : 그 이름을 [생명책]에서 결코 지우지…

(2) 계 13:8 - (비블리오 조에스) : 어린 양의 [생명책]에 창세 이후로…

(3) 계 17:8 - (비블리온 조에스) : 그 이름이 [생명책]에 기록되지 못한…

(4) 계 20:12 - (비블리온 조에스) : 다른 책이 펴졌으니 곧 [생명책]이라.

(5) 계 20:15 - (비블리오 조에스) : 누구든지 [생명책]에 기록되지…

(6) 계 21:27 - (비블리오 조에스) : 오직 어린 양의 [생명책]에 기록된…

이 6번의 기록 중에서 4번은 [어린 양의 생명책]에 대한 내용이며, 2번은 어린 양의 생명책이 아닌 [백보좌의 생명책]입니다. [어린 양의 생명책]에 대한 내용을 기록한 말씀은 계 3:5과 계 13:8과 계 17:8과 계 21:27입니다. [백보좌의 생명책]에 대한 말씀은 계 20:12과 계 20:15입니다.

생명책을 어린 양의 생명책과 백보좌의 생명책으로 나누는 이유는 이 두 종류의 생명책이 다르기 때문입니다. 여기서는 백보좌의 생명책에 관해서는 설명하지 않고, No. 69 주제에서 설명합니다.

어린 양의 생명책을 정확하게 이해하려면 4번의 말씀을 자세히 살펴보아야 합니다. 이 4번의 말씀을 계 3:5, 계 13:8, 계 17:8, 계 21:27의 순서대로 살펴보겠습니다.

(1) 첫 번째로 계 3:5의 내용을 살펴봅니다.

하나님의 창조는 끝나지 않았다

"이기는 자는 이와 같이 흰 옷을 입을 것이요 내가 그 이름을 생명책에서 결코 지우지 아니하고 그 이름을 내 아버지 앞과 그의 천사들 앞에서 시인하리라"(계 3:5)

이 말씀의 생명책은 어린 양의 생명책이 분명합니다. 그런데 이 말씀에서 생명책에 이름이 기록된 사람들이 천국에 간다는 내용은 찾을 수 없습니다. 생명책과 관련된 말씀에서는 지우지 않겠다는 말씀만 있습니다. 또 예수님은 그 사람의 이름을 하나님과 천사들 앞에서 시인하겠다고 하셨습니다. 하나님과 천사들 앞에서 시인한다는 것은 좋은 일입니다. 그런데 하나님과 천사들 앞에서 시인한다는 말씀이 구원받는다는 뜻인지, 특별한 상을 주신다는 뜻인지, 어떤 내용인지 정확하게 나와 있지 않습니다.

다만 이 말씀에서 생명책과 관련하여 알 수 있는 내용은 생명책에서도 이름이 지워질 수 있다는 것입니다. 그래서 생명책에서 이름이 지워지지 않도록 노력해야 한다는 것입니다. 그리고 생명책에 이름이 먼저 기록되어 있었다는 것을 알 수 있습니다.

여기서 구원과 관련하여 생명책을 사용하는 두 가지 방법이 생각납니다. 하나는 결과를 기록하는 것이고, 다른 하나는 지우는 겁니다. 이 두 가지 방법 중에서 어떤 방법이 사용되는지 확인하겠습니다.

첫 번째로 결과를 기록하는 방법을 설명합니다.

처음에는 누구의 이름도 기록하지 않고 시작합니다. 모든 사람의 점수는 0점에서 시작합니다. 그러다가 살면서 계속 (+)점수를 받게 되고 기준값에 도달하게 되면 그때 이름을 생명책에 기록하는 방법입니다. 만약 기준 점수가 90점이라면 90점을 넘는 순간이 되었을 때 그 사람의 이름을 생명책에 기록한다는 겁니다.

두 번째로 지우는 방법을 설명합니다.

처음에는 모든 사람의 이름을 다 기록합니다. 태어날 때부터 그 사람의 이름을 생명책에 기록하고 시작합니다. 태어난 사람은 누구든지 100점을 가지고 시작합니다. 살아가면서 (-)점수를 받게 됩니다. 어느 시점에서 기준 점수 이하로 떨어지게 되면 그때 이름을 생명책에서 지우게 됩니다. 만약 기준값이 30점이라면 30점 이하로 떨어질 때 생명책에서 그 사람의 이름이 지워지는 것입니다.

그런데 본문 말씀을 가만히 생각해 보면, 생명책의 사용 방법이 두 번째 방법으로 보입니다. 왜냐하면, 생명책에서 이름을 지우지 않겠다고 하셨기 때문입니다. 다시 말해서, 계 3:5의 내용은 (1) 생명책에 먼저 이름이 기록되어 있었으며, (2) 이름을 지우는 일이 가능한데 (3) 이기는 자의 이름은 지우지 않겠다는 의미이기 때문입니다. (4) 만약 이기는 자가 되지 못하면 이름을 지운다는 말도 됩니다.

계 3:5에서 얻을 수 있는 결론을 아래와 같이 정리합니다.

하나님의 창조는 끝나지 않았다

- [생명책]에 언제 이름을 기록했는지 나와 있지 않습니다.
- [생명책]에서 이름을 지우는 기준이 무엇인지 나와 있지 않습니다.
- [생명책]에서 이름이 지워지면 어떻게 되는지 설명이 없습니다.
- [생명책]에 이름이 있으면 어떻게 되는지 설명이 없습니다.
- [생명책]은 먼저 이름이 기록된 후. 나중에 지워지는 방식입니다.

계 3:1~6은 사데 교회에 편지하는 내용으로, 사데 교회에서 옷을 더럽히지 않은 사람이 몇 명이 있는데, 이 사람들의 이름을 생명책에서 지우지 않겠다는 겁니다. 사데 교회에서 옷을 더럽히지 않은 몇 사람의 이름이 생명책에 기록되어 있는 것은 확실합니다.

이 말씀에서 생명책에 이름이 기록되지 않으면 불 못에 던져져서 나오지 못하고 영원히 고통받는다는 내용은 찾을 수 없습니다. 또한, 생명책에 이름이 기록된 사람들만 구원받는다는 내용도 없습니다.

계 3:5에서 얻을 수 있는 결론은 (1) 생명책에서 이름이 지워질 수 있다는 것입니다.

[어린 양의 생명책]에 대해 더 자세히 알려면 다른 말씀을 함께 참고해야 합니다.

(2) 두 번째로 계 13:8의 내용을 살펴봅니다.

"죽임을 당한 어린 양의 생명책에 창세 이후로 이름이 기록되지 못하고
이 땅에 사는 자들은 다 그 짐승에게 경배하리라"(계 13:8)

이 말씀에서 어린 양의 생명책에 이름이 기록되지 못한 자들을 지옥 불
못에 던져 영원히 고통받게 한다는 내용은 찾을 수 없습니다. 이 말씀에
서 알 수 있는 것은 어린 양의 생명책에 이름이 기록되지 못한 자들이 짐
승에게 경배할 것이라는 겁니다.

물론 짐승에게 경배한 사람들은 모두 지옥 불 못에 들어가게 될 것으로
생각하게 됩니다. 그런 생각을 하게 되는 이유는 계 14:11에서 [짐승과 그
의 우상에게 경배하고 그의 이름표를 받는 자는 누구든지 밤낮 쉼을 얻지
못하리라]고 기록되어 있기 때문입니다.

그러나 계 13장과 계 14장의 내용을 자세히 보면 간단하지 않다는 것을
알 수 있습니다. 자세히 읽어보면 계 13:8에서 짐승에게 경배하는 사람들
과 계 14:11에서 짐승에게 경배하는 사람들 사이에는 변화가 있습니다.

계 13:8에 있는 사람들은 어린 양의 생명책에 이름이 기록되지 못한 사
람들입니다. 이 사람들이 짐승에게 경배한다는 것입니다. 그런데 이 사람
들이 우상에게 경배하기 전입니다. 아직 우상을 만들지 않았던 시기입니
다. 또한, 짐승의 표를 이마와 손에 받으라고 강요하기 이전입니다.

계 14:11에서 지옥 불 못에 던져지는 자들은 짐승에게 경배한 것만이 아

하나님의 창조는 끝나지 않았다

니라, 짐승과 우상에게 경배한 자들이며, 이마와 손에 짐승의 표를 받은 자들입니다. 계 13:8의 땅에 거하는 자들은 아직 이 단계까지 가지 않은 사람들입니다.

계 13:9~10에서는 [성도들의 인내와 믿음]을 말씀합니다. 이 말씀은 계 13:8의 사람 중에서 성도들이 있으며, 이 성도들이 인내와 믿음으로 이겨야 한다는 것을 권고하는 말씀입니다. 계 13:8에서 어린 양의 생명책에 이름이 기록되지 못한 사람들이 땅 위에서 짐승에게 경배하는 일이 발생했지만, 이 사람 중에서 성도들이 있다는 말씀입니다. 이번(**No. 61**)의 주제에서는 중요하지 않은 내용이므로 나중에 다시 자세히 설명하게 될 것입니다.

계 13:8에서 얻을 수 있는 결론을 아래와 같이 정리합니다.
- [생명책]에 이름이 기록된 사람에 대한 설명이 없습니다.
- [생명책]은 [창세 이후로] 기록됩니다(번역상의 문제가 있습니다).
- [생명책]에 이름이 기록되지 못한 사람들에 관한 결과(불 못)가 없습니다.
- [생명책]에 이름이 기록되지 못한 사람들이 짐승에게 경배합니다.

결론적으로 계 13:8에서도 어린 양의 생명책에 기록되지 않은 자들은 모두 지옥 불 못에 들어갈 것이라는 내용은 없습니다. 또한, 어린 양의 생명책에 이름이 기록된 사람들만 천국에 들어간다는 내용도 없습니다.

계 13:8에서 얻을 수 있는 결론은 (1) 어린 양의 생명책은 창세 이후로 기록된다는 것과 (2) 어린 양의 생명책에 기록되지 못한 자들이 짐승에게 경배한다는 겁니다.

[어린 양의 생명책]에 대해 더 자세히 알려면 다른 구절을 함께 참고해야 합니다.

(3) 세 번째로 계 17:8의 내용을 살펴봅니다.

> "네가 본 짐승은 전에 있었다가 지금은 없으나 장차 무저갱으로부터 올라와 멸망으로 들어갈 자니 땅에 사는 자들로서 창세 이후로 그 이름이 생명책에 기록되지 못한 자들이 이전에 있었다가 지금은 없으나 장차 나올 짐승을 보고 놀랍게 여기리라"(계 17:8)

이 말씀에서 어린 양의 생명책에 이름이 기록되지 못한 자들이 지옥 불 못에 던져져서 영원히 나오지 못한다는 내용은 없습니다. 이 말씀에서는 어린 양의 생명책에 이름이 기록되지 못한 자들이 짐승을 보고 놀라게 될 것이라고 합니다. [놀란다]는 표현은 [경이롭게 여기다]나 [대단하게 여기다]는 의미입니다. 다시 말해서 보통 사람으로 보지 않고 특별한 사람으로 생각하게 된다는 의미입니다.

계 17장은 바벨론의 멸망을 말씀하신 내용으로, 어떤 특정 시간대를 말하는 것이 아닙니다. 계 17장은 바벨론에 대해서 전체적으로 서술하고 있

하나님의 창조는 끝나지 않았다

습니다. 물론 이 말씀의 시간적 배경은 계시록의 예언이 성취되고 있는 시기라는 겁니다. 그래서 현재 시점을 기준으로 보면 계 17장의 전반적인 내용은 아직 이뤄지지 않은 미래의 사건들입니다.

계 17장에서 알려 주고자 하는 것은 [음녀가 누구인가]와 [음녀가 받을 심판]입니다. 그래서 계 17:1에서는 [많은 물 위에 앉은 큰 음녀가 받을 심판]을 보여 주겠다고 말하고 있습니다. 계 17:8에서는 땅에 살아 있는 사람들이 모두 놀라게 되는데, 이 사람들이 그 후로 어떻게 되는지 언급하고 있지 않습니다. 그 이유는 계 17장에서는 음녀를 설명하는 것이 목적이기 때문입니다.

계 16장에서 일곱 대접 심판을 설명한 후에, 계 17장에서 음녀의 심판에 대해 자세한 설명을 하고 있습니다. 계 16장에서 일곱 대접 재앙을 먼저 설명합니다. 그 후로 기술되는 계 17장, 계 18장, 계 19장이 모두 일곱 대접 재앙이 내려지는 기간에 있는 사건을 설명합니다.

계 17:8에서 어린 양의 생명책에 기록되지 못한 사람들이 있는데, 이 사람들은 땅에 살아 있는 사람들이라고 합니다. 이 사람들은 땅 위에서 숨을 쉬고 있는 사람들입니다. 어린 양의 생명책에 기록된 사람들은 이미 하나님의 보좌 앞에 있습니다. 그래서 어린 양의 생명책에 기록된 사람들은 하나도 땅에 있지 않습니다.

"그들이 보좌 앞과 네 생물과 장로들 앞에서 새 노래를 부르니 땅에

서 속량함을 받은 십사만 사천 밖에는 능히 이 노래를 배울 자가 없더라"(계 14:3)

어린 양의 생명책에 이름이 기록된 사람들은 이미 하나님의 보좌 앞에 있습니다. 이들은 땅에서 구속받아서 하나님 앞으로 갔습니다. 그래서 땅 위에 살아 있는 사람들은 모두 어린 양의 생명책에 기록되지 않는 사람들뿐입니다.

계 17:8의 내용은 어린 양의 생명책에 기록되지 않은 사람들이 놀라워할 것이라는 말입니다. 이 사람들이 짐승에게 경배한다는 말이 아닙니다. 땅 위에 살아 있는 모든 사람은 짐승을 보고 놀라게 되지만, 이들이 지옥 불 못에 들어간다는 내용은 아닙니다. [짐승을 보고 놀란다]는 말씀은 계 13:14에서 [칼에 상하였다가 살아난] 것을 보고 놀란다는 의미입니다. 칼을 맞고 죽어가는 사람이, 의사가 현대의학으로 살릴 수 없다고 판단했음에도, 살아난다면 지금도 모든 사람이 놀랄 것입니다.

계 17:8에서 얻을 수 있는 결론을 아래와 같이 정리합니다.
- [생명책]에 이름이 기록된 사람에 대한 설명이 없습니다.
- [생명책]은 [창세 이후로] 기록됩니다(번역상의 문제가 있습니다).
- [생명책]에 이름이 기록되지 못한 사람들의 결과(지옥)가 없습니다.
- [생명책]에 이름이 기록되지 못한 사람들이 짐승을 보고 놀랍니다.

계 17:8에서 얻을 수 있는 결론은 없습니다.

하나님의 창조는 끝나지 않았다

이 말씀에서도 어린 양의 생명책에 기록되지 않은 자들이 지옥 불 못에 들어갈 것이라는 내용은 없습니다. 또한 어린 양의 생명책에 기록된 사람들만 천국에 들어간다는 내용도 없습니다.

어린 양의 생명책에 대해 더 자세히 알려면 다른 구절을 함께 참고해야 합니다.

(4) 네 번째로 계 21:27의 내용을 살펴봅니다.

> "무엇이든지 속된 것이나 가증한 일 또는 거짓말하는 자는 결코 그리로 들어가지 못하되 오직 어린 양의 생명책에 기록된 자들만 들어가리라"(계 21:27)

이 말씀에서 어린 양의 생명책에 이름이 기록된 자들이 새 예루살렘 성에 들어간다는 것을 알 수 있습니다. 또 이 말씀에서 어린 양의 생명책에 이름이 기록되지 못한 사람들은 새 예루살렘 성에 들어가지 못한다는 것을 알 수 있습니다.

그런데 새 예루살렘 성의 바깥이 지옥 불 못이라는 것은 나와 있지 않습니다. 그래서 확인이 필요합니다. 중요한 점은 새 예루살렘 성 안에 하나님과 어린 양의 보좌가 있다는 것입니다. 하나님이 계신 곳이 천국이라고 한다면 새 예루살렘 성은 천국이 맞습니다.

"성 안에서 내가 성전을 보지 못하였으니 이는 주 하나님 곧 전능하신
이와 및 어린 양이 그 성전이심이라"(계 21:22)

새 예루살렘 성 안에는 성전이 없습니다. 그 이유는 하나님과 어린 양이
새 예루살렘 성 안에 계시기 때문입니다. 사람의 눈으로는 하나님과 어린
양이신 예수님을 볼 수 없습니다. 지금까지 성전이나 교회가 있는 이유는
하나님께 예배를 드려야 하는데, 하나님을 직접 볼 수 없기 때문입니다.
성전(교회)의 예배는 하나님을 볼 수 없는 성도들이 하나님께 자신의 마
음을 표현하는 유일한 방법입니다. 만약 하나님을 직접 보고 만날 수 있
다면 교회에 나갈 이유가 없습니다. 하나님을 만나기 위해서 하나님이 계
신 곳으로 가면 되기 때문입니다.

이렇게 생각해 봅시다.

예수님이 여의도에 오셨습니다. 사람들이 예수님을 알아보고 모여들어
서 예수님의 말씀을 듣기 시작합니다. 그런데 예배시간이 되고 교회의 종
이 울리자, 그 모든 사람이 예수님을 그대로 두고 교회로 가서 하나님께
예배한다면서 찬송을 부릅니다.

"구주 예수 의지함이…"

물론 이런 일은 지금까지 없었습니다. 그런데 이런 일이 발생한다면, 이
것은 신앙적 모순이 됩니다.

하나님의 창조는 끝나지 않았다

예수님이 친히 보이는 상태로 우리와 함께 있다면 더는 성전이 필요 없으며, 성전에 모여 예배형식으로 기도와 찬송을 할 필요가 없습니다. 성전이 아니라 보이는 예수님에게 가서 그 앞에 앉아 예수님의 말씀을 듣고 또 배우며 예수님 앞에서 찬송을 부르면 됩니다. 그래서 새 예루살렘 성에는 성전이 없다는 겁니다. 예수님이 새 예루살렘 성 안에서 보이는 모습으로 친히 성 안에 있는 사람과 함께 계시기 때문입니다.

새 예루살렘 성에 하나님과 예수님이 영원히 계시니, 천국이라고 하는 말은 확실히 맞는 말입니다. 어린 양의 생명책에 기록된 사람들은 모두 예수님이 계신 곳에 영원히 있게 될 것입니다.

계 21:27에서 얻을 수 있는 결론을 아래와 같이 정리합니다.
- [생명책]에 이름이 기록된 사람은 새 예루살렘 성에 들어갑니다.
- [생명책]에 이름이 기록되지 않은 사람에 대한 설명이 따로 없습니다.

계 21:27에서도 어린 양의 생명책에 기록되지 못한 사람들이 지옥 불 못에서 영원히 고통받는다는 내용은 없습니다. 천국을 하나님이 계신 곳으로 정의한다면 새 예루살렘 성은 분명한 천국입니다. 또한, 유일한 천국입니다. 그러나 천국을 하나님이 다스리는 곳으로 정의한다면 새 예루살렘 성은 분명한 천국입니다. 그런데 유일한 천국은 아닙니다. 하나님은 땅 위의 모든 세계를 다스리기 때문입니다. 어린 양의 생명책에 기록되지 못한 사람들은 새 예루살렘 성이 아니라 다른 천국에서 살게 될 것입니다.

이렇게 어린 양의 생명책에 대한 4개의 말씀을 확인했습니다. 이 말씀들의 결론은 아래와 같습니다.

(1) 계 3:5의 내용
- [생명책]에서 이름이 지워질 수 있다.
- [생명책]은 이름이 먼저 기록되고 나중에 지워지는 방식이다.

(2) 계 13:8의 내용
- [생명책]에 이름이 기록된 시기는 창세 이후다.
- [생명책]에 이름이 기록되지 못한 사람들이 땅에서 살고 있을 때 짐승에게 경배한다.

(3) 계 17:8의 내용
- [생명책]에 이름이 기록된 시기는 창세 이후다.
- [생명책]에 이름이 기록되지 못한 사람들이 땅에서 살고 있을 때 짐승을 보고 놀라게 된다.

(4) 계 21:27의 내용
- [생명책]에 이름이 기록된 사람은 새 예루살렘 성에 들어가게 된다.

이 내용을 종합하여 어린 양의 생명책을 아래와 같이 설명합니다.
- [생명책]에서 이름이 지워질 수 있다.
- [생명책]은 먼저 이름이 기록되고 나중에 지워지는 방식이다.

- [생명책]에 기록된 사람들은 새 예루살렘 성에 들어간다.
- [생명책]에 이름이 기록된 시기는 창세 이후(창세 + ~부터)다.

이렇게 요한계시록의 4개 구절을 종합해 보면 어린 양의 생명책에 이름이 기록되지 않은 사람들이 지옥 불 못에 들어간다는 내용은 발견되지 않습니다. 또한, 어린 양의 생명책에 이름이 기록된 사람들이 천국에 들어간다는 내용도 정확하게 나와 있지 않습니다.

물론 계 20:12과 계 20:15의 생명책을 어린 양의 생명책이라고 가정하고 말씀을 해석한다면, 어린 양의 생명책에 이름이 기록되지 않은 사람들은 모두 지옥 불 못에 들어가게 됩니다. 그런데 계 20:12과 계 20:15의 생명책은 어린 양의 생명책이 아니라 백보좌의 생명책으로 같은 책이 아닙니다. 백보좌의 생명책에 대해서는 **No. 69**에서 설명합니다.

이제 정리합니다. 지금까지 어린 양의 생명책에 대한 성경에 나와 있는 4번의 기록들을 확인했습니다. 어린 양의 생명책에 이름이 기록된 사람들만 구원받는다는 말은 잘못된 주장입니다. 왜냐하면, 어린 양의 생명책에 기록되지 않은 사람들이 지옥 불 못에 들어간다는 직접적인 기록이 없기 때문입니다.

다만 더 깊이 고려해야 할 사항이 여러 가지가 있습니다. 그래서 여기서는 성급하게 결론을 내리지 않겠습니다. 더 중요한 것은 어린 양의 생명책에 이름이 기록되는 시기가 언제인가 하는 것입니다.

어린 양의 생명책에
이름이 기록되는 시기는 언제인가요?

앞에서 설명한 것처럼 [어린 양의 생명책]에 대해서는 요한계시록에서 4번 나옵니다. 4번은 계 3:5과 계 13:8과 계 17:8과 계 21:27입니다. 계 20:12과 계 20:15에도 생명책이란 언급이 나오는데, 이 생명책은 어린 양의 생명책이 아니라 백보좌의 생명책입니다. 어린 양의 생명책과 백보좌의 생명책은 서로 다릅니다. 백보좌의 생명책에 관해서는 No.66에서 설명합니다.

어린 양의 생명책에 이름이 기록되는 시간은 4번의 기록 중에서 계 13:8과 계 17:8에 그 힌트가 나와 있습니다. 그래서 계 13:8과 계 17:8을 차례로 헬라어 원어로 확인해 보겠습니다. 정확한 의미를 알려면 헬라어 원어를 알아야 합니다. 원어 분석이 지루한 분은 넘어가도 됩니다. 그러나 중요한 것은 [창세 이후로]라는 이 문구의 번역이 잘못되었다는 것입니다.

> "죽임을 당한 어린 양의 생명책에 창세 이후로 이름이 기록되지 못하고
> 이 땅에 사는 자들은 다 그 짐승에게 경배하리라"(계 13:8)

이 말씀의 헬라어 원어는 다음과 같습니다.

καὶ προσκυνήσουσιν αὐτὸν πάντες οἱ κατοικοῦντες ἐπὶ τῆς γῆς,
οὗ οὐ γέγραπται τὸ ὄνομα αὐτοῦ ἐν τῷ βιβλίῳ τῆς ζωῆς τοῦ Ἀρνίου
τοῦ ἐσφαγμένου ἀπὸ καταβολῆς κόσμου.
(카이 프로스쿠네소우신 아우톤 판테스 호이 카토이쿤테스 에피 테스
게스 후 우 게그라프타이 토 오노마 아우투 엔 토 비블리오 테스 조에스
투 아르니우 투 에스파르메누 아포 카타볼레스 코스무)

이 헬라어 원어에 번호를 붙여 설명합니다.
καὶ ① προσκυνήσουσιν αὐτὸν πάντες ② οἱ κατοικοῦντες ἐπὶ
τῆς γῆς, ③ οὗ οὐ ④ γέγραπται τὸ ὄνομα αὐτοῦ ⑤ ἐν τῷ βιβλίῳ
τῆς ζωῆς τοῦ Ἀρνίου ⑥ τοῦ ἐσφαγμένου ⑦ ἀπὸ καταβολῆς
κόσμου.

① προσκυνήσουσιν(프로스쿠네수신)는 προσκυνέω(프로스쿠네오)의
미래 · 직설법 · 능동태 · 3인칭 · 복수의 형태입니다. προσκυνέω(프
로스쿠네오)는 [내가 경배하다, 내가 예배하다]라는 의미의 동사
입니다. 영어로는 [I go down on my knees to, do obeisance to,
worship]으로 번역됩니다. προσκυνήσουσιν(프로스쿠네수신)은
[그들이 경배할 것이다]라는 뜻입니다. καὶ προσκυνήσουσιν αὐτὸν
πάντες(카이 프로스쿠네수신 아우톤 판테스)는 [그리고 모두가 그를
경배할 것이다]라는 뜻입니다.

② οἱ κατοικοῦντες ἐπὶ τῆς γῆς(호이 카토이쿤테스 에피 테스 게스)는 [땅 위에 살고 있는 사람들]이라는 뜻입니다.

③ οὗ(후)는 관계대명사로서 땅 위에 사는 사람들이 누구인지 뒤에 나오는 문장으로 설명합니다.

④ γέγραπται(게그라프타이)는 γράφω(그라포)의 완료 · 직설법 · 수동태 · 3인칭 · 단수의 형태입니다. γράφω(그라포)는 [내가 기록하다]라는 뜻의 동사입니다. 영어로는 [I write]로 번역됩니다. γέγραπται(게그라프타이)는 [그가 기록되었다]라는 뜻입니다. οὐ γέγραπται(우 게그라프타이)는 [그가 기록되지 못했다]는 뜻입니다. τὸ ὄνομα αὐτοῦ(토 오노마 아우투)는 [그의 이름이]라는 뜻입니다. οὐ γέγραπται τὸ ὄνομα αὐτοῦ(우 게그라프타이 토 오노마 아우투)는 [그의 이름이 기록되지 못했다]는 의미입니다.

⑤ ἐν τῷ βιβλίῳ τῆς ζωῆς τοῦ Ἀρνίου(엔 토 비블리오 테스 조에스 투 아르니우)는 [어린 양의 생명의 책 안에]라는 의미입니다.

⑥ ἐσφαγμένου(에스파르메누)는 σφάζω(스파조)의 완료 · 분사 · 수동태 · 소유격 · 중성 · 단수의 형태입니다. σφάζω(스파조)는 [내가 죽이다]는 뜻의 동사이며 영어로는 [I slay, I slaughter]로 번역됩니다. ἐσφαγμένου(에스파르메누)는 수동태로서 [죽임을 당한]으로 해석됩니다.

하나님의 창조는 끝나지 않았다

ἐν τῷ βιβλίῳ τῆς ζωῆς τοῦ Ἀρνίου τοῦ ἐσφαγμένου(엔 토 비블리오 테스 조에스 투 아르니우 투 에스파르메누)는 [죽임을 당한 어린 양의 생명의 책 안에]라는 의미입니다.

⑦ ἀπὸ(아포)는 [~부터]라는 뜻의 전치사입니다. 영어로는 [from]에 해당합니다. καταβολῆς(카타볼레스)는 καταβολή(카타볼레)라고 하는 명사의 소유격 · 여성 · 단수입니다. καταβολή(카타볼레)는 기초/토대라는 뜻이며 영어로는 foundation으로 번역됩니다. κόσμου(코스무)는 κόσμος(코스모스)라고 하는 명사의 소유격 · 남성 · 단수입니다. κόσμος(코스모스)는 세상이라는 뜻이며 영어로는 world로 번역됩니다. ἀπὸ καταβολῆς κόσμου(아포 카타볼레스 코스무)는 [세상의 기초로부터]라는 의미입니다. 개역개정 성경에서는 [창세 이후로]라고 번역되어 있습니다.

"네가 본 짐승은 전에 있었다가 지금은 없으나 장차 무저갱으로부터 올라와 멸망으로 들어갈 자니 땅에 사는 자들로서 창세 이후로 그 이름이 생명책에 기록되지 못한 자들이 이전에 있었다가 지금은 없으나 장차 나올 짐승을 보고 놀랍게 여기리라"(계 17:8)

이 말씀의 헬라어 원어는 너무 길어서 다 분석하지 않겠습니다. 다만 중요한 부분이 계 13:8과 같으며 그 부분만 다시 살펴봅니다. 다만 위에서 설명한 내용은 설명하지 않고 넘어갑니다.

οἱ κατοικοῦντες ἐπὶ τῆς γῆς, ὧν οὐ γέγραπται τὸ ὄνομα ① ἐπὶ τὸ βιβλίον τῆς ζωῆς ② ἀπὸ καταβολῆς κόσμου

(호이 카토이쿤테스 에피 테스 게스, 혼 우 게그라프타이 토 오노마 에피 토 비블리온 테스 조에스 아포 카타볼레스 코스무)

① ἐπὶ τὸ βιβλίον τῆς ζωῆς(에피 토 비블리온 테스 조에스)는 [생명의 책에]라는 의미입니다. 계 17:8에서는 계 13:8에는 있는 [어린 양]이라는 단어 ἀρνίον(아르니온)이 빠져 있습니다. 이 단어가 빠져 있어도 내용상 어린 양의 생명책에 대한 기록입니다.

② ἀπὸ καταβολῆς κόσμου(아포 카타볼레스 코스무)는 [세상의 기초로부터]라는 의미입니다. 개역개정 성경에서는 [창세 이후로]라고 번역되어 있습니다. 이 내용에 대한 분석은 앞에서 이미 설명했습니다.

계 13:8과 계 17:8에 ἀπὸ καταβολῆς κόσμου(아포 카타볼레스 코스무)라는 문구가 포함되어 있습니다. 한글 성경에서 [창세 이후로]라고 번역되어 있는데, 이렇게 번역하면 창세 때부터 지금까지 계속해서 이름이 기록되고 있다는 뜻으로 이해됩니다. 그런데 ἀπὸ καταβολῆς κόσμου(아포 카타볼레스 코스무)라는 문구의 정확한 의미는 무엇일까요? 세상을 창조할 때 모든 이름이 한 번에 다 기록된 것일까요? 아니면, 세상을 창조한 후부터 지금까지 계속해서 이름이 기록되고 있는 걸까요?

많은 사람이 어린 양의 생명책에 이름이 기록되는 순간을 우리가 예수

하나님의 창조는 끝나지 않았다

님을 믿었던 순간으로 생각합니다. 또는 성령을 받은 순간으로 생각하거나 예수 그리스도를 주로 고백하는 순간이라고 생각합니다. 어떤 신학자들은 더 깊게 말하여 우리의 전 인격이 온전히 그리스도를 닮을 때라고 말하기도 합니다. 어떤 주장을 하더라도, 창세 이후로 지금까지 어린 양의 생명책에 계속해서 성도들의 이름이 기록되고 있다는 생각은 모두 같습니다. 그런데 기독교인 대부분은 어린 양의 생명책에 언제 이름이 기록되는지에 대한 구체적인 생각은 하지 않는 경우가 많습니다.

여기서 중요한 단어는 ἀπὸ(아포)입니다. ἀπὸ(아포)는 [~부터]라는 뜻의 전치사입니다. 더 정확한 의미를 알기 위해 ἀπὸ(아포)의 용례를 잠시 확인해 보겠습니다.

ἀπὸ καταβολῆς κόσμου(아포 카타볼레스 코스무)는 ἀπὸ(~부터) + καταβολῆς(기초) + κόσμου(세상)입니다. 이것을 번역하면 [세상의 기초 + ~부터]입니다. 또한 [창세 + ~부터]입니다. [창세 + ~부터]를 한글 성경에서는 [창세 이후로]라고 번역했습니다. 맞는 번역처럼 느껴질 수도 있습니다. 이 문구를 해석할 때, 중요한 점은 명사인 καταβολῆς κόσμου(카타볼레스 코스무)보다는 ἀπὸ(아포)에 주목해야 합니다. 왜냐하면, καταβολῆς κόσμου(카타볼레스 코스무)는 [창세] 또는 [세상 창조] 또는 [세상의 기초] 등으로 번역되더라도 그 의미는 바뀌지는 않기 때문입니다. 그런데 ἀπὸ(아포)의 경우는 여러 가지 용법이 있어서 의미가 달라질 수 있습니다.

ἀπὸ(아포)는 신약성경에서 매우 많이 사용된 단어입니다. ἀπὸ(아포)는 명사가 아니라 전치사이기 때문에 많이 사용됩니다. 많은 용례 중에서 마 13:44과 눅 1:26과 마 1:17과 막 13:19과 막 10:6을 찾아보겠습니다. 이 외에도 아주 많지만 일일이 찾아볼 수는 없어서 5개만 설명합니다.

(1) 마 13:44의 ἀπὸ(아포)의 용법

"천국은 마치 밭에 감추인 보화와 같으니 사람이 이를 발견한 후 숨겨
두고 기뻐하며 돌아가서 자기의 소유를 다 팔아 그 밭을 사느니라"(마
13:44)

[기뻐하며]라는 문구는 헬라어 ἀπὸ τῆς χαρᾶς αὐτοῦ(아포 테스 카라스 아우투) 입니다. 직역한다면 [그것(보물)의 즐거움 + ~부터]입니다. 여기서 ἀπὸ(아포)는 원인을 나타내는 [~때문에]로 번역할 수 있습니다. 한글 성경에서는 [기뻐하며]라고 되어 있어서 [기뻐한다]는 감정만 독립적으로 기술한 것처럼 보입니다. 그런데 여기에서 ἀπὸ(아포)는 원인을 나타내는데, 결과는 자신의 소유를 팔아서 밭을 산다는 겁니다. 자신의 소유를 팔아서 밭을 사는 행동을 하는 원인은 바로 [보물이 주는 기쁨] 때문이라는 겁니다. 여기에서 아포는 시간의 시작을 의미하지 않고 (팔고 사는) 행위의 원인을 의미합니다.

여기서 말하고 싶은 것은 보물을 발견하는 일도 한 번이며, 자신의 소유를 파는 일도 한 번이고 밭을 사는 일도 한 번입니다. 여러 번 반복했다는

하나님의 창조는 끝나지 않았다

의미가 아니라 단순히 한번 이런 일이 있다는 뜻입니다. 다시 말한다면, 여기서 ἀπὸ(아포)는 [보물의 즐거움으로부터 왔다]는 뜻입니다. 이 문구에서 시간적 지속성은 없습니다.

(2) 눅 1:26의 ἀπὸ(아포)의 용법

"여섯째 달에 천사 가브리엘이 하나님의 보내심을 받아 갈릴리 나사렛

이란 동네에 가서"(눅 1:26)

여기서 [하나님의 보내심을 받아]라고 되어 있는 부분은 ἀπὸ τοῦ Θεοῦ(아포 투 데우)입니다. ἀπὸ τοῦ Θεοῦ(아포 투 데우)는 [하나님 + ~부터]라는 의미입니다. [하나님의 보내심을 받아]라고 되어 있으나, 실제로는 [하나님 + ~부터] 입니다. 영어 성경에서는 'by God'로 번역되어 있습니다. 헬라어 원어를 직역한다면, [하나님으로부터]가 될 것입니다. 'by God'라는 영어 번역은 내용상으로는 한글 성경보다 더 정확해 보입니다. 가브리엘은 하나님에 의해 갔다는 겁니다. 이 말씀에서의 ἀπὸ(아포)는 from보다는 by라는 뜻이 더 잘 맞는 것 같습니다. 한글 성경의 번역은 맞지 않으나 내용 면에서는 틀리지 않습니다.

그런데 여기서 주목할 점은 반복 여부입니다.

이 천사 가브리엘이 하나님으로부터 보냄을 받아 나사렛이라 불리는 갈릴리의 한 동네로 왔습니다. 그런데 이 일이 계속해서 일어난 것이 아

니라 단 한 번의 사건이라는 것입니다. 그리고 ἀπὸ(아포)는 시간적 지속성을 내포하지 않으며 단 한번의 사건을 의미할 뿐입니다.

(3) 마 1:17의 ἀπὸ(아포)의 용법

"그런즉 모든 대 수가 아브라함부터 다윗까지 열네 대요 다윗부터 바벨론으로 사로잡혀 갈 때까지 열네 대요 바벨론으로 사로잡혀 간 후부터 그리스도까지 열네 대더라"(마 1:17)

여기서 [아브라함부터 … 다윗까지]와 [다윗부터 … 바벨론까지]와 [바벨론부터 … 그리스도까지]라는 부분이 있습니다. 이 부분은 [ἀπὸ(아포) … ἕως(헤오스) …]의 구조로 되어 있습니다. [~부터 ~까지]라는 의미로 사용된 것입니다. 이 말씀에서 ἀπὸ(아포)는 시작을 의미하는 것이 분명합니다. 그러나 끝을 의미하는 ἕως(헤오스)가 같이 나오고 있음도 고려해야 합니다.

(4) 막 13:19의 ἀπὸ(아포)의 용법

"이는 그 날들이 환난의 날이 되겠음이라 하나님께서 창조하신 시초부터 지금까지 이런 환난이 없었고 후에도 없으리라"(막 13:19)

이 말씀에서도 [하나님께서 창조하신 시초부터]라는 문구는 ἀπ' ἀρχῆς κτίσεως ἣν ἔκτισεν ὁ Θεὸς(아프 아르케스 크리세오스 헨 에크티센 호

하나님의 창조는 끝나지 않았다

데오스)입니다. 이 말씀을 직역하면 [하나님에 의해 창조된 창조의 시작으로부터]라는 의미입니다. 분명히 여기서는 시간적인 의미가 있습니다. 왜냐하면, 뒤에 ἕως τοῦ νῦν(헤오스 투 눈)이 나오고 있기 때문입니다. ἕως τοῦ νῦν(헤오스 투 눈)은 [지금까지]로 번역됩니다. ἕως(헤오스)는 위에서 언급했던 것 같이 끝을 나타내며, 영어로는 until/to로 번역됩니다. νῦν(눈)은 [지금]이라는 부사이며 영어로는 now로 번역됩니다.

이 말씀에서 ἀπὸ(아포)는 시간상으로 시작을 의미합니다. 그런데 여기서도 끝을 나타내는 ἕως(헤오스)가 같이 사용되고 있습니다.

물론 ἀπὸ(아포)라는 단어는 성경에서 650회나 사용될 만큼 많은 용례가 있습니다. 여기서 살펴보지 못한 사용 예도 많으며, 다 살펴볼 수는 없습니다. 그래서 이외의 여러 가지 다른 경우가 있으므로 ἀπὸ(아포)의 의미를 확정적으로 말할 수 없습니다.

(5) 막 10:6의 ἀπὸ(아포)의 용법

"창조 때로부터 사람을 남자와 여자로 지으셨으니"(막 10:6)

ἀπὸ δὲ ἀρχῆς κτίσεως ἄρσεν καὶ θῆλυ ἐποίησεν αὐτούς
(아포 데 아르케스 크티세오스 아르센 카이 델루 에포이에센 아우투스)

δὲ(데)는 접속사로서 하여튼, 그러나, 그리고 등의 용법으로 사용되며,

영어로는 however로 번역됩니다. δὲ(데)가 들어간 것은 막 10:5에서 예수님께서 [너희 마음이 완악함으로 말미암아 이 명령을 기록하였다]고 말씀한 다음이기 때문입니다.

ἀπὸ ἀρχῆς κτίσεως(아포 아르케스 크티세오스)는 한글 성경에서 [창조 때로부터]라고 번역되어 있습니다. ἀρχῆς(아르케스)는 ἀρχή(아르케)라는 명사의 소유격·여성·단수의 형태입니다. ἀρχή(아르케)는 시작·기원·근원의 뜻이며, 영어로는 beginning, origin으로 번역됩니다. κτίσεως(크티세오스)는 κτίσις(크티시스)라는 명사의 소유격·여성·단수의 형태입니다. κτίσις(크티시스)는 창조라는 뜻이며 영어로는 creation으로 번역됩니다. ἀπὸ ἀρχῆς κτίσεως(아포 아르케스 크티세오스)를 직역하면 [창조의 시작 + ~부터]입니다.

이 말씀은 무슨 뜻일까요?

하나님이 창조를 시작할 때부터 남자와 여자를 지으셨습니다. 그런데 하나님께서 그때부터 지금까지 계속해서 남자와 여자를 만들고 계실까요? 하나님이 지금도 사람이 잉태될 때마다 태아를 직접 창조하여 몸에 넣고 있는 걸까요?

당연히 아닙니다. 하나님께서 남자와 여자를 지으신 것은 창조 때 한 번입니다. 그 후로는 하나님의 직접적인 손길이 없어도 사람은 자연스럽게 태어납니다. 그래서 이 말씀은 [창조하실 때 사람을 남자와 여자로 지으

하나님의 창조는 끝나지 않았다

셨다라고 번역해야 내용 면에서 창세기의 기록과 일치합니다.

　문법적 의미에서 [창조 때로부터]라는 번역이 틀리지는 않지만, 내용을 보면 남자와 여자를 창조하는 일은 유일하게 아담과 하와를 만든 사건입니다. 그래서 지금까지 계속되는 행위로 해석하면 안 된다는 것을 내용으로 알 수 있습니다. 사람을 남자와 여자로 지으신 사건을 창조 사건에서 가져온다는 의미입니다. ἀπὸ(아포)의 [~부터]라는 의미는 출처를 말하는 겁니다. 이 사건을 어디서 가져왔는가 하는 질문에 창조의 사건에서 가져왔다는 뜻입니다.

　계 13:8과 계 17:8에 있는 ἀπὸ καταβολῆς κόσμου(아포 카타볼레스 코스무)의 ἀπὸ(아포)도 같은 의미로 사용된 것입니다. ἀπὸ(아포)는 시간을 나타내는 것이 아니라, 세상을 창조하는 사건 중에서 가져왔다는 출처를 의미합니다. 이 구절은 영어 성경 NIV에서는 [from the creation of the world]로 번역되었고, KJV에서는 [from the foundation of the world]로 번역되었고, New American Standard Bible(NASB)에서는 [from the foundation of the world]로 되어 있습니다. 영어 성경의 번역이 더 자연스럽습니다.

　ἀπὸ καταβολῆς κόσμου(아포 카타볼레스 코스무)는 [세상의 창조 이후로 지금까지 계속해서]라는 말이 아닙니다. ἀπὸ καταβολῆς κόσμου(아포 카타볼레스 코스무)는 [세상의 창조 때 한 번]이라는 겁니다. 이것은 그때부터 지금까지 계속해서 진행되고 있는 사건을 말하는 것

이 아닙니다. 이것은 창조의 기초가 세워지던 당시에 있었던 일중에서 하나라는 의미입니다.

한글 성경에서는 계 13:8과 계 17:8에서는 ἀπὸ καταβολῆς κόσμου(아포 카타볼레스 코스무)를 [창세 이후로]라고 번역하고 있습니다. 그런데 막 10:6에는 ἀπὸ ἀρχῆς κτίσεως(아포 아르케스 크티세오스)를 [창조 때로부터]라고 번역하고 있습니다. 이 두 문구는 헬라어 원어상으로 완전히 다른데, 한글 성경의 번역된 문구는 같은 말로 보입니다. [창세 이후로]와 [창세 때로부터]라는 두 문구는 같은 의미로 보일 수밖에 없습니다.

이 두 문구에서 ἀπὸ(아포) 뒤에 나오는 단어는 다릅니다. 막 10:6에는 ἀρχῆς κτίσεως(아르케스 크티세오스)이며, 계 13:8과 계 17:8에서는 καταβολῆς κόσμου(카타볼레스 코스무)입니다. ἀρχῆς κτίσεως(아르케스 크티세오스)의 경우는 [창조의 시작]이라는 뜻으로 영어로 [beginning of creation]입니다. 이것은 시간을 다루고 있습니다. 그런데 καταβολῆς κόσμου(카타볼레스 코스무)의 경우는 [세상의 기초]라는 뜻으로 영어로 [the foundation of the world]입니다. 이것은 물질을 다루고 있습니다.

예를 들어 제빵사가 아침 6시에 맛있는 빵을 밀가루로 반죽하여 구웠습니다. [이 빵은 6시에 만들어졌다]고 말한다면, 이 말은 빵이 만들어진 시간을 설명하고 있습니다. [이 빵은 밀가루로 만들어졌다]고 말한다면, 이 말은 빵을 만든 재료를 설명하는 겁니다. 시간을 설명하는 것이 아니라 재료를 설명하는 것이기 때문에 [6시부터 지금까지]라는 시간적 개념은

하나님의 창조는 끝나지 않았다

없다는 겁니다.

계 13:8과 계 17:8의 ἀπὸ καταβολῆς κόσμου(아포 카타볼레스 코스무)는 시간을 설명하는 것이 아니라 물질의 창조를 의미하는 겁니다. 다시 말해서 하나님이 창조의 시간에 세상을 만드는 작업을 하셨다는 겁니다. 사람(남자와 여자)이 살아갈 수 있도록 필요한 세상의 모든 것을 만들었다는 의미입니다. 세상의 기초는 땅과 바다와 별과 하늘과 태양과 달 등… 많은 것이 있으며, 이 시기에 생명책을 만드는 일이 포함되었다는 의미입니다. 하나님은 세상의 기본을 만들 때 땅을 만들었고, 바다를 만들었고, 별을 만들었고, 하늘을 만들었고, 태양을 만들었고, 달을 만들었고, 어린 양의 생명책을 만들었고, 어린 양의 생명책에 이름들을 기록했다는 겁니다. 이런 창조의 행위들은 하나님이 물질을 만들 당시에 일련의 창조 행위로써 물질 창조의 완성 때까지 이어진 일들(works)입니다.

물질 창조의 작업이 진행되는 동안, 어린 양의 생명책을 만드는 작업이 포함되어 있었고, 어린 양의 생명책에 이름을 기록하는 일도 이 창조의 작업에 포함되어 있었다는 것입니다. 창조의 작업이 끝난 후에는 어린 양의 생명책에 이름이 기록되는 일도 끝났다는 것입니다.

그래서 계 13:8과 계 17:8의 ἀπὸ καταβολῆς κόσμου(아포 카타볼레스 코스무)는 세상의 기초를 만들면서, 생명책도 만들고, 생명책에 이름도 기록했는데, 이때 이름이 기록되지 않은 사람들을 말하는 겁니다. 계 13:8과 계 17:8의 ἀπὸ καταβολῆς κόσμου(아포 카타볼레스 코스무)를 [창세 이후로]라고 번역했기 때문에 창세 때부터 지금까지 계속해서 어린 양의 생명책에 이름이 기록되고 있다는 것으로 생각하게 됩니다.

사람이 태어나서 살다가 예수님을 믿고 죄사함을 받으면 그때 어린 양의 생명책에 이름이 등재된다는 생각을 하게 됩니다. 태어나기 전에는 존재하지 않았고, 이름도 없으므로, 당연히 어린 양의 생명책에 이름을 기록할 수 없습니다. 그런데 태어난 후에 바로 어린 양의 생명책에 이름이 기록되는 것으로는 생각하지는 않습니다. 어린 양의 생명책은 출생기록부가 아니라 구원받은 사람의 명부라고 생각하기 때문입니다. 그래서 사람이 태어난 후에 어느 정도 성장합니다. 그리고 예수님을 믿고 주로 고백할 때나 성령을 받았을 때나 죄사함을 받았을 때 이름이 기록된다고 생각합니다. 그런데 사람들이 태어나는 것은 전 시대에 걸쳐 일어나는 일입니다. 그래서 창세 이후로 지금까지 계속해서 어린 양의 생명책에 이름이 기록되고 있다고 생각하게 됩니다.

위에서 설명한 대로 ἀπὸ καταβολῆς κόσμου(아포 카타볼레스 코스무)를 [세상의 기초 ~로부터]라고 해석한다면 다르게 이해됩니다. [창세 이후로]가 아니라, [창세 때]라고 번역하는 것이 의미상 더 정확한 번역입니다. ἀπὸ(아포)는 [~부터]라는 뜻으로 영어로 [from]이라는 의미라고 했습니다. [from~ to~]는 시작과 끝을 나타내는 말이지만, [from]은 출신을 묻는 말일 수도 있습니다. 'where are you from?'이라고 물을 때 여기에서 from은 어디 출신이냐는 질문입니다. 즉 어느 나라 사람이냐는 질문입니다.

이처럼 이 문장에서의 ἀπὸ(아포)는 시간이 아니라 소스(source)를 설명하는 것입니다. ἀπὸ καταβολῆς κόσμου(아포 카타볼레스 코스무)는 이름을 기록하는 작업을 [세상의 기초에서 가져온다]는 겁니다. [세상의 기초]에는 [생명책의 창조]도 포함되어 있었고, 생명책을 창조할 때 이름을 기록하는 일도 함께 있었던 겁니다. 그래서 [세상의 기초에서 가져온다]는 말은 어린 양의 생명책에 이름이 기록되는 일은 세상을 창조할 당시에 있었던 일이라는 겁니다.

어린 양의 생명책에 이름을 기록되는 것은 세상을 창조할 때 있었던 일입니다. 세상을 창조할 당시에 살아 있던 존재의 이름을 모두 어린 양의 생명책에 기록했습니다. 그 후로는 어린 양의 생명책에 이름이 추가되지 않았습니다. 다만 지금까지 어린 양의 생명책에 이름을 지우는 것만 가능합니다.

어린 양의 생명책에
기록된 자는 누구인가요?

　당연한 말이지만, 어린 양의 생명책에 이름을 기록할 때는 살아 있는 사람의 이름을 기록한 것입니다. 태어나지 않는 사람은 이름이 없으므로 기록할 수 없습니다. 그래서 어린 양의 생명책에 기록된 이름들은 세상의 기초를 만들 때 살아 있었던 사람들입니다.

　아담과 하와의 이름도 어린 양의 생명책에 기록되어 있지 않습니다. 왜냐하면, 어린 양의 생명책에 이름을 기록하는 일이 아담과 하와가 창조되기 전에 먼저 끝났기 때문입니다. 그래서 아담과 하와의 자손들과 그 후손들의 이름도 어린 양의 생명책에 기록되어 있지 않습니다.

　아담과 하와도 이름이 없고, 그 후손들의 이름도 없다면, 어린 양의 생명책에 이름을 기록할 수 있는 사람은 하나도 없을 것이라는 생각이 들게 됩니다.

　맞습니다. 어린 양의 생명책에는 사람의 이름이 없습니다. 어린 양의 생명책에 기록된 이름은 사람의 이름이 아니라 [하나님의 아들들]의 이름입니다. 하나님의 아들들은 세상을 만들기 전부터 있었으며, 하나님과 함께했던 영입니다.

어린 양의 생명책이 창조 당시 어느 시점에서 만들어졌는지는 정확하게 알 수는 없으나, 세상의 기초를 놓을 때 만들었고, 그 당시에 하나님 옆에 있었던 모든 하나님 아들들의 이름을 기록했습니다. 하나님의 아들들은 천사와 같은 존재로 세상을 만들기 전에 먼저 하나님이 창조한 피조물입니다. 세상을 만들 때는 이미 하나님의 아들들을 창조하는 일이 끝났기 때문에, 창조 당시에 모든 [하나님의 아들들]의 이름을 기록한 것입니다. 세상을 창조한 후로, 하나님의 아들들을 추가로 창조하지 않기 때문에, 어린 양의 생명책에 이름을 추가하는 일도 없었습니다.

그러면 어린 양의 생명책에 이름이 기록된 하나님의 아들들이 누구일까 하는 의문이 생깁니다. 대표적인 예가 성경에 나와 있습니다. 그것은 욥입니다. 욥은 하나님의 아들들 중의 하나였으며, 사명을 받아 이 땅에 사람으로 태어났습니다. 물론 어린 양의 생명책에는 [욥]이란 이름이 없습니다. [욥]이란 이름은 하나님의 아들들이 창조될 당시 주어졌던 본래의 이름이 아니라 땅에서 사람으로 태어날 때 그 부모가 지어 준 이름이기 때문입니다. 어린 양의 생명책에는 사람으로서의 [욥]이란 이름이 아니라 하나님의 아들들이었던 본래의 이름이 기록되어 있을 겁니다.

"하루는 하나님의 아들들이 와서 여호와 앞에 섰고 사탄도 그들 가운데

에 온지라"(욥 1:6)

"또 하루는 하나님의 아들들이 와서 여호와 앞에 서고 사탄도 그들 가
운데에 와서 여호와 앞에 서니"(욥 2:1)

하나님은 욥에 관한 내용을 기록하면서 두 번에 걸쳐 하나님의 아들들
이 하나님 앞에 섰다고 밝히고 있습니다. 이것은 욥이 하나님의 아들들
중 하나라는 것을 말씀하려고 하는 겁니다. 물론 이렇게 결론을 내리는
것은 근거가 확실하지 않다고 생각할 것입니다. 그러나 설명을 듣다 보면
알게 됩니다.

"그 때에 여호와께서 폭풍우 가운데에서 욥에게 말씀하여 이르시되 무
지한 말로 생각을 어둡게 하는 자가 누구냐 너는 대장부처럼 허리를 묶
고 내가 네게 묻는 것을 대답할지니라"(욥 38:1~3)

하나님은 욥에게 말씀합니다. 이제부터 욥기 38장의 내용은 하나님이
욥에게 말씀하는 내용입니다. 하나님은 욥에게 여러 가지 질문을 합니다.
욥이 대답할 수 없는 엄청난 질문을 하십니다.

"내가 땅의 기초를 놓을 때에 네가 어디 있었느냐 네가 깨달아 알았거
든 말할지니라"(욥 38:4)

일반적으로 많은 분이 이 말씀을 설명할 때는 욥이 정말 작은 존재임을

하나님의 창조는 끝나지 않았다

깨닫게 하려는 말씀이라고 말합니다. 왜냐하면, 이 땅의 기초를 놓을 때 욥은 존재하지 않았을 것이라는 생각을 하고 있기 때문입니다. 땅의 기초를 놓을 때란 이 우주를 창조하는 때는 말합니다. 땅의 기초를 놓을 때는 아직 하늘도, 바다도, 물도 없고, 나무도 없으며, 동물도 없고, 사람도 없을 때입니다. 공기가 없으므로 사람이 숨 쉴 수 없는 환경입니다. 이 시기에는 욥이 태어날 수 없었기 때문에 욥은 미미한 존재라는 것을 깨달아야한다는 겁니다.

> "그 때에 새벽 별들이 기뻐 노래하며 하나님의 아들들이 다 기뻐 소리를 질렀느니라"(욥 38:7)

세상을 창조할 때, 새벽 별들과 하나님의 아들들이 다 기뻐 소리를 질렀다고 합니다. 이 말씀에서 새벽 별은 כּוֹכְבֵי בֹקֶר(코커베 보페르)라고 하여 영어로 [morning stars]입니다. 그리고 하나님의 아들들은 : אֱלֹהִים כָּל-בְּנֵי(칼-버네 엘로힘)이며 영어로 [all sons of God]가 됩니다. 하나님이 창조하실 때 [하나님이 아들들]이 기뻐하여 소리를 질렀다고 합니다. [기뻐 소리를 지른다]는 표현에서 [소리를 지른다]는 것은 뭔가 기쁜 것을 표현할 때 사용하는 단어로 보입니다.

하나님이 세상을 창조할 당시, 물질의 기초가 만들어지는 시기였으므로 사람은 있을 수 없습니다. 그런데 여기에 [하나님의 아들들]이 이미 존재하며 크게 기뻐했다고 합니다. 그래서 [하나님의 아들들]은 사람이 아니라 천사와 같은 [영]입니다.

하나님은 욥에게 계속해서 사람으로서는 대답할 수 없는 질문을 합니다. 그러나 하나님이 욥에게 질문하는 내용은 세상을 창조할 당시에 존재했던 [영들]에게는 대답할 수 있는 질문입니다. 왜냐하면 [하나님의 아들들]은 하나님의 창조를 경험했으며, 하나님의 창조를 보고 기뻐했기 때문입니다.

> "네가 너의 날에 아침에게 명령하였느냐 새벽에게 그 자리를 일러 주었느냐"(욥 38:12)

> "네가 바다의 샘에 들어갔었느냐 깊은 물 밑으로 걸어 다녀 보았느냐"(욥 38:16)

> "땅의 너비를 네가 측량할 수 있느냐 네가 그 모든 것들을 다 알거든 말할지니라"(욥 38:18)

> "너는 그의 지경으로 그를 데려갈 수 있느냐 그의 집으로 가는 길을 알고 있느냐"(욥 38:20)

하나님께서는 욥에게 계속해서 창조 당시의 상황에 대하여 질문합니다. 창조 당시에 존재하지 않았다면 알 수 없는 내용입니다. 욥이 대답할 수 없는 질문을 계속하는 것은 욥에게 자괴감을 느끼게 하려는 걸까요? 욥 자신이 얼마나 미미한 존재인지 깨달으라고 하시는 질문이라고 보기에는 너무나 거창한 질문입니다. 하나님께서 대답할 수 없을 것을 아시면

하나님의 창조는 끝나지 않았다

서도 계속해서 욥에게 질문한다는 것은 뭔가 하나님의 격에 맞지 않는 행동으로 보입니다.

> "네가 아마도 알리라 네가 그 때에 태어났으리니 너의 햇수가 많음이니라"(욥 38:21)

이 말씀은 히브리어 원어로 아래와 같습니다.

יָדַ֗עְתָּ כִּי־אָ֥ז תִּוָּלֵ֑ד וּמִסְפַּ֖ר יָמֶ֣יךָ רַבִּֽים׃

(야다타 키-아즈 티우레드 우미스파르 야메카 라빔)

יָדַ֗עְתָּ(야다타)는 יָדַע(야다)라는 Qal동사의 완료형·2인칭·남성입니다. יָדַע(야다)는 [내가 안다]는 의미입니다. NIV에서는 [Surely you know]로 되어 있으며, NASB에서는 [You know]로 번역하고 있습니다. KJV에서는 이 문장을 질문형태로 변경하여 번역하고 있습니다. 이 동사는 완료형이기 때문에 [너는 이미 알고 있다]로 해석해야 합니다.

킹 제임스 버전(KJV)에서는 하나님이 욥에게 질문하고 있다고 해석하고 있습니다. 그래서 [네가 그때 태어났기 때문에 안다고? 또는 너의 나이가 많아서 안다고?]라는 식으로 번역하고 있습니다. 이것은 욥이 절대 알 수 없다는 것을 전제로 한 오역입니다. 그런데 우리 개역 개정 성경에서는 [네가 아마도 알 것이다. 네가 그때 태어났으리니 너의 햇수가 많음이니라]로 번역하고 있으며, 개역 한글에서는 [네가 아마 알리라 네가 그 때

났었나니 너의 년수가 많음이니라고 번역되어 있습니다.

개역개정과 개역한글에서는 이 문장을 의문문으로 번역하지 않고 히브리어 원문에 맞춰 번역한 것으로 보입니다. 히브리어 אָז(아즈)는 [그때에]라는 뜻입니다. 영어로는 [at that time]으로 번역됩니다. [네가 그 당시에 태어났다]라는 번역이 맞습니다. 그래서 히브리어 원어를 직역하면 아래와 같습니다.

"너는 알고 있다. 왜냐하면 네가 그 당시에 태어났었고 네 날(day)의 수가 매우 많다."

하나님은 욥에게 지금까지 질문한 내용을 모두 알고 있을 것이라고 말씀합니다.

어떤 사람은 이 문장을 하나님이 욥에게 반어법을 사용하여 말씀한 것이라고 해석합니다. 반어법을 사용하면, 사람 대부분은 그 말의 숨겨진 의미를 이해합니다. 말 그대로가 아니라는 것을 사람이 알아듣지만, 반어법도 일종의 거짓말입니다. 거짓말을 하지 않는 하나님께서 반어법적인 형태를 사용하여 욥을 책망한다는 것은 잘못된 해석입니다. 하나님은 거짓을 말하지 않기 때문에 반어법적 문장을 사용하지 않는다고 믿습니다.

하나님은 욥에게 하신 질문의 내용을 욥이 알고 있다고 말씀합니다. 욥 38:21은 알고 있냐는 질문이 아니라, 욥이 알고 있다는 선언입니다. 욥은

하나님의 창조는 끝나지 않았다

단순한 사람이 아니라, 세상을 창조할 때 함께 기뻐했던 [하나님의 아들들] 중의 하나였다는 겁니다.

[네가 그때에 났었나니]라는 말씀은 사람으로 태어났을 때가 욥의 시작이 아니라는 겁니다. [네가 그때에 났었나니]라는 말씀에서 [그때]란 세상의 기초를 놓을 당시를 말하는 것입니다. 욥은 세상의 기초를 만들 당시에 이미 존재했던 [영]이라는 의미입니다.

[너의 년수가 많음이니라]는 말씀은 욥이 인간의 수명으로 오래 살았다는 말이 아니라 세상 만물보다 먼저 있었다는 뜻입니다.

세상을 창조할 당시에 욥은 새벽에게 자리를 일러주었고(욥 38:12), 바다의 샘에 들어갔었고(욥 38:16), 물 밑으로 걸어 다녔고(욥 38:16), 땅의 넓이를 측량했었고(욥 38:18), 사망의 그늘진 문을 보았다(욥 38:17)는 것입니다. 욥은 사람으로 태어날 때 그 모든 것을 기억할 수 없게 되었습니다. 그러나 욥의 근본은 단순한 사람이 아니라 창세 전에 하나님 옆에 서 있었던 [하나님의 아들들]입니다.

[하나님의 아들들]은 하나님이 세상 물질을 만들기 전에 먼저 창조된 영입니다. 하나님께서 세상 물질을 만들 때는 [하나님의 아들들]의 창조가 이미 끝난 상태입니다. 그래서 세상을 창조할 때는 [하나님의 아들들]의 수가 확정되어 있으며, 늘지도 줄지도 않는 고정된 수입니다. 하나님께서 세상을 만들고, 어린 양의 생명책에 하나님 아들들의 이름을 기록할 때는,

이미 하나님 아들들의 수가 고정된 상태입니다. 그래서 하나님 아들들의 이름을 모두 어린 양의 생명책에 기록한 후로는 추가할 이름이 없는 겁니다. 그 이후로는 하나님께서 하나님의 아들들을 추가로 창조하지 않기 때문입니다. 어린 양의 생명책은 단 한 번만 기록되었으며, 이 한 번의 기록에서 모든 하나님 아들들의 이름을 다 기록하였습니다.

이렇게 하나님의 아들들은 하나님 옆에 서 있었던 영들로서 하나님이 세상을 창조하기 전에 먼저 창조된 존재입니다. 이들은 하나님을 모시고 선 자들로서, 욥처럼 하나님의 명령을 받고 이 땅의 사람으로 태어납니다.

결론적으로, 어린 양의 생명책에 이름이 기록된 자들은 모두 창세 전에 영으로 존재했던 하나님의 아들들입니다.

하나님의 창조는 끝나지 않았다

어린 양의 생명책에
기록될 수 없었던 사람들은 어떻게 되나요?

아담과 하와, 그리고 그 자손들과 후손들은 어린 양의 생명책에 기록되지 않았습니다. 또 아담 이후의 모든 사람들도 어린 양의 생명책에 이름이 기록되지 않았습니다. 창세 때 존재하지 않았던 사람들은 모두 어린 양의 생명책에 기록되지 않았습니다.

창 1:28에서 하나님은 사람을 만들고 하늘의 새와 바다의 고기와 땅의 짐승을 다스리면서 생육하고 번성하여 땅에 충만하게 하려고 하셨습니다. 창 1:27의 [남자와 여자]는 하나님의 백성으로 창조되었는데, 이들의 이름은 어린 양의 생명책에 기록되지 않았습니다.

창 1:27의 [남자와 여자]를 창조할 때는, 이미 어린 양의 생명책에 이름을 기록하는 일이 끝났기 때문입니다. 어린 양의 생명책에 이름을 기록할 때는 땅의 기초를 놓을 때였습니다.

창 1:27의 [남자와 여자]를 창조할 때는 이미 세상의 기초가 만들어진 후로서, 먼저 자연이 있었고, 숨 쉴 수 있는 산소가 있었고, 바다가 있었으며, 새와 땅의 짐승과 바다의 고기들이 있었습니다. 그래서 어린 양의 생명책에 이름을 기록하는 일이 [남자와 여자]를 창조하는 일보다 먼저 있었던 일입니다.

세상을 창조할 당시에 이름이 없었던 사람들은 모두 어린 양의 생명책에 이름이 기록될 수 없었을 것입니다. 태어나지도 못했던 사람들은 이름조차 없으므로 어린 양의 생명책에 기록될 수 없습니다. 하나님의 백성인 [남자와 여자]는 생육하고 번성하여 땅에 충만해지고 하늘의 새와 바다의 고기와 땅의 모든 짐승을 다스리며 살아야 하는데 어린 양의 생명책에 기록되지 못해서 영원한 불 못에 들어간다면 하나님은 창조 목적을 이루지 못하는 분이 됩니다.

이런 생각은 당연히 잘못된 것입니다.

어린 양의 생명책에 기록되지 못한 사람들은 모두 지옥에 가서 영원히 고통받는다고 생각했기 때문입니다. 어린 양의 생명책에 기록된 사람들만 구원받고, 어린 양의 생명책에 기록되지 못한 사람들은 구원받지 못한다고 생각하기 때문입니다.

그러나 어린 양의 생명책은 구원받을 사람의 이름을 기록한 것이 아닙니다. 어린 양의 생명책은 영생을 누리는 하나님 백성의 이름을 기록한 것이 아닙니다. 그래서 어린 양의 생명책에 이름이 기록되지 않았기 때문

하나님의 창조는 끝나지 않았다

에 지옥 불 못에 간다는 생각은 잘못된 것입니다.

어린 양의 생명책은 세상을 창조하기 전에 먼저 창조 받은 영들의 이름을 기록한 책입니다. 하나님의 아들들(욥 1:6, 욥 2:1, 욥 38:21)이 하나님 옆에 있었는데, 이들의 이름을 어린 양의 생명책에 기록한 것입니다. 하나님은 하나님의 아들들을 필요에 따라 한 명씩 순차적으로 이 땅에 사람으로 보냅니다. 하나님은 하나님의 아들들을 선지자로, 제자로, 하나님의 종으로, 사명을 맡겨서 사람으로 태어나게 하셨습니다. 이들은 하나님 옆에 있다가 이 땅에 보냄을 받아 사람으로 태어난 것입니다.

자신의 사명을 마친 후에, 다시 하나님이 계신 곳으로 돌아가야 하는 영들입니다. 낮에 주인의 명령으로 밭에 나가 일을 한 종들이 저녁이 되면 일을 마치고 주인에게로 돌아가는 것과 같습니다. 이 땅에 사람으로 와서 하나님의 명령을 이행하는 과정에서 잘못하면 자신의 이름이 어린 양의 생명책에서 지워질 가능성도 있습니다. 그러나 어린 양의 생명책에서 이름이 지워진다고 하더라고 지옥 불 못에 들어가는 것은 아닙니다. 어린 양의 생명책에서 이름이 지워지면, 하나님께로 돌아가지 못하는 겁니다. 어린 양의 생명책은 하나님 옆에 있을 수 있는 사람(영)의 이름이 기록되어 있습니다.

어린 양의 생명책에 이름이 기록되는 사건은 세상의 기초를 완성했을 당시 한 번으로 유일합니다. 이름들을 기록했던 사건은 한 번뿐이기 때문에 이름이 기록되지 못했다는 말을 할 때도 $\mathring{\alpha}\pi\grave{o}$ $\kappa\alpha\tau\alpha\beta o\lambda\tilde{\eta}\varsigma$ $\kappa\acute{o}\sigma\mu o\upsilon$(아

포 카타볼레스 코스무)라는 문구를 넣은 것입니다. 왜냐하면 창세 때 있었던 사건이기 때문입니다.

계 13:8과 계 17:8에서는 어린 양의 생명책에 기록되지 못한 사람들을 말하고 있습니다. 그런데 어린 양의 생명책에 기록된 사람은 땅 위에 한 명도 없는 시기입니다. 계 13:8과 계 17:8의 사건은 이미 십사만사천의 종들이 모두 하나님이 계신 보좌로 돌아간 후의 사건을 기술하고 있습니다. 그래서 계 13:8과 계 17:8에서 말하는 [땅에 사는 자들]은 모두 어린 양의 생명책에 이름이 기록되지 않은 사람입니다. 이 사람들은 하나님의 아들들이 아닙니다.

어린 양의 생명책에 이름이 기록되지 않았기 때문에, 지옥에 가는 것은 아닙니다. 땅에 거하는 자들은 창 1:26의 말씀과 같이 생육하고 번성하여 땅에 충만해야 하는 사람들입니다. 계 13:8과 계 17:8의 땅에 살아 있는 사람들도 하나님의 백성으로 창조된 사람입니다.

만약 이 사람들이 영원한 지옥에 던져져서 영원토록 나오지 못한다면, 하나님은 창 1:28의 명령을 이루지 못하는 분이 됩니다.

> "생육하고 번성하여 땅에 충만하라, 땅을 정복하라, 바다의 물고기와 하늘의 새와 땅에 움직이는 모든 생물을 다스리라"(창 1:28)

계 13:8과 계 17:8에서 땅에 살아 있는 사람이 비록 짐승에게 경배하지

하나님의 창조는 끝나지 않았다

만, 이 사람들도 창 1:28의 목적으로 창조된 사람입니다. 이 사람들도 땅 위에서 생육하고 번성하여 충만해야 하는 하나님의 백성입니다. 이 사람들의 이름이 어린 양의 생명책에 기록되지 않은 것은 하나님의 아들들이 아니라 하나님의 백성이기 때문입니다. 하나님의 백성은 땅에서 충만하게 살아야 하는 목적으로 창조되었습니다.

어린 양의 생명책에
이름이 지워진 사람이 있나요?

아무리 하나님의 아들들이라도, 어린 양의 생명책에서 이름이 지워질 수 있습니다. 실제로 어린 양의 생명책에서 이름이 지워진 예가 있습니다. 그것은 바로 세례요한입니다.

> "기록된 바 보라 내가 내 사자를 네 앞에 보내노니 그가 네 앞에서 네 길
> 을 준비하리라 한 것이 이 사람에 대한 말씀이라"(눅 7:27)

세례요한은 예수님의 길을 준비하기 위하여 보냄을 받은 선지자입니다. 세례요한은 선지자로 보냄을 받기 전부터 이미 하나님의 사자였습니다. 여기서 [사자]라는 단어는 헬라어로 ἄγγελος(앙겔로스)로서 영어로는 [a messenger, angel]로 번역됩니다. 이 문구는 헬라어로 ἄγγελόν μου로 되어 있는데 이 말은 [나의 사자]라는 뜻입니다.

세례요한은 이 땅에 태어나기 전부터 하늘에 있었던 존재로서 [하나님의 아들들] 중의 하나였습니다. 하나님은 세례요한을 [나의 사자]라고 표

하나님의 창조는 끝나지 않았다

현하셨습니다. 세례요한의 이름도 어린 양의 생명책에 기록되어 있었습니다. 물론 어린 양의 생명책에 기록되었던 이름은 Ἰωάννης(요한)이라는 이름은 아닙니다. 이 이름은 사람이 지어 준 이름이며, 영으로 창조될 당시 가졌던 본래의 이름이 있었을 것입니다.

> "내가 너희에게 말하노니 여자가 낳은 자 중에 요한보다 큰 자가 없도다 그러나 하나님의 나라에서는 극히 작은 자라도 그보다 크니라 하시니"(눅 7:28)

세례요한의 이름이 어린 양의 생명책에서 지워졌다는 말의 근거는 예수님의 이 말씀입니다. 이 말씀의 헬라어 원어는 다음과 같습니다.

ὁ δὲ μικρότερος ἐν τῇ βασιλείᾳ τοῦ Θεοῦ μείζων αὐτοῦ ἐστιν
(호 데 미크로테로스 엔 테 바실레이아 투 데우 메이존 아우투 에스틴)

ὁ(호)는 정관사입니다. δέ(데)는 but, and, now 등의 뜻입니다. ἐν τῇ βασιλείᾳ τοῦ Θεοῦ(엔 테 바실레이아 투 데우)는 [하나님의 나라 안에서]라는 의미입니다.

μικρότερος(미크로테로스)는 μικρός(미크로스)라는 형용사의 남성·주격·단수·비교급의 형태입니다. μικρός(미크로스)는 영어로 [little, small]의 뜻입니다. μικρότερος(미크로테로스)는 비교급으로 영어로 번역하면 [lesser]가 됩니다. 한글로는 [~더 작다]는 뜻입니다. ὁ μικρότερος(호 미코로테로스)는 정관사 (호)가 있어서 [가장 작은 자]라는 뜻이 되며, 영어로는 [the least]로 번역됩니다.

μείζων(메이존)은 μέγας(메가스)라는 형용사의 주격·남성·단수·비교급의 형태입니다. μέγας(메가스)는 영어로 [large, great]의 뜻입니다. μείζων(메이존)은 비교급으로 영어로 번역하면 [greater]가 됩니다.

이 말씀을 직역하면 다음과 같습니다.
"그러나 하나님의 나라 안에서 가장 작은 자가 그보다 크다"

여기서 μικρότερος(미크로테로스)가 신약 성경에서 사용된 예를 확인할 필요가 있습니다. μικρότερος(미크로테로스)는 신약성경에서 5번 나오는데 마 11:11, 마 13:32, 막 4:31, 눅 7:28, 눅 9:48 등입니다. 이 말씀 중에서 마 11:11과 눅 7:28은 병행 구절로 본문에 해당하기 때문에 앞에서 분석한 것으로 여기서는 넘어가고, 다른 3개의 말씀을 확인합니다.

(1) 마 13:32

"이는 모든 씨보다 작은 것이로되 자란 후에는 풀보다 커서 나무가 되매 공중의 새들이 와서 그 가지에 깃들이느니라"

이 말씀에서는 ὁ μικρότερον μέν ἐστιν(호 미크로테론 멘 에스틴)으로, [가장 작은 것]이라는 뜻입니다. 내용을 보면 겨자 씨는 씨 중에서 가

하나님의 창조는 끝나지 않았다

장 작다는 의미입니다. 작은 씨들 중 하나라는 뜻은 아닙니다.

(2) 막 4:31

"겨자씨 한 알과 같으니 땅에 심길 때에는 땅 위의 모든 씨보다 작은 것
이로되"

이 말씀에서 μικρότερον ὂν(미크로테론 혼)으로, 영어로 [smallest]로
번역되었습니다. 한글 성경에서 [~보다 작은 것이다]로 번역되었습니다.

(3) 눅 9:48

"그들에게 이르시되 누구든지 내 이름으로 이런 어린 아이를 영접하면
곧 나를 영접함이요 또 누구든지 나를 영접하면 곧 나를 보내신 이를
영접함이라 너희 모든 사람 중에 가장 작은 그가 큰 자니라"

이 말씀에서는 마지막 문구에서 μικρότερος(미크로테로스)가 사용되
었습니다. 마지막 문구는 [너희 모든 사람 중에서 가장 작은 그가 큰 자니
라]입니다. 이중에서 [가장 작은 그]라는 부분입니다. 헬라어로는 ὁ γὰρ
μικρότερος(호 가르 미크로테로스)입니다. ὁ(호)와 μικρότερος(미크로
테로스) 사이에 있는 γὰρ(가르)는 접속사로서 영어로는 for, indeed 등으
로 번역됩니다. 영어 성경에서는 for로 번역되어 있는데, 한글에서는 번역
되어 있지 않으나, 번역한다면 [그러니까…] 등으로 번역할 수 있습니다.

ὁ μικρότερος(호 미크로테로스)는 정관사 ὁ(호)가 있어서 [가장 작은 자]로 번역됩니다. [너희 중에서 가장 작은 자. 그가 큰 자]라는 말씀입니다.

마 13:32, 막 4:31, 눅 9:48의 말씀을 확인했습니다. 이 말씀들에서 μικρότερος(미크로테로스)는 가장 작다는 의미로 사용되고 있습니다. 작은 그룹에 속한 자라는 의미가 아니라 가장 작다는 의미입니다.

마 11:11, 눅 7:28에서는 μικρότερος(미크로테로스)를 [극히 작은 자]로 번역하고 있어서 약간의 오해의 소지가 있습니다. [극히 작은 자]와 [가장 작은 자]의 차이를 말하는 겁니다. [극히]라는 단어는 순서를 나타내지 않고 상태를 나타내는 말로 보입니다. 다시 말해서, 100명이 있는 모임에서 작은 사람들을 모았는데 10명이 모였습니다. 이 10명을 작은 사람의 모임, 또는 극히 작은 사람의 모임 등으로 정의합니다. 모임에 포함된 사람이 10명이든 20명이든 숫자는 중요하지 않다는 것입니다.

그러나 [가장 작은 자]라는 번역에서 [가장]이라는 단어는 순서를 나타내고 있습니다. [가장 작은 자]는 전체 100명이 있을 때, 100명을 순서대로 정렬하여 가장 마지막에 오는 100번째 사람을 의미하게 됩니다.

한글 성경에서 마 11:11, 눅 7:28의 [극히 작은 자]라는 표현은 말씀이 주는 의미를 약하게 만듭니다. [극히 작은 자]라는 표현이 아니라 [가장 작은 자]로 표현해야 맞습니다.

하나님의 창조는 끝나지 않았다

예수님은 세례요한이 천국에 들어가지 못한다는 말씀을 하신 것입니다. 천국에 100명이 있다고 할 경우, 가장 작은 자인 100번째 사람이 세례요한보다 크다는 뜻입니다. 그러면 세례요한은 아무리 높아도 101번이될 것이고, 천국은 100명이기 때문에, 101번인 세례요한은 천국에 없다는의미입니다.

물론 세례요한이 천국에 들어가지 못한다고 해서 지옥에 간다는 말은아닙니다. 마 11:11, 눅 7:28의 말씀에서 천국이라는 말씀은 하나님이 계신 보좌를 의미합니다. 마 11:11에서는 헬라어로 ἐν τῇ βασιλείᾳ τῶν οὐρανῶν(엔 테 바실레이아 톤 우라논)이며, 하늘의 왕국이라는 뜻입니다. 눅 7:28에서는 헬라어로 ἐν τῇ βασιλείᾳ τοῦ Θεοῦ(엔 테 바실레이아투 데우)이며, 하나님의 왕국이라는 뜻입니다. 이 두 경우 모두 예수님은 βασιλείᾳ(왕국)이라는 단어를 사용했습니다.

βασιλείᾳ(왕국)은 땅 위에 있는 하나님의 나라가 아니라, 하나님의 보좌가 있는 나라이며, 이곳은 새 예루살렘 성이며, 땅에 있는 모든 나라를다스리는 중심입니다. 새 예루살렘 성은 오직 땅의 왕들만 들어가며, 어린 양의 생명책에 기록된 사람만 들어갑니다. 그래서 세례요한은 하나님의 보좌로 갈 수 없습니다. 그러나 세례요한은 땅 위에 세워진 하나님의나라에서 영원히 살게 될 것입니다. 다만 세례요한의 이름이 어린 양의생명책에서 지워졌으며, [어린 양의 생명책]에서 이름이 지워질 수 있다는 것을 알 수 있었던 성경에 기록된 사례입니다.

어린 양의 생명책에 기록된 사람은
십사만 사천인가요?

네. 그렇습니다.

이 사람들은 창세 때부터 계시록 시대까지 전시대에 걸쳐서 구속을 받은 하나님의 종들입니다. 현재 살아 있는 사람들만 모아서 십사만 사천이 되는 것은 아닙니다. 예수님 당시에 믿음을 지킨 사람들과 사도들과 선지자들과 구약의 모든 믿음의 조상들까지 모두 포함한 수입니다.

여기서는 요한계시록을 통해서 [어린 양의 생명책]에 기록된 사람들이 계 14:1의 십 사만 사천이라는 것을 설명합니다.

(1) 어린 양의 생명책에 기록된 사람들만 새 예루살렘 성에 들어간다.

"무엇이든지 속된 것이나 가증한 일 또는 거짓말하는 자는 결코 그리로 들어가지 못하되 오직 어린 양의 생명책에 기록된 자들만 들어가리라"(계 21:27)

하나님의 창조는 끝나지 않았다

이 말씀에서 [어린 양의 생명책]에 기록된 자들이 [새 예루살렘 성]에 들어갑니다. 그 외에는 아무도 [새 예루살렘 성]으로 들어갈 수 없습니다. 그래서 [새 예루살렘 성]에 들어갈 수 있는 사람들의 수가 곧 [어린 양의 생명책]에 기록된 사람들의 수입니다.

계 21:27의 말씀을 통해서 [어린 양의 생명책]에 기록된 사람들은 [새 예루살렘 성]에 들어가는 자들입니다.

(2) 새 예루살렘 성에 들어가는 자들은 땅의 왕들이다.

"만국이 그 빛 가운데로 다니고 땅의 왕들이 자기 영광을 가지고 그리로 들어가리라"(계 21:24)

이 말씀에서는 [새 예루살렘 성]에 들어가는 자들은 땅의 왕들이라는 것을 알 수 있습니다. 만국이 그 빛 가운데 다닌다고 했는데, 만국이 [새 예루살렘 성] 안으로 들어간다는 의미는 아닙니다. [자기 영광을 가지고]라는 말씀은 다른 헬라어 성경에서는 δόξαν καὶ τιμὴν τῶν ἐθνῶν(독산 카이 티멘 톤 에드논)으로 기록되어 있습니다. δόξαν καὶ τιμὴν τῶν ἐθνῶν(독산 카이 티멘 톤 에드논)는 [나라들의 영광과 명예]라는 뜻입니다.

이 말씀은 곧 땅의 왕들이 자신의 나라에서 영광과 명예를 가지고 들어온다는 의미입니다. 한글 성경에서는 [자기 영광을 가지고]로 번역되어 있습니다. 땅의 왕들이라면 각자가 자신이 다스리는 나라를 가지고 있다는 뜻입니다. 왕들이 영광과 명예를 가져온다면 그 영광과 명예는 어디서 오는 걸까요? 새 예루살렘 성 내부에서 구한 것은 아닙니다. 왜냐하면, εἰς αὐτήν(에이스 아우텐)은 밖에서 가지고 와서 새 예루살렘 성 안으로 들어가는 것을 설명하고 있기 때문입니다.

[새 예루살렘 성]만 천국이고 그 바깥 지역이 지옥이라면, 이 사람들은 땅의 왕들이지만 동시에 지옥의 왕들이 될 것입니다. 그리고 이 영광과 명예는 지옥에서 가져온 것이라는 말이 됩니다. 지옥에서 가져온 것을 새 예루살렘 성 안에 계신 하나님께 드린다는 말이 됩니다. 당연히 잘못된 해석이 됩니다.

[새 예루살렘 성]만 천국이 아니라, 땅 위에는 많은 나라가 있으며, 이 나라들 모두가 천국입니다. [새 예루살렘 성]은 하나님이 계시는 곳으로 땅 위에 있는 많은 나라의 중심이 되는 곳입니다. 그래서 [새 예루살렘 성]은 세상의 많은 나라가 아니라는 겁니다. 세상에는 많은 나라가 있게 될 것이며, 세상의 많은 나라는 땅 위에 세워진 하나님의 나라입니다. 땅 위에 있는 많은 나라를 다스리는 왕들은 왕권을 예수님으로부터 위임을 받았습니다. 이 왕들이 곧 땅의 왕들입니다. 땅의 왕들이 [새 예루살렘 성]으로 들어와서 자신이 다스리는 나라의 명예와 영광을 하나님께 드리는 겁니다.

그래서 결론으로 [어린 양의 생명책]에 기록된 사람들은 계 21:24의 [땅의 왕들]이 됩니다.

하나님의 창조는 끝나지 않았다

(3) 땅의 왕들은 첫째 부활에 참여한 사람들이다.

"이 첫째 부활에 참여하는 자들은 복이 있고 거룩하도다 둘째 사망이
그들을 다스리는 권세가 없고 도리어 그들이 하나님과 그리스도의 제
사장이 되어 천 년 동안 그리스도와 더불어 왕 노릇 하리라"(계 20:6)

첫째 부활에 참여하는 자들은 그리스도와 더불어 왕이 되리라고 합니다.
[그리스도와 더불어]라는 말씀은 그리스도께서 왕권을 위임해 주신다는 의
미입니다. 계 11:15에서 세상 나라들이 [우리 주와 그 그리스도의 나라]가
되었다고 합니다. 예수님은 세상 나라의 주인이 되셨습니다. 눅 22:30에서
제자들에게 [예수님의 나라에서 보좌에 앉아 이스라엘 열두 지파를 다스리
게 한다]고 말씀하셨습니다. 예수님은 예수님의 제자들에게 자신의 나라
를 다스리도록 왕권을 위임해 주신다는 겁니다. 땅의 왕들은 예수님으로부
터 왕권을 받아 땅 일부분을 자신의 나라로 다스리게 됩니다.

예수님은 계 20:6의 말씀에서 제자들에게 주신 약속(왕권의 위임)을 지
키게 됩니다. 예수님에게서 왕권을 위임받아 땅에서 왕으로서 살게 될 사
람들은 모두 첫째 부활에 참여하게 됩니다. 그래서 예수님이 주신 왕의
권한으로 예수님의 나라 중에서 자신에게 허락된 나라를 천 년 동안 다스
리게 됩니다.

그래서 결론으로 [어린 양의 생명책]에 기록된 사람들은 계 20:6의 첫째
부활 때 부활한 사람들입니다.

(4) 첫째 부활 때, 부활한 사람들은 흰옷 입은 무리다.

"첫째 부활에 참여하는 자들은 복이 있고 거룩하도다 둘째 사망이 그들을 다스리는 권세가 없고"(계 20:6)

이 말씀을 보면, 첫 번째 부활 때 부활한 사람들은 둘째 사망이 이들을 다스리지 못한다고 합니다. 첫 번째 부활 때 부활한 사람들은 땅의 왕들입니다. 땅의 왕들은 땅의 백성들과는 다르게 둘째 사망의 해를 받지 않는다는 겁니다.

계 20:14에서 둘째 사망이 곧 불 못임을 밝히고 있습니다. [불 못]이란 계 21:8에서 설명한 대로 [불과 유황으로 타는 못]입니다. 헬라어 원어로는 ἐν τῇ λίμνῃ τῇ καιομένῃ πυρὶ καὶ θείῳ(엔 테 림네 테 카이오메네 푸리 카이 데이오)라고 되어 있습니다. 헬라어 원어 그대로 [불과 유황이 타오르는 호수]입니다. 영어로는 NIV에서는 [lake of burning sulfur]로 되어 있고, KJV에서는 [the lake which burneth with fire and brimstone]으로 되어 있고, NASB에서는 [lake that burns with fire and brimstone]으로 되어 있습니다.

계 20:10에서는 εἰς τὴν λίμνην τοῦ πυρὸς καὶ θείου(에이스 텐 림넨 투 푸로스 카이 데이우)로 되어 있습니다. 헬라어 원어 그대로 [불과 유황의 호수]로 번역됩니다.

하나님의 창조는 끝나지 않았다

이렇게 둘째 사망은 [불과 유황이 타오르는 호수]를 말합니다. 그런데 계 20:6에서 둘째 사망이 땅의 왕들을 다스리는 권한이 없다는 말은 무슨 의미일까요? 이 말씀은 둘째 사망에 땅의 왕들이 들어갈지라도 고통을 주지 못한다는 것을 의미합니다. 둘째 사망이 불 못이므로, 둘째 사망의 권세란 불과 유황으로 태우는 권세입니다. 누구든지 불 못에 던져지면, 불과 유황으로 고통을 받게 됩니다. 계 14:10과 계 20:10에서는 불 못에 던져진 자들이 고난을 받는다 또는 밤낮으로 괴로움을 받는다고 합니다. 불 못에 던져지면 뜨겁게 태우는 고통을 받게 됩니다.

그런데 첫째 부활 때 부활한 땅의 왕들은 불 못의 고난을 받지 않는다는 겁니다. 불 못의 고통을 받지 않으려면, 불 못에 한 번도 들어가지 않으면 됩니다. 또 다른 방법으로 불 못에 들어가더라도 뜨겁지 않으면 됩니다. 불과 유황이 타오르지만, 그 불길이 뜨겁지 않으면 불 못에서도 고통받지 않게 됩니다.

"그들이 다시는 주리지도 아니하며 목마르지도 아니하고 해나 아무 뜨 거운 기운에 상하지도 아니하리니"(계 7:16)

이 말씀에서 흰옷 입은 무리는 해나 아무 뜨거운 기운에 상하지 않을 것이라고 합니다. 어떤 뜨거운 기운에도 전혀 영향을 받지 않습니다. 다시 말해서 계 7:9~17에 나오는 흰옷 입은 무리는 둘째 사망의 해를 받지 않는다는 것입니다. 바로 이들이 땅의 왕들입니다. 계 20:6에서 둘째 사망은 첫째 부활 때 부활하여 그리스도와 함께 천 년 동안 왕이 되는 사람들을 다스리지 못한다고 기록되어 있기 때문입니다.

그래서 결론으로 [어린 양의 생명책]에 기록된 사람들은 계 7:13의 [흰옷 입은 무리]가 됩니다.

(5) 흰옷 입은 무리는 하나님의 종들이다.

"그러므로 그들이 하나님의 보좌 앞에 있고 또 그의 성전에서 밤낮 하나님을 섬기매 보좌에 앉으신 이가 그들 위에 장막을 치시리니"(계 7:15)

이 말씀을 보면, 흰옷 입은 무리는 하나님의 보좌 앞에 있고, 하나님을 밤낮으로 섬기는 사람들입니다. 흰옷 입은 무리는 보좌 앞에서 하나님을 섬기는 사람들임을 말하고 있습니다. 땅의 백성들과는 다릅니다. 땅의 백성들은 7일 중 6일을 자신을 위하여 살게 됩니다. 그러나 흰 옷 입은 무리는 하나님의 보좌 앞에서 밤낮으로 하나님을 섬깁니다. 흰옷 입은 무리는 자신의 삶을 사는 것이 아니라 하나님을 위하여 살게 됩니다. 흰옷 입은 무리가 곧 땅의 왕들입니다. 땅의 왕들은 자신을 위한 삶을 살지 않고 하나님을 위하여 밤낮으로 쉬지 않고 섬기게 됩니다.

"다시 저주가 없으며 하나님과 그 어린 양의 보좌가 그 가운데에 있으리니 그의 종들이 그를 섬기며 그의 얼굴을 볼 터이요 그의 이름도 그들의 이마에 있으리라 다시 밤이 없겠고 등불과 햇빛이 쓸 데 없으니

하나님의 창조는 끝나지 않았다

이는 주 하나님이 그들에게 비치심이라 그들이 세세토록 왕 노릇 하리
로다"(계 22:3~5)

이 말씀은 하나님의 종들에 대한 말씀입니다. 이 종들에게는 다음과 같
은 특징이 있습니다.

(1) 하나님의 종들에게는 저주가 없습니다.
(2) 하나님의 종들은 하나님의 얼굴을 보게 됩니다.
(3) 하나님의 종들의 이마에 하나님의 이름이 있습니다.
(4) 하나님의 종들에게는 밤이 없습니다.
(5) 하나님이 하나님의 종들에게 비치십니다.
(6) 하나님의 종들은 땅에서 영원한 왕이 됩니다.

계 7:15에서는 흰옷 입은 사람들은 하나님의 보좌 앞에 있어서 밤낮으
로 하나님을 섬긴다고 합니다. 그런데 계 22:3에서도 그의 종들의 가운데
는 하나님과 어린 양의 보좌가 있고 그의 종들이 하나님을 섬긴다고 합니
다. 그래서 계 7:15과 계 22:3은 같은 사람들을 설명하는 겁니다.

그래서 결론으로 [어린 양의 생명책]에 이름이 기록된 자들은 계 22:3~5
의 [하나님의 종]들이 됩니다.

(6) 하나님 종들의 이마에는 하나님과 어린 양의 이름이 있다.

"그의 이름도 그들의 이마에 있으리라"(계 22:4)

하나님의 종들의 이마에 하나님과 어린 양의 이름이 기록되어 있다고 말씀합니다. 이들은 하나님의 종들입니다. 하나님의 백성에게는 이마에 이름을 기록하지 않습니다. 하나님의 종들의 이마에 이름을 기록하는 것을 계시록에서 확인하겠습니다.

계시록에서 [이마]에 대한 기록은 (계 7:3)과 (계 9:4)과 (계 13:16)과 (계 14:1)과 (계 14:9)과 (계 17:5)과 (계 20:4)과 (계 22:4)입니다. 이 기록 중에서 (계 13:16)과 (계 14:9)과 (계 20:4)의 기록은 [짐승의 표]에 대한 기록이기 때문에 제외합니다. 또 이 기록 중에서 (계 9:4)은 하나님의 인을 받지 않은 사람에 대한 것이기 때문에 제외합니다. 또 이 기록 중에서 (계 17:5)는 음녀의 이마에 있는 이름을 설명한 것이기 때문에 제외합니다.

그러면 하나님의 인을 받아서 하나님의 이름이 이마에 있다는 표현은 (계 7:3)과 (계 14:1)과 (계 22:4)의 기록들입니다.

"이르되 우리가 우리 하나님의 종들의 이마에 인치기까지 땅이나 바다
나 나무들을 해하지 말라 하더라"(계 7:3)

이 말씀은 천사가 하는 말이며, 하나님 종들의 이마에 인을 친다고 합니다. 하나님의 인을 받아서, 이마에 하나님의 이름이 기록되는 사람들은 곧 [하나님의 종]임을 말씀하고 있습니다.

하나님의 창조는 끝나지 않았다

"또 내가 보니 보라 어린 양이 시온 산에 섰고 그와 함께 십사만 사천이 서 있는데 그들의 이마에는 어린 양의 이름과 그 아버지의 이름을 쓴 것이 있더라"(계 14:1)

이 말씀은 십사만 사천에 대한 기록입니다. 십사만 사천 명의 이마에는 어린 양의 이름과 아버지의 이름이 쓰여 있다고 기록되어 있습니다. 계 7:3에서도 [하나님의 종]들에게 인을 치는데 이들의 수는 각 지파의 일만 이천 명씩 십사만 사천 명입니다. 이들은 실제 중동지역에 있는 이스라엘 사람들의 열두 지파 사람들이라는 주장이 있으나, 이 주장은 잘못되었습니다. 지금은 주제에 맞지 않기 때문에 이 설명을 하지 않습니다.

"그의 얼굴을 볼 터이요 그의 이름도 그들의 이마에 있으리라"(계 22:4)

계 22:3~5의 종들의 이마에 하나님의 이름이 있습니다. 그런데 계 14:1의 십사만 사천 명의 이마에도 하나님의 이름이 있습니다. 그래서 계 22:3~5의 하나님의 종들은 십사만 사천 명입니다. 또한 계 22:3~5의 종들은 계 7:9~17에 나오는 흰옷 입은 무리로서 밤낮 하나님을 섬기는 하나님의 종들입니다.

(1) 계 7:3에서 하나님 종들의 이마에 인을 치는 작업이 진행됩니다. (선택)
(2) 계 14:1에서 인을 받은 사람의 수는 십사만 사천 명입니다. (완료)
(3) 계 22:4는 [십사만사천]이 만국을 소성하는 일을 시작합니다. (업무)

선택과 완료와 업무의 시작입니다.

회사로 비유하면, (1) 사원 채용을 시작하고, (2) 사원 채용을 완료하고, (3) 채용된 사원이 업무를 시작한 것입니다.

다시 정리하면,

어린 양의 생명책에 기록된 사람들은 모두 새 예루살렘 성에 들어가는 사람들입니다. 새 예루살렘 성에 들어갈 수 있는 사람은 땅의 왕들입니다. 땅의 왕들은 첫째 부활에 참여한 사람들입니다. 첫째 부활에 참여한 사람들은 불 못의 해를 받지 않습니다. 흰옷 입은 무리는 불 못의 해를 받지 않습니다. 그래서 첫째 부활에 참여한 사람들은 흰옷 입은 무리입니다. 흰옷 입은 무리는 보좌 앞에서 밤낮으로 하나님을 섬기는 하나님의 종입니다. 하나님의 종들의 이마에는 하나님의 이름이 있습니다. 십사만 사천의 이마에도 하나님의 이름이 있습니다.

결론적으로 시온산에 섰던 십사만 사천 명의 이름이 어린 양의 생명책에 기록된 사람들입니다.

하나님의 창조는 끝나지 않았다

십사만 사천만
구원받는 것인가요?

"그들이 보좌 앞과 네 생물과 장로들 앞에서 새 노래를 부르니 땅에
서 속량함을 받은 십사만 사천 밖에는 능히 이 노래를 배울 자가 없더
라"(계 14:3)

이 말씀에서 [땅에서 속량함을 받은 십사만 사천]이라는 문구는 마치 십
사만 사천 명의 사람들만 구원을 받을 것 같은 느낌을 줍니다.

땅에서 속량(구속)을 받았다는 말은 이들만 구원받고 다른 사람들은 모
두 지옥에 간다는 말이 아닙니다. 땅에서 구속을 받았다는 말은 십사만
사천이 하나님 앞에 있을 수 있게 되었다는 뜻입니다. 하나님 앞에 있으
려면 어린 양이신 예수님의 피로 죄사함을 받아야 합니다.

이 말씀에서 속량(구속)이라는 단어는 헬라어 ἠγορασμένοι(헤고라스
메노이)로서 동사 ἀγοράζω(아고라조)의 완료분사 · 중간태-수동태 · 주
격 · 남성 · 복수의 형태입니다. ἀγοράζω(아고라조)는 우리 말로는 [내가

사다라는 뜻이며, 영어로는 [I buy]입니다. ἠγορασμένοι(헤고라스메노이)는 영어로 [having been redeemed]라는 의미이며, 한글로는 [구속받은, 속량받은]의 뜻이 됩니다. 완료분사인 이유는 십사만 사천이 노래를 부르기 전에 먼저 속량이 완료되었음을 나타내려는 표현입니다.

정확한 의미는 예수님이 피를 주고 값을 지불하여 사람들을 샀으며, 이 사람들을 하나님이 계신 하늘로 이끌어가셨다는 것입니다. 예수님께서 이들을 땅에서 사서 하늘로 데려가신 겁니다. 구원받았다는 말도 맞지만, 더 정확한 의미는 이들이 하나님의 소유가 되어 하나님이 계신 장소로 이동되었다는 의미입니다.

그러면 예수님의 피로 죄사함을 받지 못한 사람들은 어떻게 될까요? 이들은 그대로 땅에 있는 것입니다. 당연히 죄도 그대로 있습니다. 죄가 있는 상태로 땅에서 계속 살게 된다는 것입니다.

죄의 유무와 상관없이, 사람은 땅에서 영생을 누리도록 창조되었습니다. 죄의 유무는 하나님의 백성으로 영원한 삶을 살기 시작한 후에, 따지고 확인할 문제입니다. 사람은 먼저 생육하고 번성하여 땅에 충만해지도록 창조되었습니다.

"하나님이 이르시되 우리의 형상을 따라 우리의 모양대로 우리가 사람을 만들고 그들로 바다의 물고기와 하늘의 새와 가축과 온 땅과 땅에 기는 모든 것을 다스리게 하자 하시고"(창 1:26)

하나님의 창조는 끝나지 않았다

기본으로 돌아가야 합니다. 가장 중요한 첫 번째 기본은 하나님이 사람을 창조한 목적입니다. 하나님이 사람을 창조한 목적은 바다의 물고기와 하늘의 새와 가축과 온 땅과 땅에 기는 모든 것을 다스리는 것입니다. 그래서 사람은 하늘의 새와 바다의 고기와 땅의 모든 짐승을 다스리기 위해서 땅에서 생육하고 번성하여 충만해야 합니다.

> "하나님이 그들에게 복을 주시며 하나님이 그들에게 이르시되 생육하
> 고 번성하여 땅에 충만하라, 땅을 정복하라, 바다의 물고기와 하늘의
> 새와 땅에 움직이는 모든 생물을 다스리라 하시니라"(창 1:28)

하나님이 사람을 만들었는데, 남자와 여자를 창조했습니다. 남자와 여자를 창조한 것은 생육하고 번성하여 땅에 충만하기를 바라기 때문입니다. 하나님께서 백성을 창조하신 것은 땅에서 취하여 데려가고자 하는 것이 아니라 땅에 충만하게 하려는 것입니다. 생육하고 번성하여 땅에 충만하게 하려고 남자와 여자를 창조하셨는데, 땅에서 취하여 하늘로 데려가신다면 창조의 목적에 맞지 않는 일을 하시는 결과가 됩니다.

십사만 사천을 땅에서 취하여 하늘로 데려가는 이유는 십사만 사천은 백성이 아니기 때문입니다. 십사만 사천은 하나님의 아들들로서 하나님의 백성을 창조하기 이전부터 하나님 곁에 있었던 하나님의 종들입니다. 종이기 때문에 땅에서 취하여 본래 있었던 하늘로 데려가시는 겁니다.

하나님의 백성은 땅에서 생육하고 번성하여 충만해야 합니다. 땅에서

취하여 가지 않았다고 해서 버림받은 것으로 생각해서는 안 됩니다. 하나님은 하나님의 백성이 이 땅 위에서 영생을 누리도록 하실 것입니다. 불 못에 던져넣고 영원히 꺼내지 않으면서 고통을 주는 것도 남자와 여자를 창조한 목적이 아닙니다. 사람 중에는 죄를 지어 불 못에서 벌을 받을 사람이 있을 것입니다. 그럼에도 근본적인 창조 목적은 하늘의 새와 바다의 고기와 땅의 짐승들을 다스리면서 생육하고 번성하여 땅에 충만하게 하는 것입니다.

[십사만 사천만 구원을 받고, 다른 사람들은 모두 지옥 불 못에서 영원히 고통받는다]는 생각은 하나님이 하시는 일을 알지 못했기 때문에 오해한 것입니다.

하나님의 창조는 끝나지 않았다

No. 68

생명책에 기록되지 못한 사람은 짐승을 경배했습니다

어린 양의 생명책에 기록되지 않은 사람들은 모두 짐승에게 경배했습니다. 그런데 이 의미를 좀 더 정확하게 파악할 필요가 있습니다.

"죽임을 당한 어린 양의 생명책에 창세 이후로 이름이 기록되지 못하고 이 땅에 사는 자들은 다 그 짐승에게 경배하리라"(계 13:8)

"네가 본 짐승은 전에 있었다가 지금은 없으나 장차 무저갱으로부터 올라와 멸망으로 들어갈 자니 땅에 사는 자들로서 창세 이후로 그 이름이 생명책에 기록되지 못한 자들이 이전에 있었다가 지금은 없으나 장차 나올 짐승을 보고 놀랍게 여기리라"(계 17:8)

계 13:8에는 어린 양의 생명책에 이름이 기록되지 못한 사람들이 짐승에게 경배할 것이라고 합니다. 계 14:9~11에는 [누구든지 짐승과 그의 우상에게 경배하고 이마나 손에 표를 받으면… 불과 유황으로 고난을 받으리니…밤낮 쉼을 얻지 못하리라고 기록하고 있습니다. 생명책에 이름이 기록되지 못한 사람들은 짐승에게 경배하고, 짐승에게 경배한 사람들은 불과 유황이 타는 불 못에 던져져서 고난을 받게 된다고 하니, 결국에는 생명책에 이름이 기록되지 못한 사람들은 모두 불과 유황으로 타는 지옥에 들어갈 것입니다. 그런데 이런 생각은 잘못된 것입니다.

[A는 B이고, B가 C이면, A는 C다]라는 논리에 의해 어린 양의 생명책에 기록되지 못한 사람은 모두 지옥에 갈 것이라는 말이 성립됩니다. 그런데 여기서 이 논리의 결론을 내리기 전에 잠시 계 13:8의 말씀을 자세히 살펴봐야 합니다.

이 말씀의 헬라어 원어는 다음과 같습니다.

καὶ ① προσκυνήσουσιν αὐτὸν πάντες ② οἱ κατοικοῦντες ἐπὶ τῆς γῆς, οὗ οὐ γέγραπται τὸ ὄνομα αὐτοῦ ἐν τῷ βιβλίῳ τῆς ζωῆς τοῦ Ἀρνίου τοῦ ἐσφαγμένου ἀπὸ καταβολῆς κόσμου.
(카이 프로스쿠네소우신 아우톤 판테스 호이 카토이쿤테스 에피 테스 게스 후 우 게그라프타이 토 오노마 아우투 엔 토 비블리오 테스 조에스 투 아르니우 투 에스파르메누 아포 카타볼레스 코스무)

계 13:8의 헬라어 원어의 내용은 앞에서 한번 분석했었습니다. 여기서는 필요한 부분만 다시 확인합니다.

① προσκυνήσουσιν(프로스쿠네소우신)는 προσκυνέω(프로스

하나님의 창조는 끝나지 않았다

쿠네오)의 미래 · 직설법 · 능동태 · 3인칭 · 복수의 형태입니다. προσκυνέω(프로스쿠네오)는 [내가 경배하다, 내가 예배하다]라는 의미의 동사입니다. 영어로는 [I go down on my knees to, do obeisance to, worship]으로 번역됩니다. προσκυνήσουσιν(프로스쿠네소우신)는 [그들이 경배할 것이다]라는 뜻입니다.

② 이 문장에서 주어는 [사람들]이며, 동사는 [경배하리라]입니다. 주어는 οἱ κατοικοῦντες(호이 카토이쿤테스)로서 [살고 있는 사람들]입니다. 동사는 προσκυνέω(프로스쿠네오) 입니다. 사람들이 경배할 것이라는 말씀입니다. 그런데 이들은 땅 위에서 숨을 쉬고 있는 살아 있는 사람들입니다. 이들은 어린 양의 생명책에 이름이 없는 사람들입니다.

그런데 바로 다음 구절인 계 13:9을 보면 [누구든지 귀가 있거든 들을지어다]라고 기록하고 있습니다. 계 13:9에서 [들으라]고 권고하시는데, 그 이유는 이 사람들이 잘 모르고 짐승에게 경배하고 있었기 때문입니다. 어린 양의 생명책에 이름이 기록되지 못한 사람들은 [짐승]에게 경배하고 있었다는 것을 몰랐던 겁니다. 그래서 하나님께서 기회를 주시려고 권고하시는 겁니다.

여기서 경배한다는 단어 προσκυνέω(프로스쿠네오)는 짐승이 주도하는 예배에 참석한다는 말입니다. προσκυνέω(프로스쿠네오)는 [경배하다] 또는 [예배하다]는 뜻이 함께 사용됩니다. 사실 경배한다는 말의 의미와 예배한다는 말의 의미는 서로 같습니다.

그런데 [경배하다]라고 하면 마치 사람이 상대에게 엎드려 절하는 모습을 떠올립니다. 그러나 [예배하다]라고 하면, 교회에서 단을 향한 의자에 앉아서 찬송을 부르고, 말씀을 들으며, 기도하는 모습을 떠올립니다. 아마도 현대 교회의 예배장면에 익숙해져서 그럴 거라고 생각됩니다.

요 4:24에서 예수님은 사마리아 여인에게 말씀하실 때, [하나님은 영이시니 예배하는 자가 영과 진리로 예배할지니라]고 말씀하셨습니다. 여기서 [예배하는 자들]은 헬라어로 τοὺς προσκυνοῦντας(투스 프로스쿠눈타스)라고 하며, [예배할지니라]의 [예배하다]라는 동사는 헬라어 προσκυνεῖν(프로스쿠네인)입니다. 이 두 개의 단어 모두 προσκυνέω(프로스구네오)로서 계 13:8의 [경배하다]는 동사와 같은 동사입니다. 계 13:8에서 짐승에게 경배한다고 했던 동사 προσκυνέω(프로스쿠네오)와 요 4:24에서 하나님께 예배한다는 동사 προσκυνέω(프로스쿠네오)는 같은 동사라는 것입니다.

계 13:8에서 [경배하다]라고 번역해 놓으면, 우리들의 생각에는 어린 양의 생명책에 기록되지 못한 사람들이 짐승에게 절하고 있는 모습을 그리게 됩니다.

그런데 요 4:24에서 [예배하다]라고 번역되어 있으면, 절하는 모습이 아니라 현재 우리가 교회에서 드리는 예배를 떠올립니다. 만약 계 13:8에서

하나님의 창조는 끝나지 않았다

[경배하다]라고 번역하지 않고 [예배하다]로 번역한다면 [어떻게 짐승을 예배하는가] 하는 거부감을 느끼기는 하겠으나, 사람들이 절하는 모습을 떠올리지는 않을 겁니다.

계 13:8의 예배는 사람들이 일어났다 엎드렸다 하면서 짐승(사람)에게 엎드려 절하는 것이 아닙니다. 지금은 성도들이 예배드릴 때, 일어났다가 엎드리면서 절하는 행동을 하지 않습니다. 그래서 계 13:8에서 경배한다는 말은 절한다는 뜻이 아니라 예배를 드린다는 뜻입니다. 어린 양의 생명책에 이름이 기록되어 있지는 않으나, 땅에 살고 있었기 때문에 하나님께 예배드리기 위하여 나와서 예배에 참석한 것입니다. 그런데 이 예배를 [짐승]이 주도하고 있었던 겁니다.

또한 계 13:10에는 [사로잡힐 자는 사로잡혀 갈 것이요 칼에 죽을 자는 마땅히 칼에 죽을 것이니 성도들의 인내와 믿음이 여기 있느니라]고 기록하고 있습니다. 이 사람들은 처음에는 잘 몰라서 짐승이 주도하는 예배에 참석하고, 짐승이 하는 말에 고개를 끄덕이며 동의합니다. 그리고 함께 '아멘'이라고 말합니다. 그러나 이 사람들은 계 13:9의 권고를 받고 난 후에 잘못됐음을 깨닫게 됩니다. 그리고 성도들의 인내와 믿음으로 견디게 된다는 말입니다.

계 13:14~15에서 짐승(사람)은 본격적으로 자신의 정체를 드러냅니다. 거짓 선지자가 등장하여 [짐승]의 모습으로 우상을 만들게 합니다. 그리고 그 우상에게 경배하도록 사람들을 강요합니다. 계 13:15에서 [또 짐승의 우상에게 경배하지 아니하는 자는 몇이든지 다 죽이게 하더라ᅵ고 한 '경배하다'라는 단어는 이제 단순한 예배가 아닙니다. 위에서 계 13:8의 '경배하다'라는 단어는 예배에 참여하는 것을 의미했으나, 계 13:15의 '경배하다'는 단어는 절하는 것을 포함하게 됩니다.

하나님께서 [짐승]이라고 지칭한 사람이 그때 비로소 자신의 정체를 드러내는 행동을 합니다. 처음에는 우상도 없었고, 이마와 손에 표를 받으라는 요구도 없었기 때문에, 많은 사람이 [짐승]이 주도하는 예배에 참석했었습니다. 그런데 나중에는 우상도 세우고, 우상에게 절하도록 요구합니다. 또 이마와 손에 표를 받으라고 요구합니다. 이때, 뭔가 크게 잘못됐음을 늦게 깨달은 사람들이 예배에 참석하지 않게 됩니다.

현재 많은 기독교인은, 자신이 존경하는 목사님이 있다면, 그 사람은 존경하는 목사님이 집례하는 예배에 참석하게 됩니다. 또한, 존경하지 않는 목사님이 있다면, 그 목사님이 집례하는 예배에는 참석하지 않습니다. 물론 예배에 참석하는 것은 목사님에게 절하는 것이 아닙니다. 또한, 목사님에게 예배하는 것이 아니라 하나님께 예배하는 것입니다. 현재의 성도들은 이런 사실을 잘 알고 있습니다. 그런데도 존경하지 않는 목사님이 집례하는 예배에는 참석하지 않습니다. 하나님께 예배드리는 것이며, 사람에게 예배하는 것이 아님을 알면서도, 기독교인들은 존경하는 목사님이 집례하는 교회에 나가서 예배를 드리려 합니다. 이런 행동 방식에는 분명한 의미가 있습니다.

하나님의 창조는 끝나지 않았다

어린 양의 생명책에 기록되지 못했으나, 땅 위에서 살아가는 사람들이 하나님께 예배드리기 위해 나아와 예배 모임에 참석한 것입니다. 그러나 [짐승]이 주도하는 예배에 참석하는 것은 [짐승]에게 경배하는 것과 같은 것입니다. 분명히 하나님께 예배드리려고 한 것인데도, 단에서 설교하는 목사님의 말씀을 듣고 그 말에 '아멘'을 하기 때문입니다. 하나님께 예배 드리러 나왔다고 하더라도, 단에서 설교하는 사람이 짐승이기 때문에 짐 승에게 예배한다고 말씀하신 겁니다. 사람들이 [짐승]을 알아보지 못하고 하나님께 예배를 드리려고 했기 때문에 계 13:9에서 하나님이 땅에 거하 는 사람들에게 권고하시는 겁니다.

요 4:22에서 예수님은 [이 산에서도 말고 예루살렘에서도 말고]라고 말 씀하시면서 요 4:23에서 [너희는 알지 못하는 것을 예배한다]고 지적하고 계십니다. 알지 못하고 예배하는 것은 진정한 예배가 아니므로, 이 산의 예배도 아니며 예루살렘의 예배도 아니라고 말씀한 겁니다.

> "내 백성아, 거기서 나와 그의 죄에 참여하지 말고 그가 받을 재앙들을
> 받지 말라"(계 18:4)

이 말씀과 같다고 보면 됩니다. 하나님의 백성이 계 18:2의 [바벨론]과 함께 있습니다. 하나님은 [바벨론]에게 벌을 내리시려고 하는데, 하나님 의 백성이 [바벨론]과 함께 있습니다. 그래서 하나님의 백성이 하나님이 내리시는 재앙을 함께 받게 되는 상황에 놓이게 됩니다. 어째서 하나님의 백성이 [바벨론]과 함께 있었을까요? [하나님의 백성] 중에서 많은 사람이

[바벨론]에 대해서 제대로 모르고 있었다는 겁니다.

> "사람들이 너희를 출교할 뿐 아니라 때가 이르면 무릇 너희를 죽이는
> 자가 생각하기를 이것이 하나님을 섬기는 일이라 하리라 그들이 이런
> 일을 할 것은 아버지와 나를 알지 못함이라"(요 16:2~3)

하나님을 섬기는 사람들이 하나님과 예수님을 바르게 알지 못해서 예수님의 제자를 죽인다는 겁니다. 계 18:4에서도 하나님의 백성이 하나님과 예수님을 잘 알지 못해서 [바벨론]과 함께 있으면서 하나님을 섬기고 있었던 겁니다. 계 13:8에서도 하나님을 섬기는 사람들이 하나님께 예배를 드리고자 [짐승]이 주도하는 예배에 참석한 것입니다. 그리고 그 예배의 설교를 들으면서 분별하지 못하고 '아멘'로 응답하게 됩니다. 지금도 성경 말씀을 제대로 알지 못한 상태에서 예배드리는 사람들이 많이 있습니다.

이렇게 잘 알지 못하고 [짐승]이 주도하는 예배에 참석하여 짐승의 말에 '아멘'을 외치는 사람들을 하나님은 외면하지 않으십니다. 모르고 있는 것도 문제지만, 그렇다고 모르고 하는 행동을 크게 책망할 수도 없기 때문입니다. 그래서 하나님은 계 13:9에서 [귀가 있다면 들으라]고 권고하시고, 계 13:10에서 [성도들의 인내와 믿음]을 요구하시며, 계 13:18에서 [지혜를 가지고 짐승의 수를 세어 보라]고 권고하시는 겁니다. 이런 하나님의 권고를 받고서 깨달은 사람들이 믿음과 인내로 견디다가 계 13:15에서 [죽임]을 당하게 됩니다.

하나님의 창조는 끝나지 않았다

이 사람들은 어린 양의 생명책에 이름이 기록되어 있지 않은 사람들입니다. 그러나 하나님의 권고를 받아 성도로서 인내와 믿음을 지키다가 순교하게 됩니다. (비록 이렇게 순교하더라도 이 사람들은 나라와 제사장이 되지는 못합니다.)

계 13:8에 나오는 어린 양의 생명책에 기록되지 못한 사람들은 분명 짐승에게 경배했으나, 이 사람들 모두가 불 못에 들어가는 것은 아니라는 겁니다. 다시 말해서 어린 양의 생명책에 기록되느냐 기록되지 못했느냐 하는 내용이 [불 못]에 들어가느냐 마느냐를 결정하는 것은 아니라는 겁니다. 어린 양의 생명책에 이름이 기록된 사람들은 당연히 불 못에 들어가지 않습니다. 그러나 어린 양의 생명책에 이름이 기록되지 않았다고 해서 모두 불 못에 들어가는 것은 아니라는 겁니다.

계 14:9~11에서 불 못에 들어가는 기준은 하나만 있는 것이 아닙니다. 계 14:9~11에서 불 못에 들어가는 기준은 [짐승에게 경배하는 것] 그리고 [우상에게 경배하는 것] 그리고 [이마와 손에 표를 받는 것] 이렇게 세 가지입니다.

계 13:8에서 어린 양의 생명책에 기록되지 못하고 땅에 살아 있는 사람들은 [짐승에게 경배하는 일] 하나만 했습니다. 그래서 불 못에 참여하는 3가지 조건에는 맞지 않습니다. 계 13:8의 사람들은 불 못에 참여하는 사람들이 아닙니다.

계 17:8에서 어린 양의 생명책에 기록되지 못하고 땅에 살아 있는 사람들은 [짐승]을 보고 놀란다고 기록되어 있습니다. 여기서도 단지 놀라는 것이지 불 못에 참여하는 3가지 조건을 갖춘 것은 아닙니다. 그래서 계 17:8의 사람들도 불 못에 들어가는 것은 아닙니다.

하나님의 창조는 끝나지 않았다

어린 양의 생명책과
백보좌의 생명책이 다른 건가요?

이 두 개의 생명책은 서로 다른 생명책입니다.

어린 양의 생명책은 창세 때 만들어졌으며, 창세 전에 존재했던 하나님 아들들의 이름을 기록한 책입니다. 물론 이 책에 기록된 이름들은 육신의 부모가 지어 준 이름은 아닙니다. 어린 양의 생명책에 이름을 기록하는 일은 단 한 번이며 그 이후로 새로운 이름이 추가되는 일은 없습니다. 이미 그 당시에 존재하던 모든 하나님 아들들의 이름을 다 기록했기 때문에 추가로 기록할 이름이 없습니다.

백보좌의 생명책은 현재까지는 존재하지 않으며, 심판 때 만들어집니다. 물론 성경 말씀에는 근거는 없습니다. 백보좌의 생명책은 이미 만들어져 있고, 나중에 심판 때 사용하게 된다고 누군가 주장하더라도, 역시 성경에는 이 주장에 반박할 근거도 없습니다.

하여튼, 백보좌의 생명책은 현재까지는 존재하지 않습니다. 백보좌의 생명책은 심판이 시작될 때 만들어집니다. 이때 백보좌의 생명책에는 어떤 사람의 이름도 기록되어 있지 않습니다. 백보좌의 생명책에 이름이 기록되는 것은 심판의 결과에 따라 결정됩니다. 그래서 백보좌의 생명책에 이름이 기록되는 시기는 심판 때입니다. 백보좌의 생명책은 각 사람의 심판이 끝났을 때, 그 결과에 따라 심판을 받은 사람의 이름이 기록되거나 기록되지 않게 됩니다. 그래서 사람마다 백보좌 생명책에 이름이 기록되는지 아닌지는 각 사람의 심판이 끝나야 알 수 있습니다.

이렇게 두 개의 생명책은 완전히 다른 생명책입니다. 그러면 이 두 개의 생명책이 정말 다르다는 것을 계시록의 말씀에서 확인하겠습니다. 이 일은 3가지 단계로 진행합니다.

(1) 첫 번째 단계

백보좌의 심판에서 심판의 대상은 죽은 자임을 확인합니다. 백보좌의 생명책은 죽은 자를 심판할 때 사용되고 있다는 것입니다.

(2) 두 번째 단계

어린 양의 생명책에 기록된 사람들은 모두 첫째 부활 때 부활하는 사람들이라는 것을 확인합니다.

(3) 세 번째 단계

첫째 부활에도 포함되지 않고 둘째 부활에도 포함되지 않는 사람이 있다는 것을 확인합니다.

지금까지 어린 양의 생명책과 백보좌의 생명책을 같은 것으로 생각해 왔습니다. 그래서 생명책은 하나뿐이라고 생각해 왔습니다. 생명책에 기록된 경우는 첫째 부활에 참여하여 영생을 얻으며, 생명책에 기록되지 않은 사람은 백보좌 심판 때 영원한 불 못으로 던져진다고 생각해 왔습니다. 그러면 모든 사람은 첫째 부활에 부활하든지, 아니면 백보좌 심판때 심판을 받아야 합니다. 그런데 세 번째 단계에서 첫째 부활에도 포함되지 않으며 백보좌의 심판 때도 심판받지 않는 사람이 존재한다면, 생명책이 하나라는 논리에 구멍이 생기게 됩니다. 그래서 이 두 개의 생명책은 다른 책입니다. 이 내용을 설명합니다.

(1) 첫 번째 단계로 백보좌의 심판에 대해 자세히 살펴봅니다.

"또 내가 크고 흰 보좌와 그 위에 앉으신 이를 보니 땅과 하늘이 그 앞에서 피하여 간 데 없더라. 또 내가 보니 죽은 자들이 큰 자나 작은 자나 그 보좌 앞에 서 있는데 책들이 펴 있고 또 다른 책이 펴졌으니 곧 생명책이라. 죽은 자들이 자기 행위를 따라 책들에 기록된 대로 심판을 받으니 바다가 그 가운데에서 죽은 자들을 내주고 또 사망과 음부도 그 가운데에서 죽은 자들을 내주매 각 사람이 자기의 행위대로 심판을 받고 사망과 음부도 불못에 던져지니 이것은 둘째 사망 곧 불못이라. 누구든지 생명책에 기록되지 못한 자는 불못에 던져지더라."(계 20:11~15)

이 말씀은 크고 흰 보좌의 심판에 관한 내용입니다. 계 20:12의 생명책이 곧 백보좌의 생명책입니다. 크고 흰 보좌와 그 위에 앉으신 이는 당연히 하나님입니다. 이 재판에서 생명책을 참조하고 있는데, 이 생명책에 이름이 없으면 불 못에 던져진다고 말씀하고 있습니다.

그런데 이 백보좌의 심판에서 주의해서 읽어야 하는 부분이 있습니다. 그것은 심판의 대상입니다. 계 20:12에서 [내가 보니 죽은 자들이 큰 자나 작은 자나 그 보좌 앞에 서 있는데]라고 되어 있습니다. 이 말씀의 헬라어 원어는 다음과 같습니다.

καὶ εἶδον τοὺς νεκρούς, τοὺς μεγάλους καὶ τοὺς μικρούς,
(카이 에이돈 투스 네크루스 투스 메갈루스 투스 미크루스)

εἶδον(에이돈)은 ὁράω(호라오)라는 동사의 부정과거·직설법·능동태·1인칭·단수의 형태입니다. ὁράω(호라오)는 [내가 보다]라는 뜻이며 영어로는 [I see]에 해당합니다. εἶδον(에이돈)은 [내가 보았다]라는 의미입니다.

τοὺς(투스)는 정관사 ὁ(호)의 대격·남성·복수의 형태입니다. 뒤에 오는 체언 νεκρούς(네크루스)를 수식합니다. νεκρούς(네크루스)는 νεκρός(네크로스)의 대격·남성·복수입니다. νεκρός(네크로스)는 형용사로서 [죽은]이라는 의미이며 명사로는 시체를 뜻합니다. 영어로는 [dead]입니다.

하나님의 창조는 끝나지 않았다

$\kappa\alpha\grave{\iota}$ $\epsilon\hat{\iota}\delta o\nu$ $\tau o\grave{\upsilon}\varsigma$ $\nu\epsilon\kappa\rho o\acute{\upsilon}\varsigma$(카이 에이돈 투스 네크루스)는 [내가 죽은 (자)들을 보았다는 뜻입니다. 이 말씀에서 사도 요한은 죽은 자들을 보았는데, 큰 자와 작은 자를 보았다는 겁니다. $\mu\epsilon\gamma\acute{\alpha}\lambda o\upsilon\varsigma$(메갈루스)는 큰 자라는 뜻이고, $\mu\iota\kappa\rho o\acute{\upsilon}\varsigma$(미크루스)는 작은 자를 의미합니다. 큰 자와 작은 자를 언급한 것은 모든 사람이 다 있다는 의미입니다. 그런데 이 사람들은 모두 $\nu\epsilon\kappa\rho\acute{o}\varsigma$(네크로스)인 죽은 자들이라는 말입니다.

계 20:13에서 [죽은 자들이 자기 행위를 따라 책들에 기록된 대로 심판을 받으니]라고 되어 있습니다. 심판을 받는 존재는 $\nu\epsilon\kappa\rho\acute{o}\varsigma$(네크로스)인 죽은 자들입니다. 백보좌 심판에서 재판을 받는 사람들은 모두 죽은 자들입니다.

물론 죽었던 자들이 재판을 받을 때는 살아 있는 몸을 가지게 됩니다. 계 20:15에서 [불 못에 던져지더라]고 기록되어 있습니다. 몸이 없다면 던질 수가 없습니다. 몸이 있어서 중력의 영향을 받아 땅으로 떨어질 때 던진다고 할 수 있습니다. 영혼의 상태로 있어서 중력의 제한을 받지 않거나, 중력의 영향이 미미하다면, 다시 불 못에서 나올 수 있거나 불 못으로 던질 때, 다른 곳으로 날아갈 수 있을 겁니다.

계 20:13에서 [바다가 그 가운데에서 죽은 자들을 내주고 또 사망과 음부도 그 가운데에서 죽은 자들을 내주매]라고 되어 있습니다. 바다에서 죽은 자와 땅에서 죽은 자들이 모두 심판을 받게 된다는 것입니다. 사람들이 심판을 받기 위해 바다와 땅에서 나올 때, 몸을 가지게 됩니다.

여기서 기억해야 하는 것은 백보좌의 심판에서 심판을 받기 위해 죽은 자들이 부활한다는 것입니다. 이 부활을 둘째 부활이라고 합니다. 둘째 부활로 나와서 백보좌의 심판을 받는 모든 사람은 죽은 자들이라는 겁니다. 백보좌의 심판에서 심판의 대상은 죽은 자들이라는 사실을 기억해야 합니다.

　(2) 두 번째 단계로 어린 양의 생명책에 기록된 사람들은 모두 첫째 부
　　활에 참여한다는 것을 설명합니다.

　"또 내가 보좌들을 보니 거기에 앉은 자들이 있어 심판하는 권세를 받
　았더라 또 내가 보니 예수를 증언함과 하나님의 말씀 때문에 목 베임을
　당한 자들의 영혼들과 또 짐승과 그의 우상에게 경배하지 아니하고 그
　들의 이마와 손에 그의 표를 받지 아니한 자들이 살아서 그리스도와 더
　불어 천 년 동안 왕 노릇 하니 (그 나머지 죽은 자들은 그 천 년이 차기
　까지 살지 못하더라) 이는 첫째 부활이라. 이 첫째 부활에 참여하는 자
　들은 복이 있고 거룩하도다. 둘째 사망이 그들을 다스리는 권세가 없고
　도리어 그들이 하나님과 그리스도의 제사장이 되어 천 년 동안 그리스
　도와 더불어 왕 노릇 하리라"(계 20:4~6)

이 말씀은 첫째 부활에 대한 기록입니다. 첫째 부활에 참여한다는 표현은 첫째 부활의 시기에 부활한다는 말입니다. 첫째 부활 때 부활하는 사람들은 [하나님과 그리스도의 제사장이 되어 천 년 동안 그리스도와 더불어 왕 노릇 하리라]고 기록되어 있습니다. 첫째 부활에 참여한 사람들은

　　　　　　　　　하나님의 창조는 끝나지 않았다

천 년 동안 왕이 되어 땅 위에서 살아 있는 많은 백성을 다스리게 됩니다.

물론 첫째 부활에 참여하는 사람들 외에 다른 사람들이 땅 위에서 백성으로 살게 된다는 것을 어떻게 알 수 있느냐는 생각이 들 것입니다. 이것은 곧 설명하게 됩니다.

계 21:27에서는 새 예루살렘 성에는 [오직 어린 양의 생명책에 기록된 자들만 들어가리라]고 기록하고 있습니다. 그런데 계 21:24에는 [땅의 왕들]이 들어간다고 되어 있습니다. 새 예루살렘 성에 들어가는 일은 생명책에 기록된 사람들만 가능하다는 것인데, 땅의 왕들이 들어간다고 하니, 땅의 왕들은 어린 양의 생명책에 기록된 사람들입니다.

계 21:24의 땅의 왕들은 갑자기 어디서 등장한 것일까요?

땅의 왕들은 계 20:6에서 첫째 부활에 참여한 사람들입니다. 이들이 [그리스도와 함께 천 년 동안 왕이 될 것이다]라고 기록하고 있기 때문입니다. 첫째 부활 때, 부활한 사람들은 천 년 동안 왕이 되어 땅에서 백성을 다스리게 됩니다. 계 21:2의 새 예루살렘 성은 천 년이 지난 후에 등장합니다. 계 20:6에서 첫째 부활에 참여한 사람들은 천 년 동안 계속해서 왕으로 있었습니다. 새 예루살렘 성이 등장하는 순간에도 땅을 다스리는 왕으로 있었습니다. 그리스도께서 [천 년이 끝났으니 이제 왕을 그만하라]고 말씀하지는 않을 것입니다. 이들은 그 후로도 계속해서 영원한 왕으로 있게 됩니다. 왜냐하면, 이들이 곧 하나님의 종이며, 하나님을 밤낮으로 섬기는 자들이며, 세상의 영광과 명예를 새 예루살렘 성 안으로 예수님에게 가져가는 자들이며, 이마에 하나님의 이름이 기록된 자들이기 때문입니다.

결론적으로, 어린 양의 생명책에 기록된 사람들은 모두 첫째 부활에 참여하게 된다는 것입니다. 물론 이렇게 설명하지 않더라도 기독교인이라면, 어린 양의 생명책에 기록된 자들은 모두 첫째 부활에 참여하게 될 것을 믿고 있을 것입니다.

(3) 세 번째 단계로 첫째 부활에도 포함되지 않고 둘째 부활에도 포함되지 않는 사람이 있음을 확인합니다.

"또 내가 보좌들을 보니 거기에 앉은 자들이 있어 심판하는 권세를 받았더라"(계 20:4)

계 20:6에는 [천 년 동안 그리스도와 더불어 왕 노릇 하리라]로 되어 있습니다. 첫째 부활 때 부활한 사람들은 천 년 동안 왕이 되어 심판하는 권세를 받았다는 것입니다. 첫째 부활에서 부활한 왕들은 심판하는 권세를 가지고 있는데 이 권세의 유효기간은 천 년입니다.

하나님께서 첫째 부활에 참여한 사람들을 왕으로 세우고, 심판하라고 권세를 주셨습니다. 그런데 이 왕들은 누구를 심판할까요?

하나님의 창조는 끝나지 않았다

"그 나머지 죽은 자들은 그 천 년이 차기까지 살지 못하더라"(계 20:5)

사람이 죽으면 백보좌 심판이 이를 때까지 부활하지 못한다는 말입니다. 첫 번째 단계에서 백보좌의 심판은 죽은 자들을 대상으로 심판한다는 것을 확인했습니다. 살아 있는 사람들은 심판의 대상이 아닙니다.

어린 양의 생명책에 기록된 사람들은 모두 첫째 부활 때 부활한 사람들입니다. 어린 양의 생명책에 기록되지 못한 사람들은 첫째 부활 때 부활한 사람들을 제외한 모든 사람입니다. 어린 양의 생명책에 기록된 사람들을 제외한 모든 사람은 둘째 부활 때 부활하여 심판을 받아야 합니다. 그런데 백보좌의 심판은 죽은 사람들을 대상으로 심판합니다. 그래서 어린 양의 생명책에 기록된 사람들을 제외한 모든 사람은 백보좌 심판이 시작되기 전에 모두 죽어야 합니다. 이런 조건이 이루어져야 심판에서 빠지는 사람이 없게 됩니다.

이 조건을 만족하는 두 개의 가설이 있습니다. 첫 번째는 종말의 사건에서 모든 사람이 죽는다는 가설입니다. 그리고 두 번째는 천 년이 끝나기 전에 살아 있는 사람이 모두 죽는다는 가설입니다.

첫 번째 가설을 설명합니다.

어린 양의 생명책에 기록된 사람들은 모두 첫째 부활 때 부활하고, 그 외의 사람은 모두 죽는 겁니다. 그 후에 둘째 부활 때 부활하여 심판을 받습니다. 이렇게 설명하면 위의 조건을 만족하는 설명이 됩니다. 모든 사람 중에서 단 한 명도 빠지는 일이 없습니다. 모든 사람은 생명책에 이름이 기록된 사람과 기록되지 않은 사람으로 정확하게 구분됩니다. 이런 결론이 나오면 어린 양의 생명책과 백보좌의 생명책은 같은 책이라고 해도 반박할 근거가 없습니다.

그런데 이 첫 번째 설명에서는 주목할 만한 점이 있습니다. 그것은 천 년 동안 땅 위에는 살아 있는 사람이 아무도 없다는 겁니다. 첫째 부활에 참여한 사람들을 제외하면 모두 죽었기 때문에, 첫째 부활 때 부활한 땅의 왕들만 땅 위에 있는 것이고, 다른 사람은 아무도 없다는 말입니다.

첫째 부활에 참여한 사람들은 모두 땅에서 천 년 동안 그리스도와 더불어 왕이 되는 것인데, 땅 위에는 왕들을 제외한 다른 사람들은 아무도 없다는 말입니다. 즉 왕만 있고 백성은 없는 경우가 되는 겁니다. 그리스도께서 첫째 부활에 참여한 사람들을 왕으로 세우셨는데, 백성이 하나도 없다면 참으로 무안할 겁니다. 백성이 있어야 심판의 권세를 사용하는데, 만약 이런 상황이라면 예수님은 사용할 수 없는 심판의 권세를 왜 주시는 걸까요?

첫 번째 가설이 잘못되었다는 것은 나중에 설명합니다.

두 번째 가설을 설명합니다.

하나님의 창조는 끝나지 않았다

어린 양의 생명책에 기록된 사람들은 모두 첫째 부활 때 부활합니다. 그 외의 사람 중에는 죽은 사람이 아주 많으나, 살아남은 사람도 있습니다. 땅 위에 살아남은 사람은 살아 있는 상태로 천 년의 시대로 들어가게 됩니다. 그렇게 살다가 한 명씩 죽게 되고, 백보좌 심판이 오기 전에 모두 죽습니다. 백보좌 심판이 시작되기 바로 직전에는 모든 사람이 죽었으며, 땅 위에는 살아 있는 사람이 없습니다. 죽은 모든 사람이 백보좌의 심판에서 부활하여 심판을 받게 됩니다. 이렇게 설명하는 방법도 위의 조건을 만족하는 설명이 됩니다.

이 설명은 다른 특이점은 없으며, 매우 자연스럽게 설명됩니다. 이 두 번째 설명에서 어린 양의 생명책과 백보좌의 생명책은 같다고 말할 수 있고, 하나의 책이 됩니다. 그러면 이 생명책에 기록된 사람들은 첫째 부활의 시기에 부활하게 되고, 백보좌 심판 때 부활하는 사람들은 모두 생명책에 이름이 기록되지 못한 사람들입니다. 이들은 모두 백보좌의 심판 때 부활하여 심판을 받고 불 못에 던져집니다. 모든 사람 중에서 단 한 명도 빠지는 사람은 없습니다. 생명책에 이름이 기록된 사람과 기록되지 않은 사람으로 정확하게 구분됩니다.

이렇게 두 개의 가설을 모두 설명했습니다. 두 개의 가설 중에서 어느 것이 맞을까요? 그러나 둘 다 맞지 않습니다. 왜냐하면, 이 두 개의 가설에서 말하는 상황과 맞지 않는 예외의 사람이 있기 때문입니다.

이제 이 두 가지 가설에서 예외 되는 사람을 설명합니다.

"천 년이 차매 사탄이 그 옥에서 놓여 나와서 땅의 사방 백성 곧 곡과 마곡을 미혹하고 모아 싸움을 붙이리니 그 수가 바다의 모래 같으리라. 그들이 지면에 널리 퍼져 성도들의 진과 사랑하시는 성을 두르매 하늘에서 불이 내려와 그들을 태워버리고 또 그들을 미혹하는 마귀가 불과 유황 못에 던져지니 거기는 그 짐승과 거짓 선지자도 있어 세세토록 밤낮 괴로움을 받으리라"(계 20:7~10)

이 말씀은 천 년이 끝날 때 일어나게 될 [곡과 마곡의 전쟁]을 기록하고 있습니다. 이때, 계 20:8에서 땅의 사방 백성이 있다고 합니다. 이들을 곡과 마곡으로 부르고 있습니다. 곡과 마곡은 땅의 왕들이 아닙니다. 첫째 부활에 참여했던 땅의 왕들이 아니면서, 땅 위에서 사방 백성으로 살고 있었다고 합니다. [곡과 마곡]이 땅의 왕들이 아닌 이유는 [땅의 사방 백성]이라고 기록하고 있기 때문입니다. 그뿐만 아니라 곡과 마곡은 계 20:9에서 [성도들의 진]과 [사랑하시는 성]을 공격합니다.

첫째 부활에 참여한 사람들은 이미 천 년 전에 예수님에 의해 구원을 받았고 땅의 왕이 되었습니다. 땅의 왕들은 하나님의 사람들이기 때문에 [성도들의 진]이나 [사랑하시는 성]을 공격하는 곡과 마곡일 수 없습니다.

[곡과 마곡]은 땅의 왕들이 아니며, 하나님 편에 있는 사람들도 아닙니다. 다만 여기서는 계 20:8에서 천 년의 기간에 땅 위에는 백성들이 살고 있었다는 사실에 집중합니다. 이렇게 천 년 왕국 내내 땅 위에는 사방에 백성이 있다고 하니 첫 번째 가설이 잘못되었음을 확인할 수 있습니다.

하나님의 창조는 끝나지 않았다

그런데 이 말씀에서 곡과 마곡의 공격을 받는 성도들의 진이 있다고 합니다. 곡과 마곡은 땅의 사방 백성이기 때문에, 땅 위에서 살아가는 사람들입니다. 마찬가지로 곡과 마곡의 공격을 받는 [성도들의 진]도 땅 위에 있었다는 것을 알 수 있습니다. 만약 [성도들의 진]이 하늘에 있었다면 곡과 마곡이 공격하려고 하지는 못했을 것입니다. [성도들의 진]이 땅 위에 있었기 때문에, 곡과 마곡은 계 20:9에서처럼 [지면에 널리 퍼져]서 포위했다는 것입니다. [성도들의 진]이 하늘에 있었다면 곡과 마곡이 [지면]에 널리 퍼진다고 해도 성도들의 진을 공격할 수 없었을 겁니다.

이렇게 곡과 마곡도 땅 위에 살고 있었으며, 성도들도 땅 위에서 진(도시)을 만들어 살고 있었다는 것을 알 수 있습니다.

그러면 혹시 땅의 왕들이 성도들은 아닐까 하는 생각이 들 것입니다. 계 20:6에서 첫째 부활에 참여한 사람들은 거룩하며 둘째 사망이 다스리지 못한다고 기록하고 있습니다. 하나님에 의해 부활한 사람들이 다시 죽을 수 있다고 하면 모순이 될 것입니다. 사망에서 벗어나서 부활을 이룬 사람들인데, 다시 사망에 매여 죽음을 경험하게 된다고 생각하는 것이 모순입니다. 기독교에서는 사망의 권세를 깨뜨리고 부활하신 예수님을 믿기 때문입니다. 부활은 사망을 이긴 것입니다. 첫째 부활에 참여한 사람들은 다시 죽을 수 없는 사람들입니다.

계 20:8의 곡과 마곡은 [성도들의 진]을 둘러서 죽이려고 공격합니다. 성도들이 땅 위에서 도시를 이루고 살고 있었기 때문입니다. 그런데 이 성도들은 첫째 부활에 참여한 땅의 왕들이 아닙니다. 왜냐하면, 이들은 땅 위에 있는 진(도시)에 살고 있었기 때문입니다. 그뿐만 아니라 곡과 마곡은 이 성도들을 죽일 수 있다고 생각했다는 겁니다.

사람들은 부활하신 예수님을 죽일 수 없다고 생각할 겁니다.

"제자들이 유대인들을 두려워하여 모인 곳의 문들을 닫았더니 예수께
서 오사 가운데 서서 이르시되"(요 20:19)

부활하신 예수님은 문들을 닫았어도 들어오시는 분입니다. 부활한 몸은 거룩한 몸이 되었고, 공간의 제약을 받지 않는 것으로 보입니다. 필요하다면 문이 닫혀서 들어갈 수 없는 방에도 들어갑니다. 그래서 부활한 사람은 죽일 수 없습니다. 뿐만아니라 이들은 천년왕국이 시작되기 전에 이미 하나님의 보좌앞에 있었습니다.

"그들이 보좌 앞과 네 생물과 장로들 앞에서 새 노래를 부르니 땅에
서 속량함을 받은 십사만 사천 밖에는 능히 이 노래를 배울 자가 없더
라"(계 14:3)

천년 왕국이 시작되기 전부터 영의 세계인 하나님의 보좌 앞에 있는 존재가 땅의 왕들입니다. 그래서 계 20:4에서 '그리스도와 더불어' 라는 말씀을 하시는 겁니다. 땅의 왕들은 땅의 백성을 천 년 동안 다스리는 왕들이지만 땅에 거하지 않고 하나님의 보좌 앞에 있습니다.

하나님의 창조는 끝나지 않았다

땅의 왕들은 첫째 부활 때 부활한 사람들로 죽일 수 없는 존재입니다. 계 21:4에서도 다시는 사망이 없다고 기록하고 있습니다. 그래서 곡과 마곡이 죽이고자 했던 대상은 땅의 왕들이 아니라 [성도들의 진] 안에서 살고 있었던 [성도들]입니다. 이 성도들은 아직 부활하지 않은 평범한 사람들입니다. 또한, 땅의 사방 백성인 곡과 마곡도 죽을 수 있는 몸을 가지고 있으며, 이들과 같이 성도들도 죽을 수 있는 몸을 가지고 있습니다. 계 20:9에서 하늘에서 불이 내려서 곡과 마곡을 소멸했다고 기록하고 있기 때문입니다. 곡과 마곡은 불로 소멸되는 몸을 가지고 있었습니다.

앞에서 첫째 부활에 참여한 사람들은 천 년 동안 심판하는 권세를 받았는데, 심판받을 대상이 있는지를 언급했었습니다. 심판의 대상은 땅 위에서 [성도들의 진] 안에 살고 있던 성도들입니다. 땅 위에는 첫째 부활에 참여한 왕들만 있는 것이 아니라, 성도들이 살고 있었습니다. 첫째 부활에 참여한 사람들은 이미 거룩한 존재이며, 죽을 수 없는 몸을 가지고 있는 땅의 왕들입니다. 땅의 왕들은 이미 부활한 사람들입니다. 하나님의 보좌 앞과 땅 위를 왕래하며 땅을 다스리는 하나님의 종입니다. 심판의 권세란 곧 왕이라는 의미입니다. 왕은 백성을 다스립니다. 그래서 왕이 다스릴 백성은 진(도시) 안에 거하는 성도들입니다.

[성도들의 진]에 있는 [성도들]은 땅의 왕들이 아니라 땅 위에 살아 있는 하나님의 백성입니다. 땅의 왕들이 [성도들]을 천 년 동안 다스렸던 겁니다. [성도들의 진]에 살았던 [성도들]은 부활한 것이 아니라, 환란기간에 죽지 않고 살아 있다가 천 년 기간으로 들어간 사람들입니다. 그래서 [성

도들]은 죽음을 경험하지 않은 사람들입니다. [성도들의 진] 안에는 7년 환란의 재앙 속에서도 죽지 않고 살아남은 성도들과 천 년 기간에 태어난 그들의 자녀들이 함께 살고 있었습니다.

이들은 죽음을 경험하지 않았으나, 땅의 왕들이 아니므로, 곡과 마곡의 눈에는 죽일 수 있는 사람입니다. 곡과 마곡은 첫째 부활에 참여한 땅의 왕들은 죽일 수 없습니다. 그래서 곡과 마곡은 사단의 미혹에 넘어가서 땅의 백성인 [성도들]을 죽이려고 싸움을 시작했던 겁니다.

"하늘에서 불이 내려와 그들을 태워버리고"(계 20:9)

곡과 마곡은 [성도들]을 죽이고 [사랑하시는 성]을 무너뜨리려고 했으나 실패합니다. 하나님께서 이들을 불로 태워버립니다. 곡과 마곡의 공격은 실패로 끝나고, [성도들의 진]에 살았던 [성도들]은 하나님께서 보호하셔서 죽지 않았습니다. 계 20:10에서 사단은 잡혀서 불 못에 던져지고, 이렇게 천 년의 기간이 끝나게 됩니다.

자, 이렇게 해피엔딩으로 끝났습니다.

그런데 여기서 모든 사람이 생각하지 못한 일이 발생합니다.
계 20:9의 [성도들]은 죽음을 경험하지 않고 살아 있는 상태로 백보좌의 심판을 맞이하게 됩니다. 백보좌의 심판은 죽었던 영혼들을 대상으로 심판을 진행합니다.

하나님의 창조는 끝나지 않았다

계 20:9의 성도들은 죽은 영혼이 아니므로 심판을 받지 않습니다. 계 20:9의 성도들은 바다에서 죽은 자들이 부활하여 하나님의 심판대로 가는 것을 보게 됩니다. 또 땅 아래(사망과 음부)에서 죽었던 영혼들이 부활하여 몸이 있는 상태로 하나님의 심판대로 가는 것을 보게 됩니다. 그러나 계 20:9의 성도들은 심판대 앞으로 불려가지 않습니다. 왜냐하면, 이들은 죽지 않았기 때문입니다.

계 20:9의 성도들은 어린 양의 생명책에 기록된 사람들이 아닙니다. 왜냐하면, 첫째 부활에 참여하지 않았고, 땅의 왕들이 아니기 때문입니다. 그런데 이들은 죽지 않았으므로 백보좌의 심판을 받지 않습니다.

여기서 두 번째 가설이 맞지 않는다는 것을 확인하게 됩니다. 두 번째 가설은 천 년 동안 사람이 있기는 하지만, 천 년이 지나면서 모두 죽어서 영혼이 되어 백보좌의 심판에서 다 심판을 받는다는 것이기 때문입니다. 그런데 천 년 기간이 끝나도 죽지 않고 살아 있는 사람이 있으므로 두 번째 가설은 잘못된 것입니다. 이렇게 첫 번째 가설과 두 번째 가설 모두 잘못된 것을 알게 됩니다.

어린 양의 생명책이 백보좌의 생명책과 같다고 가정한다면, 생명책은 하나뿐입니다. 생명책에 기록된 사람은 모두 첫째 부활에 부활해야 하며, 생명책에 기록되지 않은 사람은 모두 둘째 부활에 부활하여 심판을 받고 불 못에 던져져야 합니다.

그런데 천 년 왕국의 성도들은 어린 양의 생명책에 기록되지 않았음에도 백보좌의 심판을 받지 않습니다.

결론적으로 어린 양의 생명책과 백보좌의 생명책은 서로 다른 책입니다. 이 두 책은 용도가 다릅니다. 어린 양의 생명책은 단순히 하나님 아들들의 이름을 창세 때 기록해 놓은 것입니다. 그래서 하나님께로 돌아갈 하나님의 종들의 이름이 기록되어 있습니다. 백보좌의 생명책은 땅 위에 세워진 하나님의 도시(천국) 안으로 들어갈 백성의 이름을 기록하는 책입니다. 그래서 하나님의 아들들의 이름은 백보좌의 생명책에 기록될 이유가 없습니다. 하나님의 종들은 땅 위의 도시에서 살지 않기 때문입니다.

결론적으로, 어린 양의 생명책은 백성의 심판과는 아무런 관련이 없는 책입니다.

천 년 왕국의 성도들은 어린 양의 생명책에 이름이 기록되지 않았으나, 백보좌의 심판을 받을 필요가 없습니다. 왜냐하면, 천 년 왕국의 성도들은 천국인 땅 위의 하나님의 도시를 건설하는 당사자로서 이미 하나님의 도시 안에 살고 있었기 때문입니다.

백성의 입장에서는, 어린 양의 생명책은 관심 대상이 아닙니다. 백성은 심판을 받을 때, 심판결과로 자신의 이름이 백보좌의 생명책에 기록되기를 바라게 됩니다. 백보좌의 생명책은 천국의 도시에 들어갈 자격을 갖춘 사람의 이름만 기록합니다. 심판결과, 형벌을 받아야 하는 사람은 그 이

하나님의 창조는 끝나지 않았다

름을 백보좌의 생명책에 기록하지 않습니다. 형벌을 다 받으면 그때 가서 백보좌의 생명책에 이름을 기록하고, 하나님의 도시로 들어오게 하는 겁니다.

심판결과, 백보좌의 생명책에 이름을 기록하지 않는 경우는, 지금 바로 천국에 들어갈 수 없다는 뜻입니다. 천국에 들어가기 전에 해결해야 하는 빚이 있다는 의미입니다. 빚을 모두 청산하면 그때 백보좌의 생명책에 이름을 기록하고, 천국의 도시에 들어가도록 허락한다는 뜻입니다.

이 말씀은 살아생전에 타인에게 잘못한 일이 있을 경우, 그 일에 대한 빚을 청산해야 땅 위에 세워진 천국의 도시로 들어가게 됨을 알려줍니다. 백보좌의 심판에서 빚을 청산한다는 말은 곧 불 못에서 형벌을 받는다는 의미입니다. 타인에게 지은 죗값은 형벌을 받아서 갚게 됩니다. 형기를 마치면 빚(죗값)을 다 갚은 것입니다. 불 못에서 형기를 마쳐야 하나님의 도시로 들어갈 수 있습니다.

그래서 백보좌 심판 때까지 타인에게 죄를 짓지 않아야 합니다. 만약 타인에 지은 죄가 있다면 백보좌 심판 때까지 가지고 가면 안 됩니다. 살아 있을 때 타인에게 지은 죄를 모두 해결해야 합니다.

하여튼, 이렇게 어린 양의 생명책과 백보좌의 생명책은 다른 책입니다.

많은 분이 하나님께서 왜 세상을 이렇게 만들었을까 하는 질문을 합니다. 어떤 사람은 신(하나님)이 없다고도 합니다.

그러나 하나님이 우리에게 주실 세상은 아직 완성되지 않았습니다. 하나님은 지금도 창조의 계획을 하나씩 성취하고 계십니다.

이 우주는 너무 장엄하고 광대합니다. 또한, 우주의 시간은 우리가 느끼기에는 너무나 깁니다. 그러나 하나님에게는 그렇게 긴 시간이 아닙니다. 하나님은 이제 시작하신 겁니다. 하나님이 우리에게 주시려는 영원한 삶이 이제 시작되려고 합니다.

하나님은 이 광활한 우주를 만드시고, 이 우주에서 살아갈 하나님의 백성을 창조하시고, 영원히 살게 하려고 하십니다. 하나님의 백성으로 영원히 살게 된다는 것은 우리가 잠시 느끼고 맛보았던 100년이 채 안되는 삶의 여정으로는 조금도 상상이 안 됩니다.

하나님의 창조는 끝나지 않았다

우리는 아직 하나님이 우리에게 주시는 영원한 삶이라는 복을 조금도 경험하지 못했습니다. 그래서 우리는 하나님을 향하여 불평하는 게 아닐까 싶습니다.

우리는 하나님의 백성으로 창조되었습니다. 우리가 영생하지 못하는 것은 하나님의 창조 사역이 끝나지 않았기 때문입니다. 하나님은 우리의 몸이 죽더라도 우리가 사라지지 않게 하시려고 우리를 영혼(Soul)으로 창조하셨습니다. 그리고 우리에게 주어질 영원한 삶이 좋은 세상에서 시작될 수 있도록 사단에게 있는 세상 권세를 회수하려고 하십니다.

사단에게서 세상 권세를 회수하시면 우리는 모두 영원한 삶을 시작하게 될 것입니다. 그리고 창 1:28에서 말씀하신 명령을 영원히 실천하면서 살게 될 것입니다.

우리 사람들은 생육하고 번성하여 땅에 충만해지고, 하늘의 새와 바다의 고기와 땅의 모든 짐승을 다스리며 영원토록 죽지 않는 삶을 누리게 됩니다.

하나님의 나라를 기다리는 일이 힘들고 지친다는 것을 충분히 이해하고 있습니다. 그렇지만, 조금만 더 참고 기다려 보는 것은 어떨까요.

하나님의 창조는
끝나지 않았다

ⓒ 고명호, 2021

초판 1쇄 발행 2021년 12월 1일

지은이   고명호
펴낸이   이기봉
편집   좋은땅 편집팀
펴낸곳   도서출판 좋은땅
주소   서울특별시 마포구 양화로12길 26 지월드빌딩 (서교동 395-7)
전화   02)374-8616~7
팩스   02)374-8614
이메일   gworldbook@naver.com
홈페이지   www.g-world.co.kr

ISBN   979-11-388-0440-0 (03230)